高等院校“十二五”规划教材·工商管理大类系列

审计学

主　编　孔凡玲　倪明辉
副主编　尤春明　章金霞
参　编　李月秋　董思思

哈爾濱工業大學出版社

内容简介

本书以国家颁布的最新注册会计师审计准则及其应用指南的具体规定为基础，立足于现代风险导向审计理论，系统阐述了审计基本理论、基本审计方法与审计实务操作方法。第一章至第五章主要阐述审计的演变、注册会计师执业规范以及审计目标、审计证据等审计基本原理；第六章至第九章介绍计划审计工作、风险评估、风险应对、审计抽样测试流程及审计基本方法；第十章至第十四章在介绍财务报表各交易循环的基本流程及主要特征的基础上，介绍了各类交易和账户余额测试；第十五章至第十八章介绍终结审计阶段的各项工作及审计报告的含义和审计报告类型，阐述了特殊目的审计和集团财务报表审计。

本书可作为各类高等院校会计学、审计学、财务管理、工商管理、金融学等本科专业的教材，也可用作经济学科和管理学科其他相关专业学生的学习用书。

图书在版编目(CIP)数据

审计学/孔凡玲，倪明辉主编.—哈尔滨：哈尔滨工业大学出版社，2014.4(2016.6 重印)
ISBN 978-7-5603-4663-2

Ⅰ.①审… Ⅱ.①孔…②倪… Ⅲ.①审计学-高等学校-教材 Ⅳ.①F239.0

中国版本图书馆 CIP 数据核字(2014)第 064569 号

策划编辑 杨秀华
责任编辑 杨秀华
封面设计 刘长友 思 华
出版发行 哈尔滨工业大学出版社
社 址 哈尔滨市南岗区复华四道街 10 号 邮编 150006
传 真 0451-86414749
网 址 http://hitpress.hit.edu.cn
印 刷 哈尔滨市工大节能印刷厂
开 本 787mm×1092mm 1/16 印张 18.5 字数 434 千字
版 次 2014 年 4 月第 1 版 2016 年 6 月第 3 次印刷
书 号 ISBN 978-7-5603-4663-2
定 价 41.00 元

前　言

经济越发展审计越重要，审计在中国经济发展中起到不可估量的作用。为了适应审计发展的需要，我们在遵循2010年11月1日新修订的由财政部发布的自2012年1月1日起施行的中国注册会计师执业准则的基础上编写了本书。

本书以国家颁布的最新审计准则为基础，第一章至第三章主要介绍了审计的产生和发展以及注册会计师审计的执业规范；第四章至第九章以注册会计师审计为主线，介绍了注册会计师审计基本理论和最新的审计方法；第十章至第十六章主要介绍注册会计师财务报告审计实务；第十七章至第十八章主要介绍特殊目的审计和企业集团审计。

本书充分体现了最新颁布的中国注册会计师执业准则及应用指南的具体规定。以注册会计师审计为主线，兼顾政府审计和内部审计，反映了完整的审计监督体系。为了便于学习和使用，每章篇首不仅明确了学习目标，附有引导案例以引导学习者更透彻地理解每章内容，而且每章的小提示使每章的内容更加丰富生动。审计实务各章有大量的审计工作底稿供学习者和实践者参考，使得本书具有更强的可操作性。根据最新颁布的《企业内部控制基本规范》《企业内部控制应用指引》《企业内部控制评价指引》和《企业内部控制审计指引》对企业内部控制的基本理论、企业内部控制的评价方法和企业内部控制审计方法进行了详细介绍。

本书可作为各类高等院校会计学、审计学、财务管理、工商管理、金融学等本科专业的教材，也可用作经济学科和管理学科其他相关专业学生的学习用书，还可用作报考注册会计师审计科目考试和会计师事务所的审计人员、企事业单位的经济管理人员业务学习的参考用书。

本书由黑龙江科技大学孔凡玲和黑龙江工程学院倪明辉担任主编。各章分工如下：第一章、第二章、第三章、第十五章、第十六章由黑龙江科技大学孔凡玲编写；第十章、第十一章、第十三章、第十四章由黑龙江工程学院倪明辉编写；第四章、第五章、第六章、第七章由黑河学院尤春明编写；第十七章、第十八章由黑龙江科技大学章金霞编写；第八章、第九章由黑河学院李月秋编写；第十二章由黑龙江科技大学董思思编写。本书由孔凡玲、章金霞校对，由孔凡玲总纂定稿。感谢哈尔滨工业大学出版社给予的诸多支持，感谢杨秀华编辑的支持帮助。

本书在编写过程中，吸收和借鉴了一些专家学者的论著，在此表示感谢。由于编者水平有限，疏漏和错误难免，恳请读者指正。

编　者

2013年12月

目　录

第一章　总　论

学习目标

1. 了解审计的产生和发展；
2. 理解并掌握审计的含义与特征；
3. 理解并掌握审计的对象与职能；
4. 了解审计的种类；
5. 了解审计机构的设置和人员。

引导案例

1710 年，英国政府用发行中奖债券所募集到的资金创立了南海股份公司。经过近 10 年的经营，该公司业绩依然平平。1719 年，英国政府允许中奖债券总额的 70%，即约 1 000 万英镑，可与南海公司股票进行转换。该年底，公司的董事们开始对外散布各种所谓的好消息，即南海公司在年底将有大量利润可实现，并煞有介事地预计，在 1720 年的圣诞节，公司可能要按面值的 60% 支付股利。这一消息的宣布，加上公众对股价上扬的预期，促进了债券转换，进而带动了股价上升。1719 年中，南海公司股价为 114 英镑，1720 年 3 月，股价劲升至 300 英镑以上，到了 1720 年 7 月，股票价格已高达 1 050 英镑。此时，南海公司的老板布伦特又想出了新主意：以数倍于面额的价格，发行可分期付款的新股。同时，南海公司将获取的现金，转贷给购买股票的公众。这样，随着南海公司股价的扶摇直上，一场投机浪潮席卷全国。由此，170 多家新成立的股份公司的股票以及原有的公司股票，都成了投机对象。

1720 年 6 月，英国国会通过了《泡沫公司取缔法》，该法对股份公司的成立进行了严格的限制，只有得到国王的御批，才能取得公司的经营执照。事实上，股份公司的形式基本上名存实亡。自此，许多公司被解散，公众开始清醒过来，对一些公司的怀疑逐渐扩展到南海公司身上。从 7 月份开始，外国投资者首先抛出南海公司股票，撤回资金。随着投机热潮的冷却，南海公司股价一落千丈，到 1720 年 12 月份最终仅为 124 英镑。当年底，政府对南海公司的资产进行清理，发现其实际资本已所剩无几。

南海公司倒闭的消息传来，犹如晴天霹雳，惊呆了正陶醉在黄金美梦中的债权人和投资者。迫于舆论的压力，1720 年 9 月，英国议会组织了一个由 13 人参加的特别委员会，对"南海泡沫"事件进行秘密查证。

在调查过程中，特别委员会发现该公司的会计记录严重失实，明显存在蓄意篡改数据的舞弊行为，于是特邀了一名叫查尔斯·斯耐尔的资深会计师，对南海公司的分公司"索布里奇商社"的会计账目进行检查。查尔斯·斯耐尔商业审计实践经验丰富，理论基础扎实，在伦敦地区享有盛誉。查尔斯·斯耐尔通过对南海公司账目的查询、审核，于 1721 年提交了一份对索布里奇商社的会计账簿检查意见的报告。在该份报告中，查尔斯·斯耐尔指出了该公司存在舞弊行为、会计记录严重不实等问题。但没有对该公司为何编制这种虚假的会计记录表明自己的看法。

议会根据这份查账报告，将南海公司董事之一的雅各希·布伦特以及他的合伙人的不动产全部予以没收。其中一位叫乔治·卡斯韦尔的爵士，被关进了著名的伦敦塔监狱。

直到1828年，英国政府在充分认识到股份公司利弊的基础上，通过设立民间审计的方式，将股份公司中因所有权与经营权分离所产生的不足予以制约，才完善了这一现代化的企业制度。据此，英国政府撤销了《泡沫公司取缔法》，重新恢复了股份公司这一现代企业制度的形式。

英国南海公司的舞弊案例，对世界民间审计史具有里程碑式的影响。尽管在1720年之前，就有人认为已经有了民间审计这一行业，但世界上绝大多数的审计理论工作者都认为，查尔斯·斯耐尔是世界上第一位民间审计人员，他所撰写的查账报告，是世界上第一份民间审计报告。而英国南海公司的舞弊案例，也被列为世界上第一起比较正式的民间审计案例。由此可见，该案例对注册会计师行业来说，具有举足轻重的影响。

英国南海公司审计案的发生进一步说明，建立在所有权与经营权相分离基础上的股份公司，必须要有一个了解、熟悉会计语言的第三者，站在公正、客观的立场，对表达所有者与经营者利益的财务报表进行独立的检查，通过提高会计信息的可靠性，来协调、平衡所有者与经营者之间的经济责任关系。

尽管经过200多年的发展，注册会计师的主要审计目标已由查找舞弊转向对财务报表公允性的评估，然而这并不等于注册会计师没有义务揭露客户的舞弊行为。从美国最近的社会调查来看，仍有约70%的人认为，注册会计师应该而且可以查找客户的舞弊行为。可见，从南海公司案例来看，注册会计师行业是因客户舞弊问题而产生的，但这一责任始终没有终结。我国注册会计师决不要认为，只要审核财务报表是否公允就可以了。当发现客户的舞弊现象时，应遵照《中国注册会计师审计准则》的要求，执行必要的审计程序，并做适当披露。

（资料来源：http://wenku.baidu.com/view/73ec7beeaead1f346933f3a.html）

第一节 审计的产生和发展

一、政府审计的产生和发展

审计的产生，无论中国还是外国，最初都是起源于官厅，称为官厅审计，即国家审计或政府审计。

（一）中国政府审计的产生和发展

1. 政府审计的萌芽阶段

我国政府审计的产生可追溯到西周初期。据《周礼》记载，西周的官制中，国家财计机构分为两个系统：一是地官司徒系统，掌管财政收入；二是天官冢宰系统，掌管财政支出。另设独立于财计部门之外的"宰夫"一职，负责审查"财用之出入"。《周礼》云："宰夫岁终，则令群吏正岁会。月终，则令正月要。旬终，则令正日成。而考其治，治以不时举者，以告而诛之。"即年终、月终、旬终的财计报告先由宰夫命令督促各部门官吏整理上报，宰夫就地稽核,发现违法乱纪者,可越级向天官冢宰或周王报告,加以处罚。可见,宰夫是独立于财计部门之外的官职,标志着我国政府审计的产生。

2. 政府审计的确立阶段

秦汉时期都曾采用"上计制度"审查、监督财务收支有无错弊,并借以评价有关官吏的业绩。主要表现在以下三个方面:

一是初步形成了统一的审计模式。秦汉时期逐渐形成审计机构与监察机构相结合、经济法制与审计监督制度相统一的审计模式。秦朝,中央设"三公""九卿"辅佐政务,御史大夫为"三公"之一,掌管弹劾、纠察之权,专司监察全国的民政、财政以及财务审计事项,并协助丞相处理政事。汉承秦制,西汉初中央仍设"三公""九卿",仍由御史大夫领掌监督审计大权。

二是"上计"制度日趋完善。"上计"就是皇帝亲自听取和审核各级地方官吏的财政会计报告,以决定赏罚的制度。

三是审计地位提高,职权扩大。秦汉时期御史大夫不仅行使政治、军事监察之权,还行使经济监督之权,控制和监督财政收支活动,但秦汉时期的审计制度仍属于初步发展时期。

3. 政府审计的兴盛阶段

隋、唐、宋时期是我国审计的兴盛时期。隋朝开创一代新制,设置比部,隶属于刑部,掌管国家财计监督。唐朝改设三省六部,比部仍隶属刑部,它独立于财计部门,专司国家财计的审计监督工作。比部的出现,标志着我国独立审计机构的产生,也使审计具有了很强的独立性和较高的权威性。北宋元丰年间,宋朝在"太府寺"内设"审计司",后改为"审计院"。这是我国首次出现以"审计"正式命名的审计机构。从此,"审计"一词成为财政监督的专用名词,对后世中外审计建制产生了深远的影响。

4. 政府审计的停滞阶段

元、明、清时期是我国审计的停滞时期,在这个时期,由于封建社会走向衰败,审计监督制度发展缓慢。

元代取消比部,没有独立的审计机构,由户部兼管财务报表的审核,独立的审计机构即告消亡。明初设比部,不久便取消。明、清两代都设有都察院,其职权之一是审查中央财计;在户部下按行政区分省设清吏司,审查各省的财政收支。由于元、明、清三代取消了比部,没有独立的审计机构,审计职能严重削弱,审计工作与隋、唐、宋相比,后退了一大步。

5. 政府审计的不断演进阶段

中华民国时期,审计的发展逐见端倪。1912 年,国务院下设审计处,于 1914 年改为审计院,并颁布了《审计法》。1920 年,南京的国民政府设立审计院,后改为隶属于监察部的审计部,各省市设审计处。

中华人民共和国成立后,30 多年内没有独立的年检审计机构,对企业财税监督和货币管理,是通过不定期的会计检查进行的。1982 年修改的《中华人民共和国宪法》中规定国务院设立审计机关。1983 年 9 月 15 日,国务院设立了审计署;随后,县以上各级人民政府也设置了各级地方审计机关。1994 年颁布的《中华人民共和国审计法》为审计机关依法履行审计监督职责提供了法律保障。1996 年审计署发布了 38 个审计规范,2000 年审计署修订、发布了《中华人民共和国国家审计基本准则》和一系列通用审计准则、专业审计准则,2004 年审计署颁布了《审计机关审计项目质量控制办法(试行)》,2010 年审计署审计长签署第8号中华人民共和国审计署令，公布新修订的《中华人民共和国国家审计准则》，于2011年1月1日起施行。修订后的《中华人民共和国国家审计准则》将原有国家审计基本准则和通用审计准则规范的内容统一纳入国家审计准则，形成一个完整单一的国家审计准则。

(二)西方政府审计的产生和发展

在西方各国，随着生产力的发展和经济关系的变革，审计也经历了一个漫长的发展过程。西方审计的产生，也是政府审计在前，民间审计在后。

根据历史文献记载，早在奴隶制度下的古罗马、古埃及和古希腊时代，就出现了对掌管国家财物和赋税的官吏进行审查考核这一具有审计性质的经济监督工作。在历代封建王朝中，也设有审计机构和人员，对国家的财政收支进行监督。如法国在资产阶级大革命前即设有审计厅，1256年法皇圣路易曾下令，命其官吏将计算书送到巴黎，接受审计人员的审查。资产阶级大革命后，拿破仑一世时创建了会计法院，其任务主要是对联邦政府以及政府各部和市镇的会计资料的准确性与合理性进行审核。至今，会计法院仍是法国政府实施事后审计的最高法定机构。在西方社会的早期，基于奴隶主和封建主监督、考核其所属官员的政绩，维护统治阶级利益的需要，而出现了审计或类似审计性质的经济监督工作。但当时的审计，不论从组织机构上还是方法上，都还处于很不完善的阶段。

在资本主义时期，随着经济的发展和资产阶级国家政权组织形式的完善，政府审计也有了进一步的发展。在现代资本主义国家中，普遍地建立了政府审计制度。资本主义政府审计的形成和发展，同以议会制为核心的资产阶级政权组织形式有着紧密的联系。在现代资本主义国家中，国家的立法、行政、司法三权分别由议会(国会)、内阁(或总统)和法院掌握。在三权分立的政权组织形式下，议会为国家的最高立法机关，握有立法权，并对政府行使监督权，其中包括财政监督权。为了监督政府的财政收支，切实执行财政预算法案，以维护统治阶级的利益，西方国家的议会大多设有专门机构，由议会或国会授权，对政府及国营企事业单位的财政财务收支进行独立的审计监督。如美国在1921年成立的总审计局，就是隶属于国会的一个独立经济监督机构，它担负着为国会行使立法权和监督权提供审计信息和建议的重要职责。总审计长由国会提名，经参议院同意，由总统任命。总审计局和总审计长置于总统管辖以外，独立行使审计监督权限。其他国家，如加拿大的审计长公署，西班牙的审计法院等，也都是隶属于国家立法部门的独立机构，其审计结果要向议会负责，向议会报告，在实行审计监督中也都具有独立的审计监督权限。

二、注册会计师审计的产生和发展

(一)西方注册会计师审计的产生和发展

注册会计师审计最早产生于西方国家。

1. 注册会计师审计的起源阶段

注册会计师审计起源于16世纪的意大利。威尼斯作为地中海沿岸国家的城市，位于航海贸易最为发达的地区，不仅有大量的手工作坊，随着商业经营规模不断扩大，合伙制企业应运而生。在合伙制企业的经营中，有的合伙人参与企业的经营管理，有的合伙人则不参与，所有权和经营权开始分离。不参与企业经营管理的合伙人想要了解企业的经营状况和经营成果，那些参与企业经营管理的合伙人有责任向不参与企业经营管理的合伙人证明自己经营管理的能力和效率，在这种情况下，客观上需要聘请独立的第三方对合伙企业进行监督、检查，人们开始聘请会计专业人员所进行的查账与公证，可以说是注册会计师审计的起源。

2. 注册会计师审计的形成阶段

注册会计师审计形成于英国。18 世纪下半叶，英国的资本主义经济得到了迅速的发展，生产的社会化程度大大提高，特别是股份公司的兴起，绝大多数股东只出资而不参与企业的经营管理，企业的所有权和经营权进一步分离。股东希望有外部的会计师来检查他们所雇佣的管理人员是否存在贪污、盗窃和其他舞弊行为，于是英国出现了第一批以查账为职业的独立会计师。他们受企业主委托，对企业会计账目进行逐笔检查，目的是查错防弊，检查结果也只向股东报告。不仅股东出于自身利益，非常关心公司的经营成果，证券市场上潜在的投资人、金融企业等债权人同样十分关心公司的经营情况，而公司财务状况和经营成果只有通过公司提供的财务报表来反映。因此，在客观上产生了由独立会计师对公司财务报表进行审计，以保证财务报表真实可靠的需求。

1720 年，英国爆发了“南海公司事件”。当时的“南海公司”以虚假的会计信息诱骗投资者上当，其股票价格一时暴涨。但好景不长，“南海公司”最终破产倒闭，给股东和债权人造成重大损失。英国议会聘请会计师查尔斯·斯耐尔(Charles Snell)对“南海公司”进行审计。查尔斯以“会计师”名义出具了“查账报告”，从而宣告了独立会计师——注册会计师的诞生。

1853 年，爱丁堡创立了第一个注册会计师的专业团体——爱丁堡会计师协会。该协会的成立，标志着注册会计师职业的诞生。1862 年，英国《公司法》确定注册会计师为法定的破产清算人，奠定了注册会计师审计的法律地位。

3. 注册会计师审计的发展和完善阶段

从 20 世纪初开始，全球经济发展重心逐步由欧洲转向美国，由于金融资本对产业资本更加广泛的渗透，企业同银行利益关系更加紧密，银行逐渐把企业资产负债表作为了解企业信用的主要依据，于是美国产生了帮助贷款人及其他债权人了解企业信用的资产负债表审计，即美国式注册会计师审计。审计方法也逐步从单纯的详细审计过渡到初期的抽样审计。

从 1929 年到 1933 年，资本主义世界经历了历史上最严重的经济危机，大批企业倒闭，投资者和债权人蒙受了巨大的经济损失。这在客观上促使企业利益相关者从只关心企业财务状况转变到更加关心企业盈利水平，产生了对企业利润表进行审计的客观要求。美国 1933 年《证券法》规定，在证券交易所上市的企业的财务报表必须接受注册会计师审计，向社会公众公布注册会计师出具的审计报告。因此，审计报告使用人也扩大到整个社会公众。

4. 注册会计师审计的现代发展阶段

第二次世界大战以后，经济发达国家通过各种渠道推动本国的企业向海外拓展，跨国公司得到空前发展，形成了一批国际会计师事务所。现在国际领先的“十大”会计师事务所是德勤(英文全称 Deloitte Touche Tohmatsu，官方网址 www. deloitte. com)、安永(全美第二大会计师事务所，英文全称为 Ernst & Young，英文缩写为 EY)、普华永道(英文全称 Price-waterhouse Coopers，英文缩写为 PWC，中国官方网址 www. pwccn. com，全球官方网址 www.

pwc. com)、毕马威(英文简称 KPMG,官方网址 www. kpmg. com)、罗申美国际(RSM International,官方网址 www. rsmi. com)、均富国际(英文全称 Grant Thornton International,中国网址 www. gthk. com. hk)、德豪国际(英文简称 BDO International)、Crowe Group、CBIZ/Mayer Hoffman McCann、普安西提成员所(英文简称 BKD,官方网址 www. bkd. com)。与此同时,审计技术也在不断发展:抽样审计方法得到普遍运用,风险导向审计方法得到推广,计算机辅助审计技术得到广泛采用。

(二)中国注册会计师审计的产生和发展

1. 中国注册会计师审计的产生阶段

中国注册会计师审计的历史比西方国家短。辛亥革命以后,一批爱国会计学者积极倡导创建中国的注册会计师职业。1918 年 9 月,北洋政府农商部颁布了《会计师暂行章程》,成为我国最早的注册会计师法规,并于同年批准著名会计学家谢霖先生为中国的第一位注册会计师,谢霖先生创办的中国第一家会计师事务所——“正则会计师事务所”也获准成立。此后,又逐步批准了一批注册会计师,建立了一批会计师事务所,包括潘序伦先生创办的“潘序伦会计师事务所”(后改称“立信会计师事务所”)等。1930 年,国民政府颁布了《会计师条例》,确立了会计师的法律地位,之后,上海、天津、广州等地也相继成立了多家会计师事务所。1925 年在上海成立了“全国会计师公会”。

2. 中国注册会计师审计的停滞阶段

新中国建立初期,注册会计师审计在经济恢复工作中发挥了积极作用。后来由于我国推行苏联高度集中的计划经济模式,注册会计师便悄然退出了经济舞台。

3. 中国注册会计师审计的恢复阶段

党的十一届三中全会以后,商品经济得到迅速发展,为注册会计师制度的恢复重建创造了客观条件。随着外商来华投资日益增多,1980 年 12 月 14 日财政部颁发了《中华人民共和国中外合资经营企业所得税实施细则》,规定外资企业财务报表要由注册会计师进行审计,这为恢复我国注册会计师制度提供了法律依据。1980 年 12 月 23 日,财政部发布《关于成立会计顾问处的暂行规定》,标志着我国注册会计师审计职业开始复苏。1981 年 1 月 1 日,“上海会计师事务所”宣告成立,成为新中国第一家由财政部批准独立承办注册会计师业务的会计师事务所,我国注册会计师制度恢复。1986 年 7 月 3 日,国务院颁发《中华人民共和国注册会计师条例》,确立了注册会计师行业的法律地位。1988 年 11 月 15 日,中国注册会计师协会正式成立,注册会计师行业步入政府监督和指导、行业协会自我管理的轨道。

4. 中国注册会计师审计的发展阶段

1994 年 1 月 1 日《中华人民共和国注册会计师法》(以下简称《注册会计师法》)实施,2006 年 2 月财政部颁布新注册会计师执业准则体系,并于 2010 年进行修订,于 2012 年 1 月 1 日起实施,我国已建立起适应中国经济发展需求,与国际趋同的注册会计师审计准则体系。在国家法律、法规的规范下,我国注册会计师行业得到了快速发展,为改革开放、国有企业转换经营机制和社会主义市场经济体制的建立及有序运行发挥了积极的作用。

1996 年 10 月 4 日,中国注册会计师协会加入亚太会计师联合会,并于 1997 年 4 月在亚太会计师联合会第四十八次理事会上当选为理事。1997 年 5 月 8 日,国际会计师联合会

(IFAC)全票通过,接纳中国注册会计师协会为正式会员。按照国际会计师联合会章程的规定,中国注册会计师协会同时成为国际会计准则委员会的正式会员。目前,中国注册会计师协会已与50多个国家和地区的会计师团体建立了友好关系。

三、内部审计的产生和发展

(一)西方内部审计的产生和发展

内部审计自其产生至今,经历了古代内部审计、近代内部审计和现代内部审计三个阶段。

1. 古代内部审计阶段

内部审计源于奴隶社会,当人类步入奴隶社会以后,私有制开始出现,财产的所有权和经营管理权出现分离。于是,财产所有者往往会委派自己信任的人作为第三者受托进行经济监督,从而产生了古代的内部审计。

古代罗马,人们采用"听证账目"的方式来检查负责财务的官员有无欺诈、舞弊行为,即检查人听取不同人员对同一事项记录的口头汇报。审计(Audit)一词就来源于拉丁文"听账人(Auditus)"。

封建时代,古代内部审计继承了早期内部审计的思想,并且有了长足进展,主要标志是出现了独立的内部审计人员。在这一时期,内部审计主要采用了寺院内部审计、行会内部审计、银行内部审计和庄园内部审计等形式。

(1)寺院内部审计

这是西欧寺院经济的审计制度。11世纪以来,寺院在西欧极为普遍,一些寺院兴办了各种类型的手工作坊,拥有大量的财产。为加强管理,寺院配备了各种专职管理人员,为监督管理人员经济责任的履行情况,还适当配备了具有一定专业会计知识的人充当审计人员,负责对财务收支和会计账目进行检查。

(2)行会内部审计

在英国,11~12世纪就出现了行会,每个行会一年要召开1~4次总会,议事内容是选举产生理事和审计人员。理事是行会的执行机构,主要负责征收会费和罚款、记录反映行会经济业务的会计事项、调查行会的财产状况和仲裁会员间的经济纠纷。审计人员从行会成员中选举产生,是行会成员的代表,主要职责是定期检查理事报送的会计账簿,并在大会上向全体成员报告审查的结果。

(3)银行内部审计

在文艺复兴时期,资本主义商品经济在北部城邦,如威尼斯、热那亚和佛罗伦萨得到迅速发展。佛罗伦萨是当时意大利的金融中心,在西欧各地,到处有佛罗伦萨的代理店,为了对这些分店加强控制,银行家们采用了内部审计的形式。

(4)庄园内部审计

庄园既是封建制度下的政治单元,又是独立的经济单位。庄园主不再亲自参与庄园的管理,而将直接管理庄园的责任委托给数名庄园管理者去管理,其中包括审计人员。审计人员负责对庄园财务总管编制的反映庄园经济事项的会计账簿定期进行检查,根据审查的结果,提出审计意见并呈送给庄园主或向其作口头汇报。

通过对几种内部审计形式的介绍可以看出，在封建时代就出现了独立的内部审计人员，但它的审计目的仍然是查错防弊，审查单位内部承担经济责任者的诚实性。

2. 近代内部审计阶段

股份有限公司出现，客观上要求会计把重点从经营角度转移到财产的所有权和损益的计算上，企业的股东和债权人为维护自己的利益，需要审计人员对企业的会计资料进行审查，并陈述审计意见。但这一时期，实行内部审计的企业不多，而且没有设置专职机构。19世纪末20世纪初，资本主义发展进入垄断阶段，托拉斯、康采恩等垄断企业经营规模庞大，经营地点分散，经营业务复杂，实行分权管理和多级控制。日常管理职责的履行状况如何，各部门的经营活动是否合规合理，各分支机构的经营目标能否实现，客观上需要有一个专门的职能部门去审查、评价和报告，即进行信息反馈。这样，在企业内部就形成了一个与业务控制并列的相对独立的控制系统——内部审计。

1875年，德国最大的军火制造商克虏伯公司开始设置内部审计部门开展财务合规性审计。在美国，具有显著规模经济性的铁路行业则最先配备内部审计人员，巡视各路站，检查公司制定的财务制度的遵守情况和有关会计记录的真实性、正确性。此后，这些国家的其他行业和其他国家的大型企业也相继实行了内部审计制度。这时，内部审计的主要目标在于保护资产的安全与完整，检查揭示舞弊或其他不规范的行为。其工作范围主要是审查反映经济活动的财务会计资料，也从事一些较低水准的会计和管理程序的遵循性检查，并逐步向经营管理领域延伸。

3. 现代内部审计的兴起

20世纪40年代以后，企业的内部结构和外部环境进一步复杂化，尤其是跨国公司的迅速崛起，管理层次的分解比以往任何时候都更迅速，企业管理者对于降低成本、提高经济效益的要求也更加迫切。这种新的发展使企业管理当局和外部审计人员对内部审计更加关注，并从各自的角度促进内部审计的发展。

1941年是现代内部审计发展的一座重要里程碑，这一年在美国发生了两件对现代内部审计兴起有着重大影响的事件。第一件是在约翰·舍斯顿的领导下，24位有识之士倡导成立了内部审计师协会，它是目前世界上唯一的致力于推动内部审计和内部审计人员向前发展的国际性组织，通常称之为国际内部审计师协会（简称IIA）。该组织的成立，大大推动了内部审计的发展。到1995年为止，协会已在全国各地拥有150多个成员组织，会员约54 000人。第二件就是维克多·布瑞克（Victor Brink）出版了第一部论述内部审计的专著《内部审计——程序的性质、职能和方法》，该书的出版标志着内部审计学的诞生。

20世纪70年代以后，如绩效审计、经济责任审计、3E（经济、效率、效果）审计、5E（经济、效率、效果、合理、环境）审计等新兴审计项目发展起来，逐渐取代了财务审计的主导地位。

（二）中国内部审计的产生和发展

新中国成立后，一大批大型工业、交通等方面的生产单位迅速建立起来，并且在其内部实行了管理责任和权力的纵向与横向的分解，从而为这些单位内部审计的产生创造了主要的内部条件。但由于当时采用苏联管理模式，将内部审计的一部分职能分散到计划、财务等部门，由这些部门结合其本职业务一并实施，只有极少数生产单位和银行系统设有力量不强的内部审计(银行叫财务稽核)机构,开展一部分简单的审计业务。

1983 年 7 月国务院 130 号文件规定:"我国拥有数十万个国营企业和大量的行政事业单位,审计对象多、范围广、任务重,建立和健全部门、单位的内部审计是搞好国家审计监督的基础。对下属单位实行集中统一领导或下属单位较多的主管部门,以及大中型企业事业组织,可根据需要建立内部审计机构或配备审计人员,实行内部审计监督。"130 号文件成为我国建立内部审计制度的法律依据,从此我国内部审计拉开了制度化建设的序幕。

1. 中国内部审计的起步阶段

20 世纪 80 年代初至 80 年代末是我国内部审计的起步阶段,我国于 1984 年在各行政机关和企事业单位内部成立了审计机构,进行内部审计监督。1985 年,审计署发布了《关于内部审计工作的若干规定》。在这一起步阶段,只是将审计机构设在财务科(处),放在统计部门或在厂长、经理的领导下工作,企业内部审计机构的领导多、受限制多,缺乏独立性,在企业中没有地位。企业内部审计的目标只是传统的企业内部审计目标,主要是以保护财产、查错防弊(财务审计)为主,其职能主要是监督为主,通过对审计对象的会计资料及其所反映经济活动的审查,监督其是否真实、正确、合理、合法,督促被审计单位纠错防弊、自觉遵守金融方针政策,促进各项业务健康的向前发展。

2. 中国内部审计的发展阶段

20 世纪 90 年代初至 90 年代中后期是我国内部审计的发展阶段,90 年代初期,是我国企业内部审计"加强、改进、发展、提高"时期。这一时期,内部控制制度纷纷在各大中型企业中建立并得到健全与发展。1995 年发布了《关于内部审计工作的规定》。在各级政府审计机关、各级主管部门的积极推动下,内部审计也蓬勃发展起来。内部控制制度在实际工作中,保证了企业经营目标的实现;提高了会计记录及其他资料的可靠性;限制了不利于企业自身发展的各种活动,为企业提高生产效益确实做出了成绩。这个时期,我国内部审计涉及的范围同起步阶段相比更广泛,除了开展传统的财务审计外,还有经营决策审计、投资决策审计、经济效益审计、内部控制评审等现代审计内容。

3. 中国内部审计的新阶段

20 世纪 90 年代末到现在是我国内部审计的新阶段,1998 年至今,内部审计正式步入职业化发展的道路。在这一时期,发生了两件对内部审计职业化发展影响重大的事件。第一就是 1999 年 7 月新的《中华人民共和国会计法》的实施。该法第 27 条作出了针对内部审计的规定,明确了内部审计是单位内部会计监督制度的重要组成部分,各单位应当建立健全内部审计制度,内部审计机构应当对本单位会计资料实行定期审计并且要明确和规范审计的办法和程序。

另外一件具有里程碑意义的重大事件就是中国内部审计师协会的成立。由于这一时期国务院实施了机构改革和落实政企分开的原则,审计署在机构改革中撤销了审计管理司,决定将对内部审计的具体管理职能转移给社会组织。这样,在政府改革与内部审计现实发展的影响下,决定将中国内部审计学会改建为中国内部审计师协会,实行内部审计行业的自律管理。因此,2000 年 1 月,在中国内部审计学会第四次会员代表大会上,决定将中国内部审计学会更名为中国内部审计师协会。并且,在这次会议上,通过了《中国内部审计师协会章程》并选举了理事会。这样,协会的成立揭开了中国内部审计发展的新的里程碑。自 2003 年至 2008 年陆续颁布实施了《内部审计基本准则》《内部审计具体准则》《内部审计实务指南》等,规范了内部审计工作,内部审计迅速发展。

第二节 审计的概念与特征

一、审计的概念

审计经过不断的完善和发展,至今已经形成为一套比较完备的科学体系。人们对审计的概念也进行了深入的研究,最具代表性的是美国会计学会(AAA)在其颁布《基本审计概念说明》的公告中,把审计概念描述为:"为了确定关于经济行为及经济现象的结论和所制定的标准之间的一致程度,而对与这种结论有关的证据进行客观收集、评定,并将结果传达给利害关系人的有组织的过程。"

国际会计师联合会的审计实务委员会在《国际审计准则》中,将审计概念界定为:"审计人员对已编制完成的会计报表是否在所有重要方面遵循了特定财务报告框架发表意见。"

1989 年中国审计学会将审计界定为:"审计是由专职机构和人员,依法对被审计单位的财政、财务收支及其有关经济活动的真实性、合法性、效益性进行审查,评价经济责任,用以维护财经法纪,改善经营管理,提高经济效益,促进宏观调控的独立经济监督活动。"

二、审计的本质特征

审计不同于查账,也不同于其他经济监督,究其根本原因,是因为审计是一项具有独立性的经济监督活动。从中外审计的产生与发展过程可以清楚地看出,审计天生就是独立的,独立性是审计的灵魂和生命,没有独立性就没有审计。审计独立于被审计单位或被审查资料所在部门之外,独立性是审计有别于其他经济监督的最根本特征。同时,独立性是客观性、公正性的基础和保证。但是,审计的独立性往往会因审计类别不同而在程度上有所差别。注册会计师审计既独立于被审计单位又独立于审计委托人,其审计的独立性最强;政府审计一般只独立于被审计单位而不独立于审计委托人,其审计的独立性比注册会计师审计的独立性弱;内部审计既不独立于被审计单位又不独立于审计委托人,其审计的独立性最弱。

审计的独立性主要表现在以下四个方面:

1. 组织机构独立

审计组织机构应当独立于被审计单位或部门,特别是应独立于财政财务部门。在我国,各级政府审计机关均独立于同级人民政府的财政主管部门,注册会计师审计机构即会计师事务所是完全独立的社会中介机构,它们的独立性是最明显的。相比较而言,内部审计机构具有的是相对独立性,即内部审计机构相对于本部门、本单位其他职能部门(特别是财务会计部门)是独立设置的。组织机构的独立是保证审计能够客观、公正地评价和鉴证,充分发挥审计监督作用的重要条件。

2. 地位独立

即审计组织及其人员具有独立的身份,处于被审计单位与审计委托人以外的第三者的超脱地位,不参与被审计单位的具体经营管理活动,与被审计单位和审计委托人不存在任何直接的经济利益关系,使他们能以客观的态度对待所有审计事务,这是审计独立性的实质所在,是取得社会公众信赖的基础。

3. 经济独立

审计机构从事审计业务活动,必须要有一定的经济收入和经费来源,以保证其生存和发展。经济独立就是指审计机构的经济来源要有一定的法律法规作保证,不受被审计部门和单位制约。在我国,各级政府审计机关的经费来源于国家财政拨款。会计师事务所等社会审计的经费来源于按规定向委托人收取的款项,它们在经济上都是独立的。相比较而言,内部审计机构的经费来源表现为相对独立性,即相对于本部门、本单位其他职能部门来说,其预算经费的安排和使用是独立的。

4. 行使职权独立

这主要是指审计机构及其人员在执行审计业务时,应从客观公正的立场出发,根据审计准则的要求收集审计证据,谨慎合理地进行评价,独立行使审计监督权,不受其他任何行政机关、社会团体和个人的干涉,以事实为依据,客观地发表审计意见。

第三节 审计的对象与职能

一、审计对象

审计对象是指审计监督的范围和内容。通常将审计对象概括为被审计单位的经济活动。被审计单位即为审计的客体,也即审计的范围,经济活动即为审计的内容。正确认识审计的对象,有利于对审计概念的正确理解,审计方法的正确运用和审计监督职能的进一步发挥。

审计对象具体包括以下两个方面的内容:

1. 被审计单位的财政财务收支及其有关的经济活动

不论是政府审计、注册会计师审计还是内部审计,都要求以被审计单位客观存在的财政财务收支及有关经济活动为审计对象,对其真实性、合法性、效益性进行审查和评价,以便对其所承担的受托经济责任是否得以认真履行进行鉴证。政府审计的对象确定为国务院各部门和地方各级政府及其各部门的财政收支,国有金融机构和企事业单位的财务收支。注册会计师审计的对象为委托人指定的被审单位的财务收支及其有关的经营管理活动。内部审计的对象为本部门、本单位的财务收支及其他有关的经济活动。

2. 被审计单位提供的各种财政财务收支状况及其有关经济活动信息的载体

由于财政财务收支状况及有关经济活动总要以一定的载体来反映,一般是通过会计、统计和业务核算记录及预算计划、方案、合同、会计记录、分析等文本、电子计算机的磁盘等来体现,所以各单位的会计资料及其他有关经济资料就成为审计的主要具体对象。当然,会计资料和其他有关经济资料是审计对象的现象,其反映的被审计单位的财政财务收支及有关经济活动是审计对象的本质。尽管政府审计、注册会计师审计、内部审计具体的对象有所不同,但从其内容和范围上说一般均包括被审计单位的会计资料及其他有关经济资料,以及所反映的财政收支、财务收支及相关的经济活动。

二、审计职能

审计职能是指审计能够完成任务，发挥作用的内在功能。审计职能是审计自身固有的、体现审计本质属性的内在功能。但并不是一成不变的，它是随着社会经济的发展、经济关系的变化、审计对象的扩大、人类认识能力的提高而不断加深和扩展的。审计具有经济监督职能、经济鉴证职能和经济评价职能，其中经济监督职能是审计的基本职能。

研究审计职能的目的，是为了更准确地把握审计这一客观事物，以便于确定审计任务，有效地发挥审计的作用和更好地指导审计实践。

1. 经济监督职能

审计的经济监督职能，主要是指通过审计，监察和督促被审计单位的经济活动在规定的范围内、在正常的轨道上进行；监察和督促有关经济责任者忠实地履行经济责任，同时借以揭露违法违纪、稽查损失浪费、查明错误弊端、判断管理缺陷和追究经济责任等。审计工作的核心是通过审核检查，查明被审计事项的真相，然后对照一定的标准，得出被审计单位经济活动是否真实、合法、有效的结论。从依法检查、到依法评价、直到依法做出处理决定以及督促决定的执行，无不体现了审计的监督职能。

2. 经济鉴证职能

审计的经济鉴证职能，包括鉴定和证明两个方面，是指审计机构和审计人员对被审计单位会计报表及其他经济资料进行检查和验证，确定其财务状况和经营成果是否真实、公允、合法、合规，并出具书面证明，以便为审计的授权人或委托人提供确切的信息，并取信于社会公众的一种职能。例如，注册会计师接受委托，通过对财务报表审计出具的审计报告就体现了审计的经济鉴证职能。再如，政府审计机关对厂长(经理)的离任审计，对承包、租赁经营的经济责任审计，对国际组织的援助项目和世界银行贷款项目的审计等，也都属于经济鉴证的范围。

3. 经济评价职能

审计的经济评价职能，是指审计机构和审计人员对被审计单位的经济资料及经济活动进行审查，并依据一定的标准对所查明的事实进行分析和判断，肯定成绩，指出问题，总结经验，寻求改善管理、提高效率、效益的途径。审计的经济评价职能，包括评定和建议两个方面。例如，审计人员通过审核检查，评定被审计单位的经营决策、计划、方案是否切实可行、是否科学先进、是否贯彻执行，评定被审计单位内部控制制度是否健全和有效，评定被审计单位各项会计资料及其他经济资料是否真实、可靠，评定被审计单位各项资源的使用是否合理和有效，等等；并根据评定的结果，提出改善经营管理的建议。评价的过程，也是肯定成绩、发现问题的过程，其建议往往是根据存在问题提出的，以利于被审计单位克服缺点、纠正错误、改进工作。在现代审计实务中，内部审计最能体现审计的经济评价职能。

第四节 审计的分类

一、审计的分类

可以从不同的角度对审计加以考察，从而作出不同的分类。对审计进行合理分类，有利于加深对审计的认识,从而有效地组织各类审计活动,充分发挥审计的积极作用。

(一)审计的基本分类

1. 按审计主体不同分类

审计的主体是指执行审计的专职机构或专职人员,即审计活动的执行者。按审计主体的不同,可以将审计划分为政府审计、注册会计师审计和内部审计。

(1)政府审计

政府审计是由政府审计机关代表国家依法进行的审计,在我国一般称为国家审计。我国国家审计机关包括国务院设置的审计署及其派出机构和地方各级人民政府设置的审计厅(局)两个层次。国家审计机关依法独立行使审计监督权,对国务院各部门和地方人民政府、国家财政金融机构、国有企事业单位以及其他有国有资产的单位的财政、财务收支及其经济效益进行审计监督。各国政府审计都具有法律所赋予的履行审计监督职责的强制性。

(2)注册会计师审计

注册会计师审计是由注册会计师接受委托有偿进行的审计活动,也称为独立审计、民间审计或社会审计。在我国注册会计师审计是由经政府有关部门审核批准的注册会计师组成的会计师事务所进行的审计,会计师事务所是注册会计师的工作机构,注册会计师必须加入会计师事务所才能接受委托办理业务。会计师事务所不附属于任何机构,自收自支、独立核算、自负盈亏、依法纳税,因此,在业务上具有较强的独立性、客观性和公正性,并且为社会所认可。

(3)内部审计

内部审计是指由本单位内部专门的审计机构和人员对本单位财务收支和经济活动实施的独立审查和评价,审计结果向本单位主要负责人报告。这种审计具有显著的建设性和内向服务性,其目的在于帮助本单位健全内部控制、改善经营管理、提高经济效益。在西方国家,内部审计被普遍认为是企业总经理的耳目、助手和顾问。1999 年,国际内部审计师协会(IIA)理事会通过了新的内部审计定义,指出:"内部审计是一项独立、客观的保证和咨询顾问服务。它以增加价值和改善营运为目标,通过系统、规范的手段来评估风险、改进风险的控制和组织的治理结构,以达到组织的既定目标。"

2. 按审计的目的和内容不同分类

按审计目的和内容的不同,可以将审计分为财务报表审计、经营审计和合规性审计。

(1)财务报表审计

财务报表审计的目的是注册会计师通过执行审计工作,对财务报表是否按照规定的标准编制发表审计意见。规定的标准通常是企业会计准则和相关会计制度。当然,对按照计税基础、收付实现制基础或监管机构的报告要求编制的财务报表,注册会计师进行审计也较普遍。财务报表通常包括资产负债表、利润表、现金流量表、所有者权益(或股东权益)变动表以及财务报表附注。

(2)经营审计

经营审计是注册会计师为了评价被审计单位经营活动的效率和效果,而对其经营程序和方法进行的评价。在经营审计结束后,注册会计师一般要向被审计单位管理层提出经营管理的建议。在经营审计中,审计对象不限于会计,还包括组织机构、计算机系统、生产方法、市场营销以及注册会计师能够胜任的领域。在某种意义上,经营审计更像是管理咨询。

(3)合规性审计

合规性审计的目的是确定被审计单位是否遵循了特定的程序、规则或条例。例如,确定会计人员是否遵循了财务主管规定的手续,检查工资率是否符合工资法规定的最低限额,或者审查与银行签订的合同,以确信被审计单位遵守了法定要求。合规性审计的结果通常报送被审计单位管理层或外部特定使用者。

(二)审计的其他分类

1.按审计时间不同分类

按审计实施时间相对于被审单位经济业务发生的前后分类,审计可分为事前审计、事中审计和事后审计。

(1)事前审计

事前审计是指在被审单位经济业务实际发生以前进行的审计。这实质上是对计划、预算、预测和决策进行审计,如国家审计机关对财政预算编制的合理性、重大投资项目的可行性等进行的审查;会计师事务所对企业盈利预测文件的审核;内部审计组织对本企业生产经营决策和计划的科学性与经济性、经济合同的完备性进行的评价等。开展事前审计,有利于被审单位进行科学决策和管理,保证未来经济活动的有效性,避免因决策失误而遭受重大损失。

(2)事中审计

事中审计是指在被审单位经济业务执行过程中进行的审计。例如,对费用预算、经济合同的执行情况进行审查。通过这种审计,能够及时发现和反馈问题,尽早纠正偏差,从而保证经济活动按预期目标合法、合理和有效地进行。

(3)事后审计

事后审计是指在被审单位经济业务完成之后进行的审计。大多数审计活动都属于事后审计。事后审计的目标是监督经济活动的合法合规性,鉴证企业会计报表的真实公允性,评价经济活动的效率和效果。

2.按实施审计的周期性不同分类

按实施审计的周期性不同分类,审计可分为定期审计和不定期审计。

(1)定期审计

定期审计是审计机构按照预定的间隔周期进行的审计,审查的对象主要是单位的财务报表和决算资料等。实行定期审计,有利于审计工作的经常化、制度化。如注册会计师对股票上市公司年度会计报表进行的每年一次审计、国家审计机关每隔几年对行政事业单位进行的财务收支审计等。

(2)不定期审计

不定期审计是审计机构出于需要而临时安排进行的审计,如国家审计机关对被审单位存在的严重违反财经法规行为突击进行的财经法纪专案审计;会计师事务所接受企业委托对拟收购公司的会计报表进行的审计;内部审计机构接受总经理指派对某分支机构经理人员存在的舞弊行为进行审查等。

3.按审计执行地点不同分类

按审计执行地点不同分类,审计可分为报送审计和就地审计。

(1)报送审计

报送审计也称送达审计,是指被审计单位按照审计机关的要求,将需要审查的全部资料,按时送交审计机关所进行的审计。实行报送审计,有助于审计机关对被审计单位进行经常性的审计监督,并有助于严肃财经纪律,提高审计机关的权威性。

(2)就地审计

就地审计是指审计机构委派审计人员到被审单位进行现场审计,以全面调查和掌握被审计单位的情况,作出准确的审计结论。

第五节 政府审计

一、政府审计的概念

政府审计是由政府审计机关代表政府依法进行的审计。政府审计主要监督检查各级政府及其部门的财政收支及公共资金的收支、运用情况。根据《中华人民共和国国家审计基本准则》中的阐述:“审计机关依法对国务院各部门和地方人民政府及其各部门的财政收支,国有金融机构和企业事业组织的财务收支,以及其他依法应当接受审计的财政收支、财务收支的真实、合法、效益进行审计监督。”最初的政府审计是随着国家管理事务中经济责任关系的形成,为了促使经济责任的严格履行而诞生的。现代意义上的政府审计是近代民主政治发展的产物。按照民主政治的原则,人民有权对国家事务和人民财产的管理进行监督。因此,各级政府机构和官员在受托管理全民所有的公共资金和资源的同时,还要受到严格的经济责任制度的约束。这种约束方式就表现为政府审计机构对受托管理者的经济责任进行监督。因此,政府审计担负的是全民财产的审计责任。

二、政府审计机构的模式

目前世界各国政府建立的政府审计机构,因领导关系不同而大体分为五种模式:

1. 立法模式

政府审计机构由议会直接领导,依照国家法律赋予的权限,对各级政府机关的财政收支,以及国有企业、事业单位的财务收支和有关经济活动进行审计。如美国总审计署、英国国家审计署、加拿大审计公署等,它们独立行使职权,对国会或议会负责,不受行政当局的控制和干涉,审计的独立性、权威性较强。

立法模式的审计机构由于隶属于立法部门,不受行政管理当局的干涉,因而能独立行使监督权,独立性较强,审计范围广,审计职能亦能得到充分的发挥。但需要强有力的立法机构体系和完善的立法程序,才能发挥作用。

2. 司法模式

司法模式是指国家最高审计机构隶属于司法部门,具有司法性质,拥有最终判决权。此模式下的审计机构一般以审计法院的形式存在,其机构和人员的设置也参照司法机关的模式,设有法庭、法官和检察官,享有司法地位,有权对违反规定的情况进行相应的处理、处罚,使得审计机关具有很高的权威性。这种模式在西欧和南美的一些国家应用得较为普遍,如法国、意大利、土耳其、摩洛哥、巴西、葡萄牙等。

司法模式的审计机构属于司法系列，审计部门具有很高的权威性，独立性也较强，有效保证了政府审计机构的稳定性及审计工作的顺利开展。但其作用的发挥往往受到业务量等多方面的限制，较适用于中小国家。

3. 行政模式

行政模式是国家最高审计机关隶属于政府行政部门，审计机关是国家行政机构的一部分，其根据政府所赋予的职责权限执行审计业务，向政府负责并报告工作。泰国、巴基斯坦、芬兰、俄罗斯等少数国家目前实行的就是这种模式。

行政模式的国家审计机构虽然独立性较弱，但由于其隶属于国家行政部门，在政府的领导下，便于更好地组织与协调审计工作，更好地履行经济监督职能，维护国家经济秩序的正常运转。审计机构往往兼负其他行政监督职能，审计监督具有广泛性和直接性，但其独立性受到一定的限制。

4. 独立模式

独立模式是指国家最高审计机关不隶属于任何权力部门，独立于立法、司法、行政部门之外，单独形成国家政权的一个分支，按法律赋予的职权独立地开展审计工作，直接对法律负责的一种审计模式。这种模式形式上独立于立法、行政、司法之外，实质上更侧重于服务立法部门。目前实行这一模式的国家主要有日本、德国、荷兰、菲律宾、孟加拉、丹麦等国。

独立模式的审计机构只对法律负责，审计机构可以不受任何干涉地履行职责，因此其最大的特点就是独立性极强，能够得出客观、公正的审计判断，为立法、行政、司法等部门提供有价值的信息及建议。国家审计机构自成体系，地位独立，虽然同时向立法和行政部门提供服务，但更侧重于立法部门，具有较强的宏观服务职能。

5. 财政模式

财政模式的审计机构隶属于财政部，不过国家法律规定它必须向议会报告工作，这样就提高了它的独立性和权威性。如瑞典的国家审计局就是财政的特别机构，一般来说，财政部门领导模式下的审计机构的独立性相对较弱。

三、我国政府审计机构

根据《中华人民共和国宪法》的规定，我国实施的政府审计是行政审计模式，即政府审计机构是设立在国务院及各级政府之下，由国务院及各级政府直接领导的。审计署是我国最高的国家审计机构，在国务院总理的领导下，主管全国的审计工作，对国务院负责并向其汇报工作。县级以上的地方各级人民政府设立审计机构，地方各级审计机构依照法律规定独立行使审计监督权，对本级人民政府和上一级审计机构负责。

政府审计的主要特点是法定性和强制性，拥有和管理国有资产的单位，都必须依法接受国家审计的监督。审计机关作出的审计决定，被审计单位和有关人员必须执行。审计决定涉及其他有关单位的，这些单位应当协助执行。

四、我国政府审计人员

我国政府审计人员是指在各级政府审计机关中从事审计的领导人员和专业人员。政府审计人员基本上属于国家公务员，他们的职称一般分为高级审计师、审计师和助理审计师三级。

我国审计署的审计长是领导和组织全国审计工作的最高行政长官，是国务院的组成成员之一,根据我国法律,其人选必须由国务院总理提名并经全国人民代表大会表决通过,由国家主席任免,审计署副审计长由国务院任免。地方各级审计机关负责人是本级政府的组成成员,由本级人民代表大会任免,其副职由本级人民政府任免。政府审计专业人员主要由熟悉会计、财务、审计、税务等业务的专职人员构成,同时由于政府审计的范围和内容极其广泛,因此,政府审计人员也包括一部分工程技术、法律和计算机专业的人员,必要时也可通过聘请兼职人员来满足某些特殊审计项目的需要。

第六节 注册会计师审计

一、注册会计师审计的概念

注册会计师审计是由经政府有关部门审核批准的注册会计师组成的会计师事务所进行的审计,也称为独立审计、社会审计或民间审计。在我国,会计师事务所是注册会计师的工作机构,注册会计师必须加入会计师事务所才能接受委托办理业务。会计师事务所不附属于任何机构,自收自支、独立核算、自负盈亏、依法纳税,因此,在业务上具有较强的独立性、客观性和公正性,并且为社会所认可。

国际会计师联合会(IFAC)下设的国际审计与鉴证准则理事会(IAASB)将注册会计师审计概念描述为:“财务报表审计的目标是使审计师(有时也指其所在的会计师事务所,下同)能够对财务报表是否在所有重大方面按照确定的财务报告框架编制发表意见。”

美国注册会计师协会(AICPA)在《审计准则说明书》第1号中,对审计概念描述为:“独立注册会计师对财务报表的审计目标是对财务报表是否按照公认会计原则在所有重大方面公允地反映财务状况、经营成果和现金流量发表意见。”

2010年11月1日修订的《中国注册会计师审计准则第1101号——注册会计师的总体目标和审计工作的基本要求》对审计概念描述为:“在执行财务报表审计工作时,注册会计师的总体目标是:(一)对财务报表整体是否不存在由于舞弊或错误导致的重大错报获取合理保证,使得注册会计师能够对财务报表是否在所有重大方面按照适用的财务报告编制基础编制发表审计意见;(二)按照审计准则的规定,根据审计结果对财务报表出具审计报告,并与管理层和治理层沟通。”

注册会计师,是指取得注册会计师证书并在会计师事务所执业的人员,通常是指项目合伙人或项目组其他成员,有时也指其所在的会计师事务所。

二、注册登记

(一)报考条件

根据《注册会计师法》及《注册会计师全国统一考试办法》的规定,具有下列条件之一的中国公民,可报名参加考试:

(1)高等专科以上学历;

(2)会计或者相关专业(指审计、统计、经济)中级以上专业技术职称。

(二)考试科目

注册会计师考试划分为专业阶段考试和综合阶段考试。考生在通过专业阶段考试的全部科目后,才能参加综合阶段考试。

专业阶段考试科目包括会计、审计、财务成本管理、公司战略与风险管理、经济法、税法6个科目;考试分为主观题和客观题两种题型。专业考试每科60分及以上者为单科合格,单科成绩合格者,其合格成绩在取得单科成绩合格凭证后的连续4次考试中有效。专业阶段考试全科合格者,可以参加综合阶段考试。

综合阶段考试设职业能力综合测试1个科目,主要为主观题型。综合测试合格者,取得由全国考试委员会统一印制的全科合格证书。取得全科合格证书后,便可申请加入中国注册会计师协会成为非执业会员。参加注册会计师全国统一考试成绩合格,并在中国境内从事审计业务工作2年以上者,可以向各省、自治区、直辖市注册会计师协会申请成为执业注册会计师。省级注册会计师协会负责注册会计师的审批,受理的注册会计师协会应当批准符合法律规定条件的申请人的注册,并报财政部备案。

除有规定的不予注册的情形外,受理申请注册的省级注册会计师协会应当准予注册。不予注册的情形有:

(1)不具有完全民事行为能力的;

(2)因受刑事处罚的;

(3)因在财务、会计、审计、企业管理或者经济管理工作中犯有严重错误受行政处罚、撤职以上处分的;

(4)自行停止执行注册会计师业务满1年的。

三、注册会计师业务范围

根据《中华人民共和国注册会计师法》的规定,注册会计师依法承办审计业务和会计咨询、会计服务业务。此外,注册会计师还根据委托人的委托,从事审阅业务、其他鉴证业务和相关服务业务。

(一)鉴证业务

1. 审计业务

(1)审查企业财务报表,出具审计报告

为了有效制止和防范利用财务报表弄虚作假,提高财务报表质量,国家依法实行企业年度财务报表审计制度。

《公司法》要求各类公司依法接受注册会计师的审计。随着我国社会主义市场经济体制的确立与发展,政府不再直接管理企业,逐渐将一些管理职能移交给社会中介机构。而且,随着财务报表使用者日渐增多,注册会计师需要通过分析财务会计报告据以作出经济决策,因此最为关心财务会计报告的合法性、公允性。注册会计师的职能之一就是通过对财务报表进行审计,为社会提供鉴证服务。

(2)验证企业资本,出具验资报告

根据《公司法》《公司登记管理条例》等法律、法规的规定,公司及其他企业在设立审批时,必须提交注册会计师出具的验资报告。验资是指注册会计师接受委托,对被审计单位注册资本实收情况或注册资本的变更情况进行审验,并出具验资报告。公司及其他企业申请变更注册资本时,也要提交验资报告。因此,验资业务成为注册会计师审计业务的重要组成部分。

(3)办理企业合并、分立、清算事宜中的审计业务,出具有关的报告

企业合并、分立或终止清算时,应当分别编制合并、分立财务报表以及清算财务报表。为了帮助财务报表使用人确立对这些报表的信赖程度,企业需要委托注册会计师对其编制的财务报表进行审计。在这些财务报表的审计过程中,注册会计师同样应当审查形成财务报表的所有会计资料及其反映的经济业务,并关注合并、分立及清算过程中出现的特定事项。

(4)法律、行政法规规定的其他审计业务

在实际工作中,注册会计师还可根据国家法律、行政法规的规定接受委托,对以下特殊目的业务进行审计:①按照特殊目的编制基础编制的财务报告;②财务报表的组成部分;③合同的遵守情况;④简要财务报表。这些业务的办理需要注册会计师具备和运用相关的专门知识,注意处理问题的特殊性。

2. 审阅业务

《中国注册会计师审阅准则第2101号——财务报表审阅》规定财务报表审阅的目标,是注册会计师在实施审阅程序的基础上,说明是否注意到某些事项,使其相信财务报表没有按照适用的会计准则和相关会计制度的规定编制,未能在所有重大方面公允反映被审阅单位的财务状况、经营成果和现金流量。

由于实施审阅程序不能提供在财务报表审计中要求的所有证据,审阅业务对所审阅的财务报表不存在重大错报提供有限保证,注册会计师应当以消极方式提出结论。有限保证的鉴证业务在证据收集程序的性质、时间、范围等方面是有意识地加以限制的。例如,财务报表审阅业务是一项有限保证的鉴证业务,在该业务中,注册会计师主要通过询问和分析程序来获取充分、适当的证据。

3. 其他鉴证业务

目前,在全球范围内,注册会计师服务领域不断扩展,除了审计和审阅业务外,注册会计师还承办其他鉴证业务,中国注册会计师协会在借鉴国际准则的体系和《国际鉴证业务准则第3000号——除历史财务信息审计或审阅以外的鉴证业务》的基础上,起草了《中国注册会计师其他鉴证业务准则第3101号——历史财务信息审计或审阅以外的鉴证业务》,并由财政部发布。例如,内部控制审核、预测性财务信息的审核、网域认证和系统鉴证等,这些鉴证业务可以增强使用者的信赖程度。

鉴证业务属于注册会计师的法定业务,非注册会计师不得承接。对于执行鉴证业务出具的鉴证报告,具有法定证明力,承办鉴证业务的注册会计师及其所在的会计师事务所对此应承担相应的法律责任。

(二)相关服务业务

相关服务包括对财务信息执行商定程序、代编财务信息、税务服务、管理咨询以及会计服务等。

1. 对财务信息执行商定程序

对财务信息执行商定程序是注册会计师对特定财务数据、单一财务报表或整套财务报表等财务信息执行与特定主体商定的具有审计性质的程序,并就执行的商定程序及其结果出具报告。

2. 代编财务信息

代编财务信息是注册会计师运用会计而非审计的专业知识和技能，代客户编制一套完整或非完整的财务报表，或代为收集、分类和汇总其他财务信息。

3. 税务服务

税务服务包括税务代理和税务策划。税务代理是注册会计师接受企业或个人委托，为其填制纳税申报表，办理纳税事项。税务策划是由于纳税义务发生范围和时间不同，注册会计师从客户利益出发，代替纳税义务人设计可替代或不同结果的纳税方案。包括所得税、财产税、遗产税等诸多税种的纳税筹划。

4. 管理咨询

管理咨询服务是注册会计师与非注册会计师激烈竞争的一个领域。从20世纪50年代起，注册会计师的管理咨询服务收入开始增长，并保持了强劲的增长势头。其原因主要是：首先，管理咨询服务是增值服务；其次，企业内部结构重组给注册会计师带来了无限商机。最近几年，大型会计师事务所越来越明显地成为管理咨询服务的主要提供者。管理咨询服务范围很广，主要包括对公司治理结构、信息系统、预算管理、人力资源管理、财务会计、经营效率、效果和效益等提供诊断及专业意见与建议。

5. 会计服务

注册会计师提供的会计咨询和会计服务业务，除了代编财务信息外，还包括对会计政策的选择和运用提供建议、担任常年会计顾问等。注册会计师执行的会计咨询和会计服务业务属于服务性质，是所有具备条件的中介机构甚至个人都能够从事的非法定业务。

四、会计师事务所的组织形式

会计师事务所是注册会计师依法承办业务的机构。综观注册会计师行业在各国的发展，会计师事务所主要有独资、普通合伙、有限责任公司制、有限责任合伙制和中国式特殊普通合伙五种组织形式。我国会计师事务所分为合伙会计师事务所和有限责任会计师事务所及特殊普通合伙三种形式。

（一）独资会计师事务所

独资会计师事务所又称个人会计师事务所，由具有注册会计师执业资格的个人独立开业，承担无限责任。它的优点是，对执业人员的需求不多，容易设立，执业灵活，能够在代理记账、代理纳税等方面很好地满足小型企业对注册会计师服务的需求，虽承担无限责任，但实际发生风险的程度相对较低。缺点是无力承担大型业务，缺乏发展后劲。

（二）普通合伙会计师事务所

普通合伙会计师事务所是由两位或两位以上合伙人组成的合伙组织。合伙人以各自的财产对会计师事务所的债务承担无限连带责任。它的优点是，在风险牵制和共同利益的驱动下，促使会计师事务所强化专业发展，扩大规模，提高规避风险的能力。缺点是建立一个跨地区、跨国界的大型会计师事务所要经历一个漫长的过程。同时，任何一个合伙人在执业中的失误舞弊行为，都可能给整个会计师事务所带来灭顶之灾，使之一日之间土崩瓦解。我国目前规定会计师事务所可以由注册会计师合伙设立。合伙会计师事务所是由两名以上符合规定条件的合伙人，以书面协议形式，共同出资、共同执业，以各自财产对事务所的债务承担连带责任的会计师事务所。合伙设立的会计师事务所的债务，由合伙人按照出资比例或者协议约定，以各自的财产承担责任。合伙人对会计师事务所的债务承担连带责任。

（三）有限责任会计师事务所

有限责任会计师事务所由执业注册会计师认购会计师事务所的股份，并以其所认购的股份对会计师事务所承担有限责任。会计师事务所以其全部资产对其债务承担有限责任。它的优点是，可以通过股份制形式迅速聚集一批注册会计师，建立规模型大所，承办大型业务。缺点是降低了风险责任对执业行为的高度制约，弱化了注册会计师的个人责任。我国允许设立有限责任会计师事务所。

（四）有限责任合伙会计师事务所

有限责任合伙会计师事务所又称特殊的普通合伙会计师事务所，最明显的特征是合伙人只需承担有限责任，无过失的合伙人对于其他合伙人的过失或不当执业行为以自己在事务所的财产为限承担责任，不承担无限责任，除非该合伙人参与了过失或不当执业行为。它最大的特征是在于既融入了合伙制和有限责任公司制会计师事务所的优点，又摒弃了它们的不足。有限责任合伙制会计师事务所已成为当今注册会计师职业界组织形式发展的一大趋势。

（五）中国式特殊普通合伙会计师事务所

我国现行的特殊普通合伙会计师事务所，在性质上相当于西方国家的有限责任合伙制会计师事务所。2010 年 7 月，财政部、国家工商行政管理总局联合发布了《关于推动大中型会计师事务所采用特殊普通合伙组织形式的暂行规定》，该规定指出：

采用特殊普通合伙组织形式的会计师事务所，一个合伙人或者数个合伙人在执业活动中因故意或者重大过失造成合伙企业债务的，应当承担无限责任或者无限连带责任，其他合伙人以其在合伙企业中的财产份额为限承担责任。合伙人在执业活动中非因故意或者重大过失造成的合伙企业债务以及合伙企业的其他债务，由全体合伙人承担无限连带责任。

大型会计师事务所应当于 2010 年 12 月 31 日前转制为特殊普通合伙组织形式；鼓励中型会计师事务所于 2011 年 12 月 31 日前转制为特殊普通合伙组织形式。

大型会计师事务所是指在人才、品牌、规模、技术标准、执业质量和管理水平等方面居于行业领先地位，能够为我国企业“走出去”提供国际化综合服务，行业排名前 10 位左右的会计师事务所。

中型会计师事务所是指在人才、品牌、规模、技术标准、执业质量和管理水平等方面具有较高水准，能够为大中型企事业单位、上市公司提供专业或综合服务，行业排名前 200 位左右的会计师事务所（不含大型会计师事务所）。

会计师事务所转制为特殊普通合伙组织形式，应当有 25 名以上符合本办法第六条规定的合伙人、50 名以上的注册会计师，以及人民币 1 000 万元以上的资本。

从国际惯例来看，会计师事务所的执业登记都由注册会计师行业主管机构统一负责。会计师事务所必须经过主管机关或注册会计师协会的批准登记并由注册会计师协会予以公告。独资会计师事务所和普通合伙会计师事务所经过这个程序即可开业，有限责任会计师事务所一般还应进行公司登记。

五、会计师事务所设立条件

1. 设立合伙会计师事务所，应当具备下列条件：

（1）有2名以上的合伙人；

（2）有书面合伙协议；

（3）有会计师事务所的名称；

（4）有固定的办公场所。

2. 设立有限责任会计师事务所，应当具备下列条件：

（1）有5名以上的股东；

（2）有一定数量的专职从业人员；

（3）有不少于人民币30万元的注册资本；

（4）有股东共同制定的章程；

（5）有会计师事务所的名称；

（6）有固定的办公场所。

3. 会计师事务所的合伙人或者股东，应当具备下列条件：

（1）持有中华人民共和国注册会计师证书（以下简称"注册会计师证书"）；

（2）在会计师事务所专职执业；

（3）成为合伙人或者股东前3年内没有因为执业行为受到行政处罚；

（4）有取得注册会计师证书后最近连续5年在会计师事务所从事下列审计业务的经历，其中在境内会计师事务所的经历不少于3年：

①审查企业会计报表，出具审计报告；

②验证企业资本，出具验资报告；

③办理企业合并、分立、清算事宜中的审计业务，出具有关的报告；

④法律、行政法规规定的其他审计业务。

（5）成为合伙人或者股东前1年内没有因采取隐瞒或提供虚假材料、欺骗、贿赂等不正当手段申请设立会计师事务所而被省级财政部门作出不予受理、不予批准或者撤销会计师事务所的决定。

六、注册会计师协会

中国注册会计师协会（The Chinese Institute of Certified Public Accountants，CICPA），于1988年11月15日成立。根据《注册会计师法》，中国注册会计师协会是中国注册会计师行业的全国组织，接受财政部、民政部的监督、指导。省、自治区、直辖市注册会计师协会是注册会计师行业的地方组织。

中国注册会计师协会的宗旨是服务、监督、管理、协调，即以诚信建设为主线，服务本会会员，监督会员执业质量、职业道德，依法实施注册会计师行业管理，协调行业内、外部关系，维护社会公众利益和会员合法权益，促进行业健康发展。

（一）中国注册会计师协会会员

中国注册会计师协会的会员分为个人会员和团体会员。会员入会均须履行申请和登记手续。

1. 个人会员

凡参加注册会计师全国统一考试全科合格并经申请批准者和依照规定原考核取得本会会员资格者,为中国注册会计师协会的个人会员。个人会员分为执业会员和非执业会员。其中,依法取得中国注册会计师执业证书的,为执业会员。对注册会计师行业作出重大贡献的境内外有关知名人士,经有关方面推荐,由理事会批准,可授予中国注册会计师协会名誉会员称号。中国注册会计师协会的个人会员除享有权利,还应履行义务。会员拒不履行义务的,以及不再具备会员资格的,理事会可劝其退会或予以除名。

2. 团体会员

依法批准设立的会计师事务所,为中国注册会计师协会的团体会员。设立团体会员是因为考虑目前我国法律规定,注册会计师必须加入会计师事务所才能接受委托承办业务。会计师事务所作为协会的团体会员,便于协会对其实施有效的监督,也便于会计师事务所向协会反映工作中的意见和建议。

(二)协会权力机构和常设办事机构

1. 会员代表大会

中国注册会计师协会最高权力机构为全国会员代表大会。全国会员代表大会每五年举行一次,必要时,由本会理事会决定延期或提前举行,延期召开全国会员代表大会的期限不得超过一年。

全国会员代表大会代表采取选举、协商和特邀的办法产生,其产生办法由上一届理事会决定。

2. 理事会与常务理事会

全国会员代表大会选举理事若干人组成本会理事会。每届理事会任期五年,理事可以连选连任。理事会会议每年举行一次,必要时,可以提前或推迟召开。理事会对全国会员代表大会负责。

理事会选举会长1人、副会长若干人、常务理事若干人。会长、副会长、常务理事的任期与理事相同。理事会可聘请名誉会长若干人。常务理事会于理事会闭会期间行使理事会职权。

3. 常设执行机构

中国注册会计师协会设秘书处,为本会常设执行机构。秘书处负责具体落实本会会员代表大会、理事会、常务理事会的各项决议、决定,承担本会的日常工作。

本会设秘书长1人、副秘书长若干人。秘书长和副秘书长由财政部推荐,理事会表决通过。秘书长为本会的法定代表人。秘书长主持秘书处日常工作,副秘书长协助秘书长工作。秘书处各职能部门的设置,由秘书长提出方案,经理事会审议后,报财政部批准。

4. 专门委员会与专业委员会

理事会设若干专门委员会。专门委员会是理事会履行职责的专门工作机构,对理事会负责。理事会设若干专业委员会。专业委员会负责处理行业发展中的专业技术问题,对理事会负责。

各专门委员会、专业委员会的设置、调整、具体职责和运作规则,以及委员的聘任和解聘,由秘书长提出方案,理事会批准。

5. 地方注册会计师协会

各省、自治区、直辖市注册会计师协会是中国注册会计师协会的地方组织,其章程由当地会员代表大会依法制定,并报中国注册会计师协会和当地政府主管行政机关备案。省、自治区以下成立注册会计师协会,须经省级注册会计师协会批准,报中国注册会计师协会备案,其组织运行、职责权限,依照国家法律、行政法规及所在地省级协会的规定办理。

第七节 内部审计

一、内部审计的概念

内部审计是由各部门、各单位内部设置的专门机构或人员实施的审计。它是随着企业规模的扩大、内部分级管理的出现而逐步形成的。1999 年 6 月国际内部审计师协会正式颁布了《内部审计实务框架》。国际内部审计师协会在最新的《内部审计定义》中将内部审计定义为:"内部审计是一项独立、客观的鉴证和咨询服务,其目标在于增加价值并改进组织的经营。它通过一套系统、规范的方法评价和改进风险管理、控制和治理过程的效果,以帮助组织达到目标。"

中国内部审计师协会发《中国内部审计准则 2013 版第 1101 号——内部审计基本准则》中所指内部审计,是一种独立、客观的确认和咨询活动,它通过运用系统、规范的方法,审查和评价组织的业务活动、内部控制和风险管理的适当性和有效性,以促进组织完善治理、增加价值和实现目标。

现代企业内部审计工作主要涵盖以下内容:

(1)财务收支审计。主要是评价和监督企业是否做到资产完整、财务信息真实及经济活动收支的合规性、合理性及合法性,对会计记录和报表分析提供资料真实性和公允性证明。

(2)经济责任审计。主要是评价企业内部机构、人员在一定时期内从事的经济活动,以确定其经营业绩、明确经济责任,这里包括领导干部任期经济责任审计和年度经济责任审计。

(3)经济效益审计。审计重点是在保证社会效益的前提下以实现经济效益的程序和途径为内容,对企业的经营效果、投资效果、资金使用效果做出判断和评价,其中基建工程预决算审计应为重中之重。

(4)内部控制制度评审。主要是对企业内部控制系统的完整性、适用性及有效性进行评价。

(5)开展明晰产权的审计。审计明晰其产权归属,避免造成国有资产、集体资产流失或其他有损企业利益的行为。

(6)其他审计。结合企业自身行业特点,开展对经营、管理等方面的审计工作。

二、内部审计机构

内部审计机构是指部门或单位内部设置的相对独立的审计机构,它是我国审计组织体系的一个重要组成部分。

(一)内部审计机构的分类

内部审计主要监督检查本部门、本单位的财务收支和经营管理活动。目前世界各国内部审计机构的设置因领导关系不同而大体分为三种类型:

(1)受本单位总会计师或主管财务的副总经理领导;

(2)受本单位总经理领导;

(3)受本单位董事会领导。

从审计的独立性、权威性来讲,领导层次越高,越有保障。我国目前的内部审计部门一般由本部门、本单位的主要负责人领导,业务上接受当地政府审计机构或上一级主管部门审计机构的指导。相对外部审计而言,内部审计的独立性较弱。

(二)我国内部审计机构

我国的内部审计机构,是根据《中华人民共和国审计法》设置的。《审计法》第29条规定:"国务院各部门和地方人民政府各部门、国有的金融机构和企事业组织,应当按照国家有关规定,建立健全内部审计制度。"修订后的会计法,也强调大中型国有企业要设立审计机构。我国的内部审计机构包括部门内部审计机构和单位内部审计机构。

(1)部门内部审计机构,是国务院和县级以上地方各级人民政府各部门,根据审计业务的需要设置的审计机构。这些审计机构在本部门负责人的领导下开展工作,对本部门及下属单位进行内部审计,同时业务上接受同级审计机关的指导。

(2)单位内部审计机构,是大中型国有企业、大型基建项目的建设单位、国有金融企业和财务收支金额较大的全民所有制事业单位,根据审计业务的需要设置的机构。这些审计机构在本单位负责人、上一级内部审计机构和同级国家审计机关指导下开展审计工作,对本单位及下属单位的财务收支及经济效益等进行审计监督。审计业务不多的小型企业,也可不设内部审计机构,只需指定专人负责审计工作即可。

三、内部审计人员

内部审计人员是指在单位内部专门从事审计工作的人员,由于内部审计的独立性相对较弱,这就使得内部审计机构对审计人员的素质要求更高,尤其是在职业道德方面更显重要。

内部审计人员的配置数量、知识结构的要求以及工作范围等,在很大程度上取决于设置内部审计机构的要求。但对内部审计机构的负责人的任免与调动,必须征得上级主管部门和审计机构的同意。内部审计人员的构成也包括一部分工程技术、法律和计算机专业的人员,同时这些人员更应熟悉本单位、本部门的管理制度、生产特点、工艺流程等,才能够较好地发挥内部审计的作用。

内部审计机构和审计人员的主要工作职责,是对本部门或本单位的财政财务收支、经营管理活动等进行审核和评价,查明其真实性、正确性、合法性、合规性和有效性,提出意见和建议。

小提示

CIA是国际注册内部审计师(Certified Internal Auditor)的英文简称,它不仅是国际内部审计领域专家的标志,也是目前国际审计界唯一公认的职业资格。CIA需经国际内部审计师协会(Institute of Internal Auditors,简称IIA)组织的考试取得。

IIA 自 1974 年起在全球指定地点举行注册内部审计师资格考试，给考试合格者颁发注册内部审计师证书，授予“注册内部审计师”称号。1998 年中国内部审计师协会与 IIA 签订协议，将 IIA 在国际上举办的国际注册内部审计师考试引入中国，并取得成功。中国内部审计师协会负责全国国际注册内部审计师资格考试的组织领导和协调工作，负责与国际内部审计师协会的联系和协调工作，并向其报告考试工作情况。设考点的省、自治区和直辖市内部审计师协会负责本考点的国际注册内部审计师资格考试的组织领导和协调工作。

本章小结

1. 不同的审计有其不同的发展历程，政府审计最早产生，其次是注册会计师审计。在我国政府审计源远流长，而注册会计师审计和现代内部审计却起步较晚。

2. 审计经过不断的完善和发展，至今已经形成一套比较完备的科学体系，种类多，包括基本分类和其他分类；职能完善，包括经济鉴证职能、经济监督职能、经济评价职能。

3. 政府审计、注册会计师审计和内部审计分别有其不同的含义、机构设置和人员配备。

复习思考题

1. 简述审计、政府审计、注册会计师审计和内部审计的概念。

2. 简述西方注册会计师审计的产生和发展。

3. 简述中国政府审计的产生和发展。

第二章 注册会计师职业道德与法律责任

学习目标

1. 理解并掌握注册会计师职业道德基本原则的基本规定；

2. 理解并掌握注册会计师职业道德概念框架的运用；

3. 理解导致注册会计师法律责任的原因和注册会计师可能承担的法律责任。

引导案例

安然公司成立于1985年，是由美国休斯敦天然气公司和北方内陆天然气公司合并而成，公司总部设在美国得克萨斯州的休斯敦，首任董事长兼首席执行官为肯尼斯·雷，他既是安然公司的主要创立者，又是安然公司创造神话并在后来导致危机的关键人物。安然公司在肯尼斯·雷的领导下，从名不见经传的一家普通天然气经销商，逐步发展成为世界上最大的天然气采购商和出售商。

从1990年到2000年的10年间，安然公司的销售收入从59亿美元上升到了1 008亿美元，净利润从2.02亿美元上升到9.79亿美元，其股票成为众多证券评级机构的推荐对象和众多投资者的追捧对象。2000年8月，安然股票攀升至历史最高水平，每股高达90.56美元，与此同时，评级媒体对安然公司也宠爱有加。2000年，在美国《财富》杂志的"美国500强"大排队中位列第7名，在世界500强中位列第16位，并在《财富》杂志的调查中连续6年荣获"最具创新精神的公司"称号。

2001年10月16日，安然公司公布第三季度的财务状况，宣布公司亏损总计达到6.18亿美元，在政府监管部门、媒体和市场的强大压力下，2001年11月8日，安然公司向美国证监会递交文件，承认做了假账，利用资本重组，形成庞大而复杂的企业组织，利用复杂的财务结构、错综复杂的关联交易虚构利润，利用财务制度上的漏洞隐藏债务等方式，从1997年到2001年间共虚报利润5.86亿美元，并且未将巨额债务入账。2001年11月28日，标准普尔公司将安然的评级由BBB－调低至B－，即垃圾股，并将安然从标准普尔成分股指数中剔除。与此同时，穆迪投资服务公司也宣布将安然公司的评级由Baa3调低至B2。2001年11月30日，安然股价跌至0.26美元，市值由峰值时的800亿美元跌至2亿美元。2001年12月2日，安然正式向破产法院申请破产保护，破产清单中所列资产价值高达498亿美元，成为当时美国历史上最大的破产企业。

安达信公司(Arthur Andersen)成立于1913年，由美国芝加哥大学教授阿瑟·安达信先生创建，自成立以来，一直以其稳健诚信的形象被公认为同行业中的"最佳精英"。1924年，统一所有办事处，确保以"同一声音"对外。1932年，在经济大萧条时期，安达信公司因帮助一家处在破产边缘的能源公司扭转了经营状况，开始得到业内外的尊重，不少全国性的银行和金融机构都聘请安达信做顾问。1979年，成为全球最大的会计专业服务公司，合伙人多达1 000多人。1987年正式进入中国市场，后在中国设立合作制会计师事务所——安达信华强会计师事务所。20世纪90年代以后，与普华永道(PWC)、毕马威(KPMG)、安永(E. Y)、德勤(D. T)一道成为全球最大的五大会计师事务所。1987 年以来,安达信不仅主营业务收入增长很快,而且不断拓展新的业务领域,在保持传统的审计和税务咨询业务的基础上,安达信还将其公司重新定位,开拓出企业财务、电子商务、人力资源服务、法律服务、风险咨询等业务。到 2001 年,安达信在全球 84 个国家和地区拥有 4 700 名合伙人、85 000 名员工,业务收入高达 93 亿美元。从安然成立时起,安达信就开始担任安然公司的外部审计工作。20 世纪 90 年代中期,安达信与安然签署了一项补充协议,安达信包揽安然的内部审计工作。不仅如此,安然公司的咨询业务也全部由安达信负责。接着,由安达信的前合伙人主持安然公司财务部门的工作,安然公司的许多高级管理人员也有不少是来自安达信。从此,安达信与安然公司结成牢不可破的关系。美国公众和媒体指责、怀疑安达信在安然事件中的不当做法主要有:

(1)安达信明知安然公司存在财务作假的情况而没有予以披露。安然公司长时间虚构盈利,以及隐藏数亿美元的债务,作为十多年来一直为安然公司提供审计和咨询服务、在会计行业声誉卓著的安达信不可能不知道内情。

(2)安达信承接的安然公司的业务存在利益冲突。安然为了降低成本,安达信为了增加收入,安达信不仅接管了安然多家公司的会计工作,包括在 1994 年至 1998 年受聘为安然内部审计师,并全面负责安然的咨询工作,同时,安达信又承担安然的审计工作,如 2001 年,安然向安达信支付的费用达 5 200 万美元,其中 2 500 万是审计费用,2 700 万是顾问费用,这种做法被指存在利益冲突。

(3)安然公司财务主管人员与安达信存在利害关系。安然公司数名掌管财务的高层来自安达信,如安然的会计主任加入公司前为安达信高级经理。安然的财务总监大学毕业后曾在安达信任审计经理。这种情况有损审计师的独立性。

(4)销毁文件,妨碍司法调查。安达信的一名合伙人在得知美国证监会将对安然公司展开调查后,下令销毁为数不少有关安然的文件和电子邮件,这种行为被指有违注册会计师的职业道德,并涉嫌妨碍司法调查。

(资料来源:http://wenku.baidu.com/view/14633e0c4a7302768e993990.html)

第一节 注册会计师职业道德

道德是一定社会为了调整人们之间以及个人和社会之间关系所提倡的行为规范的总和,它通过各种形式的教育和社会舆论的力量,使人们具有善和恶,荣誉和耻辱,正义和非正义等概念,并逐渐形成一定的习惯和传统,以指导或控制自己的行为。职业道德是某一职业组织以公约、守则等形式公布的,其会员(注册会计师协会会员,以下简称会员)自愿接受的职业行为标准。所谓注册会计师的职业道德,是指注册会计师的职业品德、职业纪律、执业能力及职业责任等的总称。

注册会计师的职业性质决定了其对社会公众应承担的责任。为使注册会计师切实担负起神圣的职责,为社会公众提供高质量的、可信赖的专业服务,在社会公众中树立良好的职业形象和职业信誉,就必须大力加强对注册会计师的职业道德教育、强化道德意识、提高道德水准。

一、注册会计师职业道德基本原则

(一)诚信

诚信,是指诚实、守信。也就是说,一个人言行与内心思想一致,不虚假;能够履行与别人的约定而取得对方的信任。诚信原则要求会员应当在所有的职业关系和商业关系中保持正直和诚实,秉公处事、实事求是。

会员如果认为业务报告、申报资料或其他信息存在下列问题,则不得与这些有问题的信息发生牵连:

(1)含有严重虚假或误导性的陈述;

(2)含有缺乏充分根据的陈述或信息;

(3)存在遗漏或含糊其辞的信息。

注册会计师如果注意到已与有问题的信息发生牵连,应当采取措施消除牵连。在鉴证业务中,如果注册会计师依据执业准则出具了恰当的非标准业务报告,不被视为违反上述要求。

(二)独立性

独立性是指不受外来力量控制、支配,按照一定之规行事。独立性原则通常是对执业注册会计师而非非执业注册会计师提出的要求。在执行鉴证业务时,注册会计师必须保持独立性;在执行非鉴证业务时,对注册会计师的独立性没有要求。

独立性是注册会计师执行鉴证业务的灵魂,因为注册会计师要以自身的信誉向社会公众表明,被审计单位的财务报表是真实与公允的。在市场经济条件下,投资者主要依赖财务报表判断投资风险,在投资机会中作出选择。如果注册会计师与客户之间不能保持独立,存在经济利益、关联关系,或屈从外界压力,就很难取信于社会公众。

为了规范注册会计师职业行为,指导注册会计师运用独立性概念框架,解决执行审计和审阅业务时遇到的独立性问题,制定了《中国注册会计师职业道德守则第 4 号——审计和审阅业务对独立性的要求》守则,守则中对注册会计师的独立性进行了定义:

注册会计师执行审计和审阅业务以及其他鉴证业务时,应当从实质上和形式上保持独立性,不得因任何利害关系影响其客观性。

(1)实质上的独立性。实质上的独立性是一种内心状态,使得注册会计师在提出结论时不受损害职业判断的因素影响,诚信行事,遵循客观和公正原则,保持职业怀疑态度。

(2)形式上的独立性。形式上的独立性是一种外在表现,使得一个理性且掌握充分信息的第三方,在权衡所有相关事实和情况后,认为会计师事务所或审计项目组成员没有损害诚信原则、客观和公正原则或职业怀疑态度。

如果无法采取适当的防范措施消除不利影响或将其降低至可接受的水平,注册会计师应当消除产生不利影响的情形,或者拒绝接受审计业务委托或终止审计业务。

(三)客观和公正

客观,是指按照客观事物的本来面目去考察,不添加个人的偏见。公正,是指公平,正直,不偏袒。客观和公正原则要求会员应当公正处事、实事求是,不得由于偏见、利益冲突或他人的不当影响而损害自己的职业判断。如果存在导致职业判断出现偏差,或对职业判断产生不当影响的情形,会员不得提供相关专业服务。

(四)专业胜任能力和应有的关注

专业胜任能力和应有的关注原则要求会员通过教育、培训和执业实践获取和保持专业胜任能力。会员应当持续了解并掌握当前法律、技术和实务的发展变化,将专业知识和技能始终保持在应有的水平,确保为客户提供具有专业水准的服务。

会员作为专业人士,在许多方面都要履行相应的责任,保持和提高专业胜任能力就是其中的重要内容。专业胜任能力是指会员具有专业知识、技能和经验,能够经济、有效地完成客户委托的业务。会员如果不能保持和提高专业胜任能力,就难以完成客户委托的业务。事实上,如果会员在缺乏足够的知识、技能和经验的情况下提供专业服务,就构成了一种欺诈。一个合格的会员,不仅要充分认识自己的能力,对自己充满信心,更重要的是,必须清醒地认识到自己在专业胜任能力方面存在的不足。如果会员不能认识到这一点,承接了难以胜任的业务,就可能给客户乃至社会公众带来危害。

会员在应用专业知识和技能时,应当合理运用职业判断。专业胜任能力可分为两个独立阶段:专业胜任能力的获取;专业胜任能力的保持。会员应当持续了解和掌握相关的专业技术和业务的发展,以保持专业胜任能力。持续职业发展能够使会员发展和保持专业胜任能力,使其能够胜任特定业务环境中的工作。

应有的关注,要求会员遵守执业准则和职业道德规范的要求,勤勉尽责,认真、全面、及时地完成工作任务。在审计过程中,会员应当保持职业怀疑态度,运用专业知识、技能和经验,获取和评价审计证据。同时,会员应当采取措施以确保在其授权下工作的人员得到适当的培训和督导。在适当情况下,会员应当使客户、工作单位和专业服务的其他使用者了解专业服务的固有局限性。

(五)保密

会员能否与客户维持正常的关系,有赖于双方能否自愿而又充分地进行沟通和交流,不掩盖任何重要的事实和情况。只有这样,会员才能有效地完成工作。会员与客户的沟通,必须建立在为客户信息保密的基础上。这里所说的客户信息,通常是指涉密信息。一旦涉密信息被泄露或被利用,往往会给客户造成损失。因此,许多国家规定,在公众领域执业的注册会计师,在没有取得客户同意的情况下,不能泄露任何客户的涉密信息。

保密原则要求会员应当对在职业活动中获知的涉密信息予以保密,不得有下列行为:

(1)未经客户授权或法律法规允许,向会计师事务所以外的第三方披露其所获知的涉密信息;

(2)利用所获知的涉密信息为自己或第三方谋取利益。

会员在社会交往中应当履行保密义务。会员应当警惕无意泄密的可能性,特别是警惕无意中向近亲属或关系密切的人员泄密的可能性。近亲属是指配偶、父母、子女、兄弟姐妹、祖父母、外祖父母、孙子女、外孙子女。

另外,会员应当对拟接受的客户或拟受雇的工作单位向其披露的涉密信息保密。在终止与客户或工作单位的关系之后,会员仍然应当对在职业关系和商业关系中获知的信息保密。会员在下列情况下可以披露涉密信息:

(1)法律法规允许披露,并且取得客户或工作单位的授权;

(2)根据法律法规的要求,为法律诉讼、仲裁准备文件或提供证据,以及向有关监管机构报告发现的违法行为;

(3)法律法规允许的情况下,在法律诉讼、仲裁中维护自己的合法权益;

(4)接受注册会计师协会或监管机构的执业质量检查,答复其询问和调查;

(5)法律法规、执业准则和职业道德规范规定的其他情形。

在决定是否披露涉密信息时,注册会计师应当考虑下列因素:

(1)客户同意披露的涉密信息,是否为法律法规所禁止;

(2)如果客户同意披露涉密信息,是否会损害利害关系人的利益;

(3)是否已了解和证实所有相关信息;

(4)信息披露的方式和对象;

(5)可能承担的法律责任和后果。

(六)良好职业行为

会员应当遵守相关法律法规,避免发生任何损害职业声誉的行为。会员在向公众传递信息以及推介自己和工作时,应当客观、真实、得体,不得损害职业形象。

会员应当诚实、实事求是,不得有下列行为:

(1)夸大宣传提供的服务、拥有的资质或获得的经验;

(2)贬低或无根据地比较其他注册会计师的工作。

二、职业道德概念框架

(一)职业道德概念框架的内涵

职业道德概念框架是指解决职业道德问题的思路和方法,用以指导注册会计师:

(1)识别对职业道德基本原则的不利影响;

(2)评价不利影响的严重程度;

(3)必要时采取防范措施消除不利影响或将其降低至可接受的水平。

职业道德概念框架适用于会员处理对职业道德基本原则产生不利影响的各种情形,其目的在于防止会员认为只要守则未明确禁止的情形就是允许的。

在运用职业道德概念框架时,会员应当运用职业判断。如果发现存在可能违反职业道德基本原则的情形,会员应当评价其对职业道德基本原则的不利影响。在评价不利影响的严重程度时,会员应当从性质和数量两个方面予以考虑。如果认为对职业道德基本原则的不利影响超出可接受的水平,会员应当确定是否能够采取防范措施消除不利影响或将其降低至可接受的水平。

(二)对遵循职业道德基本原则产生不利影响的因素

注册会计师对职业道德基本原则的遵循可能受到多种因素的不利影响。不利影响的性质和严重程度因注册会计师提供服务类型的不同而不同。可能对职业道德基本原则产生不利影响的因素包括自身利益、自我评价、过度推介、密切关系和外在压力。

1. 自身利益导致的不利影响

(1)鉴证业务项目组成员在鉴证客户中拥有直接经济利益;

(2)会计师事务所的收入过分依赖某一客户;

(3)鉴证业务项目组成员与鉴证客户存在重要且密切的商业关系；

(4)会计师事务所担心可能失去某一重要客户；

(5)鉴证业务项目组成员正在与鉴证客户协商受雇于该客户；

(6)会计师事务所与客户就鉴证业务达成或有收费的协议；

(7)注册会计师在评价所在会计师事务所以往提供的专业服务时，发现了重大错误。

2. 自我评价导致的不利影响

(1)会计师事务所在对客户提供财务系统的设计或操作服务后，又对系统的运行有效性出具鉴证报告；

(2)会计师事务所为客户编制原始数据，这些数据构成鉴证业务的对象；

(3)鉴证业务项目组成员担任或最近曾经担任客户的董事或高级管理人员；

(4)鉴证业务项目组成员目前或最近曾受雇于客户，并且所处职位能够对鉴证对象施加重大影响；

(5)会计师事务所为鉴证客户提供直接影响鉴证对象信息的其他服务。

3. 过度推介导致的不利影响

(1)会计师事务所推介审计客户的股份；

(2)在审计客户与第三方发生诉讼或纠纷时，注册会计师担任该客户的辩护人。

4. 密切关系导致的不利影响

(1)项目组成员的近亲属担任客户的董事或高级管理人员；

(2)项目组成员的近亲属是客户的员工，其所处职位能够对业务对象施加重大影响；

(3)客户的董事、高级管理人员或所处职位能够对业务对象施加重大影响的员工，最近曾担任会计师事务所的项目合伙人；

(4)注册会计师接受客户的礼品或款待；

(5)会计师事务所的合伙人或高级员工与鉴证客户存在长期业务关系。

5. 外在压力导致的不利影响

(1)会计师事务所受到客户解除业务关系的威胁；

(2)审计客户表示，如果会计师事务所不同意对某项交易的会计处理，则不再委托其承办拟议中的非鉴证业务；

(3)客户威胁将起诉会计师事务所；

(4)会计师事务所受到降低收费的影响而不恰当地缩小工作范围；

(5)由于客户员工对所讨论的事项更具有专长，注册会计师面临服从其判断的压力；

(6)会计师事务所合伙人告知注册会计师，除非同意审计客户不恰当的会计处理，否则将影响晋升。

(三)应对不利影响的防范措施

注册会计师应当运用判断，确定如何应对超出可接受水平的不利影响，包括采取防范措施消除不利影响或将其降低至可接受的水平，或者终止业务约定或拒绝接受业务委托。

应对不利影响的防范措施包括下列两类：一类是法律法规和职业规范规定的防范措施，如取得注册会计师资格必需的教育、培训和经验要求；持续的职业发展要求；公司治理方面的规定；执业准则和职业道德规范的要求等。

另一类是在具体工作中采取的防范措施，它又包括会计师事务所层面的防范措施和具体业务层面的防范措施，如领导层强调遵循职业道德基本原则的重要性；制定有关政策和程序，实施项目质量控制，监督业务质量；对已执行的非鉴证业务，由未参与该业务的注册会计师进行复核，或在必要时提供建议；对已执行的鉴证业务，由鉴证业务项目组以外的注册会计师进行复核，或在必要时提供建议；向客户审计委员会、监管机构或注册会计师协会咨询等。

第二节 注册会计师的法律责任

一、注册会计师法律责任的依据

注册会计师在执行审计业务时，应当按照审计准则的要求审慎执业，保证执业质量，控制审计风险。否则，一旦出现审计失败，就有可能承担相应的责任。

在绝大多数情况下，当注册会计师未能发现重大错报并出具了错误的审计意见时，就可能产生注册会计师是否恪守应有的职业谨慎的法律问题。如果注册会计师在审计过程中没有尽到应有的职业谨慎，就属于审计失败。在这种情况下，法律通常允许因注册会计师未尽到应有的职业谨慎而遭受损失的各方，获得由审计失败导致的部分或全部损失的补偿。

二、注册会计师法律责任的原因

注册会计师法律责任是指注册会计师在承办业务的过程中，未能履行合同条款，或者未能保持应有的职业谨慎，或出于故意未按专业标准出具合格报告，致使审计报告使用者遭受损失，依照有关法律法规，注册会计师或会计师事务所应承担的法律责任。导致注册会计师承担法律责任的原因有很多方面。

（一）被审计单位方面的原因

1. 错误、舞弊和违反法规行为

当被审计单位的会计部门或其他管理部门存在某些严重的错误、舞弊和违反法规行为，注册会计师未能查出而给他人造成损失时，注册会计师可能会遭到委托单位及有关方面的控告。

所谓错误是指导致财务报表错报的非故意的行为。它强调差错的非故意性。错误的主要形式包括：

（1）为编制财务报表而收集和处理数据时发生失误；

（2）由于疏忽和误解有关事实而作出不恰当的会计估计；

（3）在运用与确认、计量、分类或列报（包括披露）相关的会计政策时发生失误。

所谓舞弊是指被审计单位的管理层、治理层、员工或第三方使用欺骗手段获取不当或非法利益的故意行为。它强调的是产生不实反映的故意性。舞弊的主要形式包括：伪造、编造记录或凭证；侵占资产；隐瞒或删除交易或事项；记录虚假的交易或事项；蓄意使用不当的会计政策。

所谓违反法规行为是指被审计单位故意或非故意地违反除《企业会计准则》及国家其

他有关财会法规之外的国家法律、行政法规、部门规章和地方性法规、规章的行为。它强调的是从事有关经营管理活动的非法性。

对于上述被审计单位的错误、舞弊和违反法规行为，被审计单位理应负直接的会计责任，注册会计师则只能负审计责任。

2. 经营失败

经营失败是指企业由于经济或经营条件的变化，如经济衰退、不当的管理决策或出现意料之外的行业竞争等，而无法满足投资者的预期。被审计单位在经营失败时，也可能会连累注册会计师。所谓审计失败，则是指注册会计师由于没有遵守审计准则的要求而发表了错误的审计意见。经营失败与审计失败是两个不同的概念，经营失败的责任在于被审计单位管理当局，审计失败的责任在于注册会计师。当被审计单位经营失败时，审计失败可能存在，也可能不存在。当被审计单位经营失败的同时也存在审计失败时，注册会计师才应对此承担审计责任。

（二）注册会计师方面的原因

1. 违约

所谓违约，是指合同的一方或多方未能达到合同条款的要求。当违约给他人造成损失时，注册会计师应负违约责任。比如，会计师事务所在商定的时期内，未能提交纳税申报表，或违反了与被审计单位订立的保密协议等。

2. 过失

所谓过失，是指在一定条件下，没有保持应有的职业谨慎。评价注册会计师的过失，是以其他合格注册会计师在相同条件下可做到的谨慎为标准的。当过失给他人造成损失时，注册会计师应负过失责任。通常将过失按程度不同分为普通过失和重大过失。

（1）普通过失。普通过失（也称“一般过失”）通常是指没有保持职业上应有的职业谨慎。对注册会计师则是指没有完全遵循专业准则的要求。比如，未按特定审计项目获取充分、适当的审计证据就出具审计报告的情况，可视为一般过失。

（2）重大过失。重大过失是指连起码的职业谨慎都没有保持，对重要的业务或事务不加考虑，满不在乎。对注册会计师而言，则是指根本没有遵循专业准则或没有按专业准则的基本要求执行审计。

3. 欺诈

欺诈又称舞弊，是以欺骗或坑害他人为目的的一种故意的错误行为。作案具有不良动机是欺诈的重要特征，也是欺诈与普通过失和重大过失的主要区别之一。对于注册会计师而言，欺诈就是为了达到欺骗他人的目的，明知委托单位的财务报表有重大错报，却加以虚伪的陈述，出具无保留意见的审计报告。

三、注册会计师承担法律责任的种类

注册会计师因违约、过失或欺诈给被审计单位或其他利害关系人造成损失的，按照有关法律的规定，可能被判承担行政责任、民事责任和刑事责任。这三种责任可单处，也可并处。

1. 行政责任

行政责任是指注册会计师违反行政法律规定，发生舞弊或过失行为，并给有关方面造成经济等损害后，由政府部门或自律组织对其依行政程序所给予的制裁。对注册会计师个人来说，可能的制裁包括警告、暂停执业、吊销注册会计师证书等；对会计师事务所而言，可能的制裁包括警告、没收违法所得、罚款、暂停执业、撤销等。

2. 民事责任

民事责任是指注册会计师或会计师事务所由于民事违法、违约行为，根据法律规定所应承担的民事法律后果。注册会计师承担的民事责任，主要是停止侵害委托人或其他利害关系人的经济利益，并赔偿所造成的经济损失。

3. 刑事责任

刑事责任是指因触犯刑法而犯罪的注册会计师所承受的由国家审判机关给予的制裁。判令注册会计师及会计师事务所承担的具有刑事性质的责任，主要包括罚金、管制、拘役、徒刑、剥夺政治权利和没收财产等。

四、注册会计师法律责任的防范

注册会计师的职业性质决定了它是一个容易遭受法律诉讼的职业，那些蒙受损失的受害人总想通过起诉注册会计师尽可能使损失得到补偿。因此，注册会计师必须在执业中遵循专业标准和有关要求，尽量减轻自己的责任，尽力避免或减少法律诉讼。

（一）注册会计师减少过失和防止欺诈的措施

注册会计师要避免法律诉讼，就必须在执行审计业务时尽量减少过失行为，防止欺诈行为。注册会计师避免法律诉讼的防范措施，可以概括为以下几点：

1. 增强执业独立性

独立性是注册会计师执行鉴证业务时的生命。在实际工作中，绝大多数注册会计师能够始终如一地遵循独立原则；但也有少数注册会计师忽视独立性，甚至接受可能是错误的陈述，并帮助被审计单位掩饰舞弊。

2. 保持执业谨慎

在所有注册会计师的审计过失中，最主要的是由于缺乏认真而谨慎的职业态度引起的。在执行审计业务过程中，未严格遵守审计准则，不执行适当的审计程序，对有关被审计单位的问题未保持应有的职业谨慎，或为节省时间而缩小审计范围和简化审计程序，都会导致财务报表中的重大错报不被发现。

3. 强化执业监督

许多审计中的差错是由于注册会计师失察或未能对助理人员或其他人员进行切实的监督而发生的。对于业务复杂且重大的委托单位来说，其审计是由多个注册会计师及许多助理人员共同配合来完成的。如果他们的分工存在重叠或间歇，又缺乏严密的执业监督，发生过失是不可避免的。

（二）会计师事务所避免法律诉讼的具体措施

会计师事务所避免法律诉讼的具体措施，可以概括为以下几点：

（1）严格遵循职业道德和专业标准的要求；

（2）建立、健全会计师事务所质量控制制度；

（3）严格签订业务约定书；

(4)慎重选择被审计单位;

(5)深入了解被审计单位的业务;

(6)提取风险基金或购买责任保险;

(7)聘请熟悉注册会计师法律责任的律师;

(8)按规定妥善保管审计工作底稿。

小提示

注册会计师业务准则与职业道德守则的联系和区别

注册会计师业务准则与职业道德守则的联系主要是在内容上相互包含。一是注册会计师业务准则中包含了对注册会计师职业道德守则的一般要求,目的是保证业务准则的完整性。二是职业道德的守则中也重复了注册会计师业务准则的要求,主要是要求注册会计师在执行业务时,必须遵守注册会计师业务准则,确保注册会计师业务准则得以实施。

注册会计师业务准则与职业道德守则的区别主要表现在:注册会计师的业务准则只是约束注册会计师执行业务时的行为规范,是衡量和判断注册会计师执业质量的权威性标准,注册会计师执行业务时必须严格遵守。职业道德守则是统驭注册会计师提供各种服务都应达到应有的质量要求。注册会计师的业务准则着眼于从职业技术的角度对注册会计师的行为提出要求。职业道德守则着眼于从职业道德角度对执业人员的行为提出要求。

本章小结

1. 注册会计师在执业中应当遵守注册会计师职业道德守则的基本规定,坚持诚信,保持独立客观和公正,具有专业胜任能力和应有的关注,遵守保密的原则,拥有良好的职业行为。

2. 注册会计师运用职业道德概念框架解决职业道德问题的思路和方法是首先识别对职业道德基本原则的不利影响;再次评价不利影响的严重程度;必要时采取防范措施消除不利影响或将不利影响降低至可接受的水平。

3. 导致注册会计师承担法律责任的原因包括被审计单位的原因和注册会计师自身的原因,注册会计师因违约、过失或欺诈给被审计单位或其他利害关系人造成损失的,按照有关法律的规定,可能被判承担行政责任、民事责任和刑事责任。这三种责任可单处,也可并处。

4. 注册会计师避免法律诉讼的防范措施包括注册会计师减少过失、防止欺诈的措施和会计师事务所避免法律诉讼的具体措施。

复习思考题

1. 简述注册会计师职业道德守则从哪些方面对注册会计师提出基本规定和要求。

2. 简述对注册会计师遵循职业道德基本原则产生不利影响的因素。

3. 简述注册会计师法律责任的原因。

4. 简述注册会计师规避法律责任的措施。

第三章　注册会计师执业准则

学习目标

1. 了解注册会计师执业准则体系的构成；
2. 理解并掌握鉴证业务的概念、鉴证业务的要素和鉴证业务的分类；
3. 理解并掌握会计师事务所质量控制各项要素。

引导案例

银广夏舞弊案

1994年6月17日，广夏（银川）实业股份有限责任公司以“银广夏A”的名字在深圳交易所上市。银广夏A被称作第一家来自宁夏的上市公司，但实际上，这家公司最早起源于深圳。开始时公司的主要业务是软磁盘生产，然后进入了全面多元化投资的阶段。银广夏业绩的奇迹性转折，是从1998年发端的。这一年，银广夏传出了来自天津的“好消息”。银广夏1994年在天津成立了控股子公司天津保洁制品有限公司。保洁公司曾经在1996年通过德国西·伊利斯公司（C. ILLES&CO.）进口了一套泵式牙膏生产设备，这是可查的银广夏与西·伊利斯公司最早的往来；此后，银广夏又从西·伊利斯公司处订购了一套由德国伍德公司（Krupp Uhde）生产的500立升二氧化碳超临界萃取设备，这是传奇的起点。1998年，天津广夏接到了来自德国诚信贸易公司的第一张订单。创造了7 000多万元的收入。银广夏当年10月19日发布的公告称，天津广夏与德国诚信公司签订出口供货协议，天津广夏将每年向这家德国公司提供二氧化碳超临界萃取技术所生产的蛋黄卵磷脂50吨，及桂皮精油、桂皮含油树脂和生姜精油、生姜含油树脂产品80吨，金额超过5 000万马克。1999年，银广夏利润总额1.58亿元，其中76%来自于天津广夏，每股盈利0.51元，并实行公司历史上首次10转赠10的分红方案。从1999年12月30日至2000年4月19日不到半年间，银广夏的股票从13.97元涨至35.83元，于2000年12月29日完全填权并创下37.99元新高，折合为除权前的价格75.98元，较一年前启动时的价位上涨440%。2001年3月，银广夏公布了2000年年报，在股本扩大一倍的情况下，每股收益增长超过60%，达到每股0.827元，盈利能力之强，令人瞠目结舌，也令人怀疑。自2001年8月，媒体揭露其业绩完全是通过财务造假虚构的，银广夏成为了中国的安然。

在短期利益的驱使下以及董事会监视不足的条件下，银广夏在财务舞弊过程中已经形成了一条造假流水线。1999银广夏虚构了北京瑞杰商贸有限公司、北京市京通商贸有限公司、北京市东风实用技术研究所等单位，从原始材料的购入开始造假，伪造了这几家单位的销售发票和银行汇款单。为完善造假过程，天津广夏职工伪造了萃取产品虚假原料入库单、班组生产记录、产品出库单等。1999年度，银广夏公司向社会发布的虚假净利润高达12 778.66万元。2000年，银广夏继续造假活动，向社会发布虚假净利润41 764.643 1万元。该公司从原料购进到生产、销售、出口等环节，伪造了全部单据，包括销售合同和发票、银行票据、海关出口报关单和所得税免税文件。

中天勤会计师事务所是规模大所，职业注册会计师近100人，经批准获得证券业务审计资格的注册会计师40名，承担国内60多家上市公司的审计业务。据称中天勤曾创下2000年度国内业务量全国第一的好业绩。对银广夏进行年报审计的注册会计师未能对关键证据亲自取证，这些重要的证据如海关报关单、银行对账单、重要出口商品单价等均是由被审计单位提供，注册会计师在执业过程中连最起码的职业谨慎都没有，非但没有对审计证据的真伪给予应有的关注，甚至都没有执行必要的审计程序，直接出具了无保留意见的审计报告。

在事情真相大白之后，银广夏集团崩溃，进入了"PT"公司的行列。中天勤会计师事务所也由于此案件的影响，信誉全失，已经解体。签字注册会计师刘加荣、徐林文被吊销注册会计师资格；事务所的执业资格被吊销，其证券、期货相关业务许可证也被吊销；同时，中天勤会计师事务所的负责人、签字注册会计师等人移送公安机关追究其刑事责任。

在对"银广厦"的审计中，事务所根本未履行审计工作底稿的项目质量控制复核制度，复核与签发均由刘加荣一人包办，审计项目质量控制复核工作实际上流于形式，会计师事务所的质量控制存在严重问题。在"银广厦"事件中，不仅会计师事务所质量控制存在严重缺陷，还存在其他缺陷，在此不做阐述。

（资料来源：http://wenku.baidu.com/view/8f06842e0066f5335a8121da.html）

第一节　注册会计师执业准则体系

随着经济的发展和社会的需求，注册会计师的业务范围经历了由法定审计向其他领域拓展的过程。注册会计师业务范围的拓展，需要丰富和创新审计准则体系，包括重构准则框架、改进执业准则名称和创新执业准则编号。财政部于2005年初提出了我国会计审计准则国际趋同的主张和中国会计审计准则体系建设的目标。根据这一目标，遵循科学、民主、透明和公开的准则制定程序，2006年2月15日，包括48项审计准则的新审计准则体系正式发布，审计准则体系实现了国际趋同的历史性突破。2009年，根据国际审计准则明晰项目，启动了对38项审计准则的修订，2010年11月正式发布，2012年1月1日实施。

一、注册会计师执业准则体系

中国注册会计师执业准则体系受注册会计师职业道德守则统驭，包括注册会计师业务准则和会计师事务所质量控制准则，如图3.1所示。

执业准则作为规范注册会计师执行业务的权威性标准，对提高注册会计师的执业质量，降低执业风险，维护社会公众的利益具有重要的作用。会计师事务所质量控制准则用以规范会计师事务所在执行各类业务时应当遵守的质量控制政策和程序，是对会计师事务所质量控制提出的制度要求。

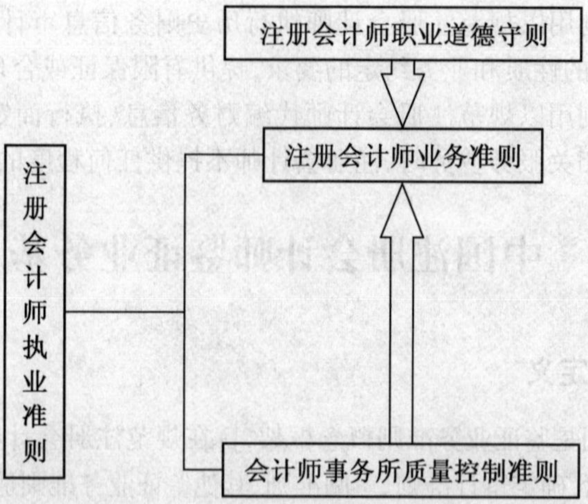

图 3.1　注册会计师执业准则体系

二、注册会计师业务准则体系

注册会计师业务准则体系如图 3.2 所示。

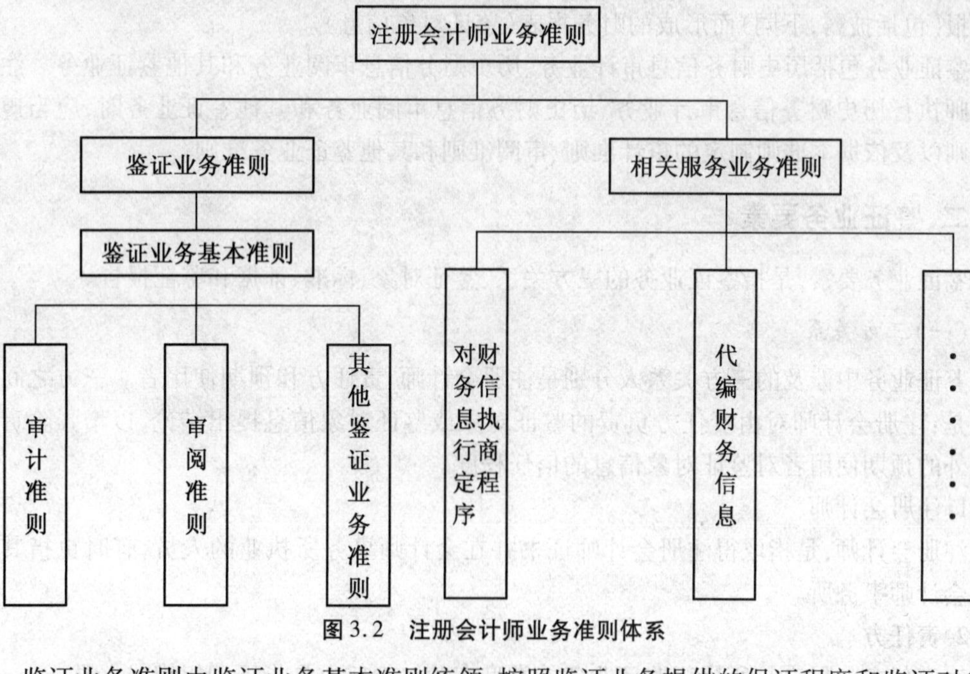

图 3.2　注册会计师业务准则体系

鉴证业务准则由鉴证业务基本准则统领，按照鉴证业务提供的保证程度和鉴证对象的不同，分为中国注册会计师审计准则、中国注册会计师审阅准则和中国注册会计师其他鉴证业务准则（分别简称审计准则、审阅准则和其他鉴证业务准则）。其中，审计准则是整个执业准则体系的核心。

审计准则用以规范注册会计师执行历史财务信息的审计业务。在提供审计业务时，注册会计师对所审计信息是否不存在重大错报提供合理保证，并以积极方式提出结论。

审阅准则用以规范注册会计师执行历史财务信息的审阅业务。在提供审阅业务时，注册会计师对所审阅信息是否不存在重大错报提供有限保证，并以消极方式提出结论。

其他鉴证业务准则用以规范注册会计师执行历史财务信息审计或审阅以外的其他鉴证业务，根据鉴证业务的性质和业务约定的要求，提供有限保证或合理保证。

相关服务业务准则用以规范注册会计师代编财务信息、执行商定程序，提供管理咨询等其他服务。在提供相关服务业务时，注册会计师不提供任何程度的保证。

第二节　中国注册会计师鉴证业务基本准则

一、鉴证业务的定义

鉴证业务基本准则是鉴证业务准则概念框架，旨在规范注册会计师执行鉴证业务，明确鉴证业务的目标和要素，确定审计准则、审阅准则、其他鉴证业务准则适用的鉴证业务类型。

鉴证业务是指注册会计师对鉴证对象信息提出结论，以增强除责任方之外的预期使用者对鉴证对象信息信任程度的业务。

鉴证对象信息是按照标准对鉴证对象进行评价和计量的结果。如责任方按照会计准则和相关会计制度（标准）对其财务状况、经营成果和现金流量（鉴证对象）进行确认、计量和列报（包括披露，下同）而形成的财务报表（鉴证对象信息）。

鉴证业务包括历史财务信息审计业务、历史财务信息审阅业务和其他鉴证业务。注册会计师执行历史财务信息审计业务、历史财务信息审阅业务和其他鉴证业务时，应当遵守本准则以及依据本准则制定的审计准则、审阅准则和其他鉴证业务准则。

二、鉴证业务要素

鉴证业务要素，是指鉴证业务的三方关系、鉴证对象、标准、证据和鉴证报告。

（一）三方关系

鉴证业务中涉及的三方关系人分别是注册会计师、责任方和预期使用者。三方之间的关系是：注册会计师对由责任方负责的鉴证对象或鉴证对象信息提出结论，以增强除责任方之外的预期使用者对鉴证对象信息的信任程度。

1. 注册会计师

注册会计师，是指取得注册会计师证书并在会计师事务所执业的人员，有时也指其所在的会计师事务所。

2. 责任方

对责任方的界定与所执行鉴证业务的类型有关。责任方是指下列组织或人员：

（1）在直接报告业务中，对鉴证对象负责的组织或人员。例如，在系统鉴证业务中，注册会计师直接对系统的有效性进行评价并出具鉴证报告，该业务的鉴证对象是被鉴证单位系统的有效性，责任方是对该系统负责的组织或人员，即被鉴证单位的管理层。

（2）在基于责任方认定的业务中，对鉴证对象信息负责并可能同时对鉴证对象负责的组织或人员。例如，企业聘请注册会计师对企业管理层编制的持续经营报告进行鉴证，在该业务中，鉴证对象信息为持续经营报告，由该企业的管理层负责，企业管理层为责任方。该业务的鉴证对象为企业的持续经营状况，它同样由企业的管理层负责。再如，某政府组织聘请注册会计师对某企业的持续经营报告进行鉴证,该持续经营报告由该政府组织编制并分发给预期使用者。在该业务中,鉴证对象信息由该政府组织负责,该政府组织为责任方。该业务的鉴证对象为企业的持续经营状况,责任方即该政府组织却无需为他负责。

责任方可能是鉴证业务的委托人,也可能不是委托人。

3. 预期使用者

预期使用者是指预期使用鉴证报告的组织或人员。责任方可能是预期使用者,但不是唯一的预期使用者。

(二)鉴证对象

1. 鉴证对象与鉴证对象信息的表现形式

鉴证对象与鉴证对象信息具有多种表现形式,主要包括:

(1)当鉴证对象为财务业绩或状况时(如历史或预测的财务状况、经营成果和现金流量),鉴证对象信息是财务报表;

(2)当鉴证对象为非财务业绩或状况时(如企业的运营情况),鉴证对象信息可能是反映效率或效果的关键指标;

(3)当鉴证对象为物理特征时(如设备的生产能力),鉴证对象信息可能是有关鉴证对象物理特征的说明文件;

(4)当鉴证对象为某种系统和过程时(如企业的内部控制或信息技术系统),鉴证对象信息可能是关于其有效性的认定;

(5)当鉴证对象为一种行为时(如遵守法律法规的情况),鉴证对象信息可能是对法律法规遵守情况或执行效果的声明。

2. 鉴证对象特征

鉴证对象具有不同的特征,可能表现为定性或定量、客观或主观、历史或预测、时点或期间。通常,如果鉴证对象的特征表现为定量的、客观的、历史的或时点的,对鉴证对象评价和计量的准确性相对较高,注册会计师获取证据的说服力相对较强,相应的,对鉴证对象信息提供的保证程度也较高。

3. 适当的鉴证对象应当具备的条件

鉴证对象是否适当是注册会计师能否将一项业务作为鉴证业务予以承接的前提条件,适当的鉴证对象应当同时具备下列条件:(1)鉴证对象可以识别;(2)不同的组织或人员对鉴证对象按照既定标准进行评价或计量的结果合理一致;(3)注册会计师能够收集与鉴证对象有关的信息,获取充分、适当的证据,以支持其提出适当的鉴证结论。

(三)标准

1. 标准的定义

标准是指用于评价或计量鉴证对象的基准,当涉及列报时,还包括列报的基准(列报包括披露)。标准是鉴证业务中不可或缺的一项要素。运用职业判断对鉴证对象作出评价或计量,离不开适当的标准。标准是对所要发表意见的鉴证对象进行“度量”的一把“尺子”,责任方和注册会计师可以根据这把“尺子”对鉴证对象进行“度量”。

2. 标准的类型

(1)正式的规定。正式的规定通常是一些“既定的”标准,是由法律法规规定的,或是由政府主管部门或国家认可的专业团体依照公开、适当的程序发布的。对于公开发布的标准，注册会计师通常不需要对标准的“适当性”进行评价，而只需评价该标准对具体业务的“适用性”。

(2)非正式的规定。非正式的规定通常是一些“专门制定的”标准，是针对具体的业务项目“量身定做”的，包括企业内部制定的行为准则、确定的绩效水平或商定的行为要求等。对于专门制定的标准，注册会计师首先要对这些标准本身的“适当性”加以评价。

3. 适当的标准应当具备的特征

注册会计师在运用职业判断对鉴证对象作出合理一致的评价或计量时，需要有适当的标准。如果使用的标准不适当或不适用于具体业务，发表的鉴证结论便毫无意义。

适当的标准应当具备下列所有特征：

(1)相关性：相关的标准有助于得出结论，便于预期使用者作出决策；

(2)完整性：完整的标准不应忽略业务环境中可能影响得出结论的相关因素，当涉及列报时，还包括列报的基准；

(3)可靠性：可靠的标准能够使能力相近的注册会计师在相似的业务环境中，对鉴证对象作出合理一致的评价或计量；

(4)中立性：中立的标准有助于得出无偏向的结论；

(5)可理解性：可理解的标准有助于得出清晰、易于理解、不会产生重大歧义的结论。

注册会计师基于自身的预期、判断和个人经验对鉴证对象进行的评价和计量，不构成适当的标准。标准应当能够为预期使用者获取，以使预期使用者了解鉴证对象的评价或计量过程。

(四)证据

获取充分、适当的证据是注册会计师提出鉴证结论的基础。(证据的具体相关内容见第五章内容)

(五)鉴证报告

注册会计师应当针对鉴证对象信息(或鉴证对象)在所有重大方面是否符合适当的标准，以书面报告的形式发表能够提供一定保证程度的结论。

三、鉴证业务的分类

(一)鉴证业务的分类

鉴证业务分为基于责任方认定的业务和直接报告业务：

1. 基于责任方认定的业务

在基于责任方认定的业务中，责任方对鉴证对象进行评价或计量，鉴证对象信息以责任方认定的形式为预期使用者获取。如在财务报表审计中，被审计单位管理层(责任方)对财务状况、经营成果和现金流量(鉴证对象)进行确认、计量和列报(评价或计量)而形成的财务报表(鉴证对象信息)即为责任方的认定，该财务报表可为预期使用者获取，注册会计师针对财务报表出具审计报告，这种业务属于基于责任方认定的业务。

2. 直接报告业务

在直接报告业务中，注册会计师直接对鉴证对象进行评价或计量，或者从责任方获取对鉴证对象评价或计量的认定，而该认定无法为预期使用者获取，预期使用者只能通过阅读鉴证报告获取鉴证对象信息。如在内部控制鉴证业务中，注册会计师可能无法从管理层（责任方）获取其对内部控制有效性的评价报告（责任方认定），或虽然注册会计师能够获取该报告，但预期使用者无法获取该报告，注册会计师直接对内部控制的有效性（鉴证对象）进行评价并出具鉴证报告，预期使用者只能通过阅读该鉴证报告获得内部控制有效性的信息（鉴证对象信息），这种业务属于直接报告业务。

（二）基于责任方认定的业务和直接报告业务的区别

基于责任方认定的业务和直接报告业务的区别主要表现在以下四个方面：

1. 预期使用者获取鉴证对象信息的方式不同

在基于责任方认定的业务中，预期使用者可以直接获取鉴证对象信息（责任方认定），而不一定要通过阅读鉴证报告。

在直接报告业务中，可能不存在责任方认定，即便存在，该认定也无法为预期使用者所获取，预期使用者只能通过阅读鉴证报告获取有关的鉴证对象信息。

2. 注册会计师提出结论的对象不同

在基于责任方认定的业务中，注册会计师提出结论的对象可能是责任方认定，也可能是鉴证对象。此类业务的逻辑顺序是：首先，责任方按照标准对鉴证对象进行评价和计量，形成责任方认定，注册会计师获取该认定；然后，注册会计师根据适当的标准对鉴证对象再次进行评价和计量，并将结果与责任方认定进行比较；最后，注册会计师针对责任方认定提出鉴证结论或直接针对鉴证对象提出结论。

在直接报告业务中，无论责任方认定是否存在、注册会计师能否获取该认定，注册会计师在鉴证报告中都将直接对鉴证对象提出结论。

3. 责任方的责任不同

在基于责任方认定的业务中，由于责任方已经将既定标准应用于鉴证对象，形成了鉴证对象信息（即责任方认定），因此，责任方应当对鉴证对象信息负责。责任方可能同时也要对鉴证对象负责。例如，在财务报表审计中，被审计单位管理层既要对财务报表（鉴证对象信息）负责，也要对财务状况、经营成果和现金流量（鉴证对象）负责。

在直接报告业务中，无论注册会计师是否获取了责任方认定，鉴证报告中都不体现责任方的认定，责任方仅需要对鉴证对象负责。

4. 鉴证报告的内容和格式不同

在基于责任方认定的业务中，鉴证报告的引言段通常会提供责任方认定的相关信息，进而说明其所执行的鉴证程序并提出鉴证结论。

在直接报告业务中，注册会计师直接说明鉴证对象、执行的鉴证程序并提出鉴证结论。

第三节　质量控制准则

根据2010年11月1日新修订的《质量控制准则第5101号——会计师事务所对执行财务报表审计和审阅、其他鉴证和相关服务业务实施的质量控制》，质量控制准则是为了规范会计师事务所建立并保持有关财务报表审计和审阅、其他鉴证和相关服务业务的质量控制制度。

一、质量控制制度的目标

会计师事务所应当根据会计师事务所质量控制准则，制定质量控制制度，以合理保证：

(1)会计师事务所及其人员遵守职业准则和适用的法律法规的规定；

(2)会计师事务所和项目合伙人出具适合具体情况的报告。

二、对业务质量承担的领导责任

(一)对会计师事务所的领导要求

会计师事务所应当制定政策和程序，培育以质量为导向的内部文化，这些政策和程序应当要求会计师事务所主任会计师或类似职位的人员对质量控制制度承担最终责任，这在制度上保证了质量控制制度的地位和执行力。会计师事务所的领导层及其作出的示范对会计师事务所的内部文化有重大影响，会计师事务所各级管理层应当通过清晰、一致及经常的行动示范和信息传达，强调质量控制政策和程序的重要性。

(二)委派质量控制制度运作人员

会计师事务所主任会计师对质量控制制度承担最终责任，为保证质量控制制度的具体运作效果，主任会计师必须委派具有足够、适当的经验和能力以及必要的权限的质量控制制度运作人员，以帮助主任会计师正确履行其质量控制职责。

三、相关职业道德要求

会计师事务所应当制定政策和程序，以合理保证会计师事务所及其人员遵守相关职业道德要求。会计师事务所应当制定政策和程序，以合理保证会计师事务所及其人员，包括聘用的专家和其他需要满足独立性要求的人员，保持相关职业道德要求规定的独立性。会计师事务所应当每年至少一次向所有需要按照相关职业道德要求保持独立性的人员获取其遵守独立性政策和程序的书面确认函。

四、客户关系和具体业务的接受与保持

会计师事务所应当制定有关客户关系和具体业务接受与保持的政策和程序，以合理保证只有在下列情况下，才能接受或保持客户关系和具体业务：

(一)能够胜任该项业务，并具有执行该项业务必要的素质、时间和资源

在确定是否具有接受新业务所需的必要素质、专业胜任能力、时间和资源时，会计师事务所应当考虑下列事项，以评价新业务的特定要求和所有相关级别的现有人员的基本情况：

(1)会计师事务所人员是否熟悉相关行业或业务对象；

(2)会计师事务所人员是否了解相关监管要求或报告要求，或具备有效获取必要技能和知识的能力；

(3)会计师事务所是否拥有足够的具有必要胜任能力和素质的人员；

(4)需要时是否能够得到专家的帮助；

(5)如果需要项目质量控制复核，是否具备符合标准和资格要求的项目质量控制复核

人员;

(6)会计师事务所是否能够在提交报告的最后期限内完成业务。

(二)能够遵守相关职业道德要求

在确定是否接受新业务时,会计师事务所还应当考虑接受该业务是否会导致现实或潜在的利益冲突。如果识别出潜在的利益冲突,会计师事务所应当考虑接受该业务是否适当。

(三)已考虑客户的诚信,没有信息表明客户缺乏诚信

客户的诚信问题虽然不会必然导致财务报表产生重大错报,但绝大多数的审计问题都来源于不诚信的客户。因此注册会计师应当了解客户的诚信,拒绝不诚信的客户,以降低业务风险。

1. 考虑的主要事项

针对有关客户的诚信,会计师事务所应当考虑下列主要事项:客户主要股东、关键管理人员及治理层的身份和商业信誉;客户的经营性质;有关客户主要股东、关键管理人员及治理层对内部控制环境和会计准则等的态度;客户是否过分考虑将会计师事务所的收费维持在尽可能低的水平;工作范围受到不适当限制的迹象;客户可能涉嫌洗钱或其他刑事犯罪行为的迹象;变更会计师事务所的理由;关联方的名称、特征和商业信誉。

2. 获取相关信息的途径

会计师事务所在评价客户诚信情况时,可以通过下列途径获取与客户诚信相关的信息:

(1)与为客户提供专业会计服务的现任或前任人员进行沟通,并与其他第三方讨论;

(2)询问会计师事务所其他人员或金融机构、法律顾问和客户的同行等第三方;

(3)从相关数据库中搜索客户的背景信息。

如果通过上述途径无法充分获取与客户相关的信息,或这些信息可能显示客户不够诚信,会计师事务所应当评估其对业务风险的影响。如认为必要,会计师事务所可以考虑利用调查机构对客户的经营情况、管理人员及其他有问题的人员进行背景检查,并评价获取的与客户诚信相关的信息。

五、人力资源

会计师事务所应当制定政策和程序,合理保证拥有足够的具有胜任能力和必要素质并承诺遵循职业道德要求的人员,委派具有必要胜任能力和素质的适当人员,以使会计师事务所及其成员按照执业准则和适用的法律法规的规定执行业务;会计师事务所和项目合伙人能够出具适合具体情况的报告。

(一)人力资源管理的要素

会计师事务所应当就人员招聘、业绩评价、人员素质和胜任能力、职业发展、晋升、薪酬和人员需求预测等制定政策和程序,以使会计师事务所人员数量是足够的,并使人员素质达到标准。

(二)项目组的委派

在实务中,会计师事务所承接的每项业务都是委派给项目组具体办理。委派项目组是

否得当,直接关系到业务完成的质量。

1. 项目合伙人的委派要求

项目合伙人,是指会计师事务所中负责某项业务及其执行,并代表会计师事务所在出具的报告上签字的合伙人。如果项目合伙人以外的其他注册会计师在报告上签字,对项目合伙人作出的规定也适用于该签字注册会计师。

会计师事务所应当对每项业务委派至少一名项目合伙人,并将项目合伙人的身份和作用告知客户管理层和治理层的关键成员;保证项目合伙人具有履行职责所要求的适当的胜任能力、必要素质和权限;清楚界定项目合伙人的职责,并告知该项目合伙人。

2. 项目组其他成员的委派要求

会计师事务所应当委派具有必要素质、胜任能力和时间的员工,按照执业准则和适用的法律法规的规定执行业务,以使会计师事务所和项目合伙人能够出具适合具体情况的报告。

六、业务执行

(一)指导、监督与复核

业务执行是指会计师事务所委派项目组按照执业准则和适用的法律法规的规定执行业务,使会计师事务所和项目合伙人能够出具适合具体情况的报告。由于业务执行对业务质量有直接的重大影响,是业务质量控制的关键环节,因此,会计师事务所应当要求项目合伙人负责组织对业务执行实施指导、监督与复核。

1. 指导的具体要求

(1)使项目组了解工作目标。让项目组的所有成员都了解拟执行工作的目标,对于有效执行所分派的工作很重要,因此,项目组的所有成员应当了解拟执行工作的目标。

(2)提供适当的团队工作和培训。项目合伙人应当通过适当的团队工作和培训,使经验较少的项目组成员清楚了解所分派工作的目标。

2. 监督的具体要求

合理有效的监督工作,是提高会计师事务所工作质量、完成各项任务、向客户提供符合质量要求的服务的必要保证。对业务的监督包括下列方面:

(1)跟进审计业务的进程。要求项目合伙人在业务进行中适时实施必要的监督,以检查各成员是否能够顺利完成业务工作。

(2)考虑项目组各成员的胜任能力和素质,包括是否有足够的时间执行审计工作,是否理解工作指令,是否按照计划的方案执行工作。

(3)解决在执行业务过程中出现的重大问题,考虑其重要程度并适当修改原计划的方案。

(4)识别在执行业务过程中需要咨询的事项,或需要由经验较丰富的项目组成员考虑的事项。

3. 复核的具体要求

复核范围可能随业务的不同而不同。例如,执行高风险的业务、对金融机构执行的业务和为重要客户执行的业务可能需要进行更详细的复核。在复核项目组成员已执行的工作时,复核人员应当考虑:

(1)是否已按照职业准则和适用的法律法规的规定执行工作;

(2)重大事项是否已提请进一步考虑;

(3)相关事项是否已进行适当咨询,由此形成的结论是否已得到记录和执行;

(4)是否需要修改已执行工作的性质、时间安排和范围;

(5)已执行的工作是否支持形成的结论,并得以适当记录;

(6)已获取的证据是否充分、适当以支持报告;

(7)业务程序的目标是否已实现。

确定复核人员的原则是,由项目组内经验较多的人员复核经验较少的人员执行的工作,只有这样,复核才能达到目的。

(二)咨询

项目组在业务执行中时常会遇到各种各样的疑难问题或者争议事项。当这些问题和事项在项目组内不能得到解决时,有必要向项目组之外的适当人员咨询。会计师事务所应当建立政策和程序,以合理保证:

(1)就疑难问题或争议事项进行适当咨询;

(2)能够获取充分的资源进行适当咨询;

(3)咨询的性质和范围以及咨询形成的结论得以记录,并经过咨询者和被咨询者的认可;

(4)咨询形成的结论得到执行。

咨询包括与会计师事务所内部或外部具有专门知识的人员,在适当专业层次上进行的讨论,以解决疑难问题或争议事项。

(三)意见分歧

在业务执行中,时常可能会出现项目组内部、项目组与被咨询者之间以及项目合伙人与项目质量控制复核人员之间的意见分歧。会计师事务所应当制定政策和程序,以处理和解决意见分歧。形成的结论应当得以记录和执行。只有意见分歧问题得到解决,项目合伙人才能出具报告。

(四)项目质量控制复核

1. 项目质量控制复核的概念

项目质量控制复核,是指会计师事务所挑选不参与该业务的人员,在出具报告前,对项目组作出的重大判断和在准备报告时形成的结论作出客观评价的过程。

项目质量控制复核并不减轻项目合伙人的责任,更不能替代项目合伙人的责任。

2. 项目质量控制复核对象的确定

会计师事务所并不是对执行的所有业务都要执行项目质量控制复核,只对符合下列要求的业务执行项目质量控制复核:

(1)对所有上市实体财务报表审计实施项目质量控制复核;

(2)明确标准,据此评价所有其他的历史财务信息审计和审阅、其他鉴证和相关服务业务,以确定是否应当实施项目质量控制复核;

(3)对所有符合标准的业务实施项目质量控制复核。

在制定用于确定除上市实体财务报表审计以外的其他业务是否需要实施项目质量控

制复核的标准时,会计师事务所应当考虑下列事项:①业务的性质,包括涉及公众利益的程度;②在某项业务或某类业务中识别出的异常情况或风险;③法律法规是否要求实施项目质量控制复核。

3.项目质量控制复核的具体要求

会计师事务所对项目质量控制复核的性质、时间安排和范围设计应当得当。

(1)项目质量控制复核的性质。确定复核的性质就是决定采用怎样的方法实施复核,会计师事务所通常采用的项目质量控制复核方法包括:第一是与项目合伙人进行讨论;第二是复核财务报表或其他业务对象信息及报告,尤其考虑报告是否适当;第三是选取与项目组做出重大判断及形成结论有关的工作底稿进行复核。

(2)项目质量控制复核的范围。项目质量控制复核的范围取决于业务的复杂程度、客户是否为上市实体和出具不恰当报告等风险。

(3)项目质量控制复核的时间。何时实施项目质量控制复核,对复核的效果和能否按照约定的期限出具恰当的报告也有重要影响,为此,会计师事务所的政策和程序应当要求在出具报告前完成项目质量控制复核。项目质量控制复核人员应当在业务过程中的适当阶段及时实施复核,以使重大事项在报告日前得到满意解决。

七、监控

会计师事务所应当制定监控政策和程序,以合理保证质量控制制度中的政策和程序是相关、适当的,并正在有效运行。

(一)监控的目的

对质量控制政策和程序遵守情况实施监控的目的,是为了评价:

(1)遵守执业准则和法律法规的情况;

(2)质量控制制度设计是否适当,运行是否有效;

(3)质量控制政策和程序应用是否得当,以便会计师事务所和项目合伙人能够根据具体情况出具恰当的业务报告。

(二)监控人员

对会计师事务所质量控制制度的监控应当由具有专业胜任能力的人员实施。会计师事务所可以委派主任会计师、副主任会计师或具有足够、适当经验和权限的其他人员履行监控责任。

(三)监控内容

对会计师事务所质量控制制度实施监控的内容,包括:

(1)质量控制制度设计的适当性;

(2)质量控制制度运行的有效性。

(四)实施检查

(1)检查的周期。会计师事务所应当周期性地选取已完成的业务进行检查,周期最长不得超过3年。在每个周期内,应对每个项目合伙人的业务至少选取一项进行检查。

(2)确定检查的时间、人员与范围。会计师事务所在选取单项业务进行检查时,可以不事先告知相关项目组。参与业务执行或项目质量控制复核的人员不应承担该项业务的检查工作。在确定检查的范围时,会计师事务所可以考虑外部独立检查的范围或结论,但这些检查并不能替代自身的内部监控。

会计师事务所应当将实施监控程序发现的缺陷及建议采取的适当补救措施,告知相关项目合伙人及其他适当人员。这样规定是为了便于相关人员及时采取适当的行动。

小提示

注册会计师业务准则与会计师事务所质量控制准则的关系

注册会计师业务准则与会计师事务所质量控制准则的联系包括:(1)两者都是注册会计师执业规范体系的组成部分。为了确保注册会计师工作质量,新的注册会计师执业准则体系包括注册会计师业务准则和会计师事务所质量控制准则。(2)两者的目的相同。两者都是为了保证注册会计师的执业质量,只是作用的方式不同,业务准则是为注册会计师及会计师事务所制定的行为规则,建立和执行质量控制准则的目的是为了促进业务准则的落实,为了合理保证执业人员在执业过程中遵守业务准则,保证注册会计师工作质量。

注册会计师业务准则与会计师事务所质量控制准则的区别包括:(1)两者的性质不同。注册会计师的业务准则是注册会计师在执行业务过程中应当遵守的职业规范,是技术标准,用于指导注册会计师具体业务工作,衡量工作本身好坏;而会计师事务所质量控制准则是每个会计师事务所遵守的管理标准,是针对会计师事务所建立内部控制,指导质量控制工作,衡量质量控制的有效性而制定的。(2)两者的内容不同。注册会计师的业务准则由鉴证业务准则和相关服务业务准则构成;而会计师事务所质量控制准则紧紧围绕质量控制,包括落实对业务质量的领导责任、确保职业道德得以遵守六个方面。(3)制定并使得注册会计师业务准则得到遵守是目的,制定并遵守会计师事务所质量控制准则只是促使注册会计师业务准则得到遵守的一种手段。

本章小结

1. 注册会计师执业准则体系包括注册会计师的业务准则和会计师事务所质量控制准则。

2. 鉴证业务是注册会计师对鉴证对象信息提出结论,以增强除责任方之外的预期使用者对鉴证对象信息信任程度的业务。鉴证业务分为基于责任方认定的业务和直接报告业务。

3. 注册会计师将承接的业务作为鉴证业务时,该业务必须包括三方关系、鉴证对象、标准、证据和鉴证报告五要素。

4. 会计师事务所应当根据会计师事务所质量控制准则,制定质量控制制度。会计师事务所的质量控制制度应当包括针对业务质量承担的领导责任、相关职业道德要求、客户关系和具体业务的接受与保持、人力资源、业务执行、监控制定的政策和程序。

复习思考题

1. 简述注册会计师业务准则的构成。
2. 简述鉴证业务要素。
3. 简述基于责任方认定的鉴证业务和直接报告业务的区别。
4. 简述会计师事务所质量控制制度的目标和要素。

第四章　审计目标和审计过程

学习目标

1. 理解审计总体目标；

2. 掌握审计具体目标及其与认定的关系。

引导案例

注册会计师李明在审计A公司预收账款项目时发现A公司3年前预收W公司款项800万元，当年根据W公司的委托支付H公司200万元，剩余600万元，截至2011年度资产负债表日账面余额为600万元。

A公司此项预收账款的处理是否可能存在问题，为什么？

如果你认为A公司此项预收账款可能存在问题，注册会计师应该采取哪些审计程序进行处理？

第一节　审计目标

一、总体目标

审计的目的是提高财务报表预期使用者对财务报表的信赖程度。这一目的可以通过注册会计师对财务报表是否在所有重大方面按照适用的财务报告编制基础编制发表审计意见得以实现。就大多数通用目的财务报告编制基础而言，注册会计师针对财务报表是否在所有重大方面按照财务报告编制基础编制并实现公允反映发表审计意见。注册会计师按照审计准则和相关职业道德要求执行审计工作，能够形成这样的意见。因此，执行财务报表审计工作时，注册会计师的总体目标是：一是对财务报表整体是否不存在由于舞弊或错误导致的重大错报获取合理保证，使得注册会计师能够对财务报表是否在所有重大方面按照适用的财务报告编制基础编制发表审计意见；二是按照审计准则的规定，根据审计结果对财务报表出具审计报告，并与管理层和治理层沟通。

（一）评价财务报表的合法性

在评价财务报表是否按照适用的财务报告编制基础编制时，注册会计师应当考虑下列内容：

（1）选择和运用的会计政策是否符合适用的财务报告编制基础，并适合于被审计单位的具体情况；

（2）管理层作出的会计估计是否合理；

（3）财务报表反映的信息是否具有相关性、可靠性、可比性和可理解性；

（4）财务报表是否作出充分披露，使财务报表使用者能够理解重大交易和事项对被审计单位财务状况、经营成果和现金流量的影响。

(二)评价财务报表的公允性

在评价财务报表是否作出公允反映时,注册会计师应当考虑下列内容:

(1)经管理层调整后的财务报表是否与注册会计师对被审计单位及其环境的了解一致;

(2)财务报表的列报、结构和内容是否合理;

(3)财务报表是否真实地反映了交易和事项的经济实质。

二、被审计单位管理层认定

(一)被审计单位管理层认定的含义

被审计单位管理层认定,是指被审计单位管理层在财务报表中作出的明确或隐含的表达,注册会计师将其用于考虑可能发生的不同类型的潜在错报。认定与审计目标密切相关,注册会计师的基本职责就是确定被审计单位管理层对其财务报表的认定是否恰当。注册会计师了解了认定,就很容易确定每个项目的具体审计目标。注册会计师的审计工作就是要确定管理层的认定是否恰当。

保证财务报表公允反映被审计单位的财务状况和经营情况等是管理层的责任。当管理层声明财务报表已按照适用的财务报告编制基础进行编制,在所有重大方面作出公允反映时,就意味着管理层对财务报表各组成要素的确认、计量、列报以及相关的披露作出了认定。管理层在财务报表上的认定有些是明确表达的,有些则是隐含表达的。例如,管理层在资产负债表中列报存货及其金额,意味着作出下列明确的认定:(1)记录的存货是存在的;(2)存货以恰当的金额包括在财务报表中,与之相关的计价或分摊调整已恰当记录。同时,管理层也作出下列隐含的认定:(1)所有应当记录的存货均已记录;(2)记录的存货都由被审计单位拥有。

(二)与所审计期间各类交易和事项相关的认定

注册会计师对所审计期间的各类交易和事项运用的认定通常分为下列类别:

(1)发生:记录的交易或事项已发生,且与被审计单位有关。

(2)完整性:所有应当记录的交易和事项均已记录。

(3)准确性:与交易和事项有关的金额及其他数据已恰当记录。

(4)截止:交易和事项已记录于正确的会计期间。

(5)分类:交易和事项已记录于恰当的账户。

(三)与期末账户余额相关的认定

注册会计师对期末账户余额运用的认定通常分为下列类别:

(1)存在:记录的资产、负债和所有者权益是存在的。

(2)权利和义务:记录的资产由被审计单位拥有或控制,记录的负债是被审计单位应当履行的偿还义务。

(3)完整性:所有应当记录的资产、负债和所有者权益均已记录。

(4)计价和分摊:资产、负债和所有者权益以恰当的金额包括在财务报表中,与之相关的计价或分摊调整已恰当记录。

（四）与列报和披露相关的认定

各类交易和账户余额的认定正确只是为列报正确打下了必要的基础，财务报表还可能因被审计单位误解有关列报的规定或舞弊等而产生错报。另外，还可能因被审计单位没有遵守一些专门的披露要求而导致财务报表错报。因此，即使注册会计师审计了各类交易和账户余额的认定，实现了各类交易和账户余额的具体审计目标，也不意味着获取了足以对财务报表发表审计意见的充分、适当的审计证据。因此，注册会计师还应当对各类交易、账户余额及相关事项在财务报表中列报的正确性实施审计。注册会计师可以按照下述分类运用认定，也可按其他方式表述认定，但应涵盖下述所有方面。

(1)发生以及权利和义务：披露的交易、事项和其他情况已发生，且与被审计单位有关。

(2)完整性：所有应当包括在财务报表中的披露均已包括。

(3)分类和可理解性：财务信息已被恰当地列报和描述，且披露内容表述清楚。

(4)准确性和计价：财务信息和其他信息已公允披露，且金额恰当。

注册会计师可以按照上述分类运用认定，也可按其他方式表述认定，但应涵盖上述所有方面。

三、具体审计目标

注册会计师了解了认定，就很容易确定每个项目的具体审计目标，并以此作为评估重大错报风险以及设计和实施进一步审计程序的基础。

（一）与所审计期间各类交易和事项相关的审计目标

(1)发生：由发生认定推导的审计目标是确认已记录的交易是真实的。例如，如果没有发生销售交易，但在销售日记账中记录了一笔销售，则违反了该目标。

发生认定所要解决的问题是管理层是否把那些不曾发生的项目列入财务报表，它主要与财务报表组成要素的高估有关。

(2)完整性：由完整性认定推导的审计目标是确认已发生的交易确实已经记录。例如，如果发生了销售交易，但没有在销售明细账和总账中记录，则违反了该目标。

发生和完整性两者强调的是相反的关注点。发生目标针对潜在的高估，而完整性目标则针对潜在的低估。

(3)准确性：由准确性认定推导出的审计目标是确认已记录的交易是按正确金额反映的。例如，如果在销售交易中，发出商品的数量与账单上的数量不符，或是开账单时使用了错误的销售价格，或是账单中的乘积或加总有错，或是在销售明细账中记录了错误的金额，则违反了该目标。

(4)截止：由截止认定推导出的审计目标是确认接近于资产负债表日的交易记录于恰当的会计期间。例如，如果本期交易推到下期，或下期交易提到本期，均违反了截止目标。

(5)分类：由分类认定推导出的审计目标是确认被审计单位记录的交易经过适当分类。例如，如果将现销记录为赊销，将出售经营性固定资产所得的收入记录为营业收入，则导致交易分类的错误，违反了分类的目标。

（二）与期末账户余额相关的审计目标

(1)存在：由存在认定推导的审计目标是确认记录的金额确实存在。例如，如果不存在某顾客的应收账款,在应收账款明细表中却列入了对该顾客的应收账款,则违反了存在性目标。

(2)权利和义务:由权利和义务认定推导的审计目标是确认资产归属于被审计单位,负债属于被审计单位的义务。例如,将他人寄售商品列入被审计单位的存货中,违反了权利目标;将不属于被审计单位的债务记入账内,违反了义务目标。

(3)完整性:由完整性认定推导的审计目标是确认已存在的金额均已记录。例如,如果存在某顾客的应收账款,在应收账款明细表中却没有列入对该顾客的应收账款,则违反了完整性目标。

(4)计价和分摊:资产、负债和所有者权益以恰当的金额包括在财务报表中,与之相关的计价或分摊调整已恰当记录。

(三)与列报和披露相关的审计目标

(1)发生以及权利和义务:将没有发生的交易、事项,或与被审计单位无关的交易和事项包括在财务报表中,则违反了该目标。例如,复核董事会会议记录中是否记载了固定资产抵押等事项,询问管理层固定资产是否被抵押,即是对列报的权利认定的运用。如果被审计单位拥有被抵押的固定资产,则需要将其在财务报表中列报,并说明与之相关的权利受到限制。

(2)完整性:如果应当披露的事项没有包括在财务报表中,则违反了该目标。例如,检查关联方和关联交易,以验证其在财务报表中是否得到充分披露,即是对列报的完整性认定的运用。

(3)分类和可理解性:财务信息已被恰当地列报和描述,且披露内容表述清楚。例如,检查存货的主要类别是否已披露,是否将一年内到期的长期负债列为流动负债,即是对列报的分类和可理解性认定的运用。

(4)准确性和计价:财务信息和其他信息已公允披露,且金额恰当。例如,检查财务报表附注是否分别对原材料、在产品和产成品等存货成本核算方法作了恰当说明,即是对列报的准确性和计价认定的运用。

针对财务报表每一项目所表现出的各项认定,注册会计师相应地确定一项或多项审计目标,然后通过执行一系列审计程序获取充分、适当的审计证据以实现审计目标。认定、审计目标和审计程序之间的关系举例如表4.1所示。

表4.1　认定、审计目标和审计程序之间的关系举例

认定	审计目标	审计程序
存在性	资产负债表列示的存货存在	实施存货监盘程序
完整性	销售收入包括了所有已发货的交易	检查发货单和销售发票的编号以及销售明细账
准确性	应收账款反映的销售业务是否基于正确的价格和数量,计算是否正确	比较价格清单与发票上的价格,发货单与销售订购单上的数量是否一致,重新计算发票上的金额
截止	销售业务记录在恰当的期间	比较上一年度最后几天和下一年度最初几天的发货单日期与记账日期
权利和义务	资产负债表中的固定资产确实为公司拥有	查阅所有权证书、购货合同、结算单和保险单
计价和分摊	以净值记录应收账款	检查应收账款账龄分析表、评估计提的坏账准备是否充足

第二节 审计过程

风险导向审计模式要求注册会计师在审计过程中,以重大错报风险的识别、评估和应对作为工作主线。相应的,审计过程大致可分为以下几个阶段。

一、接受业务委托

在接受新客户的业务前,或决定是否保持现有业务或考虑接受现有客户的新业务时,会计师事务所应当执行一些审计程序,以获取如下信息:

(1)考虑客户的诚信,没有信息表明客户缺乏诚信;

(2)具有执行业务必要的素质、专业胜任能力、时间和资源;

(3)能够遵守相关职业道德要求。

会计师事务所执行客户接受与保持的程序的目的,旨在识别和评估会计师事务所面临的风险。例如,如果注册会计师发现潜在客户正面临财务困难,或者发现现有客户在之前的业务中作出虚假陈述,那么可以认为接受或保持该客户的风险非常高,甚至是不可接受的。会计师事务所除考虑来自客户的风险外,还需要复核自身执行业务的能力,如当工作需要时能否获得合适的具有相应资格的员工;能否获得专业化协助;是否存在任何利益冲突;能否对客户保持独立性等。一旦决定接受业务委托,注册会计师应当与客户就审计约定条款达成一致意见。

二、计划审计工作

计划审计工作十分重要。如果没有恰当的审计计划,不仅无法获取充分、适当的审计证据,影响审计目标的实现,而且还会浪费有限的审计资源,影响审计工作的效率。因此,对于任何一项审计业务,注册会计师在执行具体审计程序之前,都必须根据具体情况制订科学、合理的计划,使审计业务以有效的方式得到执行。一般来说,计划审计工作主要包括:在本期审计业务开始时开展的初步业务活动;制订总体审计策略;制订具体审计计划等。

三、实施风险评估

审计准则规定,注册会计师必须实施风险评估程序,以此作为评估财务报表层次和认定层次重大错报风险的基础。风险评估程序是指注册会计师为了解被审计单位及其环境,以识别和评估财务报表层次和认定层次的重大错报风险(无论该错报由于舞弊或错误导致)而实施的审计程序。一般来说,实施风险评估程序的主要工作包括:了解被审计单位及其环境;识别和评估财务报表层次以及各类交易、账户余额和披露认定层次的重大错报风险,包括确定需要特别考虑的重大错报风险(即特别风险)以及仅通过实施实质性程序无法应对的重大错报风险等。

四、实施风险应对

注册会计师实施风险评估程序本身并不足以为发表审计意见提供充分、适当的审计证据，还应当实施风险应对，注册会计师在评估财务报表重大错报风险后，应当运用职业判断，针对评估的财务报表层次重大错报风险确定总体应对措施，并针对评估的认定层次重大错报风险设计和实施进一步审计程序，包括实施控制测试（必要时或决定测试时）和实质性程序，以将审计风险降至可接受的低水平。

五、完成审计工作和编制审计报告

注册会计师在完成财务报表进一步审计程序后，还应当按照有关审计准则的规定做好审计完成阶段的工作，并根据所获取的各种证据，合理运用专业判断，形成适当的审计意见。本阶段主要工作有：考虑持续经营假设、或有事项和期后事项；获取管理层声明；汇总审计差异，提请被审计单位调整或披露；复核审计工作底稿和财务报表；与管理层和治理层沟通；评价所有审计证据，形成审计意见；编制审计报告等。

小提示

审计目标是审计职能的外在表现，有什么样的职能才会有什么样的目标，审计目标不能违背审计的固有功能，否则这种目标也不可能实现。审计目标反映了社会要求，因为审计具有实践性和实用性，它不可能脱离社会需要而存在，目标的变化也一定要反映社会需求的变化。审计目标决定着审计任务，审计目标是由审计职能和社会需要决定的，而审计任务又由审计目标所决定，有什么样的目标，就会有什么样的任务，因为审计目标的实现要依赖于相关审计任务的完成。审计目标应具有恰当性和稳定性，审计目标总会受到授权人或委托人审计目的的制约，并由审计人在审计工作中实现，但无论怎样都要注意其恰当性和相对的稳定性，也即是审计目标既要科学，又要切实可行；审计总目标一旦确定下来，就应该保持其相对的稳定，否则影响审计的社会效果。审计目标也具有一定的层次性，审计目标既可以分为远程目标（战略性目标）和基本目标（战术性目标），又可以分为总目标和具体目标（包括一般审计目标和项目审计目标）。

本章小结

1. 审计的目的是提高财务报表预期使用者对财务报表的信赖程度。

2. 认定是指管理层在财务报表中作出的明确或隐含的表达。

3. 认定与审计目标密切相关，注册会计师的基本职责就是确定被审计单位管理层对其财务报表的认定是否恰当。

4. 审计过程包括接受业务委托，计划审计工作，风险评估，风险应对，提交审计报告几个方面。

复习思考题

1. 简述审计的具体目标。

2. 简述审计过程。

第五章　审计证据和审计工作底稿

学习目标

1. 了解审计证据的含义；
2. 掌握审计证据的取得与整理方法；
3. 了解审计工作底稿的基本内容。

导入案例

注册会计师在审计A公司财务报表时，注意到该公司内部控制存在严重缺陷。审计过程中注册会计师收集了下列审计证据：(1)销货发票的副本；(2)实物证据；(3)被审单位管理层声明；(4)被审单位律师声明；(5)发料汇总表；(6)应收账款函证回函；(7)存货监盘表；(8)银行对账单；(9)对行业成本变化趋势分析表；(10)电脑打印出的费用明细表和口头证据。

请问：上述证据如何分类？哪些可作为可信赖审计证据？学习本章后你就会找到答案。

第一节　审 计 证 据

一、审计证据的含义

审计证据是指注册会计师为了得出审计结论、形成审计意见时使用的所有信息。审计证据包括构成财务报表基础的会计记录所含有的信息和其他信息。注册会计师必须在每项审计工作中获取充分、适当的审计证据，以满足发表审计意见的要求。

(一)会计记录中含有的信息

依据会计记录编制财务报表是被审计单位管理层的责任，注册会计师应当测试会计记录以获取审计证据。会计记录主要包括原始凭证、记账凭证、总分类账和明细分类账、未在记账凭证中反映的对财务报表的其他调整，以及支持成本分配、计算、调节和披露的手工计算表和电子数据表。上述会计记录是编制财务报表的基础，构成注册会计师执行财务报表审计业务所需获取的审计证据的重要部分。

会计记录取决于相关交易的性质，它既包括被审计单位内部生成的手工或电子形式的凭证，也包括从与被审计单位进行交易的其他企业收到的凭证。将这些会计记录作为审计证据时，其来源和被审计单位内部控制的相关强度（对内部生成的证据而言）都会影响注册会计师对这些原始凭证的信赖程度。

(二)其他信息

会计记录中含有的信息本身并不足以提供充分的审计证据作为对财务报表发表审计意见的基础，注册会计师还应当获取用作审计证据的其他信息。可用做审计证据的其他信息包括注册会计师从被审计单位内部或外部获取的会计记录以外的信息，如被审计单位会议记录、内部控制手册、询证函的回函、分析师的报告、与竞争者的比较数据等；通过询问、观察和检查等审计程序获取的信息，如通过检查存货获取存货存在性的证据等；以及自身编制或获取的可以通过合理推断得出结论的信息，如注册会计师编制的各种计算表、分析表等。

财务报表依据的会计记录中包含的信息和其他信息共同构成了审计证据，两者缺一不可。如果没有前者，审计工作将无法进行；如果没有后者，可能无法识别重大错报风险。只有将两者结合在一起，才能将审计风险降至可接受的低水平，为注册会计师发表审计意见提供合理基础。

二、审计证据的种类

一般而言，审计证据可以按照其外形特征分为实物证据、书面证据、口头证据和环境证据四大类。

（一）实物证据

实物证据是指注册会计师通过实际观察或清点所取得的，用以确定某些实物资产是否确实存在的证据。例如，库存现金、存货、固定资产可以通过监盘的方式证明其是否确实存在。实物证据通常是证明实物资产是否存在的非常有说服力的证据，但实物资产的存在并不完全能证实被审计单位对其拥有所有权。例如，年终盘点的存货可能包括其他企业寄售或委托加工的部分，或者已经销售而待发运的商品。再者，某些实物资产的清点，虽然可以确定其实物数量，但质量好坏（这将影响到资产的价值）有时难以通过实物清点来判断。因此，对于取得实物证据的账面资产，还应就其所有权归属及其价值情况另行审计。

（二）书面证据

书面证据是指注册会计师所获取的各种以书面文件为形式的一类证据。书面证据是审计证据的主要组成部分，按其来源可以分为外部证据和内部证据两类。

1. 外部证据

外部证据是由被审计单位以外的组织或人士所编制的书面证据。它一般具有较强的证明力。如包括各种函证的回函、购货发票、银行对账单及审计人员为证明某个事项而自己动手编制的各种计算表、分析表等。

2. 内部证据

内部证据是由被审计单位内部机构或人员编制和提供的书面证据，包括被审计单位的会计记录（原始凭证、记账凭证、账簿记录、财务报表等）、被审计单位管理层声明书以及其他各种由被审计单位编制和提供的有关书面文件。

（三）口头证据

口头证据是指被审计单位职员或其他有关人员对注册会计师的提问做口头答复所形成的一类证据。通常在审计过程中，注册会计师会向被审计单位有关人员询问会计记录、文件的存放地点，采用特别会计政策和方法的理由，收回逾期应收账款的可能性等。对于这些问题的口头答复就构成了口头证据。一般而言，口头证据本身并不足以证明事情的真相，但注册会计师往往可以通过口头证据发掘一些重要的线索，从而有利于对某些需审核的情况作进一步的调查，以搜集到更为可靠的证据。

在审计过程中，注册会计师应对各种重要的口头证据尽快做成记录。相对而言，不同人员对同一问题所做的口头陈述相同时，口头证据具有较高的可靠性。但在一般情况下，口头证据往往需要得到其他相应证据的印证。

（四）环境证据

环境证据是指对被审计单位产生影响的各种环境事实，如被审计单位的内部控制制度、管理人员素质、各种管理条件和管理水平等。如果被审计单位具有良好的内部控制、高素质的管理人员、良好的管理条件和较高的管理水平，就可增加其会计资料的可信赖程度。环境证据一般并不能直接用以证明被审计事项，但它能帮助审计人员对被审计事项进行判断，帮助取得必需的审计证据，因此，环境证据是一种间接证据。

三、审计证据的充分性与适当性

注册会计师应当保持职业怀疑态度，运用职业判断，评价审计证据的充分性和适当性。

（一）审计证据的充分性

审计证据的充分性是对审计证据数量的衡量，主要与注册会计师确定的样本量有关。例如，对某个审计项目实施某一选定的审计程序，从 200 个样本中获得的证据要比从 100 个样本中获得的证据更充分。获取的审计证据应当充分，足以将与每个重要认定相关的审计风险限制在可接受的水平。

注册会计师需要获取的审计证据的数量受其对重大错报风险评估的影响（评估的重大错报风险越高，需要的审计证据可能越多），并受审计证据质量的影响（审计证据质量越高，需要的审计证据可能越少）。然而，注册会计师仅靠获取更多的审计证据可能无法弥补其质量上的缺陷。

（二）审计证据的适当性

审计证据的适当性，是对审计证据质量的衡量，即审计证据在支持审计意见所依据的结论方面具有的相关性和可靠性。相关性和可靠性是审计证据适当性的核心内容，只有相关且可靠的审计证据才是高质量的。

1. 审计证据的相关性

相关性，是指用作审计证据的信息与审计程序的目的和所考虑的相关认定之间的逻辑联系。用作审计证据的信息的相关性可能受测试方向的影响。例如，如果某审计程序的目的是测试应付账款的计价高估，则测试已记录的应付账款可能是相关的审计程序。另一方面，如果某审计程序的目的是测试应付账款的计价低估，则测试已记录的应付账款不是相关的审计程序，相关的审计程序可能是测试期后支出、未支付发票、供应商结算单以及发票未到的收货报告单等。

2. 审计证据的可靠性

审计证据的可靠性是指证据的可信程度。例如，注册会计师亲自检查存货所获得的证据，就比被审计单位管理层提供给注册会计师的存货数据更可靠。

审计证据的可靠性受其来源和性质的影响，并取决于获取审计证据的具体环境。注册会计师在判断审计证据的可靠性时，通常会考虑下列原则：

（1）从外部独立来源获取的审计证据比从其他来源获取的审计证据更可靠。从外部独立来源获取的审计证据未经被审计单位有关职员之手，从而减少了伪造、更改凭证或业务记录的可能性,因而其证明力最强。

(2)内部控制有效时内部生成的审计证据比内部控制薄弱时内部生成的审计证据更可靠。

(3)直接获取的审计证据比间接获取或推论得出的审计证据更可靠。间接获取的证据有被涂改及伪造的可能性,降低了可信赖程度。推论得出的审计证据,其主观性较强,人为因素较多,可信赖程度也受到影响。

(4)以文件、记录形式(无论是纸质、电子或其他介质)存在的审计证据比口头形式的审计证据更可靠。

(5)从原件获取的审计证据比从传真件或复印件获取的审计证据更可靠。

3. 充分性和适当性之间的关系

充分性和适当性是审计证据的两个重要特征,两者缺一不可,只有充分且适当的审计证据才是有证明力的。

注册会计师需要获取的审计证据的数量受审计证据质量的影响。审计证据质量越高,需要的审计证据数量可能越少。需要注意的是如果审计证据的质量存在缺陷,那么注册会计师仅靠获取更多的审计证据可能无法弥补其质量上的缺陷。例如,注册会计师应当获取与销售收入完整性相关的证据,实际获取到的却是有关销售收入真实性的证据,审计证据与完整性目标不相关,即使获取的证据再多,也证明不了收入的完整性。同样,如果注册会计师获取的证据不可靠,那么证据数量再多也难以起到证明作用。

四、获取审计证据的审计程序

注册会计师面临的主要决策之一,就是通过实施审计程序,获取充分、适当的审计证据,以满足对财务报表发表意见。

审计程序是指注册会计师在审计过程中的某个时间,对将要获取的某类审计证据如何进行收集的详细指令。在设计审计程序时,注册会计师通常使用规范的措辞或术语,以使审计人员能够准确理解和执行。在审计过程中,注册会计师可根据需要单独或综合运用以下审计程序,以获取充分、适当的审计证据。

(一)检查

检查是指注册会计师对被审计单位内部或外部生成的,以纸质、电子或其他介质形式存在的记录和文件进行审查,或对资产进行实物审查。检查记录或文件可以提供可靠程度不同的审计证据,审计证据的可靠性取决于记录或文件的性质和来源,而在检查内部记录或文件时,其可靠性则取决于生成该记录或文件的内部控制的有效性。将检查用作控制测试的一个例子,是检查记录以获取关于授权的审计证据。

某些文件是表明一项资产存在的直接审计证据,如构成金融工具的股票或债券,但检查此类文件并不一定能提供有关所有权或计价的审计证据。此外,检查已执行的合同可以提供与被审计单位运用会计政策(如收入确认)相关的审计证据。

检查有形资产可为其存在提供可靠的审计证据,但不一定能够为权利和义务或计价等认定提供可靠的审计证据。对个别存货项目进行的检查,可与存货监盘一同实施。

(二)观察

观察是指注册会计师察看相关人员正在从事的活动或实施的程序。例如,注册会计师对被审计单位人员执行的存货盘点或控制活动进行观察。观察可以提供执行有关过程或程序的审计证据,但观察所提供的审计证据仅限于观察发生的时点,而且被观察人员的行为可能因被观察而受到影响,这也会使观察提供的审计证据受到限制。

(三)询问

询问是指注册会计师以书面或口头方式,向被审计单位内部或外部的知情人员获取财务信息和非财务信息,并对答复进行评价的过程。作为其他审计程序的补充,询问广泛应用于整个审计过程中。

知情人员对询问的答复可能为注册会计师提供尚未获悉的信息或佐证证据。另一方面,对询问的答复也可能提供与注册会计师已获取的其他信息存在重大差异的信息,在某些情况下,对询问的答复为注册会计师修改审计程序或实施追加的审计程序提供了基础。

(四)函证

函证,是指注册会计师直接从第三方(被询证者)获取书面答复以作为审计证据的过程,书面答复可以采用纸质、电子或其他介质等形式。当针对的是与特定账户余额及其项目相关的认定时,函证常常是相关的程序。

1. 函证的内容

(1)银行存款、借款及与金融机构往来的其他重要信息

注册会计师应当对银行存款(包括零余额账户和在本期内注销的账户),借款及与金融机构往来的其他重要信息实施函证程序,除非有充分证据表明某一银行存款、借款及与金融机构往来的其他重要信息对财务报表不重要且与之相关的重大错报风险很低。如果不对这些项目实施函证程序,注册会计师应当在审计工作底稿中说明理由。

(2)应收账款

注册会计师应当对应收账款实施函证程序,除非有充分证据表明应收账款对财务报表不重要,或函证很可能无效。如果认为函证很可能无效,注册会计师应当实施替代审计程序,获取相关、可靠的审计证据。如果不对应收账款函证,注册会计师应当在审计工作底稿中说明理由。

(3)函证的其他内容

注册会计师可以根据具体情况和实际需要对下列内容(包括但并不限于)实施函证:

①交易性金融资产;②应收票据;③其他应收款;④预付账款;⑤由其他单位代为保管、加工或销售的存货;⑥长期股权投资;⑦应付账款;⑧预收账款;⑨保证、抵押或质押;⑩或有事项及重大或异常的交易。

2. 函证程序实施的范围

如果采用审计抽样的方式确定函证程序的范围,无论采用统计抽样方法,还是非统计抽样方法,选取的样本应当足以代表总体。根据对被审计单位的了解、评估的重大错报风险以及所测试总体的特征等,注册会计师可以确定从总体中选取特定项目进行测试。选取的特定项目可能包括:金额较大的项目;账龄较长的项目;交易频繁但期末余额较小的项目;重大关联方交易;重大或异常的交易;可能存在争议、舞弊或错误的交易。

3. 函证的时间

注册会计师通常以资产负债表日为截止日,在资产负债表日后适当时间内实施函证。如果重大错报风险评估为低水平,注册会计师可选择资产负债表日前适当日期为截止日实

施函证,并对所函证项目自该截止日起至资产负债表日止发生的变动实施实质性程序。

4. 积极与消极的函证方式

注册会计师可采用积极的或消极的函证方式实施函证,也可将两种方式结合使用。

(1)积极的函证方式。如果采用积极的函证方式,注册会计师应当要求被询证者在所有情况下必须回函,确认询证函所列示信息是否正确,或填列询证函要求的信息。积极的函证方式又分为两种:一种是在询证函中列明拟函证的账户余额或其他信息,要求被询证者确认所函证的款项是否正确。通常认为,对这种询证函的回复能够提供可靠的审计证据。但是,其缺点是被询证者可能对所列示信息根本不加以验证就予以回函确认。注册会计师通常难以发觉是否发生了这种情形。为了避免这种风险,注册会计师可以采用另外一种询证函,即在询证函中不列明账户余额或其他信息,而要求被询证者填写有关信息或提供进一步信息。由于这种询证函要求被询证者做出更多的努力,可能会导致回函率降低,进而导致注册会计师执行更多的替代程序。

(2)消极的函证方式。如果采用消极的函证方式,注册会计师只要求被询证者仅在不同意询证函列示信息的情况下才予以回函。对消极式询证函而言,未收到回函并不能明确表明预期的被询证者已经收到询证函或已经核实了询证函中包含的信息的准确性。因此,未收到消极式询证函的回函提供的审计证据,远不如积极式询证函的回函提供的审计证据有说服力。如果询证函中的信息对询证者不利,则被询证者更有可能回函表示其不同意;相反,如果询证函中的信息对被询证者有利,回函的可能性就会相对较小。

(3)两种方式的结合使用。在实务中,注册会计师也可将这两种方式结合使用。以应收账款为例,当应收账款的余额是由少量的大额应收账款和大量的小额应收账款构成时,注册会计师可以对所有的或抽取的大额应收账款样本采用积极的函证方式,而对抽取的小额应收账款样本采用消极的函证方式。

5. 函证的实施与评价

(1)函证实施过程的控制

当实施函证时,注册会计师应当对选择被询证者、设计询证函以及发出和收回询证函保持控制。出于掩盖舞弊的目的,被审计单位可能想方设法拦截或更改询证函及回函的内容。如果注册会计师对函证程序控制不严密,就可能给被审计单位造成可乘之机,导致函证结果发生偏差和函证程序失效。

注册会计师应当采取下列措施对函证实施过程进行控制:

①将被询证者的名称、单位名称和地址与被审计单位有关记录核对;

②将询证函中列示的账户余额或其他信息与被审计单位有关资料核对;

③在询证函中指明直接向接受审计业务委托的会计师事务所回函;

④询证函经被审计单位盖章后,由注册会计师直接发出;

⑤将发出询证函的情况形成审计工作记录;

⑥将收到的回函形成审计工作记录,并汇总统计函证结果。

(2)对不符事项的处理

注册会计师应当调查不符事项,以确定是否表明存在错报。

询证函回函中指出的不符事项可能显示财务报表存在错报。当识别出错报时,注册会计师需要根据《中国注册会计师审计准则第 1141 号——财务报表审计中与舞弊相关的责任》的规定评价该错报是否表明存在舞弊。不符事项可以为注册会计师判断来自类似的被询证者回函质量及类似账户回函质量提供依据。不符事项还可能显示被审计单位与财务报告相关的内部控制存在缺陷。某些不符事项并不表明存在错报。例如,注册会计师可能认为询证函回函的差异是由于函证程序的时间安排、计量或书写错误造成的。

(五)重新计算

重新计算是指注册会计师对记录或文件中的数据计算的准确性进行核对。重新计算可通过手工方式或电子方式进行。

(六)重新执行

重新执行是指注册会计师独立执行原本作为被审计单位内部控制组成部分的程序或控制。

(七)分析程序

分析程序,是指注册会计师通过分析不同财务数据之间以及财务数据与非财务数据之间的内在关系,对财务信息作出评价。分析程序还包括在必要时对识别出的、与其他相关信息不一致或与预期值差异重大的波动或关系进行调查。

注册会计师实施分析程序的目的包括:

(1)用作风险评估程序,以了解被审计单位及其环境。注册会计师实施风险评估程序的目的在于了解被审计单位及其环境并评估财务报表层次和认定层次的重大错报风险。分析程序可以帮助注册会计师发现财务报表中的异常变化,或者预期发生而未发生的变化,识别存在潜在重大错报风险的领域。分析程序还可以帮助注册会计师发现财务状况或盈利能力发生变化的信息和征兆,识别那些表明被审计单位持续经营能力问题的事项。

(2)当使用分析程序比细节测试能更有效地将认定层次的检查风险降至可接受的水平时,分析程序可以用作实质性程序。在针对评估的重大错报风险实施进一步审计程序时,注册会计师可以将分析程序作为实质性程序的一种,单独或结合其他细节测试,收集充分、适当的审计证据。此时运用分析程序可以减少细节测试的工作量,节约审计成本,降低审计风险,使审计工作更有效率和效果。

(3)在审计结束或临近结束时对财务报表进行总体复核。在审计结束或临近结束时,注册会计师应当运用分析程序,在已收集的审计证据的基础上,对财务报表整体的合理性做最终把握,评价报表仍然存在重大错报风险而未被发现的可能性,考虑是否需要追加审计程序,以便为发表审计意见提供合理基础。

第二节 审计工作底稿

一、审计工作底稿概述

(一)审计工作底稿的概念

审计工作底稿,是指注册会计师对制订的审计计划、实施的审计程序、获取的相关审计证据,以及得出的审计结论作出的记录。审计工作底稿是审计证据的载体,是注册会计师在审计过程中形成的审计工作记录和获取的资料。它形成于审计过程,也反映整个审计过程。

（二）审计工作底稿的编制目的

审计工作底稿在计划和执行审计工作中发挥着关键作用。它提供了审计工作实际执行情况的记录，并形成审计报告的基础。审计工作底稿也可用于质量控制复核、监督会计师事务所对审计准则的遵循情况以及第三方的检查等。因此，注册会计师应当及时编制审计工作底稿，以实现下列目的：

（1）提供充分、适当的记录，作为出具审计报告的基础；

（2）提供证据，证明注册会计师已按照审计准则和相关法律法规的规定计划和执行了审计工作。

（三）审计工作底稿的编制要求

注册会计师编制的审计工作底稿，应当使未曾接触该项审计工作的有经验的专业人士清楚地了解：

（1）按照审计准则和相关法律法规的规定实施的审计程序的性质、时间安排和范围；

（2）实施审计程序的结果和获取的审计证据；

（3）审计中遇到的重大事项和得出的结论，以及在得出结论时作出的重大职业判断。

有经验的专业人士，是指会计师事务所内部或外部的具有审计实务经验，并对审计过程、审计准则和相关法律法规的规定、被审计单位所处的经营环境和与被审计单位所处行业相关的会计和审计问题有合理了解的人士。

（四）审计工作底稿的存在形式

审计工作底稿可以以纸质、电子或其他介质形式存在。无论审计工作底稿以哪种形式存在，会计师事务所都应当针对审计工作底稿设计和实施适当的控制。以电子或其他介质形式存在的审计工作底稿，应与其他纸质形式的审计工作底稿一并归档，并应能通过打印等方式，转换成纸质形式的审计工作底稿。

（五）审计工作底稿通常包括的内容

审计工作底稿通常包括总体审计策略、具体审计计划、分析表、问题备忘录、重大事项概要、询证函回函和声明、核对表、有关重大事项的往来函件（包括电子邮件），注册会计师还可以将被审计单位文件记录的摘要或复印件（如重大的或特定的合同和协议）作为审计工作底稿的一部分。

此外，审计工作底稿通常还包括业务约定书、管理建议书、项目组内部或项目组与被审计单位举行的会议记录、与其他人士（如其他注册会计师、律师、专家等）的沟通文件及错报汇总表等。但是，审计工作底稿并不能代替被审计单位的会计记录。

在实务中，会计师事务所通常统一制定某些格式、索引及涵盖内容等方面相对固定的审计工作底稿模板和范例，进行统一质量管理，以提高工作效率。

二、审计工作底稿的要素

通常，审计工作底稿包括下列全部或部分要素：

（1）审计工作底稿的标题；

（2）审计过程记录；

(3)审计结论；

(4)审计标识及其说明；

(5)索引号及编号；

(6)编制者姓名及编制日期；

(7)复核者姓名及复核日期；

(8)其他应说明事项。

三、审计工作底稿的归档

(一)审计工作底稿归档工作的性质

在出具审计报告前，注册会计师应完成所有必要的审计程序，取得充分、适当的审计证据并得出适当的审计结论。由此，在审计报告日后将审计工作底稿归整为最终审计档案是一项事务性的工作，不涉及实施新的审计程序或得出新的结论。这种事务性的工作包括：

(1)删除或废弃被取代的审计工作底稿；

(2)对审计工作底稿进行分类、整理和交叉索引；

(3)对审计档案归整工作的完成核对表签字认可；

(4)记录在审计报告日前获取的、与项目组相关成员进行讨论并达成一致意见的审计证据。

(二)审计档案的分类

在实务中，审计档案可以分为永久性档案和当期档案。这一分类主要是基于具体实务中对审计档案使用的时间而划分的。

1. 永久性档案

永久性档案是指那些记录内容相对稳定，具有长期使用价值，并对以后审计工作具有重要影响和直接作用的审计档案。例如，被审计单位的组织结构、批准证书、营业执照、章程、重要资产的所有权或使用权的证明文件复印件等。

2. 当期档案

当期档案是指那些记录内容经常变化，主要供当期和下期审计使用的审计档案。例如，总体审计策略和具体审计计划等。

(三)审计工作底稿归档的期限

审计工作底稿的归档期限为审计报告日后60天内。如果注册会计师未能完成审计业务，审计工作底稿的归档期限为审计业务中止后的60天内。

如果针对客户的同一财务信息执行不同的委托业务，出具两个或多个不同的报告，会计师事务所应当将其视为不同的业务，根据会计师事务所内部制定的政策和程序，在规定的归档期限内分别将审计工作底稿归整为最终审计档案。

(四)审计工作底稿归档后的变动

在完成最终审计档案的归整工作后，注册会计师不应在规定的保存期限届满前删除或废弃任何性质的审计工作底稿。

1. 需要变动审计工作底稿的情形

注册会计师发现有必要修改现有审计工作底稿或增加新的审计工作底稿的情形主要

有以下两种：

(1)注册会计师已实施了必要的审计程序，取得了充分、适当的审计证据并得出了恰当的审计结论，但审计工作底稿的记录不够充分。

(2)审计报告日后，发现例外情况要求注册会计师实施新的或追加审计程序，或导致注册会计师得出新的结论。例外情况主要是指审计报告日后发现与已审计财务信息相关，且在审计报告日已经存在的事实，该事实如果被注册会计师在审计报告日前获知，可能影响审计报告。

2. 变动审计工作底稿时的记录要求

在完成最终审计档案的归整工作后，如果发现有必要修改现有审计工作底稿或增加新的审计工作底稿，无论修改或增加的性质如何，注册会计师均应当记录：

(1)修改或增加审计工作底稿的理由；

(2)修改或增加审计工作底稿的时间和人员，以及复核的时间和人员。

(五)审计工作底稿的保存期限

会计师事务所应当自审计报告日起，对审计工作底稿至少保存10年。如果注册会计师未能完成审计业务，会计师事务所应当自审计业务中止日起，对审计工作底稿至少保存10年。值得注意的是，对于连续审计的情况，当期归整的永久性档案可能包括以前年度获取的资料(有可能是10年以前)。这些资料虽然是在以前年度获取，但由于其作为本期档案的一部分，并作为支持审计结论的基础，因此，注册会计师对于这些对当期有效的档案，应视为当期取得并保存10年。如果这些资料在某一个审计期间被替换，被替换资料应当从被替换的年度起至少保存10年。

本章小结

1. 审计证据是指注册会计师为了得出审计结论、形成审计意见时使用的所有信息，是注册会计师发表意见的直接依据。注册会计师只有获得充分且适当的审计证据才可以发表意见。注册会计师获得审计证据的审计程序包括检查、观察、询问、函证、重新计算、重新执行和分析程序。

2. 审计工作底稿是审计证据的载体，注册会计师应当及时编制审计工作底稿，以作为出具审计报告的基础；审计工作底稿应在归档期内及时归档形成审计档案，并在审计报告日后至少保管10年，保管中应保证审计工作底稿的安全完整。

复习思考题

1. 哪些审计证据相对可靠。

2. 注册会计师在对应收账款进行审计时，收集到如下审计证据：

(1)被审单位销售发票；

(2)被审单位存货、主营业务成本等明细分类账及总分类账；

(3)被审单位对应收账款存在性的声明；

(4)被审单位债务人寄来的对账单；

(5)注册会计师对被审单位债务人进行函证，债务人的回函。

要求：将上述审计证据按可靠程度的强弱依次排列并说明原因。

第六章 计划审计工作

学习目标

1. 理解审计重要性的概念；
2. 掌握审计重要性的运用；
3. 了解计划审计工作的内容。

导入案例

华兴公司2013年利润表　　单位：万元

营业收入	110 000
营业成本	80 000
毛利	30 000
营业费用	31 000
净收益	1 000

如果重要性水平的参考数值为净利润的5%，资产总额的0.5%，净资产的1%，营业收入的0.5%，则华兴公司2013年度的重要性水平设置为多少？学习本章后你就会找到答案。

第一节 计划审计工作

计划审计工作是一项持续的过程，在计划审计工作时，注册会计师需要进行初步业务活动、制定总体审计策略和具体审计计划等。

一、计划审计工作的含义和作用

(一)计划审计工作的含义

计划审计工作是指注册会计师为了完成各项审计业务，达到预期目标，在具体实施审计程序之前编制的工作计划。

计划审计工作是一项持续的过程，通常注册会计师在前一期审计工作结束后即开始本期的审计计划工作，直到本期审计工作结束为止。

(二)计划审计工作的作用

计划审计工作对于注册会计师顺利完成审计工作和控制审计风险具有非常重要的作用。充分合理的审计计划有助于：注册会计师关注重点审计领域、及时发现和解决潜在问题；注册会计师恰当地组织和管理审计工作，使审计工作更加有效；可以帮助注册会计师对项目组成员进行恰当分工和指导监督，并复核其工作；有助于协调其他注册会计师和专家的工作。

因此,对于任何一个审计项目、任何一家会计师事务所来说,不论其业务繁简,也不论其规模大小,计划审计工作都是至关重要的。

二、审计业务约定书

注册会计师在编制审计计划之前应签订审计业务约定书。审计业务约定书是指会计师事务所与被审计单位签订的,用以记录和确认审计业务的委托与受托关系、审计目标和范围、双方的责任以及报告的格式等事项的书面协议。会计师事务所承接任何审计业务,都应与被审计单位签订审计业务约定书。

审计业务约定书的具体内容和格式可能因被审计单位的不同而不同,但应当包括以下基本内容:

(1)财务报表审计的目标与范围;

(2)注册会计师的责任;

(3)管理层的责任;

(4)指出用于编制财务报表所适用的财务报告编制基础;

(5)提及注册会计师拟出具的审计报告的预期形式和内容,以及对在特定情况下出具的审计报告可能不同于预期形式和内容的说明。

另外,如果情况需要,注册会计师还应当考虑在审计业务约定书中列明详细审计工作的范围、注册会计师协会发布的职业道德守则和其他公告及对审计业务结果的其他沟通形式等特殊考虑。如果母公司的注册会计师同时也是组成部分注册会计师,应考虑是否向组成部分单独致送审计业务约定书;对于连续审计,注册会计师应当根据具体情况评估是否需要对审计业务约定条款作出修改,以及是否需要提醒被审计单位注意现有的条款。

三、总体审计策略和具体审计计划

审计计划分为总体审计策略和具体审计计划两个层次。注册会计师应当针对总体审计策略中所识别的不同事项,制订具体审计计划,并考虑通过有效利用审计资源以实现审计目标。

(一)总体审计策略

总体审计策略是用以确定审计范围、时间和方向,并指导制订具体审计计划。总体审计策略的制定应当包括以下几方面:

(1)确定审计业务的特征,包括采用的会计准则和相关会计制度、特定行业的报告要求以及被审计单位组成部分的分布等,以界定审计范围。

(2)明确审计业务的报告目标,以计划审计的时间安排和所需沟通的性质,包括提交审计报告的时间要求,预期与管理层和治理层沟通的重要日期等。

(3)考虑影响审计业务的重要因素,以确定项目组工作方向,包括确定适当的重要性水平,初步识别可能存在较高的重大错报风险的领域,初步识别重要的组成部分和账户余额,评价是否需要针对内部控制的有效性获取审计证据,识别被审计单位、所处行业、财务报告要求及其相关方面最近发生的重大变化等。

在制定总体审计策略时,注册会计师还应考虑初步业务活动的结果,以及为被审计单位提供其他服务时所获得的经验。

总体审计策略一经制定,注册会计师应当针对总体审计策略中所识别的不同事项,制订具体审计计划,并考虑通过有效利用审计资源以实现审计目标。

(二)具体审计计划

具体审计计划比总体审计策略更加详细,为获取充分、适当的审计证据,而确定审计程序的性质、时间和范围的决策是具体审计计划的核心。具体审计计划应当包括风险评估程序、计划实施的进一步审计程序和其他审计程序。

(1)为了足够识别和评估财务报表重大错报风险,注册会计师计划实施的风险评估程序的性质、时间安排和范围。

(2)针对评估的认定层次的重大错报风险,注册会计师计划实施的进一步审计程序的性质、时间和范围。进一步审计程序包括控制测试和实质性程序。

(3)根据审计准则的规定,注册会计师针对审计业务需要实施的其他审计程序。计划的其他审计程序可以包括上述进一步程序的计划中没有涵盖的、根据其他审计准则的要求注册会计师应当执行的既定程序。例如,有些企业可能涉及环境事项、电子商务等,在实务中注册会计师应根据被审计单位的具体情况确定特定项目并执行相应的审计程序。

(三)审计过程中对计划的更改

计划审计工作并非审计业务的一个孤立阶段,而是一个持续的、不断修正的过程,贯穿于整个审计业务的始终。由于未预期事项、条件的变化或在实施审计程序中获取的审计证据等原因,在审计过程中,注册会计师应当在必要时对总体审计策略和具体审计计划作出更新和修改。

第二节　审计重要性

一、重要性的概念

所谓重要性是指鉴证对象信息中存在错报的严重程度,这一程度在特定环境下可能影响财务报表使用者的判断或决策。可见,重要性可视为财务报表中存在的错报能否影响财务报表使用者对财务报表的全面理解的“临界点”,超过该点,就会影响其作出正确判断或决策。因此,对于重要性水平的判断,是审计人员的一种专业判断,不同的审计人员对同一财务报表的判断就可能存在差异。可从以下几点理解重要性含义:

(1)重要性概念中的错报包含漏报。财务报表错报包括财务报表金额的错报和财务报表披露的错报。

(2)重要性包括对数量和性质两个方面的考虑。所谓数量方面,是指错报的金额大小,性质方面则是指错报的性质。一般而言,金额大的错报比金额小的错报更重要。在某些情况下,某些金额的错报从数量上看并不重要,但从性质上考虑,则可能是重要的。对于某些财务报表披露的错报,难以从数量上判断是否重要,应从性质上考虑其是否重要。

(3)重要性概念是针对财务报表使用者决策的信息需求而言的。判断一项错报重要与否,应视其对财务报表使用者依据财务报表作出经济决策的影响程度而定。如果财务报表中的某项错报足以改变或影响报表使用者的相关决策，则该项错报就是重要的，否则就是不重要的。

(4)重要性的确定离不开具体环境。由于不同的被审计单位面临不同的环境，不同的报表使用者有着不同的信息需求，因此注册会计师确定的重要性也不相同。即使是同一被审计在不同的审计期间注册会计师确定的重要性也不同。例如，某一金额的错报对某被审计单位的财务报表来说是重要的，而对另一个被审计单位的财务报表来说可能是不重要的。例如，错报10万元对一个小公司来说可能是重要的，而对另一个大公司来说则可能不重要。

(5)对重要性的评估需要运用注册会计师的职业判断。影响重要性的因素很多，注册会计师应当根据被审计单位面临的环境，并综合考虑其他因素，合理确定重要性水平。不同的注册会计师在确定同一被审计单位财务报表层次和认定层次的重要性水平时，得出的结果可能不同。主要是因为对影响重要性的各因素的判断存在差异。因此，注册会计师需要运用职业判断来合理评估重要性。

需要注意的是，如果仅从数量角度考虑，重要性水平只是一个门槛或临界点。在该门槛或临界点之上的错报就是重要的；反之，该错报则不重要。重要性并不是财务信息的主要质量特征。

二、重要性水平的确定

在计划审计工作时，注册会计师应当确定一个可接受的重要性水平，以发现在金额上重大的错报。注册会计师在确定计划的重要性水平时，需要考虑对被审计单位及其环境的了解、审计的目标、财务报表各项目的性质及其相互关系、财务报表项目的金额及其波动幅度。同时，还应当从性质和数量两个方面合理确定重要性水平。

(一)从性质方面考虑重要性

在某些情况下，金额相对较小的错报可能会对财务报表产生重大影响。例如，一项不重大的违法支付或者没有遵循某项法律规定，但该支付或违法行为可能导致一项重大的或有负债、重大的资产损失或者收入损失，就应认为上述事项是重大的。注册会计师在判断错报的性质是否重要时应考虑的具体情况包括：

(1)对财务报表使用者需求的感知，他们对财务报表的哪一方面最感兴趣；

(2)获利能力趋势；

(3)因没有遵守贷款契约、合同约定、法规条款和法定的或常规的报告要求而产生错报的影响；

(4)计算管理层报酬(资金等)的依据；

(5)由于错误或舞弊而使一些账户项目对损失的敏感性；

(6)重大或有负债；

(7)通过一个账户处理大量的、复杂的和相同性质的个别交易；

(8)关联方交易；

(9)可能的违法行为、违约和利益冲突；

(10)财务报表项目的重要性、性质、复杂性和组成；

(11)可能包含了高度主观性的估计、分配或不确定性;

(12)管理层的偏见,管理层是否有动机将收益最大化或者最小化;

(13)管理层一直不愿意纠正已报告的与财务报告相关的内部控制的缺陷;

(14)与账户相关联的核算与报告的复杂性;

(15)自前一个会计期间以来账户特征发生的改变(例如,新的复杂性、主观性或交易的种类);

(16)个别极其重大但不同的错报抵销产生的影响。

(二)从数量方面考虑重要性

1.财务报表整体的重要性

由于财务报表审计的目标是注册会计师通过执行审计工作对财务报表发表审计意见,因此,注册会计师应当考虑财务报表层次的重要性。只有这样,才能得出财务报表是否公允反映的结论。注册会计师在制定总体审计策略时,应当确定财务报表整体的重要性。

确定财务报表整体的重要性通常先选定一基准,再乘以某一百分比作为财务报表整体的重要性。在选择基准时,需要考虑的因素包括:

(1)财务报表要素(如资产、负债、所有者权益、收入和费用等);

(2)是否存在特定会计主体的财务报表使用者特别关注的项目(如为了评价财务业绩,使用者可能更关注利润、收入或净资产);

(3)被审计单位的性质、所处的生命周期阶段以及所处行业和经济环境;

(4)被审计单位的所有权结构和融资方式(例如,如果被审计单位仅通过债务而非权益进行融资,财务报表使用者可能更关注资产及资产的索偿权,而非被审计单位的收益);

(5)基准的相对波动性。

适当的基准取决于被审计单位的具体情况,包括各类报表收益(如税前利润、营业收入、毛利和费用总额),以及所有者权益或净资产。就选定的基准而言,相关的财务数据通常包括前期财务成果和财务状况、本期最新的财务成果和财务状况、本期的预算和预测结果。

为选定的基准确定百分比需要运用职业判断。百分比和选定的基准之间存在一定的联系,如经常性业务的税前利润对应的百分比通常比营业收入对应的百分比要高。例如,对以营利为目的的制造行业实体,注册会计师可能认为经常性业务的税前利润的0.1%是适当的;而对非营利组织,注册会计师可能认为总收入或费用总额的1%是适当的。百分比无论是高一些还是低一些,只要符合具体情况,都是适当的。

2.特定类别交易、账户余额或披露的重要性水平

根据被审计单位的特定情况:下列因素可能表明存在一个或多个特定类别的交易、账户余额或披露,其发生的错报金额虽然低于财务报表整体的重要性,但合理预期将影响财务报表使用者依据财务报表作出的经济决策:

(1)法律法规或适用的财务报告编制基础是否影响财务报表使用者对特定项目(如关联方交易、管理层和治理层的薪酬)计量或披露的预期;

(2)与被审计单位所处行业相关的关键性披露(如制药企业的研究与开发成本);

(3)财务报表使用者是否特别关注财务报表中单独披露的业务的特定方面(如新收购

的业务)。

三、重要性与审计风险的关系

重要性与审计风险之间存在反向关系。重要性水平越高,审计风险越低;重要性水平越低,审计风险越高。这里所说的重要性水平高低指的是金额的大小。通常,4 000 元的重要性水平比 2 000 元的重要性水平高。在理解两者之间的关系时,必须注意,重要性水平是注册会计师从财务报表使用者的角度进行判断的结果。如果重要性水平是 4 000 元,则意味着低于 4 000 元的错报不会影响到财务报表使用者的决策,此时注册会计师需要通过执行有关审计程序合理保证能发现高于 4 000 元的错报。如果重要性水平是 2 000 元,则金额在 2 000 元以上的错报就会影响财务报表使用者的决策,此时注册会计师需要通过执行有关审计程序合理保证能发现金额在 2 000 元以上的错报。显然,重要性水平为 2 000 元时审计不出这样的重大错报的可能性即审计风险,要比重要性水平为 4 000 元时的审计风险高。审计风险越高,越要求注册会计师收集更多更有效的审计证据,以将审计风险降至可接受的低水平。因此,重要性和审计证据之间也是反向变动关系。

值得注意的是,注册会计师不能通过不合理地人为调高重要性水平来降低审计风险。因为重要性是依据重要性概念中所述的判断标准确定的,而不是由主观期望的审计风险水平决定。

四、评价审计过程中识别出的错报

(一)错报的定义

错报,是指某一财务报表项目的金额、分类、列报或披露,与按照适用的财务报告编制基础应当列示的金额、分类、列报或披露之间存在的差异;或根据注册会计师的判断,为使财务报表在所有重大方面实现公允反映,需要对金额、分类、列报或披露作出的必要调整。错报可能是由于错误或舞弊导致的。

错报可能由下列事项导致:

(1)收集或处理用以编制财务报表的数据时出现错误;

(2)遗漏某项金额或披露;

(3)由于疏忽或明显误解有关事实导致作出不正确的会计估计;

(4)注册会计师认为管理层对会计估计作出不合理的判断或对会计政策作出不恰当的选择和运用。

(二)累积识别出的错报

为了帮助注册会计师评价审计过程中累积的错报的影响以及与管理层和治理层沟通错报事项,将错报区分为事实错报、判断错报和推断错报。

1. 事实错报

事实错报是毋庸置疑的错报。这类错报产生于被审计单位收集和处理数据的错误,对事实的忽略或误解,或故意舞弊行为。例如,注册会计师在审计测试中发现最近购入存货的实际价值为 15 000 元,但账面记录的金额却为 10 000 元。因此,存货和应付账款分别被低估了 5 000 元,这里被低估的 5 000 元就是已识别的对事实的具体错报。

2. 判断错报

由于注册会计师认为管理层对会计估计作出不合理的判断或不恰当的选择和运用会计政策而导致的差异。这类错报产生于两种情况:一是管理层和注册会计师对会计估计值的判断差异,例如,由于包含在财务报表中的管理层作出的估计值超出了注册会计师确定的一个合理范围,导致出现判断差异;二是管理层和注册会计师对选择和运用会计政策的判断差异,由于注册会计师认为管理层选用会计政策造成错报,管理层却认为选用会计政策适当,导致出现判断差异。

3. 推断错报

注册会计师对总体存在的错报作出的最佳估计数,涉及根据在审计样本中识别出的错报来推断总体的错报。推断错报通常包括:

(1)通过测试样本估计出的总体的错报减去在测试中发现的已经识别的具体错报。例如,应收账款年末余额为 2 000 万元,注册会计师抽查 10% 样本发现金额有 100 万元的高估,高估部分为账面金额的 20%,据此注册会计师推断总体的错报金额为 400 万元(即 2 000 ×20%),那么上述 100 万元就是已识别的具体错报,其余 300 万元即推断错报。

(2)通过实质性分析程序推断出的会计错报。例如,注册会计师根据客户的预算资料及行业趋势等要素,对客户年度销售费用独立作出估计,并与客户账面金额比较,发现两者间有 50% 的差异;考虑到估计的精确性有限,注册会计师根据经验认为 10% 的差异通常是可接受的,而剩余 40% 的差异需要有合理解释并取得佐证性证据;假定注册会计师对其中 10% 的差异无法得到解释或不能取得佐证,则该部分差异金额即为推断错报。

(三)评价未更正错报的影响

注册会计师应及时与适当层级的管理层沟通错报事项,以使管理层评价这些事项是否为错报,并采取必要行动,如有异议则告知注册会计师。

未更正错报,是指注册会计师在审计过程中累积的且被审计单位未予更正的错报。注册会计师需要考虑每一单项错报,以评价其对相关类别的交易、账户余额或披露的影响,包括评价该项错报是否超过特定类别的交易、账户余额或披露的重要性水平。即使某些错报低于财务报表整体的重要性,但因与这些错报相关的某些情况,在将其单独或连同在审计过程中累积的其他错报一并考虑时,注册会计师也可能将这些错报评价为重大错报。

小提示

计划审计工作有以下作用:

1. 合理的审计计划有助于审计人员关注重点审计领域、及时发现和解决潜在问题及恰当地组织和管理审计工作,以使审计工作更加有效;

2. 指导审计工作有步骤、按时间进行;

3. 有利于协调各方面的审计力量,指导审计人员以最低的成本,对重点审计领域实施最有效的审计程序,搜集有力的审计证据。

因此,对任何一个审计项目、任何一家会计师事务所而言,不论其业务繁简,也不论其规模大小,审计计划都是至关重要的,审计计划的繁简程度取决于被审计单位的经营规模和预计审计工作的复杂程度。

本章小结

1. 审计计划分为总体审计策略和具体审计计划两个层次。注册会计师应当针对总体审计策略中所识别的不同事项，制订具体审计计划，并考虑通过有效利用审计资源以实现审计目标。

2. 注册会计师在计划审计工作前，需要开展初步业务活动，以判断与被审计单位之间不存在对业务约定条款的误解。

3. 重要性是注册会计师用于判断错报重大与否的标准，注册会计师在做出判断时既要考虑错报的数量又要考虑错报的性质。注册会计师通过执行审计工作对财务报表发表审计意见应当考虑财务报表层次的重要性，才能得出财务报表是否公允反映的结论，注册会计师在制定总体审计策略时，应当确定财务报表整体的重要性。注册会计师还要根据被审计单位的特定情况确定错报金额虽然低于财务报表整体的重要性，但合理预期将影响财务报表使用者依据财务报表作出的经济决策的特定类别的交易、账户余额或披露发生的错报金额。

4. 重要性与审计风险成反向变动关系，重要性与审计证据也成反向变动关系。注册会计师不能通过不合理地人为调高重要性水平来降低审计风险。

5. 为了帮助注册会计师评价审计过程中累积的错报的影响，将错报区分为事实错报、判断错报和推断错报。注册会计师及时与适当层级的管理层沟通错报事项是重要的，因为这能使管理层评价这些事项是否为错报，并采取必要行动，如有异议则告知注册会计师。

复习思考题

1. 简述重要性、审计风险与审计证据三者之间的关系。
2. 注册会计师在发表审计意见时对重要性的运用。
3. 简述审计重要性的两个性质
4. 简述两个层次的审计重要性。

第七章 审计风险

学习目标

1. 了解重大错报风险的概念及特点；
2. 掌握重大错报风险的识别和评估方法及评估内容；
3. 掌握风险应对的概念及方法；
4. 掌握控制测试与实质性程序的性质、执行时间和范围。

引导案例

华兴公司 2012 年度财务报表净利润为 1 800 万元，审计师李浩审计华兴公司 2012 年度会计报表时发现：

1. 由于验资后华兴公司长期占用被投资单位 N 公司的资金，公司根据占用资金数额冲减了长期股权投资——N 公司的账面价值。

2. E 公司系华兴公司于 2012 年 1 月 1 日在国外投资设立的联营公司，其 2012 年度会计报表反映的净利润为 3 600 万元。华兴公司占 E 公司 45% 的股权比例，对其财务和经营政策具有重大影响，故在 2012 年度会计报表中采用权益法确认了该项投资收益 1 620 万元。E 公司 2007 年度会计报表未经任何审计师审计。

3. 华兴公司拥有 K 公司一项长期股权投资，账面价值 500 万元，持股比例 30%。2012 年 12 月 31 日，华兴公司与 Y 公司签署投资转让协议，拟以 450 万元的价格转让该项长期股权投资，已收到价款 300 万元，但尚未办理产权过户手续。华兴公司以该项长期股权投资正在转让之中为由，不再计提减值准备。

针对上述情况，你认为华兴公司有问题吗，都属于审计方面哪方面的问题，针对上述问题应实施怎样审计程序，学习本章后你就会有自己的答案。

第一节 审计风险模型

注册会计师审计风险是指财务报表存在重大错报时注册会计师发表不恰当审计意见的可能性。可接受的审计风险的确定，需要考虑会计师事务所对审计风险的态度、审计失败对会计师事务所可能造成损失的大小等因素。审计业务是一种保证程度高的鉴证业务，可接受的审计风险应当足够低，以使注册会计师能够合理保证所审计财务报表不含有重大错报。审计风险取决于重大错报风险和检查风险。

一、重大错报风险

重大错报风险是指财务报表在审计前存在重大错报的可能性。在设计审计程序以确定财务报表整体是否存在重大错报时，注册会计师应当从财务报表层次和各类交易、账户余额和披露认定层次方面考虑重大错报风险。

1. 两个层次的重大错报风险

财务报表层次重大错报风险与财务报表整体存在广泛联系，可能影响多项认定。此类风险通常与控制环境有关，但也可能与其他因素有关，如经济萧条。此类风险难以界定于某类交易、账户余额和披露的具体认定；相反，此类风险增大了任何数目的不同认定发生重大错报的可能性，对注册会计师考虑由舞弊引起的风险特别相关。

注册会计师同时考虑各类交易、账户余额和披露认定层次的重大错报风险，考虑的结果直接有助于注册会计师确定认定层次上实施的进一步审计程序的性质、时间安排和范围。注册会计师在各类交易、账户余额和披露认定层次获取审计证据，以便能够在审计工作完成时，以可接受的低审计风险水平对财务报表整体发表审计意见。

2. 固有风险和控制风险

认定层次的重大错报风险又可以进一步细分为固有风险和控制风险。

固有风险是指在考虑相关的内部控制之前，某类交易、账户余额或披露的某一认定易于发生错报（该错报单独或连同其他错报可能是重大的）的可能性。

某些类别的交易、账户余额和披露及其认定，固有风险较高。例如，复杂的计算比简单计算更可能出错；受重大计量不确定性影响的会计估计发生错报的可能性较大。产生经营风险的外部因素也可能影响固有风险，比如，技术进步可能导致某项产品陈旧，进而导致存货易于发生高估错报（计价认定）。被审计单位及其环境中的某些因素还可能与多个甚至所有类别的交易、账户余额和披露有关，进而影响多个认定的固有风险。这些因素包括维持经营的流动资金匮乏、被审计单位处于夕阳行业等。

控制风险是指某类交易、账户余额或披露的某一认定发生错报，该错报单独或连同其他错报是重大的，但没有被内部控制及时防止或发现并纠正的可能性。控制风险取决于与财务报表编制有关的内部控制的设计和运行的有效性。由于控制的固有局限性，某种程度的控制风险始终存在。

注册会计师既可以单独对固有风险和控制风险进行评估，也可以对两者进行合并为“重大错报风险”评估。具体采用的评估方法取决于会计师事务所偏好的审计技术和方法及实务上的考虑。

二、检查风险

检查风险是指如果存在某一错报，该错报单独或连同其他错报可能是重大的，注册会计师为将审计风险降至可接受的低水平而实施程序后没有发现这种错报的风险。检查风险取决于审计程序设计的合理性和执行的有效性。由于注册会计师通常并不对所有的交易、账户余额和披露进行检查，以及其他原因，检查风险不可能降低为零。其他原因包括注册会计师可能选择了不恰当的审计程序、审计过程执行不当，或者错误解读了审计结论。这些其他因素可以通过适当计划、在项目组成员之间进行恰当的职责分配、保持职业怀疑态度以及监督、指导和复核助理人员所执行的审计工作得以解决。

三、检查风险与重大错报风险的反向关系

在既定的审计风险水平下，可接受的检查风险水平与认定层次重大错报风险的评估结果呈反向关系。评估的重大错报风险越高，可接受的检查风险越低；评估的重大错报风险越低，

可接受的检查风险越高。检查风险与重大错报风险的反向关系用数学模型表示如下：

$$审计风险 = 重大错报风险 \times 检查风险$$

这个模型也就是审计风险模型。假设针对某一认定，注册会计师将可接受的审计风险水平设定5%，注册会计师实施风险评估程序后将重大错报风险评估为25%，则根据这一模型，可接受的检查风险为20%。当然，实务中，注册会计师不一定用绝对数量表达这些风险水平，而是选用"高""中""低"等文字描述。

注册会计师应当合理设计审计程序的性质、时间安排和范围，并有效执行审计程序，以控制检查风险。上例中，注册会计师根据确定的可接受检查风险（20%），设计审计程序的性质、时间安排和范围。审计计划在很大程度上围绕确定审计程序的性质、时间安排和范围而展开。

第二节 重大错报风险评估

一、了解被审计单位及其环境

注册会计师在对被审计单位及其环境的各个方面进行了解和评估时，应当考虑以下各因素及其之间的相互关系。

（一）行业状况、法律环境和监管环境及其他外部因素

1. 行业状况

注册会计师应当了解被审计单位的行业状况，主要包括：(1)所处行业的市场与竞争，包括市场需求、生产能力和价格竞争；(2)生产经营的季节性和周期性；(3)与被审计单位产品相关的生产技术；(4)能源供应与成本；(5)行业的关键指标和统计数据。

2. 法律环境与监管环境

了解法律环境与监管环境的主要原因在于某些法律法规或监管要求可能对被审计单位经营活动有重大影响，如不遵守将导致停业等严重后果；某些法律法规或监管要求（如环保法规等）规定了被审计单位某些方面的责任和义务；某些法律法规或监管要求决定了被审计单位需要遵循的行业惯例和核算要求。

3. 其他外部因素

注册会计师应当了解影响被审计单位经营的其他外部因素，主要包括总体经济情况、利率、融资的可获得性、通货膨胀水平或币值变动等。

（二）被审计单位的性质

1. 所有权结构

对被审计单位所有权结构的了解有助于注册会计师识别关联方关系并了解被审计单位的决策过程。注册会计师应当了解被审计单位是属于国有企业、外商投资企业、民营企业，还是属于其他类型的企业，还应当了解其直接控股母公司、间接控股母公司、最终控股母公司和其他股东的构成，以及所有者与其他人员或实体（如控股母公司控制的其他企业）之间的关系。

2. 治理结构

注册会计师应当了解被审计单位的治理结构。例如，董事会的构成情况、董事会内部

是否有独立董事;治理结构中是否设有审计委员会或监事会及其运作情况。注册会计师应当考虑治理层是否能够在独立于管理层的情况下对被审计单位事务(包括财务报告)作出客观判断。

3. 组织结构

注册会计师应当了解被审计单位的组织结构,考虑复杂组织结构可能导致的重大错报风险,包括财务报表合并、商誉减值以及长期股权投资核算等问题。

4. 经营活动

了解被审计单位经营活动有助于注册会计师识别预期在财务报表中反映的主要交易类别、重要账户余额和列报。如注册会计师应当了解主营业务是制造业还是商品批发与零售、与生产产品或提供劳务相关的市场信息、业务的开展情况、从事电子商务的情况等。

5. 投资活动

了解被审计单位投资活动有助于注册会计师关注被审计单位在经营策略和方向上的重大变化。注册会计师应当了解被审计单位近期拟实施或已实施的并购活动与资产处置情况、证券投资、委托贷款的发生与处置、资本性投资活动和不纳入合并范围的投资。

6. 筹资活动

了解被审计单位筹资活动有助于注册会计师评估被审计单位在融资方面的压力,并进一步考虑被审计单位在可预见未来的持续经营能力。注册会计师应当了解被审计单位的债务结构和相关条款、主要子公司和联营企业、实际受益方及关联方和衍生金融工具的使用等。

7. 财务报告

(1)会计政策和行业特定惯例,包括特定行业的重要活动(如银行业的贷款和投资、医药行业的研究与开发活动);(2)收入确认惯例;(3)公允价值会计核算;(4)外币资产、负债与交易;(5)异常或复杂交易(包括在有争议的或新兴领域的交易)的会计处理(如对以股票为基准的薪酬的会计处理)。

(三)被审计单位对会计政策的选择和运用

1. 重大和异常交易的会计处理方法。例如,银行向客户发放贷款、证券公司对外投资、医药企业的研究与开发活动等,注册会计师应当考虑对重大的和不经常发生的交易的会计处理方法是否适当。

2. 缺乏权威性标准或共识、有争议的或新兴领域采用重要会计政策产生的影响。

3. 会计政策的变更。如果被审计单位变更了重要的会计政策,注册会计师应当考虑变更的原因及其适当性。

4. 新颁布的财务报告准则、法律法规,以及被审计单位何时采用、如何采用这些规定。

例如,新的企业会计准则自 2007 年 1 月 1 日起在上市公司施行,并鼓励其他企业执行。注册会计师应考虑被审计的上市公司是否已按照新会计准则的要求做好衔接调整工作,并收集执行新会计准则需要的信息资料。

(四)被审计单位的目标、战略以及相关经营风险

目标是企业经营活动的指针。企业管理层或治理层一般会根据企业经营面临的外部环境和内部各种因素,制定合理可行的经营目标。战略是管理层为实现经营目标采用的方

法。为了实现某一既定的经营目标,企业可能有多个可行战略。例如,如果目标是在某一特定期间内进入一个新的市场,那么可行的战略可能包括收购该市场内的现有企业、与该市场内的其他企业合资经营或自行开发进入该市场。

经营风险是指可能对被审计单位实现目标和实施战略的能力产生不利影响的重要状况、事项、情况、作为(或不作为)而导致的风险,或由于制定不恰当的目标和战略而导致的风险。不同的企业可能面临不同的经营风险,这取决于企业经营的性质、所处行业、外部监管环境、企业的规模和复杂程度。管理层有责任识别和应对这些风险。

注册会计师应当了解被审计单位是否存在与下列方面有关的目标和战略,并考虑相应的经营风险:

1. 行业发展(例如,潜在的相关经营风险可能是被审计单位不具备足以应对行业变化的人力资源和业务专长);

2. 开发新产品或提供新服务(例如,潜在的相关经营风险可能是被审计单位产品责任增加);

3. 业务扩张(例如,潜在的相关经营风险可能是被审计单位对市场需求的估计不准确);

4. 新的会计要求(例如,潜在的相关经营风险可能是被审计单位执行不当或不完整,或会计处理成本增加);

5. 监管要求(例如,潜在的相关经营风险可能使被审计单位法律责任增加);

6. 本期及未来的融资条件(例如,潜在的相关经营风险可能是被审计单位由于无法满足融资条件而失去融资机会);

7. 信息技术的运用(例如,潜在的相关经营风险可能是被审计单位信息系统与业务流程难以融合);

8. 实施战略的影响,特别是由此产生的需要运用新的会计要求的影响(例如,潜在的相关经营风险可能是被审计单位执行新要求不当或不完整)。

(五)被审计单位财务业绩的衡量和评价

被审计单位管理层经常会衡量和评价关键业绩指标(包括财务和非财务的)、预算及差异分析、分部信息和分支机构、部门或其他层次的业绩报告以及与竞争对手的业绩比较。此外,外部机构也会衡量和评价被审计单位的财务业绩,如分析师的报告和信用评级机构的报告。

1. 了解的主要方面

在了解被审计单位财务业绩衡量和评价情况时,注册会计师应当关注下列信息:

(1)关键业绩指标(财务或非财务的)、关键比率、趋势和经营统计数据;

(2)同期财务业绩比较分析;

(3)预算、预测、差异分析,分部信息与分部、部门或其他不同层次的业绩报告;

(4)员工业绩考核与激励性报酬政策;

(5)被审计单位与竞争对手的业绩比较。

2. 关注内部财务业绩衡量的结果

内部财务业绩衡量可能显示未预期的结果或趋势。在这种情况下,管理层通常会进行调查并采取纠正措施。与内部财务业绩衡量相关的信息可能显示财务报表存在错报风险。

因此,注册会计师应当关注被审计单位内部业务业绩衡量所显示的未预期到的结果或趋势,管理层的调查结果和纠正措施,以及相关信息是否显示财务报表可能存在重大错报。

3. 考虑财务业绩衡量指标的可靠性

如果拟利用被审计单位内部信息系统生成的财务业绩衡量指标,注册会计师应当考虑相关信息是否可靠,以及利用这些信息是否足以发现重大错报、是否足以实现审计目标。

(六)了解被审计单位的内部控制

内部控制是被审计单位为了合理保证财务报告的可靠性、经营的效率和效果以及对法律法规的遵守,由治理层、管理层和其他人员设计与执行的政策及程序(内部控制的详细内容见本教材第九章)。

内部控制的目标旨在合理保证财务报告的可靠性、经营的效率和效果以及对法律法规的遵守。注册会计师审计的目标是对财务报表是否不存在重大错报发表审计意见,尽管要求注册会计师在财务报表审计中考虑与财务报表编制相关的内部控制,但目的并非对被审计单位内部控制的有效性发表意见。因此,注册会计师需要了解和评价的内部控制只是与财务报表审计相关的内部控制,并非被审计单位所有的内部控制。

1. 对内部控制了解的深度

对内部控制了解的深度,是指在了解被审计单位及其环境时对内部控制了解的程度。包括评价控制的设计,并确定其是否得到执行,但不包括对控制是否得到一贯执行的测试。

评价控制的设计,涉及考虑该控制单独或连同其他控制是否能够有效防止或发现并纠正重大错报。控制得到执行是指某项控制存在且被审计单位正在使用。评估一项无效控制的运行没有什么意义,因此,需要首先考虑控制的设计。设计不当的控制可能表明存在值得关注的内部控制缺陷。

2. 了解内部控制设计和执行的审计程序

注册会计师通常实施下列风险评估程序,以获取有关控制设计和执行的审计证据:

(1)询问被审计单位人员;

(2)观察特定控制的运用;

(3)检查文件和报告;

(4)追踪交易在财务报告信息系统中的处理过程(穿行测试)。

这些程序是风险评估程序在了解被审计单位内部控制方面的具体运用。询问本身并不足以评价控制的设计以及确定其是否得到执行,注册会计师应当将询问与其他风险评估程序结合使用。

3. 内部控制的局限性

内部控制无论如何有效,都只能为被审计单位实现财务报告目标提供合理保证。内部控制实现目标的可能性受其固有限制的影响。这些限制包括:

(1)在决策时人为判断可能出现错误和因人为失误而导致内部控制失效。例如,控制的设计和修改可能存在失误。同样地,控制的运行可能无效,例如,由于负责复核信息的人员不了解复核的目的或没有采取适当的措施,内部控制生成的信息(如例外报告)没有得到有效使用。

(2)控制可能由于两个或更多的人员串通或管理层不当地凌驾于内部控制之上而被规

避。例如,管理层可能与客户签订“背后协议”,修改标准的销售合同条款和条件,从而导致不适当的收入确认。再如,软件中的编辑控制旨在识别和报告超过赊销信用额度的交易,但这一控制可能被凌驾或不能得到执行。

(3)如果被审计单位内部行使控制职能的人员素质不适应岗位要求,也会影响内部控制功能的正常发挥。

(4)被审计单位实施内部控制的成本效益问题也会影响其效能,当实施某项控制成本大于控制效果而发生损失时,就没有必要设置控制环节或控制措施。

(5)内部控制一般都是针对经常而重复发生的业务设置的,如果出现不经常发生或未预计到的业务,原有控制就可能不适用。

二、评估重大错报风险

评估重大错报风险是风险评估阶段的最后一个步骤。获取的关于风险因素和抵消控制风险的信息(通过实施风险评估程序),将全部用于对财务报表层次以及各类交易、账户余额和披露认定层次评估重大错报风险。评估将作为确定进一步审计程序的性质、范围和时间的基础,以应对识别的风险。

(一)评估财务报表层次和认定层次的重大错报风险

1. 评估重大错报风险时考虑的因素

表 7.1 列示了风险评估时考虑的部分风险因素。

表 7.1 风险评估时考虑的部分风险因素

1. 已识别的风险是什么	
财务报表层次	(1)源于薄弱的被审计单位层次内部控制或信息技术一般控制; (2)特别风险; (3)与管理层凌驾和舞弊相关的风险因素; (4)管理层愿意接受的风险,例如小企业因缺乏职责分享导致的风险
认定层次	(1)与完整性、准确性、存在或计价相关的特定风险: ①收入、费用和其他交易; ②账户余额; ③财务报表披露。 (2)可能产生多重错报的风险
相关内部控制程序	(1)特别风险; (2)用于预防、发现或减轻已识别风险的恰当设计并执行的内部控制程序; (3)仅通过执行控制测试应对的风险
2. 错报(金额影响)可能发生的规模有多大	
财务报表层次	什么事项可能导致财务报表重大错报?考虑管理层凌驾、舞弊、未预期事件和以往经验

续表 7.1

认定层次	考虑： (1)交易、账户余额或披露的固有性质； (2)日常和例外事件； (3)以往经验
3. 事件(风险)发生的可能性多大	
财务报表层次	考虑： (1)来自高层的基调； (2)管理层风险管理的方法； (3)采用的政策和程序设计； (4)以往经验
认定层次	考虑： (1)相关的内部控制活动； (2)以往经验
相关内部控制程序	识别对于降低事件发生可能性非常关键的管理层风险应对要素

2. 评估重大错报风险的审计程序

注册会计师应当利用实施风险评估程序获取的信息，包括在评价控制设计和确定其是否得到执行时获取的审计证据，作为支持风险评估结果的审计证据。注册会计师应当根据风险评估结果，确定实施进一步审计程序的性质、时间安排和范围。在评估重大错报风险时，注册会计师应当实施下列审计程序。

(1)在了解被审计单位及其环境(包括与风险相关的控制)的整个过程中，结合对财务报表中各类交易、账户余额和披露的考虑识别风险。例如，被审计单位因相关环境法规的实施需要更新设备，可能面临原有设备闲置或贬值的风险。

(2)结合对拟测试的相关控制的考虑，将识别出的风险与认定层次可能发生错报的领域相联系。例如，销售困难使产品的市场价格下降，可能导致年末存货成本高于其可变现净值而需要计提存货跌价准备，这显示存货的计价认定可能发生错报。

(3)评估识别出的风险，并评价其是否更广泛地与财务报表整体相关，进而潜在地影响多项认定。

(4)考虑发生错报的可能性(包括发生多项错报的可能性以及潜在错报的重大程度是否足以导致重大错报)。

3. 识别两个层次的重大错报风险

在对重大错报风险进行识别和评估后，注册会计师应当确定，识别的重大错报风险是与特定的某类交易、账户余额和披露的认定相关，还是与财务报表整体广泛相关，进而影响多项认定。

某些重大错报风险可能与特定的某类交易、账户余额和披露的认定相关。例如，被审计单位存在复杂的联营或合资，这一事项表明长期股权投资账户的认定可能存在重大错报风险。又如，被审计单位存在重大的关联方交易，该事项表明关联方及关联方交易的披露认定可能存在重大错报风险。

某些重大错报风险可能与财务报表整体广泛相关，进而影响多项认定。例如，在经济不稳定的国家和地区开展业务、资产的流动性出现问题、重要客户流失、融资能力受到限制等,可能导致注册会计师对被审计单位的持续经营能力产生重大疑虑。又如,管理层缺乏诚信或承受异常的压力可能引发舞弊风险,这些风险与财务报表整体相关。

(二)需要特别考虑的重大错报风险

1. 特别风险的含义

特别风险,是指注册会计师识别和评估的、根据判断认为需要特别考虑的重大错报风险。

2. 确定特别风险时应考虑的事项

在确定哪些风险是特别风险时,注册会计师应当考虑下列事项:

(1)风险是否属于舞弊风险;

(2)风险是否与近期经济环境、会计处理方法或其他方面的重大变化相关,因而需要特别关注;

(3)交易的复杂程度;

(4)风险是否涉及重大的关联方交易;

(5)财务信息计量的主观程度,特别是计量结果是否具有高度不确定性;

(6)风险是否涉及异常或超出正常经营过程的重大交易。

日常的、不复杂的、经正规处理的交易不太可能产生特别风险。特别风险通常与重大的非常规交易和判断事项有关。非常规交易是指由于金额或性质异常而不经常发生的交易。例如,企业购并、债务重组、重大或有事项等。判断事项通常包括作出的会计估计(具有计量的重大不确定性)。如资产减值准备金额的估计、需要运用复杂估值技术确定的公允价值计量等。

第三节 重大错报风险应对

注册会计师在审计过程中贯彻风险导向审计的理念,围绕重大错报风险的识别、评估和应对,计划和实施审计工作。注册会计师应当针对评估的重大错报风险实施程序,即针对评估的财务报表层次重大错报风险确定总体应对措施,并针对评估的认定层次重大错报风险设计和实施进一步审计程序,以将审计风险降至可接受的低水平。

一、针对财务报表层次重大错报风险的总体应对措施

注册会计师应当针对评估的财务报表层次重大错报风险确定下列总体应对措施:

1. 向项目组强调保持职业怀疑的必要性。

2. 指派更有经验或具有特殊技能的审计人员,或利用专家的工作。由于各行业在经营业务、经营风险、财务报告、法规要求等方面具有特殊性,审计项目组成员中应有一定比例的人员曾经参与过被审计单位以前年度的审计,或具有被审计单位所处特定行业的相关审计经验。必要时,要考虑利用信息技术、税务、评估、精算等方面的专家的工作。

3. 提供更多的指导。对于财务报表层次重大错报风险较高的审计项目,审计项目组的高级别成员,如项目合伙人、项目经理等经验较丰富的人员,要对其他成员提供更详细、更

经常、更及时的指导和监督并加强项目质量复核。

4. 在选择拟实施的进一步审计程序时融入更多的不可预见的因素。被审计单位人员，尤其是管理层，如果熟悉注册会计师的审计套路，就可能采取种种规避手段，掩盖财务报告中的舞弊行为。因此，在设计拟实施审计程序的性质、时间安排和范围时，为了避免既定思维对审计方案的限制，避免对审计效果的人为干涉，从而使得针对重大错报风险的进一步审计程序更加有效，注册会计师要考虑使某些程序不被被审计单位管理层预见或事先了解。

在实务中，注册会计师可以通过以下方式提高审计程序的不可预见性：

(1)对某些未测试过的低于设定的重要性水平或风险较小的账户余额和认定实施实质性程序；

(2)调整实施审计程序的时间，使被审计单位不可预期；

(3)采取不同的审计抽样方法，使当期抽取的测试样本与以前有所不同；

(4)选取不同的地点实施审计程序，或预先不告知被审计单位所选定的测试地点。

5. 对拟实施审计程序的性质、时间安排或范围作出总体修改。财务报表层次的重大错报风险很可能源于薄弱的控制环境。薄弱的控制环境带来的风险可能对财务报表产生广泛影响，难以限于某类交易、账户余额和披露，注册会计师应当采取总体应对措施。如果控制环境存在缺陷，注册会计师在对拟实施审计程序的性质、时间安排和范围作出总体修改时应当考虑：

(1)在期末而非期中实施更多的审计程序。控制环境的缺陷通常会削弱期中获得的审计证据的可信赖程度。

(2)通过实施实质性程序获取更广泛的审计证据。良好的控制环境是其他控制要素发挥作用的基础。控制环境存在缺陷通常会削弱其他控制要素的作用，导致注册会计师可能无法信赖内部控制，而主要依赖实施实质性程序获取审计证据。

(3)增加拟纳入审计范围的经营地点的数量。

二、针对认定层次重大错报风险采取的进一步审计程序

(一)进一步审计程序的含义

进一步审计程序相对于风险评估程序而言，是指注册会计师针对评估的各类交易、账户余额和披露认定层次重大错报风险实施的审计程序，包括控制测试和实质性程序。

注册会计师应当针对评估的认定层次重大错报风险设计和实施进一步审计程序，包括审计程序的性质、时间安排和范围。注册会计师设计和实施的进一步审计程序的性质、时间安排和范围，应当与评估的认定层次重大错报风险具备明确的对应关系。注册会计师实施的审计程序应具有目的性和针对性，有的放矢地配置审计资源，有利于提高审计效率和效果。

(二)设计进一步审计程序时的考虑因素

在设计进一步审计程序时，注册会计师应当考虑下列因素：

(1)风险的重要性。风险的重要性是指风险造成的后果的严重程度。风险的后果越严重，就越需要注册会计师关注和重视，越需要精心设计有针对性的进一步审计程序。

(2)重大错报发生的可能性。重大错报发生的可能性越大，同样越需要注册会计师精心设计进一步审计程序。

(3)涉及的各类交易、账户余额和披露的特征。不同的交易、账户余额和披露,产生的认定层次的重大错报风险也会存在差异,适用的审计程序也有差别,需要注册会计师区别对待,并设计有针对性的进一步审计程序予以应对。

(4)被审计单位采用的特定控制的性质。不同性质的控制(尤其是人工控制还是自动化控制)对注册会计师设计进一步审计程序具有重要影响。

(5)注册会计师是否拟获取审计证据,以确定内部控制在防止或发现并纠正重大错报方面的有效性。如果注册会计师在风险评估时预期内部控制运行有效,随后拟实施的进一步审计程序就必须包括控制测试,且实质性程序自然会受到之前控制测试结果的影响。

通常情况下,注册会计师出于成本效益的考虑可以采用综合性方案设计进一步审计程序,即将测试控制运行的有效性与实质性程序结合使用。但在某些情况下(如仅通过实质性程序无法应对重大错报风险),注册会计师必须通过实施控制测试,才可能有效应对评估出的某一认定的重大错报风险;而在另一些情况下(如注册会计师的风险评估程序未能识别出与认定相关的任何控制,或注册会计师认为控制测试很可能不符合成本效益原则),注册会计师可能认为仅实施实质性程序就是适当的。

三、控制测试

控制测试是为了获取关于控制防止或发现并纠正认定层次重大错报的有效性而实施的测试。注册会计师应当选择为相关认定提供证据的控制进行测试。

(一)控制测试的含义和要求

1. 控制测试的含义

控制测试是指用于评价内部控制在防止或发现并纠正认定层次重大错报方面的运行有效性的审计程序。这一概念需要与"了解内部控制"进行区分。"了解内部控制"包含两层含义:一是评价控制的设计;二是确定控制是否得到执行。测试控制运行的有效性与确定控制是否得到执行所需获取的审计证据是不同的。在实施风险评估程序以获取控制是否得到执行的审计证据时,注册会计师应当确定某项控制是否存在,被审计单位是否正在使用。

在测试控制运行的有效性时,注册会计师应当从下列方面获取关于控制是否有效运行的审计证据:

(1)控制在所审计期间的相关时点是如何运行的;

(2)控制是否得到一贯执行;

(3)控制由谁以何种方式执行。

从这三个方面来看,控制运行有效性强调的是控制能够在各个不同时点按照既定设计得以一贯执行。因此,在了解控制是否得到执行时,注册会计师只需抽取少量的交易进行检查或观察某几个时点。但在测试控制运行的有效性时,注册会计师需要抽取足够数量的交易进行检查或对多个不同时点进行观察。

2. 控制测试的要求

作为进一步审计程序的类型之一,控制测试并非在任何情况下都需要实施。当存在下列情形之一时,注册会计师应当实施控制测试:

(1)在评估认定层次重大错报风险时,预期控制的运行是有效的;

(2)仅实施实质性程序并不能够提供认定层次充分、适当的审计证据。

如果在评估认定层次重大错报风险时预期控制的运行是有效的,注册会计师应当实施控制测试,就控制在相关期间或时点的运行有效性获取充分、适当的审计证据。

注册会计师通过实施风险评估程序,可能发现某项控制的设计是存在的,也是合理的,同时得到了执行。在这种情况下,出于成本效益的考虑,注册会计师可能预期,如果相关控制在不同时点都得到了一贯执行,与该项控制有关的财务报表认定发生重大错报的可能性就不会很大,也就不需要实施很多的实质性程序。为此,注册会计师可能会认为值得对相关控制在不同时点是否得到了一贯执行进行测试,即实施控制测试。

如果认为仅实施实质性程序获取的审计证据无法将认定层次重大错报风险降至可接受的低水平,注册会计师应当实施相关的控制测试,以获取控制运行有效性的审计证据。例如,在被审计单位对日常交易或与财务报表相关的其他数据(包括信息的生成、记录、处理、报告)采用高度自动化处理的情况下,审计证据可能仅以电子形式存在,此时审计证据是否充分和适当通常取决于自动化信息系统相关控制的有效性。如果信息的生成、记录、处理和报告均通过电子格式进行而没有适当有效的控制,则生成不正确信息或信息被不恰当修改的可能性就会大大增加。在认为仅通过实施实质性程序不能获取充分、适当的审计证据的情况下,注册会计师必须实施控制测试,且这种测试已经不再是单纯出于成本效益的考虑,而是必须获取的一类审计证据。

(二)控制测试的性质

控制测试的性质是指控制测试所使用的审计程序的类型及其组合。

1. 询问

注册会计师可以向被审计单位适当员工询问,获取与内部控制运行情况相关的信息。例如,询问信息系统管理人员有无未经授权接触计算机硬件和软件,向负责复核银行存款余额调节表的人员询问如何进行复核,包括复核的要点是什么、发现不符事项如何处理等。虽然询问是一种有用的手段,但它必须和其他测试手段结合使用才能发挥作用。在询问过程中,注册会计师应当保持职业怀疑。

2. 观察

观察是测试不留下书面记录的控制(如职责分离)的运行情况的有效方法。例如,观察存货盘点控制的执行情况。观察也可运用于实物控制,如查看仓库门是否锁好,或空白支票是否妥善保管。通常情况下,注册会计师通过观察直接获取的证据比间接获取的证据更可靠。但是,注册会计师还要考虑其所观察到的控制在注册会计师不在场时可能未被执行的情况。

3. 检查

对运行情况留有书面证据的控制,检查非常适用。书面说明、复核时留下的记号,或其他记录在偏差报告中的标志,都可以被当作控制运行情况的证据。例如,检查销售发票是否有复核人员签字,检查销售发票是否附有客户订购单和出库单等。

4. 重新执行

通常只有当询问、观察和检查程序结合在一起仍无法获得充分的证据时,注册会计师才考虑通过重新执行来证实控制是否有效运行。例如,为了合理保证计价认定的准确性,被审计单位的一项控制是由复核人员核对销售发票上的价格与统一价格单上的价格是否一致。但是,要检查复核人员有没有认真执行核对,仅仅检查复核人员是否在相关文件上签字是不够的,注册会计师还需要自己选取一部分销售发票进行核对,这就是重新执行程序。如果需要进行大量的重新执行,注册会计师就要考虑通过实施控制测试以缩小实质性程序的范围是否有效率。

(三)控制测试的时间

对于控制测试,注册会计师在期中实施此类程序具有更积极的作用。但需要说明的是,即使注册会计师已获取有关控制在期中运行有效性的审计证据,仍然需要考虑如何能够将控制在期中运行有效性的审计证据合理延伸至期末,一个基本的考虑是针对期中至期末这段剩余期间获取充分、适当的审计证据。因此,如果已获取有关控制在期中运行有效性的审计证据,并拟利用该证据,注册会计师应当实施下列审计程序:

(1)获取这些控制在剩余期间发生重大变化的审计证据;

(2)确定针对剩余期间还需获取的补充审计证据。

(四)控制测试的范围

对于控制测试的范围,其含义主要是指某项控制活动的测试次数。注册会计师应当设计控制测试,以获取控制在整个拟信赖的期间有效运行的充分、适当的审计证据。在确定控制测试的范围时,除考虑对控制的信赖程度外,注册会计师还可能考虑以下因素:

(1)在拟信赖期间,被审计单位执行控制的频率。控制执行的频率越高,控制测试的范围越大。

(2)在所审计期间,注册会计师拟信赖控制运行有效性的时间长度。注册会计师需要根据拟信赖控制的时间长度确定控制测试的范围。拟信赖期间越长,控制测试的范围越大。

(3)控制的预期偏差。预期偏差可以用控制未得到执行的预期次数占控制应当得到执行次数的比率加以衡量(也可称为预期偏差率)。控制的预期偏差率越高,需要实施控制测试的范围越大。

(4)通过测试与认定相关的其他控制获取的审计证据的范围。针对同一认定,可能存在不同的控制。当针对其他控制获取审计证据的充分性和适当性较高时,测试该控制的范围可适当缩小。

(5)拟获取的有关认定层次控制运行有效性的审计证据的相关性和可靠性。

四、实质性程序

(一)实质性程序的含义

实质性程序是指用于发现认定层次重大错报的审计程序,包括对各类交易、账户余额和披露的细节测试以及实质性分析程序。

由于注册会计师对重大错报风险的评估是一种判断,可能无法充分识别所有的重大错报风险,并且由于内部控制存在固有局限性,无论评估的重大错报风险结果如何,注册会计师都应当针对所有重大的各类交易、账户余额和披露实施实质性程序。

（二）实质性程序的性质

实质性程序的性质，是指实质性程序的类型及其组合。实质性程序的两种基本类型包括细节测试和实质性分析程序。

1. 细节测试

细节测试是对各类交易、账户余额和披露的具体细节进行测试，目的在于直接识别财务报表认定是否存在错报。细节测试被用于获取与某些认定相关的审计证据，如存在、准确性、计价等。注册会计师需要根据不同的认定层次的重大错报风险设计有针对性的细节测试。例如，在针对存在或发生认定设计细节测试时，注册会计师应当选择包含在财务报表金额中的项目，并获取相关审计证据；又如，在针对完整性认定设计细节测试时，注册会计师应当选择有证据表明应包含在财务报表金额中的项目，并调查这些项目是否确实包括在内。如为应对被审计单位漏记本期应付账款的风险，注册会计师可以检查其后付款记录。

2. 实质性分析程序

实质性分析程序从技术特征上讲仍然是分析程序，主要是通过研究数据间关系评价信息，只是将该技术方法用做实质性程序，即用以识别各类交易、账户余额和披露及相关认定是否存在错报。实质性分析程序通常更适用于在一段时间内存在可预期关系的大量交易。

（三）实质性程序的时间

在控制测试中，期中实施控制测试并获取期中关于控制运行有效性审计证据的做法更具有一种"常态"；而由于实质性程序的目的在于更直接地发现重大错报，在期中实施实质性程序时更需要考虑其成本效益的权衡。

在期中实施实质性程序，一方面消耗了审计资源，另一方面期中实施实质性程序获取的审计证据又不能直接作为期末财务报表认定的审计证据，注册会计师仍然需要消耗进一步的审计资源，使期中审计证据能够合理延伸至期末。于是这两部分审计资源的总和是否能够显著小于完全在期末实施实质性程序所需消耗的审计资源，是注册会计师需要权衡的。

如果在期中实施了实质性程序，注册会计师应当针对剩余期间实施进一步的实质性程序，或将实质性程序和控制测试结合使用，以将期中测试得出的结论合理延伸至期末。在将期中实施的实质性程序得出的结论合理延伸至期末时，注册会计师有两种选择：其一是针对剩余期间实施进一步的实质性程序；其二是将实质性程序和控制测试结合使用。

（四）实质性程序的范围

评估的认定层次重大错报风险和实施控制测试的结果是注册会计师在确定实质性程序的范围时的重要考虑因素。注册会计师评估的认定层次的重大错报风险越高，需要实施实质性程序的范围越广。如果对控制测试结果不满意，注册会计师应当考虑扩大实质性程序的范围。

在设计细节测试时，注册会计师除了从样本量的角度考虑测试范围外，还要考虑选样方法的有效性等因素。例如，从总体中选取大额或异常项目，而不是进行代表性抽样或分层抽样。

实质性分析程序的范围有两层含义：第一层含义是对什么层次上的数据进行分析，注册会计师可以选择在高度汇总的财务数据层次进行分析，也可以根据重大错报风险的性质和水平调整分析层次。例如，按照不同产品线、不同季节或月份、不同经营地点或存货存放地点等实施实质性分析程序。第二层含义是需要对什么幅度或性质的偏差展开进一步调查。实施分析程序可能发现偏差,但并非所有的偏差都值得展开进一步调查。可容忍或可接受的偏差(即预期偏差)越大,作为实质性分析程序一部分的进一步调查的范围就越小。

小提示

审计风险识别是审计风险管理的基础,只有全面、正确地识别审计职业所面临的风险,对风险的估测和控制技术的选择才有实际意义。

事实上,在提供鉴证服务的同时,审计人员就已经承担了法律责任。这些责任在某些情况下会转换为负债或损失。因此风险管理的第一步就是要识别审计可能面临的各种风险。审计风险识别的途径概括起来不外乎两个方面:一是借助外部力量,利用外界的风险信息、资料识别风险;二是依靠会计师事务所的力量,根据客户的特性识别风险。由于审计资源是有限的,审计人员应把精力和资源集中于最容易引起风险的领域,并注意以下几个问题:1. 避开详细的程序式的检查,而把审计判断集中于披露问题和会计政策选择的连续性;2. 使用破产或兼并预测模型来预测高风险的业务;3. 避开高风险的行业,或对高风险行业提高审计费用;4. 坚持稳健主义。

本章小结

1. 注册会计师审计风险是指财务报表存在重大错报时注册会计师发表不恰当审计意见的可能性。审计风险取决于重大错报风险和检查风险。

2. 重大错报风险是指财务报表在审计前存在重大错报的可能性。在设计审计程序以确定财务报表整体是否存在重大错报时,注册会计师应当从财务报表层次和各类交易、账户余额和披露认定层次方面考虑重大错报风险。

3. 针对重大错报风险注册会计师通过了解被审计单位及其环境进行评估,注册会计师通过利用风险评估程序和项目组内部讨论等方法,对行业状况、法律环境和监管环境及其他外部因素及被审计单位的性质、被审计单位对会计政策的选择和运用等内部因素进行了解和评估。在对重大错报风险进行识别和评估后,注册会计师应当确定,识别的重大错报风险是与特定的某类交易、账户余额和披露的认定相关,还是与财务报表整体广泛相关,进而影响多项认定,注册会计师还需识别和评估特别风险和仅实施实质性程序无法应对的风险。

4. 注册会计师应当针对评估的重大错报风险实施程序,即针对评估的财务报表层次重大错报风险确定总体应对措施,并针对评估的认定层次重大错报风险设计和实施进一步审计程序,以将审计风险降至可接受的低水平。

5. 进一步审计程序相对于风险评估程序而言,是指注册会计师针对评估的各类交易、账户余额和披露认定层次重大错报风险实施的审计程序,包括控制测试和实质性程序。

复习思考题

1. 如何识别并应对报表层次的重大错报风险。

2. 简述风险评估的方法与注册会计师了解被审计单位及其环境的内容。

第八章 审计抽样

学习目标

1. 理解和掌握审计抽样的概念和要素；

2. 掌握审计抽样的步骤；

3. 理解并掌握审计抽样在控制测试中的运用；

4. 理解并掌握审计抽样在实质性程序中的运用。

引导案例

ABC 会计师事务所指派 A 注册会计师对 X 股份有限公司(以下简称 X 公司)2013 年度财务报表进行审计,在对存货项目审计时发现其业务总体规模数量为 10 000 个,存货项目账面金额为 10 000 000 元,面对 10 000 个业务,注册会计师是否都需要审计？从审计效率来讲应该怎么办?

本章审计抽样会告诉我们如何高效率地进行审计。

第一节 审计抽样概述

企业规模的扩大和经营复杂程度的不断上升,使得注册会计师对每一笔交易进行检查日益变得既不可行,又十分没有必要。为了在合理的时间内能以合理的成本完成审计工作,审计抽样应运而生。

一、审计抽样的定义

审计抽样(即抽样),是指注册会计师对具有审计相关性的总体中低于百分之百的项目实施审计程序,使所有抽样单元都有被选取的机会,为注册会计师针对整个总体得出结论提供合理基础。审计抽样能够使注册会计师获取和评价有关所选项目某一特征的审计证据,以形成或有助于形成有关总体的结论。总体是指注册会计师从中选取样本并期望据此得出结论的整个数据集合。

审计抽样应当具备三个基本特征:

(1)对某类交易或账户余额中低于百分之百的项目实施审计程序;

(2)所有抽样单元都有被选取的机会;

(3)审计测试的目的是为了评价该账户余额或交易类型的某一特征。

二、审计抽样的适用范围

审计抽样并非在所有审计程序中都可使用。风险评估程序通常不涉及审计抽样。如果注册会计师在了解控制的设计和确定控制是否得到执行的同时计划和实施控制测试,则可能涉及审计抽样,但此时审计抽样仅适用于控制测试。

当控制的运行留下轨迹时，注册会计师可以考虑使用审计抽样实施控制测试。对于未留下运行轨迹的控制，注册会计师通常实施询问、观察等审计程序，以获取有关控制运行有效性的审计证据，此时不宜使用审计抽样。

在实质性细节测试时，注册会计师可以使用审计抽样获取审计证据，以验证有关财务报表金额的一项或多项认定（如应收账款的存在性），或对某些金额作出独立估计（如陈旧存货的价值）。在实施实质性分析程序时，注册会计师不宜使用审计抽样。

三、统计抽样和非统计抽样

注册会计师在运用审计抽样时，既可以使用统计抽样方法，也可以使用非统计抽样方法，这取决于注册会计师的职业判断。统计抽样，是指同时具备下列特征的抽样方法：

（1）随机选取样本项目；

（2）运用概率论评价样本结果，包括计量抽样风险。不同时具备前面提及的两个特征的抽样方法为非统计抽样。一方面，即使注册会计师严格按照随机原则选取样本，如果没有对样本结果进行统计评估，就不能认为使用了统计抽样；另一方面，基于非随机选样的统计评估也是无效的。

注册会计师在统计抽样与非统计抽样方法之间进行选择时主要考虑成本效益。统计抽样的优点在于能够客观地计量抽样风险，并通过调整样本规模精确地控制风险，这是与非统计抽样最重要的区别。另外，统计抽样还有助于注册会计师高效地设计样本，计量所获取证据的充分性，以及定量评价样本结果。但统计抽样又可能发生额外的成本。首先，统计抽样需要特殊的专业技能，因此使用统计抽样需要增加额外的支出对注册会计师进行培训。其次，统计抽样要求单个样本项目符合统计要求，这些也可能需要支出额外的费用。非统计抽样如果设计适当，也能提供与统计抽样方法同样有效的结果。注册会计师使用非统计抽样时，也必须考虑抽样风险并将其降至可接受水平，但无法精确地测定出抽样风险。

不管统计抽样还是非统计抽样，两种方法都要求注册会计师在设计、实施和评价样本时运用职业判断。另外，对选取的样本项目实施的审计程序通常也与使用的抽样方法无关。

四、抽样风险和非抽样风险

在使用审计抽样时，审计风险既可能受到抽样风险的影响，又可能受到非抽样风险的影响。抽样风险和非抽样风险通过影响重大错报风险的评估和检查风险的确定而影响审计风险。

（一）抽样风险

抽样风险，是指注册会计师根据样本得出的结论，可能不同于如果对整个总体实施与样本相同的审计程序得出的结论的风险。

1. 控制测试中的抽样风险

控制测试中的抽样风险包括信赖过度风险和信赖不足风险。信赖过度风险是指推断的控制有效性高于其实际有效性的风险，也可以说，尽管样本结果支持注册会计师计划信赖内部控制的程度，但实际偏差率不支持该信赖程度的风险。如果注册会计师评估的控制有效性高于其实际有效性，从而导致评估的重大错报风险水平偏低，注册会计师可能不适当地减少从实质性程序中获取的证据，因此审计的有效性下降。对于注册会计师而言，信赖过度风险与审计的效果有关,信赖过度风险更容易导致注册会计师发表不恰当的审计意见,因而更应予以关注。

信赖不足风险是指推断的控制有效性低于其实际有效性的风险,也可以说,尽管样本结果不支持注册会计师计划信赖内部控制的程度,但实际偏差率支持该信赖程度的风险。信赖不足风险与审计的效率有关。当注册会计师评估的控制有效性低于其实际有效性时,评估的重大风险水平高于实际水平,注册会计师可能会增加不必要的实质性程序。在这种情况下,审计效率可能降低。

2. 实质性程序中细节测试中的抽样风险

在实施细节测试时,注册会计师也要关注两类抽样风险:误受风险和误拒风险。误受风险是指注册会计师推断某一重大错报不存在而实际上存在的风险。如果账面金额实际上存在重大错报而注册会计师认为其不存在重大错报,注册会计师通常会停止对该账面金额继续进行测试,并根据样本结果得出账面金额无重大错报的结论。与信赖过度风险类似,误受风险影响审计效果,容易导致注册会计师发表不恰当的审计意见,因此注册会计师更应予以关注。

误拒风险是指注册会计师推断某一重大错报存在而实际上不存在的风险。与信赖不足风险类似,误拒风险影响审计效率。如果账面金额不存在重大错报而注册会计师认为其存在重大错报,注册会计师会扩大细节测试的范围并考虑获取其他审计证据,最终注册会计师会得出恰当的结论。在这种情况下,审计效率可能降低。

也就是说,无论在控制测试还是在细节测试中,抽样风险都可以分为两种类型:一类是影响审计效果的抽样风险,包括控制测试中的信赖过度风险和细节测试中的误受风险;另一类是影响审计效率的抽样风险,包括控制测试中的信赖不足风险和细节测试中的误拒风险。

只要使用了审计抽样,抽样风险总会存在。在使用统计抽样时,注册会计师可以准确地计量和控制抽样风险,在使用非统计抽样时,注册会计师无法量化抽样风险,只能根据职业判断对其进行定性的评价和控制。抽样风险与样本规模成反方向变动:样本规模越小,抽样风险越大;样本规模越大,抽样风险越小。如果对总体中的所有项目都实施检查,就不存在抽样风险,此时审计风险完全由非抽样风险产生。

(二)非抽样风险

非抽样风险,是指注册会计师由于任何与抽样风险无关的原因而得出错误结论的风险。注册会计师即使对某类交易或账户余额的所有项目实施审计程序,也可能仍未能发现重大错报或控制失效。在审计过程中,可能导致非抽样风险的原因包括下列情况:

1. 注册会计师选择的总体不适合于测试目标。例如,注册会计师在测试销售收入完整性认定时将主营业务收入日记账界定为总体。

2. 注册会计师未能适当地定义误差(包括控制偏差或错报),导致注册会计师未能发现样本中存在的偏差或错报。例如,注册会计师在测试现金支付授权控制的有效性时,未将签字人未得到适当授权的情况界定为控制偏差。

3. 注册会计师选择了不适于实现特定目标的审计程序。例如,注册会计师依赖应收账款函证来揭露未入账的应收账款。

4. 注册会计师未能适当地评价审计发现的情况。例如,注册会计师错误解读审计证据可能导致没有发现误差。注册会计师对所发现误差的重要性的判断有误,从而忽略了性质十分重要的误差,也可能导致得出不恰当的结论。

5. 其他原因。

非抽样风险是由人为错误造成的,因而可以降低、消除或防范。虽然在任何一种抽样方法中注册会计师都不能量化非抽样风险,但通过采取适当的质量控制政策和程序,对审计工作进行适当的指导、监督和复核,以及对注册会计师实务的适当改进,可以将非抽样风险降至可以接受的水平。注册会计师也可以通过仔细设计其审计程序尽量降低非抽样风险。

五、选取样本的方法

选取样本的基本方法,包括使用随机数表或计算机辅助审计技术选样、系统选样和随意选样。

(一)使用随机数表或计算机辅助审计技术选样

使用随机数表或计算机辅助审计技术选样又称随机数选样。使用随机数选样需以总体中的每一项目都有不同的编号为前提。注册会计师可以使用计算机生成的随机数,如电子表格程序、随机数码生成程序、通用审计软件程序等计算机程序产生的随机数,也可以使用随机数表获得所需的随机数。

随机数表也称乱数表,它是由 0 ~9 共 10 个数字随机生成的数字所组成的数表,每个数字在表中出现的次数是大致相同的,它们出现在表上的顺序是随机的。表 8.1 就是 5 位随机数表的一部分。

表 8.1 随机数表

	1	2	3	4	5	6	7	8	9	10
1	32044	69037	29655	92114	81034	40582	01584	77184	85762	46505
2	23821	96070	82592	81642	08971	07411	09037	81530	56195	98425
3	82383	94987	66441	28677	95961	78346	37916	09416	42438	48432
4	68310	21792	71635	86089	38157	95620	96718	79554	50209	17705
5	94856	76940	22165	01414	01413	37231	05509	37489	56459	52983
6	95000	61958	83430	98250	70030	05436	74814	45978	09277	13827
7	20764	64638	11359	32556	89822	02713	81293	52970	25080	33555
8	71401	17964	50940	95753	34905	93566	36318	79530	51105	26952
9	38464	75707	16750	61371	01523	69205	32122	03436	14489	02086
10	59442	59247	74955	82835	98378	83513	47870	20795	01352	89906

应用随机数表选样的步骤如下:

1. 对总体项目进行编号,建立总体中的项目与表中数字的一一对应关系。一般情况下,编号可利用总体项目中原有的某些编号,如凭证号、支票号、发票号等。在没有事先编号的情况下,注册会计师需按一定的方法进行编号。如由 40 页、每页 50 行组成的应收账款明细表,可采用 4 位数字编号,前两位由 01 ~40 的整数组成,表示该记录在明细表中的页数,后两位数字由 01 ~50 的整数组成,表示该记录的行次。这样,编号 0534 表示第 5 页第 34 行的记录。所需使用的随机数的位数一般由总体项目数或编号位数决定。如前例中可采用 4 位随机数表,也可以使用 5 位随机数表的前 4 位数字或后 4 位数字。

2. 确定连续选取随机数的方法。即从随机数表中选择一个随机起点和一个选号路线，随机起点和选号路线可以任意选择，但一经选定就不得改变。从随机数表中任选一行或任何一栏开始，按照一定的方向（上下左右均可）依次查找，符合总体项目编号要求的数字，即为选中的号码，与此号码相对应的总体项目即为选取的样本项目，一直到选足所需的样本量为止。例如，从前述应收账款明细表的 2 000 个记录中选择 10 个样本，总体编号规则如前所述，即前两位数字不能超过 40，后两位数字不能超过 50。如从表 8.1 第一行第一列开始，使用前 4 位随机数，逐行向右查找，则选中的样本为编号 3204，0741，0903，0941，3815，2216，0141，3723，0550，3748 的 10 个记录。

（二）系统选样

系统选样也称等距选样，是指按照相同的间隔从审计对象总体中等距离地选取样本的一种选样方法。采用系统选样法，首先要计算选样间距，确定选样起点，然后再根据间距顺序地选取样本。选样间距的计算公式如下：

选样间距 = 总体规模 ÷ 样本规模

例如，如果销售发票的总体范围是 652 ~ 3151，设定的样本量是 125，那么选样间距为 20[（3 152 − 652）÷ 125]。注册会计师必须从 0 ~ 19 中选取一个随机数作为抽样起点。如果随机选择的数码是 9，那么第一个样本项目是发票号码为 661（652 + 9）的那一张，其余的 124 个项目是 681（661 + 20），701（681 + 20），…依此类推，直至第 3141 号。

系统选样方法的主要优点是使用方便，比其他选样方法节省时间，并可用于无限总体。此外，使用这种方法时，对总体中的项目不需要编号，注册会计师只要简单数出每一个间距即可。但是，使用系统选样方法要求总体必须是随机排列的，否则容易发生较大的偏差，造成非随机的、不具代表性的样本。

（三）随意选样

在随意选样中，注册会计师选取样本不采用结构化的方法。尽管不使用结构化方法，注册会计师也要避免任何有意识的偏向或可预见性（如回避难以找到的项目，或总是选择或回避每页的第一个或最后一个项目），从而试图保证总体中的所有项目都有被选中的机会。在使用统计抽样时，运用随意选样是不恰当的。

上述三种基本方法均可选出代表性样本。但随机数选样和系统选样属于随机基础选样方法，即对总体的所有项目按随机规则选取样本，因而可以在统计抽样中使用，当然也可以在非统计抽样中使用。而随意选样虽然也可以选出代表性样本，但它属于非随机基础选样方法，因而不能在统计抽样中使用，只能在非统计抽样中使用。

第二节 审计抽样在控制测试中的运用

在控制测试中使用审计抽样可以分为样本设计、选取样本和评价样本结果三个阶段。

一、样本设计阶段

（一）确定测试目标

注册会计师实施控制测试的目标是提供关于控制运行有效性的审计证据，以支持计划的重大错报风险评估水平。只有认为控制设计合理、能够防止或发现并纠正认定层次的重大错报时,注册会计师才有必要对控制运行的有效性实施测试。如果对控制运行有效性的定性评价可以分为最高、高、中等和低四个层次,注册会计师只有在初步评估控制运行有效性在中等或以上水平时,才会实施控制测试。

(二)定义总体和抽样单元

1. 定义总体

在控制测试中,注册会计师必须考虑总体的同质性。同质性是指总体中的所有项目应该具有同样的特征。例如,如果被审计单位的出口和内销业务的处理方式不同,注册会计师应分别评价两种不同的控制情况,同时出现两个独立的总体。注册会计师在界定总体时,应当确保总体的适当性和完整性。首先,总体应适合于特定的审计目标。例如,要测试现金支付授权控制是否有效运行,如果从已得到授权的项目中抽取样本,注册会计师不能发现控制偏差,因为该总体不包含那些已支付但未得到授权的项目。因此在本例中,为发现未得到授权的现金支付,注册会计师应当将所有已支付现金的项目作为总体。其次,注册会计师还应考虑总体的完整性,包括代表总体的实物的完整性。

2. 定义抽样单元

注册会计师定义的抽样单元应与审计测试目标相适应。在控制测试中,注册会计师应根据被测试的控制定义抽样单元。抽样单元通常是能够提供控制运行证据的一份文件资料、一个记录或其中一行。例如,如果测试目标是确定付款是否得到授权,且设定的控制要求付款之前授权人在付款单据上签字,抽样单元可能被定义为每一张付款单据。如果一张付款单据包含了对几张发票的付款,且设定的控制要求每张发票分别得到授权,那么付款单据上与发票对应的一行就可能被定义为抽样单元。

对抽样单元的定义过于宽泛可能导致缺乏效率。例如,如果注册会计师将发票作为抽样单元,就必须对发票上的所有项目进行测试。如果注册会计师将发票上的每一行作为抽样单元,则只需对被选取的行所代表的项目进行测试。如果定义抽样单元的两种方法都适合于测试目标,将每一行的项目作为抽样单元时可能效率更高。

(三)定义偏差

在控制测试中,误差是指控制偏差。注册会计师应仔细定义所要测试的控制及可能出现偏差的情况。注册会计师应根据对内部控制的理解,确定哪些特征能够显示被测试控制的运行情况,然后据此定义误差构成条件。在评估控制运行的有效性时,注册会计师应当考虑其认为必要的所有环节。例如,设定的控制要求每笔支付都应附有发票、收据、验收报告和订购单等证明文件,且均盖上“已付”戳记。注册会计师认为盖上“已付”戳记的发票和验收报告足以显示控制的适当运行。在这种情况下,误差可能被定义为缺乏盖有“已付”戳记的发票和验收报告等证明文件的款项支付。

二、选取样本阶段

(一)确定样本规模

1. 影响样本规模的因素

在控制测试中影响样本规模的因素如下:

(1)可接受的信赖过度风险。可接受的信赖过度风险与样本规模反向变动。由于控制测试是控制是否有效运行的主要证据来源,因此,可接受的信赖过度风险应确定在相对较低的水平上。通常,相对较低的水平在数量上是指5% ~10%的信赖过度风险。注册会计师一般将信赖过度风险确定为10%,特别重要的测试则可以将信赖过度风险确定为5%。本例中,注册会计师确定的可接受信赖过度风险为10%。

(2)可容忍偏差率。可容忍偏差率与样本规模反向变动。在确定可容忍偏差率时,注册会计师应考虑计划评估的控制有效性。计划评估的控制有效性越低,注册会计师确定的可容忍偏差率通常越高,所需的样本规模就越小。注册会计师在风险评估时越依赖控制运行的有效性,确定的可容忍偏差率越低,进行控制测试的范围越大,因而样本规模增加。

表8.2列示了可容忍偏差率与计划评估的控制有效性之间的关系。本例中注册会计师预期现金支付授权控制运行有效,确定的可容忍偏差率为7%。

表8.2　可容忍偏差率和计划评估的控制有效性之间的关系

计划评估的控制有效性	可容忍偏差率(近似值,%)
高	3~7
中	6~12
低	11~20
最低	不进行控制测试

(3)预计总体偏差率。注册会计师可以根据上年测试结果和控制环境等因素对预计总体偏差率进行评估。在考虑上年测试结果时,应考虑被审计单位内部控制和人员的变化。如果以前年度的审计结果无法取得或认为不可靠,注册会计师可以在抽样总体中选取一个较小的初始样本,以初始样本的偏差率作为预计总体偏差率的估计值。如果预期总体偏差率高得无法接受,意味着控制有效性很低,注册会计师通常决定不实施控制测试,而实施更多的实质性程序。本例中,注册会计师根据上年测试结果和对控制的初步了解,预计总体的偏差率为1.75%。

(4)总体规模。除非总体非常小,一般而言,总体规模对样本规模的影响几乎为零。注册会计师通常将抽样单元超过5 000个的总体视为大规模总体。对大规模总体而言,总体的实际容量对样本规模几乎没有影响。对小规模总体而言,审计抽样比其他选择测试项目的方法的效率低。在本例中,现金支付业务数量很大,因而注册会计师认为总体规模对样本规模的影响可以忽略。

2. 确定样本规模

实施控制测试时,注册会计师可能使用统计抽样,也可能使用非统计抽样。在统计抽样中,注册会计师可以使用样本量表确定样本规模。表8.3提供了在控制测试中确定的可接受信赖过度风险为10%时所用的样本量表。

注册会计师根据可接受的信赖过度风险选择和相应的抽样规模表,然后,读取预计总体偏差率栏找到适当的比率。接下来注册会计师确定与可容忍偏差率对应的列。可容忍偏差率所在列与预计总体偏差率所在行的交点就是所需的样本规模。本例中,如前所述,注册会计师确定的可接受信赖过度风险为10%,可容忍偏差率为7%,预计总体偏差为1.75%,可容忍偏差率7%与预计总体偏差1.75%的交叉处为55,即所需的样本规模为55。

表 8.3 控制测试统计抽样样本规模——信赖过度风险 10%
（括号内是可接受的偏差数）

预计总体偏差率%	可容忍偏差率										
	2%	3%	4%	5%	6%	7%	8%	9%	10%	15%	20%
0.00	114(0)	76(0)	57(0)	45(0)	38(0)	32(0)	28(0)	25(0)	22(0)	15(0)	11(0)
0.25	194(1)	129(1)	96(1)	77(1)	64(1)	55(1)	48(1)	42(1)	38(1)	25(1)	18(1)
0.50	194(1)	129(1)	96(1)	77(1)	64(1)	55(1)	48(1)	42(1)	38(1)	25(1)	18(1)
0.75	265(2)	129(1)	96(1)	77(1)	64(1)	55(1)	48(1)	42(1)	38(1)	25(1)	18(1)
1.00	*	176(2)	96(1)	77(1)	64(1)	55(1)	48(1)	42(1)	38(1)	25(1)	18(1)
1.25	*	*	*	*	64(1)	55(1)	48(1)	42(1)	38(1)	25(1)	18(1)
1.50	*	*	*	*	64(1)	55(1)	48(1)	42(1)	38(1)	25(1)	18(1)
1.75	*	*	*	*	88(2)	55(1)	48(1)	42(1)	38(1)	25(1)	18(1)
2.00	*	*	*	*	88(2)	75(2)	48(1)	42(1)	38(1)	25(1)	18(1)
2.25	*	*	*	*	88(2)	75(2)	48(1)	42(1)	38(1)	25(1)	18(1)
2.50	*	*	*	*	110(3)	75(2)	65(2)	42(2)	38(2)	25(1)	18(1)
2.75	*	*	*	*	132(4)	94(3)	65(2)	58(2)	38(2)	25(1)	18(1)
3.00	*	*	*	*	132(4)	94(3)	65(2)	58(2)	52(2)	25(1)	18(1)

注 1：* 表示样本规模太大，因而在大多数情况下不符合成本效益原则。
注 2：本表假设总体为大总体。

（二）选取样本

在控制测试中使用统计抽样方法时，注册会计师必须在上节所述的使用随机数表或计算机辅助审计技术选样和系统选样中选择一种方法。原因在于，这两种方法能够产生随机样本，而其他选样方法虽然也可能提供代表性的样本，但却不是随机的。

（三）实施审计程序

注册会计师对选取的 55 个样本项目实施检查现金支付单据上的领导签字程序。

三、评价样本结果阶段

（一）计算总体偏差率、分析偏差的性质和原因

将样本中发现的偏差数量除以样本规模，就可以计算出样本偏差率。样本偏差率就是注册会计师对总体偏差率的最佳估计，因而在控制测试中无须另外推断总体偏差率。

除了评价偏差发生的频率之外，注册会计师还要对偏差进行定性分析，即分析偏差的性质和原因。注册会计师对偏差的性质和原因的分析包括：是有意的还是无意的？是误解了规定还是粗心大意？是经常发生还是偶然发生？是系统的还是随机的？如果对偏差的分析表明是故意违背了既定的内部控制政策或程序，注册会计师应考虑存在重大舞弊的可能性。在这种情况下，注册会计师应当确定实施的控制测试能否提供适当的审计证据，是否需要增加控制测试，或是否需要使用实质性程序应对潜在的错报风险。

（二）得出总体结论

在实务中，注册会计师使用统计抽样方法时通常使用统计公式、表格或计算机程序直接计算在确定的信赖过度风险水平下可能发生的偏差率上限，即估计的总体偏差率与抽样

风险允许限度之和。

1. 使用统计公式评价样本结果

假定本例中，注册会计师对55个项目实施了既定的审计程序，且未发现偏差，则在既定的可接受信赖过度风险下，根据样本结果计算总体最大偏差率如下：

总体偏差率上限(MDR) = R ÷ n = 风险系数 ÷ 样本量 = 2.3 ÷ 55 × 100% = 4.1%

其中的风险系数根据可接受的信赖过度风险为10%，且偏差数量为0，在表8.4中查得为2.3。表8.4列示了在控制测试中常用的风险系数。

表8.4 控制测试中常用的风险系数表

样本中发现偏差的数量	信赖过度风险	
	5%	10%
0	3.0	2.3
1	4.8	3.9
2	6.3	5.3
3	7.8	6.7
4	9.2	8.0
5	10.5	9.3
6	11.9	10.6
7	13.2	11.8
8	14.5	13.0
9	15.7	14.2
10	17.0	15.4

这意味着，如果样本量为55且无一例偏差，总体实际偏差率超过4.1%的风险为10%，即有90%的把握保证总体实际偏差率不超过4.1%。由于注册会计师确定的可容忍偏差率为7%，因此可以得出结论，总体的实际偏差率超过可容忍偏差率的风险很小，总体可以接受。也就是说，样本结果证实注册会计师对控制运行有效性的估计和评估的重大错报风险水平是适当的。

2. 使用样本结果评价表

注册会计师也可以使用样本结果评价表评价统计抽样的结果。表8.5列示了可接受的信赖过度风险为10%时的总体偏差率上限。

注册会计师可以选择样本规模为55的那一行。当样本中未发现偏差时，应选择偏差数为零的那一列，两者交叉处的4.1%即为总体的偏差率上限，与利用公式计算的结果4.1%相等。

表8.5 控制测试中统计抽样结果评价——信赖过度风险10%时的偏差率上限

样本规模	实际发现的偏差数										
	0	1	2	3	4	5	6	7	8	9	10
20	10.9	18.1	*	*	*	*	*	*	*	*	*
25	8.8	14.7	19.9	*	*	*	*	*	*	*	*

续表 8.5

样本规模	实际发现的偏差数										
	0	1	2	3	4	5	6	7	8	9	10
30	7.4	12.4	16.8	*	*	*	*	*	*	*	*
35	6.4	10.7	14.5	18.1	*	*	*	*	*	*	*
40	5.6	9.4	12.8	16.0	19.0	*	*	*	*	*	*
45	5.0	8.4	11.4	14.3	17.0	19.7	*	*	*	*	*
50	4.6	7.6	10.3	12.9	15.4	17.8	*	*	*	*	*
55	4.1	6.9	9.4	11.8	14.1	16.3	18.4	*	*	*	*
60	3.8	6.4	8.7	10.8	12.9	15.0	16.9	18.9	*	*	*
70	3.3	5.5	7.5	9.3	11.1	12.9	14.6	16.3	17.9	19.6	*
80	2.9	4.8	6.6	8.2	9.8	11.3	12.8	14.3	15.8	17.2	18.6
90	2.6	4.3	5.9	7.3	8.7	10.1	11.5	12.8	14.1	15.4	16.6
100	2.3	3.9	5.3	6.6	7.9	9.1	10.3	11.5	12.7	13.9	15.0
120	2.0	3.3	4.4	5.5	6.6	7.6	8.7	9.7	10.7	11.6	12.6
160	1.5	2.5	3.3	4.2	5.0	5.8	6.5	7.3	8.0	8.8	9.5
200	1.2	2.0	2.7	3.4	4.0	4.6	5.3	5.9	6.5	7.1	7.6

注 1：* 表示超过 20%。

注 2：本表以百分比表示偏差率上限；本表假设总体足够大。

四、在控制测试中使用非统计抽样

在非统计抽样中，注册会计师也必须考虑可接受抽样风险、可容忍偏差率、预计总体偏差率以及总体规模等，但可以不对其量化，而只进行定性的估计。注册会计师应当根据对被审计单位的初步了解，运用职业判断确定样本规模。

在控制测试中使用非统计抽样时，注册会计师可以根据表 8.6 确定所需的样本规模。表 8.6 是在预计没有控制偏差的情况下对人工控制进行测试的最低样本数量。考虑到前述因素，注册会计师往往可能需要测试比表中所列更多的样本。

表 8.6　人工控制最低样本规模表

控制执行频率	控制发生次数	最低样本数量
1 次/年度	1 次	1
1 次/季度	4 次	2
1 次/月度	12 次	3
1 次/周	52 次	5
1 次/日	250 次	20
每日数次	大于 250 次	25

假设被审计单位 201×年发生了 500 笔采购交易，注册会计师初步评估该控制运行有效，那么所需的样本数量至少是 25 个。如果 25 个样本中没有发现偏差，那么控制测试的样本结果支持计划的控制运行有效性和重大错报风险的评估水平。如果 25 个样本中发现了 1 个偏差，注册会计师有两种处理办法：其一，认为控制没有有效运行，控制测试样本结果不支持计划的控制运行有效性和重大错报风险的评估水平，因而提高重大错报风险评估水平，增加对

相关账户的实质性程序;其二,再测试25个样本,如果其中没有再发现偏差,也可以得出样本结果支持控制运行有效性的重大错报风险的初步评估结果,反之则证明控制无效。

五、记录抽样程序

注册会计师应当记录所实施的审计程序,以形成审计工作底稿。在控制测试中使用审计抽样时,注册会计师通常记录下列内容:(1)对所测试的设定控制的描述;(2)抽样的目标,包括与重大错报风险评估的关系;(3)对总体和抽样单元的定义,包括注册会计师如何考虑总体的完整性;(4)对偏差的构成条件的定义;(5)信赖过度风险,可容忍偏差率,以及在抽样中使用的预计总体偏差率;(6)确定样本规模的方法;(7)选择方法;(8)对如何实施抽样程序的描述,以及样本中发现的偏差清单;(9)对样本的评价及总体结论摘要。

第三节 审计抽样在细节测试中的运用

一、在细节测试中使用非统计抽样方法

(一)样本设计阶段

1. 明确测试目标

注册会计师实施细节测试的目标就是确定相关认定是否存在重大错报。通过在账户余额中选取项目进行测试,注册会计师可以检查出那些虚构项目、余额中不应包含的项目(分类错误的项目)以及估价错误的项目。

2. 定义总体

注册会计师应考虑总体的适当性和完整性。注册会计师应确信抽样总体适合于特定的审计目标。例如,注册会计师如果对已记录的项目进行抽样,就无法发现由于某些项目被隐瞒而导致的金额低估。为发现这类低估错报,注册会计师应从包含被隐瞒项目的来源选取样本。例如,注册会计师可能对随后的现金支付进行抽样,以测试由隐瞒采购所导致的应付账款账面金额低估;或者对装运单据进行抽样,以发现由已装运但未确认为销售的交易所导致的低估销售收入问题。

3. 定义抽样单元

在细节测试中,注册会计师应根据审计目标和所实施审计程序的性质,定义抽样单元。抽样单元可能是一个账户余额、一笔交易或交易中的一个记录(如销售发票中的单个项目),甚至是每个货币单元。例如,如果抽样的目标是测试应收账款是否存在,注册会计师可能选择各应收账款明细账余额、发票或发票上的单个项目作为抽样单元。选择的标准是,如何定义抽样单元能使审计抽样实现最佳的效率和效果。

4. 界定错报

在细节测试中,误差是指错报,注册会计师应根据审计目标,确定什么构成错报。例如,在对应收账款存在性的细节测试中(如函证),客户在函证日之前支付、被审计单位在函证日之后不久收到的款项不构成误差。而且,被审计单位在不同客户之间误登明细账也不影响应收账款总账余额。

(二)选取样本阶段

1. 确定样本规模

(1)影响样本规模的因素。如果在细节测试中使用非统计抽样,注册会计师在确定适当的样本规模时,也需要考虑以下相关的影响因素,即使注册会计师无法明确地量化这些因素。

①总体的变异性。总体项目的某一特征(如金额)经常存在重大的变异性。注册会计师通常根据项目账面金额的变异性估计总体项目审定金额的变异性。衡量这种变异或分散程度的指标是标准差,注册会计师在使用非统计抽样时,不需量化期望的总体标准差,但要用“大”或“小”等定性指标来估计总体的变异性。总体项目的变异性越低,通常样本规模越小。

②可接受的抽样风险。细节测试中的抽样风险分为误受风险和误拒风险。在实务中,注册会计师愿意承担的审计风险通常为5%～10%。当审计风险既定时,如果注册会计师将重大错报风险评估为低水平,就可以在实质性程序中接受较高的误受风险。当可接受的误受风险增加时,实质性程序所需的样本规模降低。相反,如果注册会计师评估的重大错报风险水平较高,可接受的误受风险降低,所需的样本规模就增加。

在细节测试中,误拒风险与审计的效率有关,如果注册会计师决定接受一个较高的误拒风险,所需的样本规模降低。在设计样本时,与控制测试中对信赖不足风险的关注相比,注册会计师在细节测试中对误拒风险的关注程度通常更高。

③可容忍错报。对特定的账户余额或交易类型而言,当误受风险一定时,如果注册会计师确定的可容忍错报降低,为实现审计目标所需的样本规模就增加。

④预计总体错报。预计总体错报的规模或频率降低,所需的样本规模也降低。注册会计师在运用职业判断确定预计错报金额时,应当考虑被审计单位的经营状况,以前年度对账户余额或交易类型进行测试的结果,初始样本的结果,相关实质性程序的结果,以及相关控制测试的结果等因素。

⑤总体规模。总体中的项目数量在细节测试中对样本规模的影响很小。因此,按总体的固定百分比确定样本规模通常缺乏效率。

(2)利用模型确定样本规模。注册会计师在细节测试中可以用来确定样本规模的模型如下:

$$样本规模=\frac{总体账面金额}{可容忍错报}\times 保证系数$$

从表8.7中选择适当的保证系数进行计算,计算后应调整估计的样本规模,以反映非统计方法与本模型使用的统计方法在效率上的差异。在实务中,如果样本不是以统计有效的方式选取,注册会计师调整样本规模的幅度通常在10%～50%之间。

表8.7 保证系数表

评估的重大错报风险	其他实质性程序未能发现重大错报的风险			
	最高	高	中	低
最高	3.0	2.7	2.3	2.0
高	2.7	2.4	2.0	1.6
中	2.3	2.1	1.6	1.2
低	2.0	1.6	1.2	1.0

2. 选取样本并对其实施审计程序

在非统计抽样方法中，注册会计师可以使用随机数表或计算机辅助审计技术选样、系统选样，也可以使用随意选样。注册会计师应当仔细选取样本，以使样本能够代表抽样总体的特征。注册会计师从总体中选取样本，但选取的方法应当能使样本具有代表性。注册会计师应对选取的每一个样本实施计划的审计程序。

（三）评价样本结果阶段

1. 考虑错报的性质和原因

除了评价错报的频率和金额之外，注册会计师还要对错报进行定性分析，分析错报的性质和原因，判断其对财务报表重大错报风险的影响。

2. 推断总体错报

当实施细节测试时，注册会计师应当根据样本中发现的错报推断总体错报。在非统计抽样中，根据样本中发现的错报金额推断总体错报金额的方法有多种，注册会计师可以从中选择其一。这里介绍两种常用的方法。

第一种方法是比率法，即用样本中的错报金额除以该样本中包含的账面金额占总体账面总金额的比例。例如，注册会计师选取的样本可能包含了应收账款账户账面金额的10%。如果注册会计师在样本中发现了100元的错报，其对总体错报的最佳估计为1 000元（100元÷10%）。这种方法不需使用总体规模。比率估计法在错报金额与抽样单元金额相关时最为适用，是大多数审计抽样中注册会计师首选的总体推断方法。

第二种方法是差异法，即计算样本中所有项目审定金额和账面金额的平均差异，并推断至总体的全部项目。例如，注册会计师选取的非统计抽样样本为100个项目。如果注册会计师在样本中发现的错报为200元，样本项目审定金额和账面金额的平均差异则为2元（200元÷100）。然后注册会计师可以用总体规模（本例中为5 000）乘以样本项目的平均差异2元，以估计总体的错报金额。注册会计师估计的总体错报则为10 000元（5 000×2元）。差异估计法通常更适用于错报金额与抽样单元本身而不是与其金额相关的情况。

3. 考虑抽样风险并得出总体结论

注册会计师应当将推断的总体错报额与百分之百检查的项目中所发现的错报加总，并要求被审计单位调整已经发现的错报。依据被审计单位已更正的错报对推断的总体错报额进行调整后，注册会计师要将其与该类交易或账户余额的可容忍错报相比较，并适当考虑抽样风险，以评价样本结果。如果推断的错报总额低于账户余额或交易类型的可容忍错报，注册会计师要考虑即使总体的实际错报金额超过可容忍错报，仍可能出现这一情况风险。例如，如果1 000 000元的某账户余额的可容忍错报为50 000元，根据适当的样本推断的总体错报为10 000元，由于推断的总体错报远远低于可容忍错报，注册会计师可能合理确信，总体实际错报金额超过可容忍错报的抽样风险很低，因而可以接受。另外，如果推断的错报总额接近或超过可容忍错报，注册会计师通常得出总体实际错报超过可容忍错报的结论。

在非统计抽样中，注册会计师运用其经验和职业判断进行这种评价。但是，当推断的错报与可容忍错报的差距既不很小又不很大时，注册会计师应仔细考虑，实际错报超过可容忍错报的风险是否高得无法接受。

如果样本结果不支持总体账面金额，且注册会计师认为账面金额可能存在错报，注册会计师在评价财务报表整体是否存在重大错报时，应当将错报与其他审计证据一起考虑。通常，注册会计师会建议被审计单位对错报进行调查，且在必要时调整账面记录。

（四）记录抽样程序

注册会计师要记录所实施的审计程序，以形成审计工作底稿。在实质性程序中使用审计抽样时，注册会计师通常记录下列内容：

（1）测试目标和对与此目标相关的其他审计程序的描述；

（2）总体和抽样单元的定义，包括注册会计师如何确定总体的完整性；

（3）错报的定义；

（4）误受风险、误拒风险和可容忍错报；

（5）使用的审计抽样方法；

（6）选样方法；

（7）描述抽样程序的实施，以及样本中发现的错报清单；

（8）对样本的评价和总体结论摘要。

二、在细节测试中使用统计抽样

统计抽样和非统计抽样的流程和步骤完全一样，只是在确定样本规模、选取样本和推断总体的具体方法上有所差别。注册会计师在细节测试中使用的统计抽样方法主要包括传统变量抽样和概率比例规模抽样法（以下简称 PPS 抽样），传统变量抽样又可以分为三种具体的方法：均值估计抽样、差额估计抽样和比率估计抽样。

（一）均值估计抽样

均值估计抽样是指通过抽样审查确定样本的平均值，再根据样本平均值推断总体的平均值和总值的一种变量抽样方法。均值估计抽样的计算公式如下：

样本均值＝样本审定金额÷样本规模

估计的总体实际金额＝样本均值×总体规模

推断的总体错报＝估计的总体实际金额－总体账面金额

例如，注册会计师从总体规模为 1 000、账面金额为 1 000 000 元的存货项目中选择了 200 个项目作为样本。在确定了正确的采购价格并重新计算了价格与数量的乘积之后，注册会计师将 200 个样本项目的审定金额加总后除以 200，确定样本项目的平均审定金额为 980 元。然后计算估计的存货余额为 980 000 元（980×1 000）。推断的总体错报就是 20 000 元（1 000 000－980 000）。

（二）差额估计抽样

差额估计抽样是以样本审定金额与账面金额的平均差额来估计总体实际金额与账面金额的平均差额，然后再以这个平均差额乘以总体规模，从而求出总体的实际金额与账面金额的差额（即总体错报）的一种方法。差额估计抽样的计算公式如下：

平均错报＝（样本审定金额－样本账面金额）÷样本规模

推断的总体错报＝平均错报×总体规模

例如，注册会计师从总体规模为 1 000 个的存货项目中选取了 200 个项目进行检查，总体的账面金额总额为1 040 000元。注册会计师逐一比较200个样本项目的审定金额和账面金额,并将账面金额(208 000元)和审定金额(196 000元)之间的差异加总为12 000元。将12 000元的差额除以样本项目个数200,得到样本平均错报60元。然后注册会计师用这个平均错报乘以总体规模,计算出总体错报为60 000元(60×1 000)。

(三)比率估计抽样

比率估计抽样是指以样本的审定金额与账面金额之间的比率关系来估计总体实际金额与账面金额之间的比率关系,然后再以这个比率去乘总体的账面金额,从而求出估计的总体实际金额的一种抽样方法。比率估计抽样法的计算公式如下:

比率=样本审定金额÷样本账面金额

估计的总体实际金额=总体账面金额×比率

推断的总体错报=估计的总体实际金额-总体账面金额

如果上例中注册会计师使用比率估计抽样,样本审定金额与样本账面金额的比例则为0.94(196 000÷208 000)。注册会计师用总体的账面金额乘以该比例0.94,得到估计的存货余额977 600元(1 040 000×0.94)。推断的总体错报则为62 400元(1 040 000-977 600)。

下面以XYZ公司审计中的积极式询证函为例,来说明差额估计抽样的运用。XYZ公司的背景资料如下:在应收账款明细表中总共列示了4 000笔应收账款,并且账面价值合计为600 000元。注册会计师认为该公司的内部控制存在薄弱环节,并预期审计中还将会发现大量的小额错报。其总资产为2 500 000元,税前净收益为400 000元。由于财务报表的使用者有限,并且XYZ公司的财务状况良好,因此可接受的审计风险较高,分析程序的结果表明没有重大问题。假定所有的函证都有答复或都已执行了有效的替代程序。因此,样本规模就是寄出的积极式询证函的数量。

注册会计师对XYZ公司进行审计测试的目标是确定在考虑坏账准备之前的应收账款是否存在重要错报。由于应收账款数目较大,决定采用审计抽样。公司应收账款的总体容量为4 000笔。注册会计师确定的可容忍错报额为21 000元。

在XYZ公司应收账款审计中,注册会计师要确定两类风险:

一类是可接受的误受风险,是指在应收账款实际错报额超过21 000元时,但样本结果显示应收账款金额正确的风险。在XYZ公司审计中,采用的可接受的误受风险为10%。

另一类是可接受的误拒风险,是在应收账款实际上没有发生重大错报时,注册会计师认为应收账款不正确而拒绝接受的风险。它受重新抽样所要追加的成本影响。由于进行第二次函证的成本很高,因此采用25%的可接受的误拒风险。

注册会计师根据以前年度的审计测试结果,确定XYZ公司的预计总体错报为1 500元(高估)。注册会计师根据以前年度的审计测试结果,估计XYZ公司的总体标准差为20元。XYZ公司的初始样本规模可用下列公式计算:

$$n=\left[\frac{SD^{*}(Z_A+Z_R)N}{TM-E^{*}}\right]^2$$

式中　n——初始样本规模;

SD^{*}——预先估计的总体标准差;

Z_A——可接受的误受风险的置信系数(见表8.8);

Z_R——可接受的误拒风险的置信系数(见表8.8);

N——总体规模;

TM——总体可容忍错报(重要性);

E^*——预计总体错报。

将该公式应用于XYZ公司,得:

$$n=\left[\frac{20\times(1.28+1.15)\times 4\ 000}{21\ 000-1\ 500}\right]^2=(9.97)^2=99.4\text{(取整为100)}$$

表8.8 置信度、可接受的误受风险、可接受的误拒风险的置信系数表

置信度(%)	可接受的误受风险(%)	可接受的误拒风险(%)	置信系数
99	0.5	1	2.58
95	2.5	5	1.96
90	5	10	1.64
80	10	20	1.28
75	12.5	25	1.15
70	15	30	1.04
60	20	40	0.84
50	25	50	0.67
40	30	60	0.52
30	35	70	0.39
20	40	80	0.25
10	45	90	0.13
0	50	100	0

注册会计师运用前面所讨论的选样方法之一随机选取了100个样本项目进行函证。表8.9列示了注册会计师计算总体错报上限的过程。

表8.9 总体错报界限的计算表

步骤	统计公式	以XYZ公司为例
1. 取得一样本容量为 n 的随机样本	n = 样本规模	从包含4 000个账户的账龄试算表中随机选取100笔应收账款
2. 确定样本中的每项错报值		75个账户经顾客证实,其余25个账户采用替代程序验证。在调整了时间性差异和顾客的错误后,确定了下列12个项目是客户的错误(带括号的为低估错报) 1. 12.75　2. (69.46)　3. 85.28 4. 100.00　5. (27.30)　6. 41.06 7. (0.87)　8. 24.32　9. 36.59 10. (102.16)　11. 54.71　12. 71.56 合计 = 226.48

续表 8.9

步骤	统计公式	以 XYZ 公司为例
3. 计算错报总额的点估计值	$\bar{e} = \frac{\sum e_j}{n}$ $\hat{E} = N\bar{e}$ 或 $N = \frac{\sum e_j}{n}$ 其中　$\bar{e}$——样本中的平均错报额； $\sum$——合计； e_j——样本中的个别错报； n——样本规模； $\hat{E}$——错报样本总额的点估计值； N——总体容量	$\bar{e} = 226.48 \div 100 = 2.26$ $\hat{E} = 4\,000 \times 2.26 = 9\,040$(元) 或$\hat{E} = 4\,000 \times (226.48 \div 100)$ $= 9\,040$(元)
4. 根据样本计算错报的总体标准差	$SD = \sqrt{\frac{\sum (e_j)^2 - n(\bar{e})^2}{n-1}}$ 其中　SD——标准差； e_j——样本中的个别错报； n——样本规模； e——样本中的平均错报额	e_j(四舍五入至整元)　$(e_j)^2$ 1.　13　169 2.　(69)　4 761 3.　85　7 225 4.　100　10 000 5.　(27)　729 6.　41　1 681 7.　(1)　1 8.　24　576 9.　37　1 369 10.　(102)　10 404 11.　55　3 025 12.　72　5 184 228　45 124 $SD = \sqrt{\frac{45\,124 - 100 \times (2.26)^2}{99}} \approx 21.2$
5. 计算期望置信的总体错报总额估计值的抽样风险允许限度	$CSR = NZ_A \frac{SD}{\sqrt{n}} \sqrt{\frac{N-n}{N}}$ 其中　CSR——计算的抽样风险允许限度； N——总体容量； ZA——可接受的误受风险的置信系数(见表 8.11)； SD——总体标准差； N——样本规模； $\sqrt{\frac{N-n}{N}}$—有限修正系数	$CSR = 4\,000 \times 1.28 \times \frac{21.2}{\sqrt{100}} \times \sqrt{\frac{4\,000 - 100}{4\,000}}$ $= 4\,000 \times 1.28 \times 2.12 \times 0.99$ $\approx 10\,746$

续表 8.9

步骤	统计公式	以 XYZ 公司为例
6. 计算期望置信的总体错报界限	$UCL = \overline{E} + CSR$ $LCL = \overline{E} - CSR$ 其中 UCL——计算的总体错报上限; LCL——计算的总体错报下限; $\overline{E}$——错报总额的点估计值; CSR——期望置信度上计算的抽样风险允许限度	$UCL = 9\ 040 + 10\ 746 = 19\ 786$ $LCL = 9\ 040 - 10\ 746 = (1\ 706)$

计算的总体错报界限等于错报总额的点估计值加减抽样风险允许限度。在本例中,计算的总体错报上限为 19 786 元,表示总体高估超过 19 786 元的风险是 10%,计算的总体错报下限为 -1 706 元,表示总体低估超过 1 706 元的风险是 10%。由于错报的双边置信区间完全落入了正负可容忍错报范围内,那么账面价值没有重大错报的假设就可以接受。因此,应收账款的账面价值是可以接受的。

小提示

概率比例规模抽样(Probability - proportional - to - size sampling,简称 PPS 抽)是一种运用属性抽样原理对货币金额而不是对发生率得出结论的统计抽样方法。PPS 抽样以货币单元作为抽样单元,有时也被称为金额加权选样、货币单元抽样、累计货币金额抽样,以及综合属性变量抽样等。在该方法下总体中的每个货币单元被选中的机会相同,所以总体中某一项目被选中的概率等于该项目的金额与总体金额的比率。项目金额越大,被选中的概率就越大。但实际上注册会计师并不是对总体中的货币单元实施检查,而是对包含被选取货币单元的余额或交易实施检查。注册会计师检查的余额或交易被称为逻辑单元或实物单元。PPS 抽样有助于注册会计师将审计重点放在较大的余额或交易。此抽样方法之所以得名,是因为总体中每一余额或交易被选取的概率与其账面金额(规模)成比例。

细节测试中运用的两种统计抽样方法,即传统变量抽样和 PPS 抽样,都能为注册会计师实现审计目标提供充分的证据。但在有些情况下,PPS 抽样比传统变量抽样更实用。

本章小结

1. 审计抽样是注册会计师从审计总体中抽取样本,对样本进行审计,并根据样本结果推断总体的过程。

2. 在使用审计抽样时,审计风险即可能受到抽样风险的影响,又可能受到非抽样风险的影响。抽样风险和非抽样风险通过影响重大错报风险的评估和检查风险的确定而影响审计风险。注册会计师可以通过扩大样本规模降低抽样风险,非抽样风险是由人为错误造成的,因而可以降低、消除或防范。

3. 无论是统计抽样还是非统计抽样,也无论审计抽样在控制测试中运用还是在实质性程序中的细节测试运用,审计抽样的流程都是确定测试目标、定义总体和抽样单元和误差、确定实现目标的审计程序、选择抽样类型、确定样本规模、选样并对样本实施审计程序、根据样本结果推断总体特征。

复习思考题

1. 如何在控制测试中运用审计抽样。
2. 获取审计证据时如何对抽样风险和非抽样风险进行考虑?
3. 影响样本规模的因素有哪些?
4. 审计人员在运用抽样技术进行审计时,应关注哪些风险?

第九章　企业内部控制

学习目标

1. 了解内部控制的目标、原则与要素；
2. 理解企业层面控制；
3. 掌握业务层面控制；
4. 掌握内部控制评价；
5. 掌握内部控制审计。

引导案例

巨人集团创始人史玉柱1986年毕业于浙江大学数学系，之后进入深圳大学攻读软科学管理硕士研究生。1989年初毕业后被分配到安徽省统计局工作。

同年7月回到深圳，以身上仅有的4 000元和自己开发的M-6401桌面排版印刷系统开始了创业。1989年8月，史玉柱和3个伙伴承包了天津大学深圳科技工贸发展公司电脑部，M-6401此时推向市场，巨人事业起步。首先史玉柱用全部4 000元做了8 400元的广告："M-6401，历史性的突破。"

13天后的8月15日，史玉柱的银行账户上第一次收到三笔共计15 820元的汇款。到9月4 000元的广告投入已带来10万元的回报。面对第一笔利润，史玉柱索性又一次将10万元全部变成广告。4个月后，M-6401带来100万元的利润。

有了资产和新产品，1991年春史玉柱移师珠海，珠海巨人新技术公司应运而生。他宣布："巨人要成为中国的IBM，东方的巨人。"同年1月公司员工增加到30人，公司注册资金15万元。M-6403汉卡销售量居全国同类产品之首，比当时的联想汉卡还畅销，获纯利1 000万元。9月，巨人公司更名为珠海巨人高科技集团公司，注册资金1.19亿元，史玉柱任总裁，公司员工发展到100人。12月底，公司纯获利3 500万元，年发展速度500%。

巨人发展战略转移是1993年。是年，中国电脑业的灾年，随着西方16国组成的巴黎统筹委员会的解散，西方国家向中国出口计算机禁令失败，康柏、惠普、AST、IBM、INTEL、MICROSOFT、西门子等跨国公司开始围剿中国的硅谷——北京中关村。这是一场生死决战，中国民族电脑业步入了低谷。巨人集团亦受到了重创。巨人集团制定了"必须寻找新的产品支柱"的战略决策。当时正值全国房地产热，史玉柱决心抓住这一机遇。因此，一脚就踏入房地产业。原来想建18层办公楼，后来一改再改，从38层到54、64到70层。盖一座珠海标志性建筑，也是当时全国最高的大厦。从64层改为70层的原因，是由于集团的几个负责人认为"64"有点犯忌讳，只打个电话向香港的设计单位咨询，对方告诉技术上可行。投资由原来的2亿元增加到12亿元。但由于大厦地质勘测不好，建在三层断裂带上，光地基就投入了1个亿，又延误了工期。

1993年，巨人集团同时又进入了生物工程产业，起初较好。但后来由于管理不善，仅康元公司累计损失1亿元，然而总体来说生物工程效益尚可。投资12亿元的大厦，没向银行贷一分钱,所需资金主要来自生物工程。但不断抽血,使生物工程失去了造血功能。到了1996年下半年,集团资金几近枯竭。由于巨人集团在全国的各销售分公司管理不善,侵吞财物现象屡屡发生。人心也开始涣散,6 000多名员工只有5%有珠海户口。

大家想一想:为什么巨人集团失败了,背后的本质原因是什么?

第一节 内部控制的目标、原则与要素

一、内部控制目标

内部控制是由企业董事会、监事会、经理层和全体员工共同实施的、旨在实现控制目标的过程。内部控制的目标是合理保证企业经营管理合法合规、资产安全、财务报告及相关信息真实完整,提高经营效率和效果,促进企业实现发展战略。

1. 促进遵循国家法律法规

守法和诚信是企业健康发展的基石。逾越法律的短期发展终将付出沉重代价。内部控制要求企业必须将发展置于国家法律法规允许的基本框架之下,在守法的基础上实现自身的发展。

2. 促进维护资产安全

资产安全是投资者、债权人和其他利益相关者普遍关注的重大问题,是企业可持续发展的物质基础。良好的内部控制,应当为资产安全提供扎实的制度保障。

3. 促进提高信息报告质量

可靠及时的信息报告能够为企业提供准确而完整的信息、支持企业经营管理决策和对营运活动及业绩的监控;同时,保证对外披露的信息报告的真实、完整,有利于提升企业的诚信度和公信力,维护企业良好的声誉和形象。

4. 促进提高经营效率和效果

它要求企业结合自身所处的特定的内外部环境,通过建立健全有效的内部控制,不断提高经营活动的盈利能力和管理效率。

5. 促进实现发展战略

这是内部控制的终极目标。它要求企业将近期利益与长远利益结合起来,在企业经营管理中努力作出符合战略要求,有利于提升可持续发展能力和创造长久价值的策略选择。

二、内部控制原则

内部控制原则是企业建立与实施内部控制应当遵循的基本指针。

1. 全面性原则

内部控制应当贯穿决策、执行和监督的全过程,覆盖企业及其所属单位的各种业务和事项,实现全过程、全员性控制,不存在内部控制空白点。

2. 重要性原则

内部控制应当在兼顾全面的基础上,关注重要业务事项和高风险领域,并采取更为严格的控制措施,确保不存在重大缺陷。重要性原则的应用需要一定的职业判断,企业应当根据所处行业环境和经营特点,从业务事项的性质和涉及金额两方面来考虑是否及如何实

行重点控制。

3. 制衡性原则

内部控制应当在治理结构、机构设置及权责分配、业务流程等方面形成相互制约、相互监督,同时兼顾运营效率。制衡性原则要求企业完成某项工作必须经过互不隶属的两个或两个以上的岗位和环节;同时,还要求履行内部控制监督职责的机构或人员具有良好的独立性。

4. 适应性原则

内部控制应当与企业经营规模、业务范围、竞争状况和风险水平等相适应,并随着情况的变化加以调整。适应性原则要求企业建立与实施内部控制应当具有前瞻性,适时地对内部控制系统进行评估,发现可能存在的问题,并及时采取措施予以补救。

5. 成本效益原则

内部控制应当权衡实施成本与预期效益,以适当的成本实现有效控制。成本效益原则要求企业内部控制建设必须统筹考虑投入成本和产出效益之比。对成本效益原则的判断需要从企业整体利益出发,尽管某些控制会影响工作效率,但可能会避免整个企业面临更大损失,此时仍应实施相应控制。

三、内部控制要素

(一)内部环境

内部环境规定企业的纪律与架构,影响经营管理目标的制定,塑造企业文化氛围并影响员工的控制意识,是企业建立与实施内部控制的基础。内部环境主要包括以下内容:

1. 治理结构

企业应当根据国家有关法律法规和企业章程,建立规范的公司治理结构和议事规则,明确董事会、监事会和经理层在决策、执行、监督等方面的职责权限,形成科学有效的职责分工和制衡机制。

2. 机构设置及权责分配

企业应当结合业务特点和内部控制要求设置内部机构,明确职责权限,将权利与责任落实到各责任单位。企业内部机构设置虽然没有统一模式,但所采用的组织结构应当有利于提升管理效能,并保证信息通畅流动。

3. 内部审计机制

企业应当加强内部审计工作,保证内部审计机构设置、人员配备和工作的独立性。

4. 人力资源政策

人力资源政策应当有利于企业可持续发展,一般包括员工的聘用、培训、辞退与辞职;员工的薪酬、考核、晋升与奖惩;关键岗位员工的强制休假制度和定期岗位轮换制度;对掌握国家秘密或重要商业秘密的员工离岗的限制性规定等内容。企业应当将职业道德修养和专业胜任能力作为选拔和聘用员工的重要标准,切实加强员工培训和继续教育,不断提升员工素质。

5. 企业文化

企业应当加强文化建设,培育积极向上的价值观和社会责任感,倡导诚实守信、爱岗敬业、开拓创新和团队协作精神,树立现代管理理念,强化风险意识和法制观念。董事、监事、经理及其他高级管理人员在塑造良好的企业文化中发挥关键作用。

(二)风险评估

风险评估是企业及时识别、科学分析经营活动中与实现控制目标相关的风险,合理确定风险应对策略,实施内部控制的重要环节。风险评估主要包括目标设定、风险识别、风险分析和风险应对。

1. 目标设定

风险是指一个潜在事项的发生对目标实现产生影响的可能性。风险与可能被影响的控制目标相关联。企业必须制定与生产、销售、财务等业务相关的目标,设立可辨认、分析和管理相关风险的机制,以了解企业所面临的来自内部和外部的各种不同风险。

2. 风险识别

企业不仅要识别内部风险,还要识别与控制目标相关的各类外部风险。企业识别内部风险,一般关注:董事、监事、经理及其他高级管理人员的职业操守、员工专业胜任能力等人力资源因素;组织机构、经营方式、资产管理、业务流程等管理因素;研究开发、技术投入、信息技术运用等自主创新因素;财务状况、经营成果、现金流量等财务因素;营运安全、员工健康、环境保护等安全环保因素等。企业识别外部风险,一般关注:经济形势、产业政策、融资环境、市场竞争、资源供给等经济因素;法律法规、监管要求等法律因素;安全稳定、文化传统、社会信用、教育水平、消费者行为等社会因素;技术进步、工艺改进等科学技术因素;自然灾害、环境状况等自然环境因素等。

3. 风险分析

在充分识别各种潜在风险因素后,要对固有风险,即不采取任何防范措施可能造成的损失程度进行分析,同时,重点分析剩余风险,即采取了相应应对措施之后仍可能造成的损失程度。企业应当采用定性分析与定量分析相结合的方法,按照风险发生的可能性及其影响程度等,对识别的风险进行分析和排序,确定关注重点和优先控制的风险。

4. 风险应对

企业在分析了相关风险发生的可能性和影响程度后,结合风险承受度,权衡风险与收益,确定风险应对策略。常用的风险应对策略有:风险规避,即改变或回避相关业务,不承担相应风险;风险承受,即比较风险与收益后,愿意无条件承担全部风险;风险降低,即采取措施降低发生不利后果的可能性;风险分担,即通过购买保险、外包业务等方式来分担一部分风险。风险应对策略的选择与企业风险偏好密切相关,为此企业应当合理分析、掌握董事、经理及其他高级管理人员、关键岗位员工的风险偏好,采取适当的控制措施,避免因个人风险偏好给企业经营带来重大损失。风险应对策略往往需结合运用。

(三)控制活动

控制活动是指企业根据风险应对策略,采用相应的控制措施,将风险控制在可承受度之内,是实施内部控制的具体方式。企业应当根据内部控制目标,结合风险应对策略,综合运用控制措施,对各种业务和事项实施有效控制。

1. 不相容职务分离控制

所谓不相容职务,是指那些如果由一个人担任既可能发生错误和舞弊行为,又可能掩盖其错误和舞弊行为的职务。不相容职务一般包括:授权批准与业务经办、业务经办与会计记录、会计记录与财产保管、业务经办与稽核检查等。对于不相容的职务如果不实行相互分离的措施，就容易发生舞弊等行为。不相容职务分离的核心是“内部牵制”，因此，企业在设计内部控制系统时，首先应确定哪些岗位和职务是不相容的；其次要明确规定各个机构和岗位的职责权限，使不相容岗位和职务之间能够相互监督、相互制约，形成有效的制衡机制。

2. 授权审批控制

授权审批是指企业在办理各项经济业务时，必须经过规定程序的授权批准。授权审批形式通常有常规授权和特别授权之分。常规授权是指企业在日常经营管理活动中按照既定的职责和程序进行的授权，用以规范经济业务的权力、条件和有关责任者，其时效性一般较长。特别授权是企业在特殊情况、特定条件下对办理例外的、非常规性交易事项的权力、条件和责任的应急性授权。企业必须建立授权审批体系，编制常规授权的权限指引，规范特别授权的范围、权限、程序和责任，严格控制特别授权。对于重大的业务和事项，企业应当实行集体决策审批或者联签制度，任何个人不得单独进行决策或擅自改变集体决策。

3. 会计系统控制

会计作为一个信息系统，对内能够提供经营管理的诸多信息，对外可以向投资者、债权人等提供用于投资等决策的信息。会计系统控制主要是通过对会计主体所发生的各项能用货币计量的经济业务进行记录、归集、分类、编报等而进行的控制。

4. 财产保护控制

保障财产安全特别是资产安全，是内部控制的重要目标之一。财产保护控制的措施主要包括：

(1)财产记录和实物保管。关键是要妥善保管涉及资产的各种文件资料，避免记录受损、被盗、被毁。对重要的文件资料，应当留有备份，以便在遭受意外损失或毁坏时重新恢复，这在计算机处理条件下尤为重要。

(2)定期盘点和账实核对。它是指定期对实物资产进行盘点，并将盘点结果与会计记录进行比较。盘点结果与会计记录如不一致，可能说明资产管理上出现错误、浪费、损失或其他不正常现象，应当分析原因、查明责任、完善管理制度。

(3)限制接近。它是指严格限制未经授权的人员对资产的直接接触，只有经过授权批准的人员才能接触该资产。限制接近包括限制对资产本身的接触和通过文件批准方式对资产使用或分配的间接接触。一般情况下，对货币资金、有价证券、贵重物品、存货等变现能力强的资产必须限制无关人员的直接接触。

5. 预算控制

预算是企业未来一定时期内经营、资本、财务等各方面的收入、支出、现金流的总体计划。预算控制的内容涵盖了企业经营活动的全过程，企业通过预算的编制和检查预算的执行情况，可以比较、分析内部各单位未完成预算的原因，并对未完成预算的不良后果采取改进措施。

6. 运营分析控制

运营分析控制要求企业建立运营情况分析制度，综合运用生产、购销、投资、筹资、财务等方面的信息，通过因素分析、对比分析、趋势分析等方面，定期开展运营情况分析，发现存在的问题，及时查明原因并加以改进。

7. 绩效考评控制

绩效考评是对所属单位及个人占有、使用、管理与配置企业经济资源的效果进行的评价。企业董事会及经理层可以根据绩效考评的结果进行有效决策,引导和规范员工行为,促进实现发展战略和提高经营效率效果。

除上述常见控制措施外,企业还需建立重大风险预警机制和突发事件应急处理机制,明确风险预警标准,对可能发生的重大风险或突发事件,制定应急预案,明确责任人员、规范处理程序,确保突发事件得到及时妥善处理。

(四)信息与沟通

信息与沟通是企业及时、准确地收集、传递与内部控制相关的信息,确保信息在企业内部、企业与外部之间进行有效沟通,是实施内部控制的重要条件。信息与沟通的要件主要包括:

1. 信息质量

信息是企业各类业务事项属性的标识,是确保企业经营管理活动顺利开展的基础。企业日常生产经营需要收集各种内部信息和外部信息,并对这些信息进行合理筛选、核对、整合,提高信息的有用性。企业可以通过财务会计资料、经营管理资料、调研报告、专项信息、内部刊物、办公网络等渠道,获取内部信息;还可以通过行业协会组织、社会中介机构、业务往来单位、市场调查、来信来访、网络媒体以及有关监管部门等渠道,获取外部信息。

2. 沟通制度

信息的价值必须通过传递和使用才能体现。企业应当建立信息沟通制度,将内部控制相关信息在企业内部各管理级次、责任单位、业务环节之间,以及企业与外部投资者、债权人、客户、供应商、中介机构和监管部门等有关方面之间进行沟通和反馈。重要信息须及时传递给董事会、监事会和经理层。

3. 信息系统

为提高控制效率,企业可以运用信息技术加强内部控制,建立与经营管理相适应的信息系统,促进内部控制流程与信息系统的有机结合,实现对业务和事项的自动控制,减少或消除人为操纵因素。

4. 反舞弊机制

舞弊是指企业董事、监事、经理、其他高级管理人员、员工或第三方使用欺骗手段获取不当或非法利益的故意行为,它是需要企业重点加以控制的领域之一。企业应当建立反舞弊机制,坚持惩防并举、重在预防的原则,明确反舞弊工作的重点领域、关键环节和有关机构在反舞弊工作中的职责权限,规范舞弊案件的举报、调查、处理、报告和补救程序。

(五)内部监督

内部监督是企业对内部控制建立与实施情况进行监督检查,评价内部控制的有效性,对于发现的内部控制缺陷,及时加以改进,是实施内部控制的重要保证。内部监督包括日常监督和专项监督。

1. 日常监督

日常监督是指企业对建立与实施内部控制的情况进行常规、持续的监督检查。

2. 专项监督

专项监督是指在企业发展战略、组织结构、经营活动、业务流程、关键岗位员工等发生较大调整或变化的情况下,对内部控制的某一或某些方面进行有针对性的监督检查。专项监督的范围和频率根据风险评估结果以及日常监督的有效性等予以确定。专项监督应当与日常监督有机结合,日常监督是专项监督的基础,专项监督是日常监督的补充,如果发现某专项监督需要经常性地进行,企业有必要将其纳入日常监督之中。

四、内部控制的组织实施

1. 内部控制的组织形式

内部控制建设是一项系统工程,需要企业董事会、监事会、经理层及内部各职能部门共同参与并承担相应的职责。

(1)董事会

董事会对内部控制的建立健全和有效实施负责,定期召开董事会议,商讨内部控制建设中的重大问题并作出决策。内部控制建立与实施对企业组织架构最直接的影响就是加大了董事会及其全体董事的责任,具体包括:科学选择经理层并对其实施有效监督;清晰了解企业内部控制的范围;就企业的最大风险承受度形成一致意见;及时知悉企业最重大的风险以及经理层是否恰当地予以应对。

(2)审计委员会

审计委员会是董事会下设的专业委员会。内部控制建立与实施对审计委员会的人员构成、议事规则、报告机制等均有重要影响,要求审计委员会负责人及其成员必须具备相应的独立性、良好的职业操守和专业胜任能力。审计委员会在内部控制中的职责一般包括:审查企业内部控制的设计;监督内部控制有效实施;领导开展内部控制自我评价;与中介机构就内部控制审计和其他相关事宜进行沟通协调等。

(3)监事会

监事会对董事会建立与实施内部控制进行监督。监事会监督不同于审计委员会对经理层的监督,是一种层次更高、独立性更高的再监督。监事会主席及其成员应当定期参加董事会及其审计委员会召开的涉及内部控制的会议,如对董事会及其审计委员会有关内部控制的决策持有异议,或认为董事会和经理层成员存在舞弊行为,还可提议召开独立的监事会议。

(4)经理层

经理层负责组织领导企业内部控制的日常运行。经理作为企业经营管理活动的最高执行者,在内部控制建设过程中尤其承担着重要责任,包括:贯彻董事会及其审计委员会对内部控制的决策意见;为其他高级管理人员提供内部控制方面的领导和指引;定期与采购、生产、营销、财务、人事等主要职能部门和业务单元的负责人进行会谈,对他们控制风险的措施及效果进行督导和核查等。

(5)内部控制部门

企业建立与实施内部控制,可以根据需要成立专门的内部控制工作团队,以项目组的形式运作;也可以成立内部控制专职机构(或岗位),专门负责内部控制在企业内部各部门间的组织协调和日常性事务工作。内部控制专职机构的职责一般包括:制定内部控制手册并组织落实;确定各职能部门或业务单元对于内部控制的权利和义务;指导内部控制与其他经营计划和管理活动的整合;向董事会及其审计委员会或经理层报告内部控制建设进展情况和存在的问题等。

(6)内部审计部门

内部审计部门在评价内部控制的有效性,以及提出改进建议等方面起着关键作用。企业应当授予内部审计部门适当的权力以确保其独立地履行审计职责;对内部审计部门负责人的任免应当慎重;内部审计部门负责人与董事会或审计委员会应保持畅通沟通;应当赋予内部审计部门追查异常情况的权力和提出处理处罚建议的权力。

(7)财会部门

财会部门在保证与财务报告相关的内部控制有效性方面,发挥着十分重要的作用。企业开展内部控制工作,要求财会部门不能将眼光仅仅局限于财务活动,而应贯穿企业经营管理的全过程,在制定发展战略、分析评估风险和作出决策等环节扮演好关键的助手和参谋角色。为此,企业经理层应当赋予财会部门负责人参与相应决策的权力,并支持和指导其关注经营管理的更广范畴。

(8)其他职能部门

企业内部各职能部门(或业务单位)及其全体员工都应当在建立与实施内部控制过程中承担相应职责并发挥积极作用。如法律部门应当建立法律顾问制度和重大法律纠纷案件备案制度,做好法律宣传和解释工作,确保企业合法经营;人事部门应当建立举报人保护制度,确保投诉举报机制有效运行,并成为企业反舞弊的重要手段,等等。企业可以根据需要在各职能部门(或业务单位)内部设立内部控制岗位,专门负责与本部门相关的内部控制工作,并定期与内部控制职能部门进行沟通。企业经理层应当重视全体员工在内部控制中的作用,为员工反映诉求提供信息通道。

2. 内部控制的设计程序

(1)对企业的组织体系、机构设置、营业范围、经营方式、主要业务、营运情况、管理水平、员工情况、财务状况、经营成果以及所处的外部环境等进行全面总结和分析。

(2)按照一定的方法,合理归集、构建适应企业经营管理状况和内部控制要求的相关子系统,包括组织架构、发展战略、人力资源、企业文化、社会责任等内部环境系统;资金活动、采购业务、资产管理、销售业务、研究开发、工程项目、担保业务、业务外包、财务报告、全面预算、合同管理、内部信息传递、信息系统等业务活动系统。

(3)对各相关子系统进行认真研究和梳理,确定各子系统运行过程中的主要风险、关键环节和关键控制点,并针对每一个关键环节和关键控制点制定有效的控制措施。

(4)用文字、流程图、风险控制文档等多种形式将各相关子系统及其业务和事项的风险类型、控制目标、关键控制点、控制措施、控制频率加以规定和说明,形成与经营管理制度有机结合的内部控制。

运用计算机信息技术手段实施内部控制的企业,在建立健全本企业内部控制时,应当充分考虑手工控制与计算机信息技术控制的特点和差异,但不得因实行计算机信息技术控制而免除或减少必要的控制程序。

第二节 企业层面控制

企业层面控制,是指对企业控制目标的实现具有重大影响,与内部环境、风险评估、信息与沟通、内部监督直接相关的控制。在此,侧重介绍与内部环境直接相关的有关控制。

一、组织架构控制

组织架构，是指企业按照国家有关法律法规、股东（大）会决议和企业章程，结合本企业实际，明确股东（大）会、董事会、监事会、经理层和企业内部各层级机构设置、职责权限、人员编制、工作程序和相关要求的制度安排。

1. 组织架构设计与运行中的主要风险

（1）治理结构形同虚设，缺乏科学决策、良性运行机制和执行力，可能导致企业经营失败，难以实现发展战略；

（2）内部机构设计不科学，权责分配不合理，可能导致机构重叠、职能交叉或缺失、推诿扯皮，运行效率低下。

2. 组织架构设计环节的关键控制点及控制措施

（1）董事会、监事会和经理层的职责权限、任职条件、议事规则和工作程序等应当根据国家有关法律法规的规定予以明确，企业的决策权、执行权和监督权应当相互分离，形成制衡。

（2）企业的重大决策、重大事项、重要人事任免及大额资金支付业务等，应当按照规定的权限和程序实行集体决策审批或者联签制度。任何个人不得单独进行决策或者擅自改变集体决策意见。

（3）企业应当按照科学、精简、高效、透明、制衡的原则，综合考虑企业性质、发展战略、文化理念和管理要求等因素，合理设置内部职能机构，明确各机构的职责权限，避免职能交叉、缺失或权责过于集中，形成各司其职、各负其责、相互制约、相互协调的工作机制。

（4）企业应当按照不相容职务相互分离的要求，对各机构的职能进行科学合理的分解，确定具体岗位的名称、职责和工作要求等，明确各个岗位的权限和相互关系。

（5）企业应当制定组织结构图、业务流程图、岗（职）位说明书和权限指引等内部管理制度或相关文件，使员工了解和掌握组织架构设计及权责分配情况，正确履行职责。

3. 组织架构运行环节的关键控制点及控制措施

（1）企业应当根据组织架构的设计规范，对现有治理结构和内部机构设置进行全面梳理，确保本企业治理结构、内部机构设置和运行机制等符合现代企业制度要求。

（2）企业拥有子公司的，应当建立科学的投资管控制度，通过合法有效的形式履行出资人职责、维护出资人权益，重点关注子公司特别是异地、境外子公司的发展战略、年度财务预决算、重大投融资、重大担保、大额资金使用、主要资产处置、重要人事任免、内部控制体系建设等重要事项。

（3）企业应当定期对组织架构设计与运行的效率和效果进行全面评估，发现组织架构设计与运行中存在缺陷的，及时优化调整。组织架构调整应当充分听取董事、监事、高级管理人员和其他员工的意见，按照规定的权限和程序进行决策审批。

二、发展战略控制

发展战略，是指企业在对现实状况和未来趋势进行综合分析和科学预测的基础上，制定并实施的长远发展目标与战略规划。

1. 发展战略制定与实施中的主要风险

（1）缺乏明确的发展战略或发展战略实施不到位，可能导致企业盲目发展，难以形成竞争优势，丧失发展机遇和动力；

(2)发展战略过于激进，脱离企业实际能力或偏离主业，可能导致企业过度扩张，甚至经营失败；

(3)发展战略因主观原因频繁变动，可能导致资源浪费，甚至危及企业的生存和持续发展。

2. 发展战略制定环节的关键控制点及控制措施

(1)企业应当在充分调查研究、科学分析预测和广泛征求意见的基础上，综合考虑宏观经济政策、国内外市场需求变化、技术发展趋势、行业及竞争对手状况、可利用资源水平和自身优势与劣势等影响因素，制定发展目标。

(2)企业应当根据发展目标制定战略规划，明确企业发展的阶段性和发展程度，确定每个发展阶段的具体目标、工作任务和实施路径。

(3)企业可以在董事会下设立战略委员会，或指定相关机构负责发展战略规划管理工作，履行相应职责。企业发展战略委员会对发展目标和战略规划进行可行性研究和科学论证，形成发展战略建议方案。

(4)董事会应当严格审议战略委员会提交的发展战略方案，重点关注其全局性、长期性和可行性。董事会在审议方案中如果发现重大问题，应当责成战略委员会对方案作出调整。企业的发展战略方案经董事会审议通过后，报经股东(大)会批准实施。

3. 发展战略实施环节的关键控制点及控制措施

(1)企业应当根据战略规划，制订年度工作计划，编制全面预算，将年度目标分解、落实；同时完善发展战略管理制度，确保发展战略有效实施。

(2)企业应当采取组织结构调整、人员调配、财务安排、薪酬分配、信息沟通、管理和技术变革等配套保障措施，确保发展战略的有效实施。

(3)企业应当重视发展战略的宣传工作，通过内部各层级会议和教育培训等有效方式，将发展战略及其分解落实情况传递到内部各管理层级和全体员工。

(4)企业应当加强对发展战略实施情况的监控和评估，定期收集和分析相关信息，对于明显偏离发展战略的情况，应当及时进行内部报告；由于经济形势、产业政策、技术进步、行业状况以及不可抗力等因素发生重大变化，确需对发展战略作出调整的，应当按照规定程序调整发展战略。

三、人力资源控制

人力资源，是指企业组织生产经营活动而录(任)用的各种人员，包括董事、监事、高级管理人员和全体员工。企业应当根据发展战略，结合人力资源现状和未来需求预测，制定人力资源总体规划和能力框架体系，优化人力资源整体布局，明确人力资源的引进、开发、使用、培养、考核、激励、退出等管理要求，实现人力资源的合理配置，全面提升企业核心竞争力。

1. 人力资源管理中的主要风险

(1)人力资源缺乏或过剩、结构不合理、开发机制不健全，可能导致企业发展战略难以实现；

(2)人力资源激励约束制度不合理、关键岗位人员管理不完善，可能导致人才流失、经营效率低下或关键技术、商业秘密和国家机密泄露；

(3)人力资源退出机制不当,可能导致法律诉讼或企业声誉受损。

2. 人力资源引进与开发环节的关键控制点及控制措施

(1)企业应当根据人力资源总体规划,结合生产经营实际需要,制订年度人力资源需求计划,完善人力资源引进制度,规范工作流程,按照计划、制度和程序组织人力资源引进工作。

(2)企业应当根据人力资源能力框架要求,明确各岗位的职责权限、任职条件和工作要求,遵循德才兼备、以德为先和公开、公平、公正的原则,通过公开招聘、竞争上岗等多种方式选聘优秀人才,重点关注选聘对象的价值取向和责任意识。

(3)企业应当依法与选聘人员签订劳动合同,建立劳动用工关系。对于在产品技术、市场、管理等方面掌握或涉及关键技术、知识产权、商业秘密或国家机密的工作岗位,应当与该岗位员工签订有关岗位保密协议,明确保密义务。

(4)企业应当建立选聘人员试用期和岗前培训制度,对试用人员进行严格考察,试用期满考核合格后,方可正式上岗;试用期满考核不合格者,应当及时解除劳动关系。

(5)企业应当重视人力资源开发工作,建立员工培训长效机制,营造尊重知识、尊重人才和关心员工职业发展的文化氛围,加强后备人才队伍建设,促进全体员工的知识、技能持续更新,不断提升员工的服务效能。

3. 人力资源使用与退出环节的关键控制点及控制措施

(1)企业应当建立和完善人力资源的激励约束机制,设置科学的业绩考核指标体系,对各级管理人员和全体员工进行严格考核与评价,以此作为确定员工薪酬、职级调整和解除劳动合同等的重要依据。

(2)企业应当制定与业绩考核挂钩的薪酬制度,切实做到薪酬安排与员工贡献相协调,体现效率优先,兼顾公平。

(3)企业应当制定各级管理人员和关键岗位员工定期轮岗制度,明确轮岗范围、轮岗周期、轮岗方式等,形成相关岗位员工的有序持续流动,全面提升员工素质。

(4)企业应当按照有关法律法规规定,结合企业实际,建立健全员工退出(辞职、解除劳动合同、退休等)机制,明确退出的条件和程序,确保员工退出机制得到有效实施。对考核不能胜任岗位要求的员工,应当及时暂停其工作,安排再培训,或调整工作岗位,安排转岗培训;仍不能满足岗位职责要求的,应当按照规定的权限和程序解除劳动合同。

(5)企业应当与退出员工依法约定保守关键技术、商业秘密、国家机密和竞业限制的期限,确保知识产权、商业秘密和国家机密的安全。企业关键岗位人员离职前,应当根据有关法律法规的规定进行工作交接或离任审计。

(6)企业应当定期对年度人力资源计划执行情况进行评估,总结人力资源管理经验,分析存在的主要缺陷和不足,完善人力资源政策,促进企业整体团队充满生机和活力。

四、企业文化控制

企业文化,是指企业在生产经营实践中逐步形成的、为整体团队所认同并遵守的价值观、经营理念和企业精神,以及在此基础上形成的行为规范的总称。

1. 企业文化建设中的主要风险

(1)缺乏积极向上的企业文化,可能导致员工丧失对企业的信心和认同感,企业缺乏凝聚力和竞争力。

(2)缺乏开拓创新、团队协作和风险意识,可能导致企业发展目标难以实现,影响可持续发展。

(3)缺乏诚实守信的经营理念,可能导致舞弊事件的发生,造成企业损失,影响企业信誉。

(4)忽视企业间的文化差异和理念冲突,可能导致并购重组失败。

2. 企业文化培育环节的关键控制点及控制措施

(1)企业应当积极培育具有自身特色的企业文化,引导和规范员工行为,打造以主业为核心的企业品牌,形成整体团队的向心力,促进企业长远发展。

(2)企业应当培育体现企业特色的发展愿景、积极向上的价值观、诚实守信的经营理念、履行社会责任和开拓创新的企业精神,以及开拓创新、团队协作和风险防范意识。

(3)企业应当总结优良传统,挖掘文化底蕴,提炼核心价值,确定文化建设的目标和内容,形成企业文化规范,使其构成员工行为守则的重要组成部分。

(4)董事、监事、经理和其他高级管理人员应当在企业文化建设中发挥主导和垂范作用,以自身的优秀品格和脚踏实地的工作作风,带动影响整个团队,共同营造积极向上的企业文化氛围。企业应当促进文化建设在内部各层级的有效沟通,加强企业文化的宣传贯彻,确保全体员工共同遵守。

(5)企业文化建设应当融入生产经营全过程,切实做到文化建设与发展战略的有机结合,增强员工的责任感和使命感,规范员工行为方式,使员工自身价值在企业发展中得到充分体现。

(6)企业应当重视并购重组过程中的文化建设,平等对待被并购方的员工,促进并购双方的文化融合。

3. 企业文化评估环节的关键控制点及控制措施

(1)企业应当建立企业文化评估制度,明确评估的内容、程序和方法,落实评估责任制,避免企业文化建设流于形式。

(2)企业文化评估应当重点关注董事、监事、经理和其他高级管理人员在企业文化建设中的责任履行情况,全体员工对企业核心价值的认同感,企业经营管理行为与企业文化的一致性,企业品牌的社会影响力,参与企业并购重组各方文化的融合度,以及员工对企业未来发展的信心。

(3)企业应当重视文化评估结果,巩固和发扬文化建设成果,针对评估过程中发现的问题,研究影响企业文化建设的不利因素,分析深层次的原因,及时采取措施加以改进。

第三节　业务层面控制

业务层面控制,是指综合运用各种控制手段和方法,针对具体业务和事项实施的控制。由于企业性质、规模、经营范围和业务特点千差万别。在此,侧重介绍多数企业普遍存在的业务控制。

一、资金活动控制

资金活动,是指资金流入与流出企业,以及资金在企业内部流转的总称,包括筹资、投资和资金营运等活动。企业应当科学确定投融资战略目标和规划,建立和完善严格的资金授权、批准、审验等相关管理制度,加强资金活动的集中归口管理,明确筹资、投资、营运等各环节的职责权限和岗位分离要求,定期或不定期检查和评价资金活动情况,落实责任追究制度,确保资金安全和有效运行。

1.资金活动中的主要风险

(1)筹资决策不当,引发资本结构不合理或无效融资,可能导致企业筹资成本过高或债务危机;

(2)投资决策失误,引发盲目扩张或丧失发展机遇,可能导致资金链断裂或资金使用效益低下;

(3)资金调度不合理、营运不畅,可能导致企业陷入财务困境或资金冗余;

(4)资金活动管控不严,可能导致资金被挪用、侵占、抽逃或遭受欺诈。

2.筹资活动中的关键控制点及控制措施

(1)企业应当根据筹资战略目标和规划,结合年度全面预算,拟订筹资方案,明确筹资用途、规模、结构和方式等相关内容,对筹资成本和潜在风险作出充分估计。境外筹资还应考虑所在地的政治、经济、法律、市场等因素。

(2)企业应当对筹资方案进行科学论证,不得依据未经论证的方案开展筹资活动。重大筹资方案应当形成可行性研究报告,全面反映风险评估情况。

(3)企业应当对筹资方案进行严格审批,重点关注筹资用途的可行性和相应的偿债能力。重大筹资方案,应当按照规定的权限和程序实行集体决策或者联签制度。筹资方案需经有关部门批准的,应当履行相应的报批程序。筹资方案发生重大变更的,应当重新进行可行性研究并履行相应审批程序。

(4)企业应当根据批准的筹资方案,严格按照规定权限和程序筹集资金。银行借款或发行债券,应当重点关注利率风险、筹资成本、偿还能力以及流动性风险等;发行股票应当重点关注发行风险、市场风险、政策风险以及公司控制权风险等。

(5)企业应当严格按照筹资方案确定的用途使用资金。由于市场环境变化等确需改变资金用途的,应当履行相应的审批程序。严禁擅自改变资金用途。

(6)企业应当严格执行筹资合同约定的条款,加强债务偿还和股利支付环节的管理,对偿还本息和支付股利等作出适当安排。股利分配方案应当经过股东(大)会批准。

3.投资活动中的关键控制点及控制措施

(1)企业应当根据投资目标和规划,合理安排资金投放结构,科学确定投资项目,拟定投资方案,明确投资目标、规模、方式、资金来源,重点关注投资项目的风险和收益。企业选择投资项目应当突出主业,谨慎从事股票投资或衍生金融产品等高风险投资。

(2)企业应当加强对投资方案的可行性研究,重点对投资目标、规模、方式、资金来源、风险与收益等作出客观评价。

(3)企业应当按照规定的权限和程序对投资项目进行决策审批。重大投资项目,应当按照规定的权限和程序实行集体决策或者联签制度。投资方案发生重大变更的,应当重新进行可行性研究并履行相应审批程序。

(4)企业应当根据批准的投资方案,与被投资方签订投资合同或协议,明确出资时间、金额、方式、双方权利义务和违约责任等内容,按规定的权限和程序审批后履行。

(5)企业应当指定专门机构或人员对投资项目进行跟踪管理,关注被投资方的财务状况、经营成果、现金流量以及投资合同履行情况,发现异常情况,应当及时报告并妥善处理。

(6)企业应当加强投资收回和处置环节的控制,对投资收回、转让、核销等决策和审批程序作出明确规定。

4. 资金营运环节的关键控制点及控制措施

(1)企业应当加强资金营运的过程管理,统筹协调内部各机构的资金需求,切实做好资金在采购、生产、销售等各环节的综合平衡,全面提升资金营运效率。

(2)企业应当严格按照预算要求组织协调资金调度,确保资金及时收付,实现资金的合理占用和营运的良性循环。严禁资金体外循环。

(3)企业应当定期组织召开资金调度会或资金安全检查,对资金预算执行情况进行综合分析,发现异常情况,及时采取措施妥善处理,避免资金冗余或资金链断裂。

(4)企业应当加强对营运资金的会计系统控制,严格规范资金的收支条件、程序和审批权限。

(5)企业办理资金业务,应当遵守现金和银行存款管理的有关规定,不得由一人办理货币资金全过程业务,严禁将办理资金业务的相关印章和票据集中一人保管。

二、采购业务控制

采购,是指购买物资(或接受劳务)及支付款项等相关活动。企业应当结合实际情况,全面梳理采购业务流程,建立和完善采购业务相关的管理制度,统筹安排采购计划,明确请购、审批、购买、验收、付款、采购后评估等环节的职责和审批权限,按照规定的审批权限和程序办理采购业务,定期检查和评价采购过程中的薄弱环节,采取有效控制措施,确保物资采购满足企业生产经营需要。

1. 采购活动中的主要风险

(1)采购计划安排不合理,市场变化趋势预测不准确,造成库存短缺或积压,可能导致企业生产停滞或资源浪费。

(2)供应商选择不当,采购方式不合理,招投标或定价机制不科学,授权审批不规范,可能导致采购物资质次价高,出现舞弊或遭受欺诈。

(3)采购验收不规范,付款审核不严,可能导致采购物资、资金损失或信用受损。

2. 购买环节的关键控制点及控制措施

(1)企业应当建立采购申请制度,明确相关部门或人员的职责权限及相应的请购和审批程序。

(2)企业应当严格按照预算执行进度办理请购手续。对于超预算和预算外采购项目,应先履行预算调整程序,由具备相应审批权限的部门或人员审批后,再行办理请购手续。

(3)企业应当建立科学的供应商评估和准入制度,确定合格供应商清单,与选定的供应商签订质量保证协议,建立供应商管理信息系统,对供应商提供物资或劳务的质量、价格、交货及时性、供货条件及其资信、经营状况等进行实时管理和综合评价,根据评价结果对供应商进行合理选择和调整。

(4)企业应当根据市场情况和采购计划,采取招标采购、询价或定向采购、直接购买等方式合理选择采购方式。

(5)企业应当建立采购定价机制,采取协议采购、招标采购、谈判采购、询比价采购等多种方式合理确定采购价格。

(6)企业应当根据确定的供应商、采购方式、采购价格等情况拟订采购合同,明确双方权利、义务和违约责任,并按照规定权限签订采购合同。

(7)企业应当建立严格的采购验收制度,确定检验方式,由专门的验收机构或验收人员对购买物资(劳务)进行验收,出具验收证明。验收过程中发现的异常情况,负责验收的机构或人员应当及时报告,查明原因并及时处理。

(8)企业应当加强物资采购供应过程的管理,做好采购业务各环节的记录,确保采购业务的可追溯性。及时跟踪合同履行情况,对有可能影响生产或工程进度的异常情况,应出具书面报告并及时提出解决方案。

3. 付款环节的关键控制点及控制措施

(1)企业应当加强采购付款的管理,完善付款流程,明确付款审核人的责任和权力,严格审核采购预算、合同、相关单据凭证、审批程序等相关内容,审核无误后按照合同规定及时办理付款。企业在付款过程中,应当严格审查采购发票的真实性、合法性和有效性。发现虚假发票的,应查明原因,及时报告处理。企业应当重视采购付款的过程控制和跟踪管理,发现异常情况,应当拒绝付款,避免出现资金损失和信用受损。

(2)企业应当加强预付账款和定金的管理,涉及大额或长期的预付款项,应当定期进行追踪核查,发现有疑问的预付款项,应当及时采取措施。

(3)企业应当加强对采购活动的会计系统控制,详细记录供应商情况、请购申请、采购合同、采购通知、验收证明、入库凭证、商业票据、款项支付等情况,确保会计记录、采购记录与仓储记录核对一致。企业应当指定专人通过函证等方式,定期与供应商核对应付账款、应付票据、预付账款等往来款项。

(4)企业应当建立退货管理制度,对退货条件、退货手续、货物出库、退货货款回收等作出明确规定,并在与供应商的合同中明确退货事宜,及时收回退货货款。涉及符合索赔条件的退货,应在索赔期内及时办理索赔。

三、资产管理控制

资产,是指企业拥有或控制的存货、固定资产和无形资产。企业应当加强各项资产管理,全面梳理资产管理流程,及时发现资产管理中的薄弱环节,切实采取有效措施加以改进,并关注资产减值迹象,合理确认资产减值损失。重视各项资产的投保工作,采用招标等方式确定保险人,降低资产损失风险,防范资产投保舞弊。

1. 资产管理中的主要风险

(1)存货积压或短缺,可能导致流动资金占用过量、存货价值贬损或生产中断。

(2)固定资产更新改造不够、使用效能低下、维护不当、产能过剩,可能导致企业缺乏竞争力、资产价值贬损、安全事故频发或资源浪费。

(3)无形资产缺乏核心技术、权属不清、技术落后、存在重大技术安全隐患,可能导致企业法律纠纷、缺乏可持续发展能力。

2. 存货管理环节的关键控制点及控制措施

(1)企业应当采用先进的存货管理技术和方法,规范存货验收程序和方法,对入库存货的质量、数量、技术规格等方面进行查验,验收无误方可入库。

(2)企业应当建立存货保管制度,定期对存货进行检查,加强存货的日常保管工作,严格限制未经授权的人员接触存货。

(3)企业应当明确存货发出和领用的审批权限,大批存货、贵重商品或危险品的发出应当实行特别授权。仓储部门应当根据经审批的销售(出库)通知单发出货物。

(4)企业应当根据各种存货采购间隔期和当前库存,综合考虑企业生产经营计划、市场供求等因素,充分利用信息系统,合理确定存货采购日期和数量,确保存货处于最佳库存状态。

(5)企业应当详细记录存货入库、出库及库存情况,做到存货记录与实际库存相符,并定期与财会部门、存货管理部门进行核对。

(6)企业应当建立存货盘点清查制度,结合本企业实际情况确定盘点周期、盘点流程等相关内容,核查存货数量,及时发现存货减值迹象。企业至少应当于每年年度终了开展全面盘点清查,盘点清查结果应当形成书面报告。盘点清查中发现的存货盘盈、盘亏、毁损、闲置以及需要报废的存货,应当查明原因、落实并追究责任,按照规定权限批准后处置。

3. 固定资产管理环节的关键控制点及控制措施

(1)企业应当制定固定资产目录,对每项固定资产进行编号,按照单项资产建立固定资产卡片,详细记录各项固定资产的来源、验收、使用地点、责任单位和责任人、运转、维修、改造、折旧、盘点等相关内容。

(2)企业应当严格执行固定资产日常维修和大修理计划,定期对固定资产进行维护保养,切实消除安全隐患。

(3)企业应当强化对生产线等关键设备运转的监控,严格操作流程,实行岗前培训和岗位许可制度,确保安全运转。

(4)企业应当加大技改投入,不断促进固定资产技术升级,淘汰落后设备,切实做到保持本企业固定资产技术的先进性和企业发展的可持续性。

(5)企业应当规范固定资产抵押管理,确定固定资产抵押程序和审批权限等。

(6)企业应当建立固定资产清查制度,至少每年进行全面清查。对固定资产清查中发现的问题,应当查明原因,追究责任,妥善处理。

(7)企业应当加强固定资产处置的控制,关注固定资产处置中的关联交易和处置定价,防范资产流失。

4. 无形资产管理环节的关键控制点及控制措施

(1)企业应当加强对品牌、商标、专利、专有技术、土地使用权等无形资产的管理,分类制定无形资产管理办法,落实无形资产管理责任制,促进无形资产有效利用。

(2)企业应当加强无形资产权益保护,梳理外购、自行开发以及其他方式取得的各类无形资产的权属关系,防范侵权行为和法律风险。企业购入或者以支付土地出让金等方式取得的土地使用权,应当取得土地使用权有效证明文件。

(3)企业应当定期对专利、专有技术等无形资产的先进性进行评估,淘汰落后技术,加大研发投入,促进技术更新换代,不断提升自主创新能力,努力做到核心技术处于同行业领先水平。

(4)企业应当加强品牌建设,加强声誉管理,通过提供高质量产品和优质服务等多种方式,不断打造和培育主业品牌,维护和提升企业品牌的社会认可度。

四、销售业务控制

销售,是指企业出售商品(或提供劳务)及收取款项等相关活动。企业应当全面梳理销售业务流程,建立和完善销售业务相关的管理制度和办法,确定良好的销售政策和策略,明确销售、发货、收款等环节的职责和审批权限,按照规定的审批权限和程序办理销售业务,定期检查分析销售过程中的薄弱环节,采取有效控制措施,确保实现企业销售目标。

1. 销售活动中的主要风险

(1)销售政策和策略不当、市场变化预测不准确、销售渠道管理不当等,可能导致销售不畅、库存积压、经营难以为继。

(2)客户信用调查不到位,结算方式选择不当,账款回收不力等,可能导致销售款项不能收回或遭受欺诈。

(3)销售过程存在舞弊行为,可能导致企业利益受损。

2. 销售环节的关键控制点及控制措施

(1)企业应当加强市场调查,合理确定定价机制和信用方式,根据市场变化及时调整销售策略,灵活运用销售折扣、销售折让、信用销售、代销和广告宣传等多种策略和营销方式,不断提高市场占有率。企业应当健全客户信用档案,关注重要客户资信变动情况,采取有效措施,防范信用风险。对于境外客户和新开发客户,应当建立严格的信用保证制度。

(2)企业在销售合同订立前,应当与客户进行业务洽谈、磋商或谈判,关注客户信用状况、销售定价、结算方式等相关内容。重大的销售业务谈判应当吸收财会、法律等专业人员参加,并形成完整的书面记录。

(3)销售合同应当明确双方的权利和义务,审批人员应当对销售合同草案进行严格审核。重要的销售合同,应当征询法律顾问或专家的意见。

(4)企业销售部门应当按照经批准的销售合同开具相关销售通知。发货和仓储部门应当对销售通知进行审核,严格按照所列项目组织发货,确保货物的安全发运。企业应当加强销售退回管理,分析销售退回原因,及时妥善处理。企业应当严格按照发票管理规定开具销售发票。严禁开具虚假发票。

(5)企业应当做好销售业务各环节的记录,填制相应的凭证,设置销售台账,实行全过程的销售登记制度。

(6)企业应当完善客户服务制度,加强客户服务和跟踪,提升客户满意度和忠诚度,不断改进产品质量和服务水平。

3. 收款环节的关键控制点及控制措施

(1)企业应当完善应收款项管理制度,严格考核,实行奖惩。销售部门负责应收款项的催收,催收记录(包括往来函电)应妥善保存;财会部门负责办理资金结算并监督款项回收。

(2)企业应当加强商业票据管理,明确商业票据的受理范围,严格审查商业票据的真实性和合法性,防止票据欺诈。

(3)企业应当加强对销售、发货、收款业务的会计系统控制,详细记录销售客户、销售合同、销售通知、发运凭证、商业票据、款项收回等情况,确保会计记录、销售记录与仓储记录核对一致,并应当指定专人定期与客户核对应收账款、应收票据、预收账款等往来款项。

(4)企业应当加强应收款项坏账的管理。应收款项全部或部分无法收回的,应当查明原因,明确责任,并严格履行审批程序,按照国家统一的会计准则制度进行处理。

第四节　内部控制评价

一、内部控制评价的含义

企业董事会或类似权力机构应当定期对内部控制的有效性进行全面评价、形成评价结论、出具评价报告。内部控制有效性是指企业建立与实施内部控制对实现控制目标提供合理保证的程度,包括内部控制设计的有效性和内部控制运行的有效性。

(一)设计有效性评价

设计有效性是指为实现控制目标所必需的内部控制要素都存在并且设计恰当。评价内部控制设计的有效性,应充分考虑:

1. 是否为防止、发现并纠正财务报告重大错报而设计了相应的控制;
2. 是否为合理保障资产安全而设计了相应的控制;
3. 相关控制的设计是否能够保证企业遵循适用的法律法规;
4. 相关控制的设计是否有助于企业提高经营效率和效果,实现发展战略。

(二)运行有效性评价

运行有效性是指现有内部控制按照规定程序得到了正确执行。评价内部控制运行的有效性,应充分考虑:

1. 相关控制在评价期内是如何运行的;
2. 相关控制是否得到了持续一致的运行;
3. 实施控制的人员是否具备必要的权限和能力;
4. 相关控制运行的方式,一般包括人工控制和自动控制、预防性控制和发现性控制。

二、内部控制评价的原则

企业对内部控制设计与运行的有效性实施评价,应当遵循下列原则:

1. 全面性原则

内部控制评价应当包括内部控制的设计与运行,涵盖企业及其所属单位的各种业务和事项,对实现控制目标的各个方面进行全面、系统、综合评价。

2. 重要性原则

内部控制评价应当在全面评价的基础上,以风险为导向,根据风险发生的可能性及其对实现控制目标的影响程度,确定需要评价的重要业务单位、重大业务事项和高风险领域。

3. 客观性原则

内部控制评价应当结合企业的行业环境、发展阶段、经营规模、业务特点等经营实际,准确揭示经营管理中的风险状况,以事实为依据,如实反映内部控制设计与运行的有效性,确保评价结果有充足且适当的证据支持。

三、内部控制评价的内容

企业应当从内部环境、风险评估、控制活动、信息与沟通、内部监督等要素入手,结合企业业务特点和管理要求,确定内部控制评价的具体内容,建立内部控制评价的核心指标体系,对内部控制设计与运行情况进行全面评价。

四、内部控制评价的程序

企业开展内部控制评价工作,一般程序为:设置内部控制评价部门、制定评价工作方案、组成评价工作组、实施现场测试、汇总评价结果、编报评价报告等。

(一)设置内部控制评价部门

企业通常授权内部审计部门或者其他专门机构作为内部控制评价部门,负责内部控制评价的具体组织实施工作。内部控制评价部门必须具备一定的设置条件:

1. 能够独立行使对内部控制系统建立与运行过程及结果进行监督的权力;

2. 具备与监督和评价内部控制系统相适应的专业胜任能力和职业道德素养;

3. 与企业其他职能机构就监督与评价内部控制系统保持沟通协调,在工作中相互配合、相互制约,在效率上满足企业对内部控制系统进行监督与评价所提出的有关要求;

4. 能够得到企业董事会和经理层的支持,有足够的权威性来保证内部控制评价工作的顺利开展。

(二)制订评价工作方案

内部控制评价部门应当根据企业实际情况和管理要求,分析企业经营管理过程中的高风险领域和重要业务事项,制订科学合理的评价工作方案,经董事会批准后实施。评价工作方案应当明确评价主体范围、工作任务、人员组织、进度安排和费用预算等相关内容。内部控制建立与实施初期,实施全面综合评价有利于推动内部控制工作的深入有效开展;内部控制系统趋于成熟后,企业可在全面评价的基础上,更多地采用重点评价或专项评价,以提高内部控制评价的效率和效果。

(三)组成评价工作组

评价工作组在内部控制评价部门领导下,具体承担内部控制检查评价任务。内部控制评价部门根据经批准的评价方案,挑选具备独立性、业务胜任能力和职业道德素养的评价人员,组成评价工作组,具体实施内部控制评价工作。评价工作组成员应当吸收企业内部相关机构熟悉情况的业务骨干参加。实施评价工作前,评价人员需要接受相关培训,培训内容一般包括内部控制专业知识及相关规章制度、评价工作流程、检查评价方法、工作底稿填写要求、缺陷认定标准、评价人员的权利义务、纪律要求及评价中需重点关注的问题等。

(四)实施现场测试

评价工作组根据评价工作方案确定的内部控制评价范围,入驻被评价单位,实施现场测试。现场测试的一般步骤为:

1. 了解被评价单位基本情况。评价工作组与被评价单位进行充分沟通,了解其经营业务范围、评价期间内生产经营计划和预算完成情况、组织机构设置及职责分工、领导层成员构成及分工、财务管理及会计核算体制、内部控制工作概况、最近一次内部控制评价(或审计)发现问题的整改情况等。

2. 确定检查评价范围和重点。评价工作组根据掌握的情况确定评价范围、检查重点和抽样数量，并结合评价人员的专业背景进行合理分工。检查重点和分工情况可以根据需要进行适时调整。

3. 开展现场检查测试。评价工作组根据评价人员分工，综合运用各种评价方法对内部控制设计与运行的有效性进行现场检查测试，按要求填写工作底稿、记录相关测试结果，并对发现的内部控制缺陷进行初步认定。评价人员应遵循客观、公正、公平原则，如实反映检查测试中发现的问题，并及时与被评价单位进行沟通。

4. 编制现场评价报告。评价工作组汇总评价人员的工作底稿，形成现场评价报告。评价工作底稿应进行交叉复核签字，并由评价工作组负责人审核后签字确认。

5. 提交现场评价结论。评价工作组将评价结果及现场评价报告向被评价单位进行通报，由被评价单位相关责任人签字确认后，提交企业内部控制评价部门。

（五）汇总评价结果

内部控制评价部门汇总各评价工作组的评价结果，对工作组现场初步认定的内部控制缺陷进行全面复核、分类汇总，对缺陷的成因、表现形式及风险程度进行定量或定性的综合分析，按照对控制目标的影响程度判定缺陷等级。对于认定的内部控制缺陷，内部控制评价部门应当提出整改建议，要求责任单位及时整改，并跟踪其整改落实情况；已经造成损失或负面影响的，企业应当追究相关人员的责任。

（六）编报评价报告

内部控制评价部门以汇总的评价结果和认定的内部控制缺陷为基础，综合内部控制工作整体情况，客观、公正、完整地编制内部控制评价报告，并报送企业经理层、董事会和监事会，由董事会最终审定后对外披露或以其他形式加以合理利用。

五、内部控制评价的方法

企业在开展内部控制检查评价工作过程中，应当根据评价内容和被评价单位具体情况，综合运用各种评价方法，广泛收集被评价单位内部控制设计和运行是否有效的证据。评价方法的选择应当有利于保证证据的充分性和适当性。证据的充分性是指获取的证据能够为形成内部控制评价结论提供合理保证；证据的适当性是指获取的证据与相关控制的设计与运行有关，并能可靠地反映控制的实际状况。

（一）个别访谈法

个别访谈法主要用于了解企业及其所属单位内部控制的基本情况。评价人员在访谈前应根据内部控制评价目标和要求形成访谈提纲，如有必要可先提供被访谈人员进行准备，被访谈人员主要为单位领导、相关机构负责人或一般岗位员工。评价人员在访谈工作结束后应撰写访谈纪要，如实记录访谈的内容。

（二）调查问卷法

调查问卷法常见于内部环境评价。调查问卷一般包括填列项目、控制描述和支持性文档等内容。其中，“填列项目”基于企业实际情况，明确被评价单位或对象需要填列的内部控制评价内容；“控制描述”是指被评价单位或对象针对评价内容，考虑是否存在相关的控制，并如实填写相关控制的设计与运行情况；“支持性文档”要求被评价单位或对象列示相关控制所涉及的支持性文档,如对领导层是否重视内控工作进行评价,需要列示有关会议纪要、审阅记录等文档;对企业文化进行评价,需要列示企业文化手册、员工行为守则等文档。

(三)专题讨论法

专题讨论法通常用于控制活动评价,是指通过召集与业务流程相关的管理人员就业务流程的特定环节或某类具体问题进行讨论及评估的一种方法。专题讨论法既是一种常见的控制评价方法,也是形成缺陷整改方案的重要途径。对于同时涉及财务、业务、信息技术等方面的控制缺陷,往往需要由内部控制专职机构组织召开专题讨论会议,综合内部各机构、各方面的意见,研究确定缺陷整改方案。

(四)穿行测试法

穿行测试法是指在内部控制系统中任意选取一笔交易作为样本,追踪该交易从最初起源直到最终在财务报表或其他经营管理报告中反映出来的过程,即该流程从起点到终点的全过程,以此来了解整个业务流程状况,识别出其中的关键控制环节,评估相关控制设计与运行的有效性。

(五)实地查验法

实地查验法是指企业对财产进行盘点、清查,以及对存货等实物资产的出入库环节进行现场查验,主要用于对资产安全性目标的实现情况所作的评价。实地查验法通常应与抽样法结合运用。企业对财产进行实地查验,需要制定统一的测试工作表,并从特定的样本库中抽取若干测试样本,与业务记录、财务单证等进行核对验证,以此判断与资产安全目标相关的各项控制的有效性。

(六)抽样法

抽样法是指企业针对具体的业务流程,按照业务发生频率及固有风险的高低,从确定的样本库中抽取一定比例的业务样本,对业务样本的控制水平进行判断,进而对整个业务流程的内部控制有效性作出评价。抽样法是控制测试的常用方法,分为随机抽样和其他抽样。随机抽样是指按随机原则从样本库中抽取一定数量的样本;其他抽样是指人工任意选取或按某一特定标准从样本库中抽取一定数量的样本。应用抽样法时应注意样本库须包含符合测试要求的所有样本,测试人员首先应对样本库的完整性进行确认。

(七)比较分析法

比较分析法是指通过分析、比较数据间的关系、趋势或比率等来取得评价证据的方法。企业可以将评价过程中取得的数据与历史数据、行业标准数据或最优数据等进行比较,找出其中异常波动的情形,并重点对异常区间的内部控制有效性进行检查评价。

六、内部控制缺陷认定

(一)内部控制缺陷的定义与分类

内部控制缺陷是评价内部控制有效性的负向维度,如果内部控制的设计或运行无法合理保证内部控制目标的实现,即意味着存在内部控制缺陷。内部控制缺陷按不同的分类方式分为:设计缺陷与运行缺陷;财务报告内部控制缺陷与非财务报告内部控制缺陷;重大缺陷、重要缺陷与一般缺陷。

1. 设计缺陷和运行缺陷

内部控制缺陷按其成因分为设计缺陷和运行缺陷。设计缺陷是指内部控制设计不科学、不适当,即使正常运行也难以实现控制目标。运行缺陷是指内部控制设计比较科学、适当,但在实际运行过程中没有严格按照设计意图执行,导致内部控制运行与设计相脱节,未能有效实施控制、实现控制目标。

2. 财务报告内部控制缺陷和非财务报告内部控制缺陷

内部控制缺陷按其表现形式分为财务报告内部控制缺陷和非财务报告内部控制缺陷。财务报告内部控制缺陷,是指在会计确认、计量、记录和报告过程中出现的,对财务报告的真实性和完整性产生直接影响的控制缺陷,一般可分为财务(会计)报表缺陷、会计基础工作缺陷和与财务报告密切关联的信息系统控制缺陷等。非财务报告内部控制缺陷,是指虽不直接影响财务报告的真实性和完整性,但对企业经营管理的合法合规、资产安全、营运的效率和效果等控制目标的实现存在不利影响的其他控制缺陷。

3. 重大缺陷、重要缺陷和一般缺陷

内部控制缺陷按其严重程度分为重大缺陷、重要缺陷和一般缺陷。重大缺陷,是指一个或多个控制缺陷的组合,可能严重影响企业内部控制的有效性,进而导致企业无法及时防范或发现严重偏离控制目标的情形。重要缺陷,是指一个或多个控制缺陷的组合,其严重程度虽低于重大缺陷,但仍有较大可能导致企业无法及时防范或发现偏离控制目标的情形,须引起企业重视和关注。一般缺陷,是指除重大缺陷、重要缺陷之外的其他控制缺陷。

(二)内部控制缺陷的认定标准

企业对内部控制评价过程中发现的内部控制缺陷,应当综合分析缺陷的成因、表现形式及重要程度,并按照一定的标准将各项内部控制缺陷分别认定为重大缺陷、重要缺陷和一般缺陷。内部控制缺陷的认定标准和认定结果将直接影响内部控制有效性的结论。一般而言,如果一个企业存在的内部控制缺陷达到了重大程度,就不能认定该企业的内部控制是有效的。由于财务报告内部控制缺陷与非财务报告内部控制缺陷分别影响不同控制目标的实现,其表现形式各异,为此,财务报告内部控制缺陷的认定标准与非财务报告内部控制缺陷的认定标准也有所区别。

1. 财务报告内部控制缺陷的认定标准

财务报告内部控制缺陷的认定标准由该缺陷可能导致财务报表错报的重要程度来确定,这种重要程度主要取决于两方面因素:第一,该缺陷是否具备合理可能性导致内部控制不能及时防止、发现并纠正财务报表错报;第二,该缺陷单独或连同其他缺陷可能导致的潜在错报金额的大小。

(1)重大缺陷。如果一项内部控制缺陷单独或连同其他缺陷具备合理可能性导致不能及时防止、发现并纠正财务报表中的重大错报,就应将该缺陷认定为重大缺陷。合理可能性是指大于微小可能性(几乎不可能发生)的可能性,对合理可能性的理解涉及评价人员的职业判断,且这种判断在不同评价期间应保持一致。重大错报中的“重大”,涉及企业确定的财务报表的重要性水平。一般而言,企业可以采用绝对金额法(如规定金额超过10 000元的错报应当认定为重大错报)或相对比例法(例如,规定超过净利润5%的错报应当认定为重大错报)来确定重要性水平。如果企业的财务报告内部控制存在一项或多项重大缺陷,就不能得出该企业的财务报告内部控制有效的结论。

(2)重要缺陷。如果一项内部控制缺陷单独或连同其他缺陷具备合理可能性导致不能及时防止、发现并纠正财务报表中虽然未达到和超过重要性水平、但仍应引起董事会和经理层重视的错报,就应将该缺陷认定为重要缺陷。重要缺陷并不影响企业财务报告内部控制的整体有效性,但是应当引起董事会和经理层的重视。对于这类缺陷,应当及时向董事会和经理层报告,因此也称为"应报告情形"。

(3)一般缺陷。不构成重大缺陷和重要缺陷的财务报告内部控制缺陷,应认定为一般缺陷。

2. 非财务报告内部控制缺陷的认定标准

企业可以根据自身的实际情况,参照财务报告内部控制缺陷的认定标准,合理确定非财务报告内部控制缺陷的定量和定性认定标准。其中:定量标准,既可以根据缺陷造成直接财产损失的绝对金额制定,也可以根据缺陷的直接损失占本企业资产、销售收入或利润等的比率确定;定性标准,可以根据缺陷潜在负面影响的性质、范围等因素确定。非财务报告内部控制缺陷认定标准一经确定,必须在不同评价期间保持一致,不得随意变更。

3. 常见的内部控制重大缺陷情形

当有确凿证据表明企业在评价期末存在下列情形之一时,通常应认定为内部控制重大缺陷:

(1)企业财务报表已经或者很可能被注册会计师出具否定意见或者拒绝表示意见。

(2)企业审计委员会和内部审计机构未能有效发挥监督职能。

(3)企业董事、监事和高级管理人员已经或者涉嫌舞弊,或者企业员工存在串谋舞弊情形并给企业造成重要损失和不利影响。

(4)企业在财务会计、资产管理、资本运营、信息披露、产品质量、安全生产、环境保护等方面发生重大违法违规事件和责任事故,给企业造成重要损失和不利影响,或者遭受重大行政监管处罚。

上述控制缺陷如果对企业财务报表的真实可靠性产生影响,则为财务报告内部控制重大缺陷;如果不影响财务报表的真实可靠,则为非财务报告内部控制重大缺陷。

(三)内部控制缺陷的报告和整改

企业内部控制评价部门应当编制内部控制缺陷认定汇总表,结合日常监督和专项监督过程中发现的内部控制缺陷及其持续改进情况,对内部控制缺陷及其成因、表现形式和影响程度进行综合分析和全面复核,提出认定意见,按照规定的权限和程序进行审核后予以最终认定。

1. 内部控制缺陷报告

内部控制缺陷报告应当采取书面形式。对于一般缺陷和重要缺陷,通常向企业经理层报告,并视情况考虑是否需要向董事会及其审计委员会、监事会报告;对于重大缺陷,应当及时向董事会及其审计委员会、监事会和经理层报告。如果出现不适合向经理层报告的情形,如存在与经理层舞弊相关的内部控制缺陷,或存在经理层凌驾于内部控制之上的情形等,应当直接向董事会及其审计委员会、监事会报告。企业应根据内部控制缺陷的影响程度合理确定内部控制缺陷报告的时限,一般缺陷、重要缺陷应定期报告,重大缺陷即时报告。

2. 内部控制缺陷整改

企业对于认定的内部控制缺陷，应当制定内部控制缺陷整改方案，按规定权限和程序审批后执行；对于认定的重大缺陷，还应及时采取应对策略，切实将风险控制在可承受度之内，并追究有关机构或相关人员的责任。内部控制缺陷整改方案一般包括整改目标、内容、步骤、措施、方法和期限等，整改期限超过一年的，还应在整改方案中明确近期目标和远期目标以及对应的整改工作任务等。

七、内部控制评价报告

（一）内部控制评价报告的内容

内部控制评价报告是内部控制评价工作的结论性成果，一般包括下列内容：

1. 董事会对内部控制报告真实性的声明。声明董事会及全体董事对报告内容的真实性承担个别及连带责任，保证报告内容不存在任何虚假记载、误导性陈述或重大遗漏。

2. 内部控制评价工作的总体情况。明确企业内部控制评价工作的组织形式、领导体制、进度安排和汇报途径等。

3. 内部控制评价的依据。说明企业开展内部控制评价工作所依据的法律法规和规章制度，一般包括《企业内部控制基本规范》《企业内部控制应用指引》《企业内部控制评价指引》以及企业制定的内部控制制度和内部控制评价办法等。

4. 内部控制评价的范围。描述内部控制评价所涵盖的被评价单位，以及纳入评价范围的业务事项。内部控制评价的范围应当包括企业经营管理的主要方面，不存在重大遗漏。

5. 内部控制评价的程序和方法。描述内部控制评价工作遵循的基本流程，以及评价过程中采用的主要方法。

6. 内部控制缺陷及其认定。描述适用本企业的内部控制缺陷具体认定标准，并声明与以前年度保持一致；根据内部控制缺陷认定标准，确定评价期末存在的重大缺陷、重要缺陷和一般缺陷。

7. 内部控制缺陷的整改情况。针对评价期末存在的内部控制缺陷，阐明公司拟采取的整改措施及预期效果。对于评价期间发现、期末已完成整改的重大缺陷，说明企业有足够的测试样本显示，与该重大缺陷相关的内部控制目前保持了设计与运行有效。

8. 内部控制有效性的结论。对不存在重大缺陷的情形，出具评价期末内部控制有效结论；对存在重大缺陷的情形，不得作出内部控制有效的结论，并需描述该重大缺陷的成因、表现形式及其对实现相关控制目标的影响程度。自内部控制评价报告基准日至内部控制评价报告发出日之间发生重大缺陷的，企业须责成内部控制评价部门予以核实，并根据核查结果对评价结论进行相应调整。

（二）内部控制评价报告的编制

1. 编制时间

内部控制评价报告按照编制时间的不同，分为定期报告和不定期报告。定期报告是指企业至少每年进行一次内部控制评价工作，编制评价报告，并由董事会对外发布或以其他方式加以合理利用。年度内部控制评价报告以 12 月 31 日作为基准日。不定期报告是指企业出于特定目的或针对特定事项而临时开展内部控制评价工作并编制评价报告。不定期报告的编制时间和编制频率由企业根据实际情况确定。

2. 编制主体

内部控制评价报告的编制主体包括单个企业和企业集团的母公司。单个企业内部控制评价报告是指某一企业以自身经营业务和管理活动为基础编制的内部控制评价报告;企业集团内部控制评价报告是企业集团的母公司以母公司及控股子公司的经营业务和管理活动为基础编制的内部控制评价报告,是对企业集团内部控制设计与运行有效性的总体评价。内部控制评价报告上报经理层审核、董事会审批后确定。

(三)内部控制评价报告的报送

内部控制评价报告报经董事会批准后对外披露或报送相关主管部门。上市公司年度内部控制评价报告必须向社会公开披露,接受社会监督,为投资者和社会公众决策提供依据;非上市企业的内部控制评价报告须按规定报送财政等监管部门,接受政府的监督检查。内部控制评价报告通常应于基准日后4个月内报出。

内部控制评价报告的使用者包括政府监管部门、投资者及其他利益相关者、中介机构和研究机构等。

第五节 内部控制审计

一、内部控制审计的定义

内部控制审计是指会计师事务所接受委托,对特定基准日内部控制设计与运行的有效性进行审计。内部控制审计是内部控制外部评价的重要形式之一。

内部控制审计属于注册会计师外部评价,内部控制评价属于企业董事会自我评价,两者有着本质的区别。建立健全和有效实施内部控制,评价内部控制的有效性是企业董事会的责任;在实施审计工作的基础上对内部控制的有效性发表审计意见,是注册会计师的责任。

二、内部控制审计的程序

(一)计划审计工作

注册会计师需恰当地计划内部控制审计工作,配备具有专业胜任能力的项目组,并对助理人员进行适当的督导。注册会计师应当充分认识风险评估在计划审计工作中的作用,以风险评估为基础,选择拟测试的控制,确定测试所需收集的证据。

注册会计师应当在计划审计阶段对企业董事会的内部控制评价工作进行评估,判断是否在内部控制审计工作中利用企业内部审计人员、内部控制评价人员和其他相关人员的工作以及可利用的程度,相应减少可能应由注册会计师执行的工作。

(二)实施审计工作

注册会计师按照自上而下的方法实施审计工作,将企业层面控制和业务层面控制的测试结合进行。

1. 测试企业层面控制。注册会计师测试企业层面的控制，在把握重要性原则的基础上，主要测试与内部环境相关的控制；测试董事会、经理层凌驾于控制之上的风险而设计的控制；测试企业的风险评估过程；测试对内部信息传递和财务报告流程的控制；对控制有效性的内部监督和自我评价。

2. 测试业务层面控制。注册会计师测试业务层面的控制，在把握重要性原则的基础上，结合企业实际、内部控制相关法律法规要求和企业层面控制的测试情况，重点对企业生产经营活动中的重要业务与事项的控制进行测试。注册会计师需关注信息系统对内部控制及风险评估的影响。

3. 测试与舞弊风险相关的控制。注册会计师在测试企业层面控制和业务层面控制时，应评价内部控制是否足以应对舞弊风险。舞弊风险因素是指注册会计师在了解被审计单位及其内部环境时识别的、可能表明存在舞弊动机、压力或机会的事项或情况，以及被审计单位对可能存在的舞弊行为的合理化解释。

4. 测试内部控制设计与运行的有效性。如果某项控制由拥有必要授权和专业胜任能力的人员按照规定的程序与要求执行，能够实现控制目标，表明该项控制的设计是有效的；如果某项控制正在按照设计运行，执行人员拥有必要授权和专业胜任能力，能够实现控制目标，表明该项控制的运行是有效的。

5. 获取内部控制有效设计与运行的证据。注册会计师在测试内部控制设计与运行的有效性时，可综合运用询问适当人员、观察经营活动、检查相关文件、穿行测试和重新执行等方法，获取充分、适当的证据以支持审计结论。与内部控制相关的风险越高，注册会计师需要获取的证据越多。为确保证据的充分性和适当性，注册会计师通常需对测试时间安排进行权衡，既要尽量在接近企业内部控制自我评价基准日实施测试，又要保证实施的测试能够涵盖足够长的期间。

（三）评价控制缺陷

注册会计师对内部控制缺陷的分类和认定标准与企业内部控制自我评价中内部控制缺陷的分类和认定标准类似，相对而言，注册会计师更关注财务报告内部控制缺陷的认定。注册会计师在对内部控制设计与运行的有效性进行测试的基础上，需评价其识别的各项内部控制缺陷的严重程度，以确定这些缺陷单独或组合起来，是否构成重大缺陷并影响其审计结论。

1. 财务报告内部控制缺陷。表明企业财务报告内部控制可能存在重大缺陷的迹象，主要包括：

（1）注册会计师发现董事、监事和高级管理人员舞弊；

（2）企业更正已经公布的财务报表；

（3）注册会计师发现当期财务报表存在重大错报，而在内部控制运行过程中未能发现该错报；

（4）企业审计委员会和内部审计机构对内部控制的监督无效。

2. 非财务报告内部控制缺陷。注册会计师对在审计过程中注意到的非财务报告内部控制缺陷，区别具体情况予以处理：

（1）注册会计师认为非财务报告内部控制缺陷为一般缺陷的，应当与企业进行沟通，提

醒企业加以改进,但无需在内部控制审计报告中说明;

(2)注册会计师认为非财务报告内部控制缺陷为重要缺陷的,应当以书面形式与企业董事会和经理层沟通,提醒企业加以改进,但无需在内部控制审计报告中说明;

(3)注册会计师认为非财务报告内部控制缺陷为重大缺陷的,应当以书面形式与企业董事会和经理层沟通,提醒企业加以改进;同时应当在内部控制审计报告中增加非财务报告内部控制重大缺陷描述段,对重大缺陷的性质及其对实现相关控制目标的影响程度进行披露,提示内部控制审计报告使用者注意相关风险。

三、内部控制审计报告

(一)审计报告内容

标准内部控制审计报告包括下列要素:

1. 标题;
2. 收件人;
3. 引言段;
4. 企业对内部控制的责任段;
5. 注册会计师的责任段;
6. 内部控制固有局限的说明段;
7. 财务报告内部控制审计意见段;
8. 非财务报告内部控制重大缺陷描述段;
9. 注册会计师的签名和盖章;
10. 会计师事务所的名称、地址及盖章;
11. 报告日期。

(二)审计意见类型

1. 无保留审计意见。发表无保留审计意见必须同时符合两个条件:

(1)企业按照内部控制有关法律法规以及企业内部控制制度要求,在所有重大方面建立并实施有效的内部控制;

(2)注册会计师按照有关内部控制审计准则的要求计划和实施审计工作,在审计过程未受到限制。

2. 带强调段的无保留意见。注册会计师认为财务报告内部控制虽不存在重大缺陷,但仍有一项或者多项重大事项需要提请审计报告使用者注意的,应在审计报告中增加强调事项段予以说明,该段内容仅用于提醒内部控制审计报告使用者关注,并不影响对财务报告内部控制发表的审计意见。

3. 否定意见。注册会计师认为财务报告内部控制存在一项或多项重大缺陷的,除非审计范围受到限制,应对财务报告内部控制发表否定意见。注册会计师出具否定意见的内部控制审计报告中需包括重大缺陷的定义、重大缺陷的性质及其对财务报告内部控制的影响程度等内容。

4. 无法表示意见。注册会计师审计范围受到限制的,应当解除业务约定或出具无法表示意见的内部控制审计报告,在报告中指明审计范围受到限制,无法对内部控制有效性发表意见。注册会计师在已执行的有效程序中发现内部控制存在重大缺陷的，应当在“无法表示意见”的审计报告中对已发现的重大缺陷作出详细说明。

小提示

我国内部控制的流程分为以下阶段：

1. 初次出现：我国系统的内控制度建设是在有了《会计法》之后。1999年修订的《会计法》第一次以法律的形式对建立健全内部控制提出原则要求，财政部随即连续制定发布了《内部会计控制规范——基本规范》等7项内部会计控制规范。

2. 重视伊始：但从更宽泛的管理意义上来说，真正把内部控制和风险管理形成法规，是受到美国2002年安然事件、世通公司财务欺诈案及随后美国的萨班斯法案的影响。2006年经当时国务院副总理黄菊的批准，这一问题提上议事日程，成立了企业内部控制标准委员会，正式开始这项工作。当年6月6日，国资委发布了《中央企业全面风险管理指引》，这是我国第一个全面风险管理的指导性文件，意味着中国走上了风险管理的中心舞台。2008年6月28日，财政部、证监会、审计署、银监会、保监会五部门联合发布了《企业内部控制基本规范》，《规范》自2009年7月1日起先在上市公司范围内施行，鼓励非上市的其他大中型企业执行。《规范》的发布，标志着我国企业内部控制规范体系建设取得重大突破，有业内人士和媒体甚至称之为中国版的“萨班斯法案”。

3. 全面应用：2010年4月26日，财政部、证监会、审计署、银监会、保监会等五部委刚刚联合并发布了《企业内部控制配套指引》。该配套指引包括18项《企业内部控制应用指引》《企业内部控制评价指引》和《企业内部控制审计指引》，连同此前发布的《企业内部控制基本规范》，标志着适应我国企业实际情况、融合国际先进经验的中国企业内部控制规范体系基本建成。为确保企业内控规范体系平稳顺利实施，财政部等五部门制定了实施时间表：自2011年1月1日起首先在境内外同时上市的公司施行，自2012年1月1日起扩大到在上海证券交易所、深圳证券交易所主板上市的公司施行；在此基础上，择机在中小板和创业板上市公司施行；同时，鼓励非上市大中型企业提前执行。

本章小结

1. 内部控制是由企业董事会、监事会、经理层和全体员工共同实施的、旨在实现控制目标的过程。内部控制是企业为了合理保证企业经营管理合法合规、资产安全、财务报告及相关信息真实完整，提高经营效率和效果，促进企业实现发展战略而制定和实施的政策和程序。企业建立与实施内部控制应当遵循全面性原则、重要性原则、制衡性原则、适应性原则、成本效益原则。

2. 企业的内部控制可以分为企业层面控制和业务层面控制，企业层面控制是对企业所有业务都产生影响的控制，与内部环境、风险评估、信息与沟通、内部监督直接相关的控制。业务层面控制是针对具体业务和事项实施的控制。业务层面控制针对业务管理中的主要风险明确管理环节的关键控制点及控制措施。

3. 内部控制评价属于企业董事会自我评价，是企业董事会对各类内部控制目标实施的全面评价，企业董事会对内部控制整体有效性发表意见，并在内部控制评价报告中出具内部控制有效性结论。内部控制审计属于注册会计师外部评价，是注册会计师侧重对财务报告内部控制目标实施的审计评价，注册会计师对内部控制审计过程中注意到的非财务报告内部控制的重大缺陷，在内部控制审计报告中增加“非财务报告内部控制重大缺陷描述段”

予以披露。

复习思考题

1. 简述内部控制要素。

2. 如何进行内部控制评价？

3. 内部控制评价与内部控制审计的关系。

第十章　销售与收款循环审计

学习目标

1. 理解并掌握销售与收款循环内部控制测试；

2. 理解并掌握函证与销售截止性测试；

3. 理解并掌握营业收入、应收账款的实质性程序。

引导案例

销售收入的确认原则和确认时间错误案例

审计人员李华审计大光公司的销售收入时，发现大光公司与子公司合作开发的渥华家园5号楼已开发完毕，且已通过建筑工程检验，大光公司就上述楼盘的部分房屋已与购买业主签订了销售合同，合同约定金额为人民币20 000万元，且收到部分售房款计人民币16 000万元，但尚未办理完业主入住手续。大光公司的账务处理已确认销售收入16 000万元。大光公司在其会计报表附注中对此予以披露。为此，审计人员李华检查了相应的销售合同、收款凭证及其会计处理，认为不能获取其他充分的证据确定该商品房所有权上的重要风险和报酬已转移，因此，销售收入不能确认，提请大光公司作出相应的调整分录。

由于大光公司拒绝接受调整建议，因此审计人员发表了保留意见的审计报告，保留意见为"如贵公司会计报表附注六所述，截止2012年12月31日，贵公司与子公司合作开发的渥华家园5号楼已开发完毕，且已通过建筑工程检验，贵公司已就上述楼盘的部分房屋与购买业主签订了销售合同，合同约定金额为人民币20 000万元，且收到部分售房款计人民币16 000万元，但尚未办理业主入住手续，我们未能获取其他充分的证据确定该商品房所有权上的重要风险和报酬已经转移，与该事项有关的利润为人民币8 000万元。"

案例中大光公司在销售业务处理中，对于销售收入的确认原则和确认时间错误，未予以纠正，致使财务报表数据不实，可见销售收入作为企业的重要收入来源，审计人员在审计过程中应作为重点审计区域。

第一节　销售与收款循环的内部控制测试

一、销售与收款循环的特点

销售与收款循环是企业向顾客提供商品或劳务，收回货款的有关活动所组成的业务循环。销售业务作为企业的主要经营业务之一，审计人员应重点审计。在审计过程中，只有了解销售与收款循环涉及的主要凭证与记录及主要活动，才能对销售与收款循环涉及的相关账户的审计风险予以把握，从而提高审计的工作效率和效果。

（一）销售与收款循环中涉及的主要业务活动

1. 接受顾客订购单

顾客订货是整个销售与收款循环的起点。销售部门收到顾客订单后，应由专人负责登记并保管，并认真审核订单内容、数量、质量和供货期限等，确定是否接受该批订货业务。只有在符合企业管理层的授权标准时才能被接受。订购单应一式多联，作为车间生产或供货、批准信用、会计记账的依据。

顾客订购单在批准之后，应编制销售单。顾客订购单和销售单是证明管理层有关销售交易的“发生”认定的凭据。有些情况下，销售部门还要与客户签订销售合同，按销售合同，编制销售通知单。

2. 批准赊销信用

一般来讲，赊销业务是由信用管理部门完成的。信用部门应根据管理层的赊销政策，对每个顾客的已授权的信用额度来决定是否批准赊销。赊销信用批准的目的是为了降低坏账风险。对于老客户或有良好信用记录的顾客，信用部门可根据销售通知单，批准赊销。对于新客户，应先由信用部门对其资信状况进行调查，再决定是否采用赊销方式。已签署的销售通知单，需要送回销售管理部门。

3. 按销售单供货

仓库只有在收到经过批准的销售单时才能供货，在未经授权的情况不能擅自发货。发货时，仓库要编制发货凭证，作为产品实物出库的凭证，同时也是登记存货记录，开具销售发票的依据，如提货单或出库单。

4. 按销售单装运货物

装运部门职员在装运之前，必须独立验证从仓库提取的商品都附有经批准的销售单，并且，所提取商品的内容与销售单一致。将按经批准的销售单供货与按销售单装运货物职责相分离，有助于避免负责装运货物的职员在未经授权的情况下装运产品。

5. 向顾客开具发票

开具发票即视作销售收入的实现。企业应根据已经批准的商品价目表向顾客开具发票。销售发票一式多联且连续编号，由专人负责保管。销售发票的记账联由财务部门留存，其他联次分别转交给顾客、销售部门和仓库等。

小提示

开具发票时应注意：企业是否对所有装运商品都开具了发票；是否只对实际装运的商品才开具账单，有无重复开具发票或虚构交易情况发生；是否按已经授权批准的商品价目表所列价格计价开具账单。

6. 记录销售

记录销售是指按销售发票编制转账凭证或收款凭证，再据以登记销售明细账和应收账款明细账或现金、银行存款日记账。

7. 收取货款

这项业务涉及的是有关货款收回活动，即现金、银行存款的记录以及应收账款的减少活动。处理货币资金收入时最重要的是要保证全部货币资金要准确及时地记入库存现金、银行存款日记账或应收账款明细账。该业务会涉及各种结算方式下的汇款单据。

8. 办理和记录销售退回、销售折扣与折让

企业发生销售退回、销售折扣与折让时，必须经授权批准，并应确保与办理此事有关的部门和职员各尽其职，分别控制实物流和会计处理。在这方面，严格使用贷项通知单会起到关键的作用。

9. 注销坏账

如果企业认为某项销售货款再也无法收回，就必须注销这笔货款。对于这些坏账，正确的处理方法应该是获取货款无法收回的确凿证据，经过有关部门适当审批后才能作会计调整。

10. 处理坏账

对于那些赊销业务中的收不回来的往来账款，财会部门应按照企业会计制度的有关规定及时进行坏账的计提与注销。会计人员计提坏账的方法应保持会计期间的一致性。注销坏账必须获取货款无法收回的确凿证据，且必须经过有关部门的审批后才能做注销处理。

（二）销售与收款循环涉及的主要凭证与会计记录

销售与收款循环业务会涉及销售部门、信用部门、仓储部门、财会部门和运输部门等，其所涉及的主要凭证与会计记录主要包括以下几种：

1. 顾客订购单

顾客订购单是顾客提出的书面购货要求。企业可以通过销售人员或其他途径向现有的或潜在的顾客发送订购单等方式接受订货，取得顾客订购单。

2. 销售单

销售单是列示顾客所订商品的名称、规格、型号、数量以及其他顾客订购单有关资料的表格，作为销售方内部处理顾客订购单的依据。销售单是由企业的销售管理部门在批准顾客订货单以后编制的，是批准赊销、发货和开具销售发票的依据。

3. 发运凭证

发运凭证包括出库单或提货单，是在发运货物时编制的用以反映发出商品的规格、数量和其他有关内容的凭据。该凭证可用做企业向顾客开具销售发票的依据。

4. 销售发票

销售发票是表明已销售商品的名称、规格、数量、开票日期、销售金额、运费和保险费、付款条件等内容的凭证。销售发票是在会计账簿中登记销售交易的基本凭证。

5. 商品价目表

商品价目表是列示已经授权批准的、可供销售的各种商品的价格清单。

6. 贷项通知单

贷项通知单是一种用来表示由于销售退回或折让而引起的应收销货款减少的凭证。该凭证格式与销售发票的格式相同，只不过它不是用来说明应收账款的增加，而是用来说明应收账款的减少。

7. 应收账款明细账

应收账款明细账是用来记录每个顾客各项赊销、现金收入、销售退回及折让的明细账，该明细账需要按不同的购货单位设置。

8. 主营业务收入明细账

主营业务收入明细账通常记载和反映不同类别商品或服务的营业收入的明细发生情况和总额的明细账。该明细账需要按不同的购货单位设置。

9. 折扣与折让明细账

折扣与折让明细账是一种用来核算企业销售商品时,按销售合同规定为了及早收回货款而给予顾客的销售折扣(现金折扣)和因商品品种、质量等原因而给予顾客的销售折让情况的明细账。

10. 汇款通知书

汇款通知书是一种与销售发票一起给顾客,由顾客在付款时再寄回销售单位的凭证。该凭证注明顾客的姓名、销售发票号码、销售单位开户银行账号以及金额等内容。

11. 现金日记账和银行存款日记账

现金日记账和银行存款日记账是用来记录应收账款的收回或现销收入以及其他各种现金、银行存款收入和支出的日记账。

12. 坏账审批表

坏账审批表是用来批准将某些应收款项注销为坏账的凭证。

13. 顾客月末对账单

顾客月末对账单是一种按月定期寄送给顾客的用于购销双方定期核对账目的凭证。对账单上应标明应收账款的月初余额、本月各项销货业务的金额、本月已收到的货款、各贷项通知单的数额及月末余额等内容。

14. 转账凭证和收款凭证

转账凭证是根据有关转账业务的原始凭证编制的,记录转账业务的记账凭证。收款凭证是用来记录现金和银行存款收入业务的记账凭证。

二、销售与收款循环的内部控制测试

销售与收款循环内部控制已在第九章阐述,在此只阐述销售与收款循环的内部控制测试。

销售与收款循环中主要业务活动、对应的凭证及账户、相关认定、重要控制点的关系如表10.1所示。

表10.1 销售与收款循环中的各种关系

主要业务活动	相关凭证、账户	相关部门	相关认定	重要控制点
1. 接受顾客订单	顾客订单、销售单	销售单管理部门	销售交易的发生	顾客名单已被授权批准
2. 批准赊销信用	销售单	信用管理部门	应收账款净额的计价和分摊	信用管理部门签署意见
3. 按销售单供货	销售单	仓库	销售交易的发生、完整性	收到经批准的销售单才供货
4. 按销售单装运货物	销售单、发运凭证	装运部门	销售交易的发生、完整性	供货和运货职能相分离

续表 10.1

主要业务活动	相关凭证、账户	相关部门	相关认定	重要控制点
5. 向顾客开具账单	销售单、发运凭证、商品价目表、销售发票	开具账单部门	销售交易的发生、完整性、计价和分摊	销售发票连续编号
6. 记录销售	销售发票及附件、转账凭证、收款凭证、销售明细账、应收账款明细账、库存现金和银行存款日记账	会计部门	发生、完整性、计价和分摊	销售发票连续编号、记录销售和处理销售职能分离、定期独立检查并向顾客寄送对账单
7. 办理和登记库存现金及银行存款日记账	汇款通知书、收款凭证、库存现金及银行存款日记账	会计部门	发生、完整性、计价和分摊	利用汇款通知书加强货币资金控制
8. 办理和记录销货退回及销售折扣与折让	贷项通知单	会计部门、仓库	发生、完整性、计价和分摊	必须经授权处理，分别控制实物流和会计处理
9. 提取坏账准备		会计部门	计价和分摊	坏账准备提取数充分
10. 注销坏账	坏账审批表	赊销部门、会计部门	计价和分摊	审批后及时作会计调整

销售与收款循环的控制测试是在评价销售与收款循环内部控制设计合理并被执行的基础上，考虑成本效益和风险水平，获取销售与收款循环的控制是否有效运行的审计证据。

审计人员应在审计过程中通过控制测试了解被审计单位销售与收款循环的内部控制制度是否在实际中正常遵守，其被执行的效果如何。销售与收款循环的控制测试程序一般包括：

1. 询问被审计单位人员，了解被审计单位销售与收款环节的主要控制是否被有效执行。

2. 观察销售与收款关键控制点及特定控制点。审计人员可以通过观察企业有关人员的活动，检查销货交易的有关凭证和记录，如发运单和销售发票等，对职责分离控制进行测试。

3. 检查关键控制点生成的有关文件和记录。审计人员可以通过检查相关的销售单据，如销售合同、销售发票、发运凭证、商品价目表、销售收入相关账簿和企业有关信用政策文件等来验证销售业务的真实性和正确性。对于赊销业务多的企业，审计人员可以通过审查应收账款对账单、银行存款对账单和相应的销货交易账户来验证收款业务的处理是否及时、正确。

4. 必要时重新执行来证实控制执行的有效性。例如，重新执行销售截止检查程序，确定收入入账的会计期间的正确性。

5. 通过穿行测试，获取对关键控制点控制有效支持的审计证据。穿行测试指每类交易循环中选择一笔或几笔业务进行流程测试，以验证所记录的内部控制情况是否客观和真实。例如，追查主营业务收入明细账至销售发票，确定登记入账的销售是否已正确开具账单，以验证“计价”认定的正确性。

审计人员通过询问、现场观察和检查被审计单位有关规章制度和文件等方式，充分了解该循环的内部控制制度后，需要用适当的方法将被审计单位内部控制描述出来，并记录于审计工作底稿中。内部控制描述的方法通常有流程图、文字叙述法、调查表法三种。

第二节 销售与收款循环的实质性程序

一、主营业务收入的实质性程序

(一)主营业务收入的审计目标

主营业务收入审计目标一般包括:

1. 确定利润表中记录的主营业务收入是否已发生,且与被审计单位有关;
2. 确定所有应当记录的主营业务收入是否均已记录;
3. 确定与主营业务收入有关的金额及其他数据是否已恰当记录,包括对销售退回、销售折扣与折让的处理是否适当;
4. 确定主营业务收入是否已记录于正确的会计期间;
5. 主营业务收入已记录于恰当的账户;
6. 确定主营业务收入是否已按照企业会计准则的规定在财务报表中作出恰当的列报。

小提示

按照《企业会计准则第14号——收入》的要求,企业销售商品收入,应在下列条件均满足时予以确认:企业已将商品所有权上的主要风险和报酬转移给购货方;企业既没有保留通常与所有权相联系的继续管理权,也没有对已售出的商品实施有效控制;收入的金额能够可靠地计量;相关的经济利益很可能流入企业;相关的已发生或将发生的成本能够可靠地计量。以上五个条件必须同时满足,如果有一个条件不满足均不能予以确认。

(二)主营业务收入的实质性程序

1. 取得或编制主营业务收入项目明细表,复核加计是否正确,并与总账数和明细账合计数核对是否相符。结合其他业务收入账户与报表数核对是否相符;检查以非记账本位币结算的主营业务收入的折算汇率及折算是否正确。

主营业务收入明细表记录审计人员1~12月营业收入明细情况,其工作底稿格式如表10.2所示。

表10.2 主营业务收入明细表

被审计单位名称:______	索引号:______
项目: 主营业务收入	财务报表截止日/期间:______
编制人:______	复核人:______
日期:______	日期:______

月份	主营业务收入明细项目											
	合计											
1												
2												
3												
4												

续表 10.2

月份	主营业务收入明细项目											
	合计											
5												
6												
7												
8												
9												
10												
11												
12												
合计												
上期数												
变动额												
变动比例												

审计说明：

2. 对主营业务收入运用分析性程序。收入项目的很多指标具有相对稳定性，通过分析性复核程序，审计人员可以分析主营业务收入的总体合理性，分析其潜在的错报或漏报，以确定主营业务收入期末余额的正确性。

(1) 将本期与上期的主营业务收入、销售预测数进行比较，分析主营业务收入及其构成的变动是否异常，并分析异常变动产生的原因；

(2) 比较本期各月各类主营业务收入的情况，分析判断其变动趋势是否正常，并查明异常现象和重大波动的原因；

(3) 计算本期重要产品的毛利率，与上期或预测数比较分析，检查是否存在异常，各期之间是否存在重大波动，并查明重大波动和异常情况的原因；

(4) 计算本期重要产品的毛利率，并与同行业企业进行对比分析，检查是否存在异常；

(5) 根据发票申报表，估算全年收入，与实际收入金额比较；

(6) 比较当年及以前年度销售退回、折扣与折让的总额及其与主营业务收入的比率，并查明异常情况的原因；

(7) 比较当年度及以前年度现销与赊销的比例，并查明异常情况的原因；

(8) 将营业收入、主营业务利润与经营活动产生的现金流量、净利润进行比较分析，分析营业收入、主营业务利润的合理性；

(9) 结合应交税金项目的鉴证，根据增值税纳税申报表，估算全年收入，与实际收入金额比较。

业务/产品销售分析表和月度毛利率分析表记录审计人员执行实质性分析程序的具体情况，目的在于寻找营业收入确认中存在的异常或重大情况，并证实报表中的收入是否具有合理性。业务/产品销售分析表如表 10.3 所示，月度毛利率分析表如表 10.4 所示。

3. 获取产品价格目录,抽查售价是否符合价格政策,并注意销售给关联方或关系密切的重要客户的产品价格是否合理,有无以低价或高价结算的方法,相互之间转移收入和利润的现象。

表 10.3 业务/产品销售分析表

被审计单位名称:________ 索引号:________

项目: 业务/产品销售分析表 财务报表截止日/期间:________

编制人:________ 复核人:________

日期:________ 日期:________

收入类别/产品名称	本期数				上期数				变动幅度			
	数量	主营业务收入	主营业务成本	毛利率	数量	主营业务收入	主营业务成本	毛利率	数量	主营业务收入	主营业务成本	毛利率

审计说明:

表 10.4 月度毛利率分析表

被审计单位名称:________ 索引号:________

项目: 月度毛利率分析表 财务报表截止日/期间:________

编制人:________ 复核人:________

日期:________ 日期:________

月份	本期数				上期数				变动幅度
	主营业务收入	主营业务成本	毛利	毛利率	主营业务收入	主营业务成本	毛利	毛利率	
1									
2									
3									
4									
5									
6									
7									
8									
9									
10									
11									

续表 10.4

月份	本期数				上期数				变动幅度
	主营业务收入	主营业务成本	毛利	毛利率	主营业务收入	主营业务成本	毛利	毛利率	
12									
合计									

审计说明：

4. 结合对应收账款实施的函证程序，选择主要客户函证本期销售额。

5. 实施销售的截止测试。对销售实施截止测试，其目的主要在于确定被审计单位营业收入的会计记录归属期是否正确，应记入本期或下期的营业收入是否被推延至下期或提前至本期。一般来讲，审计人员应该把握三个与营业收入确认有着密切关系的日期：发票开具日期、记账日期、发货日期（或提供劳务日）。营业收入截止测试的关键在于检查三个日期是否归属于同一适当的会计期间。

三条审计路线实施销售的截止测试如表 10.5 所示。

表 10.5　销售的截止测试

起点	路线	目的	优点	缺点
账簿记录	从报表日前后若干天的账簿记录查至记账凭证，检查发票存根与发货凭证	证实已入账收入是否在同一期间已开具发票并发货，有无多计收入，防止高估收入	比较直观，容易追查至相关凭证记录	缺乏全面性，只能查多计，无法查漏计
销售发票	从报表日前若干天的发票存根查至发货凭证与账簿记录	确认已开具发票的货物是否已发货并于同一会计期间确认收入，防止低估收入	较全面、连贯，容易发现漏计的收入	较费时、费力，尤其是难以查找相应的发货及账簿记录，不易发现多计收入
发运凭证	从报表日前后若干天的发货凭证查至发票开具情况与账簿记录	确认收入是否已计入适当的会计期间，防止低估收入	较全面、连贯，容易发现漏记的收入	难以查找相应的发货及账簿记录，不易发现多计收入

主营业务收入截止测试一和主营业务收入截止测试二记录了审计人员在截止日前后按不同的路径核对相关凭证和记录的情况，以查证收入确认是否跨期。主营业务收入截止测试一和主营业务收入截止测试二如表 10.6 和表 10.7 所示。

表 10.6 主营业务收入截止测试一

被审计单位名称:______________ 索引号:______________
项目:主营业务收入截止测试 财务报表截止日/期间:______________
编制人:______________ 复核人:______________
日期:______________ 日期:______________

从发货单到明细账

编号	发货单		发票内容					明细账				是否跨期
	日期	号码	日期	客户名称	货物名称	销售额	税额	日期	凭证号	主营业务收入	应交税金	

截止日前

截止日期:×× 年×月×日

截止日后

审计说明:

表 10.7 主营业务收入截止测试二

被审计单位名称:______________ 索引号:______________
项目:主营业务收入截止测试 财务报表截止日/期间:______________
编制人:______________ 复核人:______________
日期:______________ 日期:______________

从明细账到发货单

编号	明细账				发票内容					发货单		是否跨期
	日期	凭证号	主营业务收入	应交税金	日期	客户名称	货物名称	销售额	税额	日期	号码	

截止日前

截止日期:×× 年×月×日

截止日后

审计说明:

6. 检查主营业务收入的确认方法是否符合企业会计制度的规定，前后期是否一致；关注周期性、偶然性的收入是否符合既定的收入确认方法。检查有无特殊的销售行为，如委托代销、分期收款销售、商品需要安装和检验的销售等，其会计处理是否符合企业会计制度的规定。

7. 检查销售退回、销售折扣与折让业务。

销售退回、销售折扣与折让的实质性程序主要包括：

(1)对于销货退回业务，检查相关手续是否符合规定，结合原始销售凭证检查其会计处理是否正确，退回的产品是否已验收入库并登记入账，结合存货项目审计关注其真实性。

(2)获取或编制折扣与折让明细表，复核加计正确，并与明细账合计数核对相符；取得被审计单位有关销售折扣与折让的具体规定和其他文件资料，并抽查较大销售折扣与折让的授权批准情况，与实际执行情况进行核对，检查其是否经授权批准，是否合法、合规范；审查销售折扣与折让是否及时足额提交对方，有无虚设中介、转移收入、私设账外"小金库"等情况；检查销售折扣与折让的数额计算是否正确，会计处理是否恰当；调查向关联方销售的情况；确定主营业务收入在财务报表中的列报是否恰当。

营业收入中的其他业务收入的实质性程序可参照主营业务收入的实质性程序，在此不作细述。

二、应收账款的实质性程序

应收账款指企业在销售商品、提供劳务中形成的债权。即企业因销售商品、提供劳务等原因，应向购货单位或接受劳务的单位收取的款项或代垫的运杂费等。在销售交易或提供劳务过程中，会产生赊销业务，即应收账款的审计应结合销售交易来进行。

(一)应收账款的审计目标

应收账款的审计目标一般包括：

1. 确定资产负债表中记录的应收账款是否存在；

2. 确定所有应当记录的应收账款是否记录完整；

3. 确定记录的应收账款是否被审计单位拥有或控制；

4. 确定应收账款是否以恰当的金额包括在财务报表中，与之相关的计价调整是否已恰当记录；

5. 确定应收账款是否已按照企业会计准则的规定在财务报表中作出恰当列报。

(二)应收账款的实质性程序

1. 取得或编制应收账款明细表，复核加计是否正确，并与总账数和明细账合计数核对是否相符，结合坏账准备科目与报表数核对是否相符。检查非记账本位币应收账款的折算汇率及折算是否正确。分析有贷方余额的项目，查明原因，必要时，提请被审计单位作重分类调整。结合其他应收款、预收账款等往来项目的明细余额，检查有无同一客户多处挂账、异常余额或与销售无关的其他款项(如代销账户、关联方账户或雇员账户)。标识重要的欠款单位，计算其欠款合计数占应收账款余额的比例。

表 10.8　应收账款明细表

被审计单位名称：	索引号：
项目：应收账款	财务报表截止日/期间：
编制人：	复核人：
日期：	日期：

项目名称	期末未审数					账项调整		重分类调整		期末审定数				
	合计	1年以内	1年至2年	2年至3年	3年以上	借方	贷方	借方	贷方	合计	1年以内	1年至2年	2年至3年	3年以上
一、关联方														
二、非关联方														
合计														

审计说明：

编制说明：外币应收账款应列明原币金额及折合汇率。

应收账款明细表是从关联方和非关联方两个方面对应收账款明细情况予以审计形成的底稿，其格式如表 10.8 所示。

2. 分析应收账款账龄

审计人员可以通过获取或编制应收账款账龄分析表来分析应收账款的账龄，以便了解应收账款的可收回性。编制应收账款账龄分析表时，可以考虑选择重要的客户及其余额列示，而将不重要的或余额较小的汇总列示。应收账款账龄分析表的合计数减去已计提的相应坏账准备后的净额，应等于资产负债表中的应收账款项目余额。

应收账款账龄分析表参考格式如表 10.9 所示。

表 10.9　应收账款账龄分析表

年　月　日　　　　货币单位：

客户名称	期末余额	账龄			
		1年以内	1~2年	2~3年	3年以上
合计					

3. 执行其他分析性程序

将当期应收账款借方发生额占销售收入净额的百分比与管理层考核指标比较和被审计单位相关赊销政策比较，如存在异常应查明原因。计算应收账款周转率、应收账款周转天数等指标，并与被审计单位相关赊销政策、被审计单位以前年度指标、同行业同期相关指标对比分析，检查是否存在重大异常。

4. 向债务人函证应收账款

函证应收账款，是指审计人员为了获取影响财务报表或相关披露认定项目的信息，通过直接来自第三方（被询证者）获取和评价审计证据的过程。其目的在于证实应收账款账户余额的真实性、正确性，防止或发现被审计单位及其有关人员在销售交易中发生的错误或舞弊行为。

通过函证应收账款，可以有力地证明债务人的存在和被审计单位记录的可靠性。审计人员应当对应收账款实施函证程序，除非有充分证据表明应收账款对财务报表不重要，或函证很可能无效。如果认为函证很可能是无效的，审计人员应当实施替代审计程序，获取充分、适当的审计证据。如果审计人员不对应收账款进行函证，应当在审计工作底稿中说明理由。

（1）函证的方式

审计人员可采用积极的或消极的函证方式实施函证，也可将两种方式结合使用（具体内容见第五章）。

积极式询证函的参考格式如下所示：

企业询证函

编号：

××（公司）：

本公司聘请的××会计师事务所正在对本公司××年度财务报表进行审计，按照中国审计人员审计准则的要求，应当询证本公司与贵公司的往来账项等事项。下列数据出自本公司账簿记录，如与贵公司记录相符，请在本函下端“信息证明无误”处签章证明；如有不符，请在“信息不符”处列明不符金额。回函请直接寄至××会计师事务所。

回函地址：

邮编：　　电话：　　传真：　　联系人：

1. 本公司与贵公司的往来账项列示如下：

单位：元

截止日期	贵公司欠	欠贵公司	备注

2. 其他事项。

本函仅为复核账目之用,并非催款结算。若款项在上述日期之后已经付清,仍请及时函复为盼。

(被审计单位盖章)
年 月 日

结论:1. 信息证明无误。

(公司盖章)
年 月 日
经办人:

2. 信息不符,请列明不符的详细情况:

(公司盖章)
年 月 日
经办人:

(2)函证的范围

审计人员一般应在全部应收账款中选取适当样本进行函证。影响审计人员确定应收账款函证样本量的因素主要有以下几个方面:①应收账款的重要性。如果应收账款在资产总额中所占的比重较大,则应选择较多样本。②被审计单位内部控制的强弱。如果内部控制较弱,则相应扩大函证量。③以前年度的函证结果。如果以前年度函证中发现过较大差异,或未曾回函的账户,则选为重点函证的样本。④函证方式的选择。通常情况下,采用否定式函证所需的样本量比采用肯定式函证时要多。⑤评估的认定层次重大错报风险。评估的认定层次重大错报风险水平越高,则相应扩大函证样本量;反之,相应缩小函证样本量。

(3)函证的对象

审计人员应选择以下项目作为函证对象:①可能产生重大差错舞弊的项目;②金额较大的项目;③账龄较长的项目;④交易频繁但期末余额较小的项目;⑤与债务人存在纠纷的项目;⑥重大关联方交易项目。

(4)函证的控制

当实施函证时,审计人员应对函证时间、设计询证函以及发出和跟进询证函保持控制。

①函证的时间控制。审计人员通常以资产负债表日为截止日,在资产负债表日后适当时间内实施函证。如果重大错报风险评估为低水平,审计人员可选择资产负债表日前适当日期为截止日实施函证,并对所函证项目自该截止日起至资产负债表日止发生的变动实施实质性程序。

②函证实施过程的控制。审计人员应当采取下列措施对函证实施过程进行控制:将被询证单位的名称、地址与被审计单位有关记录核对;将询证函中列示的账户余额或其他信息与被审计单位有关资料核对;在询证函中指明直接向接受审计业务委托的会计师事务所回函;询证函经被审计单位盖章后,由审计人员直接发出;将发出询证函的情况形成审计工作记录;将收到的回函形成审计工作记录,并汇总统计函证结果。

③收取回函的控制。如果被询证者以电子邮件、传真等方式回函,审计人员应当直接接受,并要求被询证者寄回询证函原件。

如果采用积极的函证方式实施函证而不能收到回函,审计人员应当考虑与被询证者联系,要求对方作出回应或再次寄发询证函。如果未能得到被询证者的回应,审计人员应当实施替代审计程序。如果替代程序不能提供审计人员所需要的审计证据。该情况下,如果未获取回函,审计人员应当确定其对审计工作和审计意见的影响。

④函证评价的控制。审计人员应将函证的过程和情况记录在工作底稿中,并据以总结和评价应收账款情况。在评价函证的可靠性时,审计人员应当考虑:对询证函的设计、发出及收回的控制情况;被询证者的胜任能力、独立性、授权回函情况、对函证项目的了解及其客观性;被审计单位施加的限制或回函中的限制。

审计人员可通过函证结果汇总表的方式对询证函的收回情况加以控制。函证结果汇总表如表10.10所示。对于函证回函不符的,查明原因需要调整的,填制应收账款函证结果调节表,如表10.11所示,对于收不到回函的需要执行替代程序的,形成应收账款替代测试表,如表10.12所示。

表10.10　应收账款函证结果汇总表

被审计单位名称:________	索引号:________
项目:　应收账款	财务报表截止日/期间:________
编制人:________	复核人:________
日期:________	日期:________

一、应收账款函证情况列表

项目 单位名称	询证函编号	函证方式	函证日期		回函日期	账面金额	回函金额	经调节后是否存在差异	调节表索引号
			第一次	第二次					

二、对误差的分析

	金额
1. 已识别的误差	
2. 推断出的总体误差(扣除已识别的误差)	

审计说明:

表 10.11　应收账款函证结果调节表

被审计单位名称：______	索引号：______
项目：　应收账款	财务报表截止日/期间：______
编制人：______	复核人：______
日期：______	日期：______

被询证单位：______　　回函日期：______

1. 被询证单位回函余额　　金额：______

2. 减：被询证单位已记录项目

序号	日期	摘要（运输途中、存在争议的项目等）	凭证号	金额
1				
2				
3				
…				
合计				

3. 加：被审计单位已记录项目

4. 调节后金额

5. 被审计单位账面金额

6. 调节后是否存在差异，差异金额

审计说明：

表 10.12　应收账款替代测试表

被审计单位名称：______	索引号：______
项目：　应收账款——替代测试	所审计会计期间：______
编制人：______	复核：______
日期：______	日期：______

一、期初余额

二、借方发生额

入账金额				检查内容（用"√""×"表示）			
序号	日期	凭证号	金额	①	②	③	…
1							
2							
3							
小计							
全年借方发生额合计							
测试金额占全年借方发生额的比例							

续表 10.12

三、贷方发生额							
入账金额				检查内容(用"√""×"表示)			
序号	日期	凭证号	金额	①	②	③	…
1							
2							
3							
小计							
全年贷方发生额合计							
测试金额占全年贷方发生额的比例							
四、期末余额							
五、期后收款检查							
检查内容说明:①原始凭证是否齐全;②记账凭证与原始凭证是否相符;③账务处理是否正确;④是否记录于恰当的会计期间;⑤……							

审计说明:

5. 审查未函证的应收账款

由于审计人员不可能对所有应收账款进行函证,因此,对于未函证应收账款,审计人员应采取抽查有关原始凭据方式,以验证与其相关的应收账款的真实性,如销售订单、销售合同、销售发票副本及发运凭证等。

6. 审查坏账的确认和处理

审计人员应检查确认坏账是否有确凿的证据表明确实无法收回或收回的可能性不大,如有无债务人破产或者资不抵债,或者债务人长期未履行清偿义务的应收账款,以及应收款项逾期三年以上。审计人员应检查被审计单位坏账的处理是否经授权批准,有关会计处理是否正确。

7. 抽查有无不属于结算业务的债权

不属于结算业务的债权,不应在应收账款中进行核算。因此,审计人员应抽查应收账款明细账,并追查有关原始凭证,审查被审计单位有无不属于结算业务的债权。如果存在该现象,审计人员应建议被审计单位作适当调整。

8. 审查外币应收账款的折算

9. 确定应收账款的列报是否恰当披露

如果被审计单位是上市公司,则其财务报表附注通常应披露期初、期末余额的账龄分析,期末欠款金额较大的单位账款,以及持有 5% 以上(含 5%)股份的股东单位账款等情况。

本章小结

1. 为规范销售与收款行为,保证各种有关记录、凭证的真实可靠,防范销售与收款过程中的差错和舞弊,单位必须建立健全销售与收款环节的内部控制制度。注册会计师在评价销售与收款循环内部控制设计合理并被执行的基础上,考虑成本效益和风险水平,通过询问、观察、检查、穿行测试和重新执行等获取销售与收款循环的控制是否有效运行的审计证据。

2. 注册会计师在明确主营业务收入审计目标的基础上，获取或编制主营业务收入明细表，主要执行实质性分析程序、销售截止测试和收入的确认等实质性程序。

3. 注册会计师在明确应收账款审计目标的基础上，获取或编制应收账款明细表，主要采用账龄分析和函证等实质性程序。

复习思考题

1. 简述销售与收款循环的主要业务活动。

3. 简述主营业务收入的审计目标与主要实质性程序。

4. 实施应收账款的函证程序时，应如何确定函证的范围、对象、方式与时间？

5. 如何实施销售业务的截止测试？并指出其实现的审计目标。

第十一章　采购与付款循环审计

学习目标

1. 理解并掌握采购与付款循环业务的内部控制测试；

2. 理解并掌握应付账款的实质性程序；

3. 理解并掌握固定资产的实质性程序。

引导案例

达尔曼财务舞弊案

2005年3月25日，ST达尔曼成为中国第一个因无法披露定期报告而遭退市的上市公司。从上市到退市，在长达8年的时间里，达尔曼通过一系列精心策划的系统性舞弊手段，从股市和银行骗取资金高达30多亿元，给投资者和债权人造成严重损失。2005年5月17日，证监会公布了对达尔曼及相关人员的行政处罚决定书，指控达尔曼虚构销售收入，虚增利润，通过虚签建设施工合同和设备采购合同，虚假付款，虚增工程设备价款等方式虚增在建工程，重大信息(主要涉及公司对外担保，重大资产的抵押和质押，重大诉讼等事项)未披露或未及时披露。

达尔曼虚假陈述，欺诈发行，银行骗贷，转移资金等行为是一系列有计划、有组织的系统性财务舞弊和证券违法行为。

1. 虚假采购，虚增存货。虚假采购，一方面是为了配合公司虚构业绩需要，另一方面是为达到转移资金的目的。达尔曼虚假采购主要是通过关联公司和形式上无关联的“壳公司”来实现的，从年报可以看出，公司对大股东翠宝集团的原材料采购在1997—2001年呈现出递增趋势，至2001年占到了全年购货额的26%，2002年年报显示，公司当年期期末存货增加了8 641万元，增幅达到86.15%。从2001年公司开始披露的应付账款前五名的供货商名单可以看出，公司的采购过于集中，而且呈加剧状态，到2003年，前五位供货商的应付账款占到全部应付账款的91%。

2. 虚构往来款项，虚增在建工程、固定资产和对外投资。为了伪造公司赢利假象，公司销售收入大大高于销售成本与费用，对这部分差额，除了虚构往来款项外，公司大量采用虚增在建工程和固定资产，伪造对外投资等手法来转出资金，使公司造假、现金得以循环使用。此外，还通过这种手段掩盖公司资金的真实流向，将上市公司资金转匿到个人账户，占为己有。

据统计，从上市以来达尔曼共有大约15个主要投资项目，支出总额约10.6亿元，然而，无论是1997年的扩建珠宝首饰加工生产线项目，还是2003年的珠宝一条街项目，大多被公司董事长用来作为转移资金的手段。2002年年报中的在建工程附表显示，公司有很多已开工2年以上的项目以进口设备未到或未安装为借口挂账，而2003年年报的审计意见中更是点明珠宝一条街等许多项目在投入巨额资金后未见到实物形态，而公司也无法给出合理的解释。证监会的处罚决定指出达尔曼2003年虚增在建工程约2.16亿元。

资料来源:马军生、高泉、董君,《达尔曼财务舞弊案例剖析与启示》《财务与会计》2006年第2期

第一节 采购与付款循环的内部控制测试

一、采购与付款循环的特点

采购与付款循环是企业经过请购、订货、验收、支付货款有关活动所组成的业务循环。采购与付款循环所涉及的会计报表项目主要包括存货、预付账款、固定资产、累计折旧、固定资产减值准备、工程物资、在建工程、固定资产清理、应付票据和应付账款等。

(一)采购与付款循环涉及的主要业务活动

1. 请购商品和劳务

仓库负责对需要购买的已列入存货清单的项目填写请购单,其他部门也可以对所需要购买的未列入存货清单的项目编制请购单。企业对正常经营所需的物资采购通常作一般授权,但对资本支出和租赁合同,通常作特别授权,只允许指定人员提出请购。

请购单可由手工或计算机编制,每张请购单必须经过对这类支出预算负责的主管人员签字批准。

2. 编制订购单

采购部门在收到请购单后,只能对经过批准的请购单发出订购单。对每张订购单,采购部门应确定最佳的供应来源。为保证供货的质量、降低采购成本,对一些大额、重要的采购项目,应采取竞价方式来确定供应商。

订购单应正确填写所需要的商品品名、数量、价格、厂商名称和地址等,预先予以顺序编号并经过被授权的采购人员签名。

3. 验收商品

企业收到货物后,验收部门应严格验收,并对已收货的每张订购单编制一式多联、预先按顺序编号的验收单。验收单作为验收和检验商品的依据。验收部门应比较所收商品与订购单上所列商品的品名、摘要、数量、到货时间等是否相符,然后再盘点商品并检查商品有无损坏。验收人员还应将其中的一联验收单送交应付凭单部门。

4. 储存已验收的商品存货

仓库或其他请购部门收到验收人员送交的商品时,应在验收单的副联上签收,以确立其对所采购的资产应负的保管责任。将已验收商品的保管与采购的其他职责相分离,可减少未经授权的采购和盗用商品的风险。存放商品的仓储区应相对独立,限制无关人员接近。

5. 编制付款凭单

记录采购交易前,应付凭单部门应根据经过签字的验收单编制付款凭单。应付凭单部门应核对验收单、订购单与供应商发票内容的一致性,编制有预先顺序编号并填入应借记的资产或费用账户的付款凭单。由被授权人员在凭单上签字后送交财会部门,据以付款。

6. 确认与记录负债

应付账款部门在收到销售发票时,应将发票上所记载的品名、规格、价格、数量、条件及

运费与订购单上、验收单上的有关资料核对，核对无误后，按正确的数额记载企业发生的购货和接受劳务事项，编制有关记账凭证和登记应付账款明细账。正确确认已验收货物和已接受劳务的债务，要求准确并及时地记录负债。

7. 付款

一般由应付凭单部门负责确定未付凭单在到期日付款。企业有多种款项结算方式。在支付款项时，企业必须遵守支付环节相应的控制要求。

8. 记录现金、银行存款支出

会计部门应根据已付款的凭据编制付款凭证，并据以登记现金、银行存款日记账及其他相关账簿。

（二）采购与付款循环涉及的主要凭证与会计记录

审计人员只有了解采购与付款循环涉及的主要凭证与会计记录及主要活动，才能把握采购与付款循环涉及的相关账户的审计风险，进而提高审计的工作效率和效果。采购与付款循环所涉及的主要凭证与会计记录有以下几种：

1. 请购单

请购单是指由企业商品制造、资产使用等部门有关人员填写，送交采购部门，申请购买商品、劳务或其他资产的书面凭证。

小提示

编制请购单时需要注意：(1) 大多数企业对正常所需物资的购买均作一般授权；(2) 仓库在现有库存达到再订购点时就可直接提出采购申请，其他部门也可为正常的维修工作和类似工作直接申请采购有关物品；(3) 对资本支出和租赁合同，企业政策则通常要求作特别授权，只允许指定人员提出请购，请购单可由手工或计算机编制；(4) 由于企业内不少部门都可以填列请购单，不便事先编号；(5) 为加强内部控制，每张请购单都必须经过对该笔支出负责任的主管人员签字批准。

2. 订购单

订购单是由采购部门填写，向供应商购买订购单上所指定商品、劳务或其他资产的书面凭证。

3. 验收单

验收单是指企业仓库等验收部门在收到从供应商处采购到的商品、资产时编制的关于商品、资产的种类、数量、规格等内容的书面凭证。

4. 销售发票

销售发票是供应商开具的，交给买方以载明发运的货物或提供的劳务、应付款金额和付款条件等事项的凭证。

5. 付款凭单

付款凭单是由采购方企业应付凭单部门编制，载明已收到商品、资产或接受的劳务、应付款金额和付款日期等内容的书面凭证。付款凭单是企业内部记录和支付款项的授权证明文件。

6. 供应商对账单

供应商对账单是由供应商按月编制的，标明期初余额、本期购买、本期支付给供应商的款项和期末余额的凭证。供应商对账单是供应商对有关交易的陈述,如果不考虑买卖双方在收发货物上可能存在的时间差等因素,其期末余额通常应与采购方相应的应付账款期末余额一致。此外,还包括转账凭证、付款凭证、应付账款明细账、库存现金日记账和银行存款日记账。

二、采购与付款循环的内部控制测试

企业的采购与付款循环主要活动、对应的凭证及账户、相关的认定、关键控制点的关系如表11.1所示。

表11.1 采购与付款循环主要活动、对应的凭证及账户、相关的认定、关键控制点的关系

主要业务活动	相关凭证和记录	相关部门	相关认定	关键控制
请购商品和劳务	请购单	仓库等有关部门	发生	请购单不编号,但要经过签字批准
编制请购单	订购单	采购部门	完整性	订购单预先编号,经授权的采购人员签名
验收商品	验收单、订购单	验收部门	存在或发生、完整性	验收单一式多联,预先编号
储存已验收的商品存货	验收单	仓库部门	存在	保管与采购职责分离
编制付款凭单	付款凭单、验收单、订货单、供应商发票	应付凭单部门	存在、发生、完整性、计价和分摊、权利和义务	预先编号,并经过适当批准
确认与记录负债	付款凭单、验收单、订货单、供应商发票、转账凭证、应付账款明细账	会计部门	存在、完整性、计价和分摊、权利和义务	记录库存现金收支的人员不得经手现金、有价证券和其他资产,独立检查入账的及时与正确性
支付负债	付款凭单、有关票据	应付凭单部门、会计部门	存在、发生、完整性、计价和分摊	支付凭据预先编号,支持性凭证要注销
记录库存现金、银行存款支出	支付凭据、付款凭证、库存现金和银行存款日记账	会计部门	存在、发生、完整性、计价和分摊	应付账款明细账与库存现金和银行存款日记账核对、独立编制银行存款余额调节表

采购与付款循环的控制测试程序一般包括:

1. 询问被审计单位人员,了解被审计单位采购与付款的主要控制是否被执行。

2. 观察采购与付款关键控制点。例如,观察验收部门在收货时货物的检查情况,观察存货出入库等。

3. 检查关键控制点生成的有关文件和记录。例如,检查请购单、订货单核准手续的完整性,检查订货单是否连续编号,检查每笔记录负债增加的记账凭证是否均附有购货发票、订货单和验收单等原始凭证。

4. 必要时可以重新执行以证实控制执行的有效性。例如,重新执行银行存款调节程序。

5. 通过控制测试,获取对关键控制点控制有效支持的审计证据。

与其他交易各类相同,控制测试可以使用问卷调查的方式进行,有助于审计人员了解和记录处理采购交易的有关控制要点,采购交易内部控制问卷调查表的格式如表 11.2 所示。

表 11.2　采购交易内部控制问卷调查表

年　月　日

业务	提出问题	是	否	不适用	备注
请购商品或劳务	(1)是否已建立请购的一般和特殊授权程序 (2)是否对所有请购的商品或劳务编制请购单				
编制订购单	(1)每一张订购单是否都要求编制一张请购单 (2)是否使用预先编号的订购单并加以控制				
验收商品	(1)送交验收部门的订购单副联是否已涂改采购数量 (2)验收时是否盘点和检查商品并与有关订购单核对 (3)编制的订购单是否预先编号 (4)验收部门将商品送交仓库或其他请购部门,是否取得对方签章的收据 (5)凭单是否经被授权人批准				
储存已验收商品	(1)商品是否存放在加锁的地方,并限制接近 (2)是否设有保安人员守卫仓库存货				
编制付款凭单	(1)编制凭单时,是否将凭单与订购单、验收单和供应商发票相核对 (2)是否独立检查供应商发票和凭单计算的正确性 (3)凭单是否经被授权人批准				
确认与记录负债	(1)是否编制每日凭单汇总表,并将其与有关记账凭证上记录的金额核对 (2)是否对有关记账凭证会计分录进行独立检查,确定会计分录的恰当性和入账的及时性 (3)是否定期独立检查未付凭单档案内凭单总和与应付账款总账的一致性				

注册会计师签字:　　　　　　　　　　　　被审计单位复核人员签字:

(三)固定资产的内部控制和控制测试

固定资产在企业资产总额中占有很大的比重,如果固定资产管理不当,将会造成严重的损失。因此,审计人员应当审核被审计单位固定资产的真实和完整性、建立和健全固定资产的内部控制。

1. 固定资产的预算控制

大中型企业应编制固定资产增减和合理运用资金的年度预算;小规模企业也要对固定资产的购建编制计划。审计人员应审核被审计单位固定资产的取得和处置是否依据预算,其实际支出与预算间的差异,并分析造成差异原因。

2. 职责分工控制

对固定资产的取得、记录、保管、使用、维修和处置等均应明确划分责任，由专门部门和专人负责。例如，固定资产的采购、验收与款项支付；固定资产投资预算的编制与审批，审批与执行；固定资产的处置申请与审批，审批与执行；固定资产取得、处置业务的执行与记录。

3. 授权批准控制

企业应对固定资产建立完善的授权批准制度，明确授权批准方式、程序、权限和相关控制措施，规定经办人员的职责范围和工作要求。审计人员应审核被审计单位固定资产授权批准制度是否完善，是否存在未经授权的机构和人员办理固定资产业务的情况，关注授权批准制度是否有效执行。

4. 固定资产的处置控制

固定资产的处置包括投资转出、报废、出售、对外捐赠等业务。企业应建立固定资产处置的相关制度，确定固定资产处置的范围、程序和审批权限等相关内容。对于固定资产的处置制度，审计人员应当关注被审计单位是否建立固定资产处置的申请报批程序，检查报废是否经适当批准和处理；抽取固定资产报废单和固定资产增减变动情况分析报告，检查固定资产减少处理是否经过复核等。

5. 固定资产的定期盘点控制

企业应组织固定资产盘点小组对固定资产进行定期盘点，通过固定资产盘点可以发现是否存在未入账的固定资产的情况。根据盘点结果填写固定资产盘点表，并与账簿记录相核对，以验证固定资产真实存在性。对账实不符的情况，应编制固定资产盘盈、盘亏表。

6. 固定资产的维护保养制度

企业应建立严格的固定资产维护保养制度，保证固定资产的正常运行，提高固定资产的使用效率。

7. 会计记录控制

固定资产的增减变化均要有充分的原始凭证，企业应设置固定资产总账、明细分类账和固定资产登记卡反映固定资产的增减变化情况。对于固定资产的账簿记录控制，审计人员可以抽查应付账款、库存现金、银行存款、营业外收支、制造费用、管理费用、固定资产等会计记录的相关资料，审查其增减变动记录是否完善。

第二节 采购与付款循环的实质性程序

一、应付账款的实质性程序

应付账款是企业在正常经营过程中，因赊购商品和劳务等引发的短期债务。应付账款业务会随着企业赊购交易的发生而发生，因此，审计人员应结合采货业务进行应付账款的审计。

（一）应付账款的审计目标

应付账款的审计目标一般包括：

1. 确定资产负债表中记录的应付账款是否存在；

2. 确定所有应当记录的应付账款是否均已记录；

3. 确定资产负债表中记录的应付账款是否为被审计单位应当履行的现时义务；

4. 确定应付账款是否以恰当的金额包括在财务报表中，与之相关的计价调整是否已恰当记录；

5. 确定应付账款是否已按照企业会计准则的规定在财务报表中作出恰当的列报。

（二）应付账款的实质性程序

1. 获取或编制应付账款明细表，复核加计是否正确，并与报表数、总账数和明细账合计数核对是否相符

对于被审计单位提供的应付账款明细表，审计人员应验证明细表中加总和个别金额的正确性。如果个别项目的明细表总额与总账不相符，则必须检查其差异的原因。

如果有外币业务的企业，审计人员应检查非记账本位币应付账款的折算汇率及折算是否正确。应付账款明细表是从关联方和非关联方两个方面对应付账款明细情况予以审计形成的底稿，其格式如表 11.3 所示。

表 11.3　应付账款明细表

被审计单位名称：________	索引号：________
项目：　应付账款	财务报表截止日/期间：________
编制人：________	复核：________
日期：________	日期：________

单位名称	借方余额			贷方余额			合计			备注
	原币	汇率	折合本位币	原币	汇率	折合本位币	原币	汇率	折合本位币	
一、关联方										
小计										
合计										
二、非关联方										
小计										
合计										

审计说明：

2. 实施实质性分析程序

根据被审计单位实际情况，对应付账款实施实质性分析程序。

（1）对期末应付账款余额与上期期末余额进行比较，分析波动原因；

（2）分析长期挂账的应付账款，判断被审计单位是否缺乏偿债能力或利用应付账款隐

瞒利润；

(3)计算应付账款与存货的比率,应付账款与流动负债的比率,并与以前年度相关比率对比分析,评价应付账款整体的合理性；

(4)根据存货、营业收入、营业成本等项目的增减变动,判断应付账款增减变动的合理性。

3. 函证应付账款

通常情况下,审计人员不需要对应付账款实施函证。但是如果控制风险较高,对重要项目的应付账款,则应考虑函证。

(1)函证对象。审计人员选取的函证项目应包括:较大金额的债权人;上一年度有业务往来而本年度无业务的主要供货商;在资产负债表日金额不大,甚至为零,但为被审计单位重要供应商的债权;没能按时寄送对账单和存在关联方交易的债权人。

(2)函证方式。函证最好采用积极函证方式,并具体说明应付金额。

(3)函证的控制与评价。审计人员必须对函证的过程进行控制,要求债权人直接回函,并根据回函情况编制与分析函证结果汇总表,对未回函的,应考虑是否再次函证。

4. 对未回函的实施替代的检查程序

替代程序包括检查合同、发票、验收单,应收账款明细账等。应付账款替代测试表是从应付账款贷方发生额、借方发生额和期后付款三方面抽取样本检查原始凭证、记账凭证与账务处理而形成的工作底稿。其格式如表11.4所示。

表11.4 应付账款替代测试表

被审计单位名称:________	索引号:________
项目: 应付账款	财务报表截止日/期间:________
编制人:________	复核:________
日期:________	日期:________

一、期初余额							
二、贷方发生额							
入账金额				检查内容(用"√""×"表示)			
序号	日期	凭证号	金额	①	②	③	…
1							
2							
…							
小计							
全年贷方发生额合计							
测试金额占全年贷方发生额的比例							
三、借方发生额							
入账金额				检查内容(用"√""×"表示)			
序号	日期	凭证号	金额	①	②	③	…
1							
2							
…							
小计							
全年借方发生额合计							

续表 11.4

测试金额占全年借方发生额的比例					
四、期末余额					
五、期后付款检查					
检查内容说明:①原始凭证内容是否完整;②记账凭证与原始凭证是否相符;③账务处理是否正确;……					

审计说明:

5. 检查是否存在未入账的应付账款

为了防止企业低估负债,审计人员应检查被审计单位有无故意少计应付账款的行为。

(1)结合存货监盘,检查被审计单位在资产负债日前后的验收报告或入库单,检查是否有大额货到单未到的情况,确认相关负债是否计入了正确的会计期间;

(2)检查供应商发票、验收报告或入库单、应付账款明细账贷方发生额的相应凭证等,查找有无未及时入账的应付账款,确认应付账款期末余额的完整性。

审计人员可以编制应付账款核对表,它是审计人员检查发票、入库单和应付账款明细账等形成的工作底稿。其格式如表 11.5 所示。

表 11.5　应付账款核对表

被审计单位名称:＿＿＿＿＿＿　索引号:＿＿＿＿＿＿

项目:　应付账款　　财务报表截止日/期间:＿＿＿＿＿＿

编制人:＿＿＿＿＿＿　复核:＿＿＿＿＿＿

日期:＿＿＿＿＿＿　日期:＿＿＿＿＿＿

序号	明细账凭证			摘要	入库单日期			购货发票			入库单与发票核对情况	明细账与发票核对情况
	编号	日期	金额		编号	日期	金额	日期	供应商名称	金额		

核对要点:

1. 入库单中的货物名称、数量、单价及金额与购货发票核对是否一致;

2. 记账凭证内容与购货发票核对是否一致。

审计说明:

(3)检查资产负债表日应付账款明细账贷方发生额的相应凭证。例如,检查银行对账单及有关付款凭证,包括银行汇款通知、供应商收据等。

应付账款日后付款测试表是审计人员为查找未入账应付账款细节测试而形成的工作底稿。其格式如表 11.6 所示。

表 11.6 应付账款日后付款测试表

被审计单位名称：________	索引号：________
项目：应付账款	财务报表截止日/期间：________
编制人：________	复核：________
日期：________	日期：________

从资产负债表日后的付款凭证中抽取若干张：

序号	金额	银行对账单日期	支票		明细账凭证		说明	截止是否适当
			编号	日期	编号	日期		

审计说明：

6. 针对异常或大额交易及重大调整事项，如大额的购货折扣或退回，会计处理异常的交易，未经授权的交易，或缺乏支持性凭证的交易等，检查相关原始凭证和会计记录，以分析交易的真实性、合理性。

7. 检查带有现金折扣的应付账款是否按发票上记载的全部应付金额入账，在实际获得现金折扣时再冲减财务费用。

8. 标明应付关联方的款项，执行关联方及其交易鉴证程序。

9. 检查应付账款是否已按照企业会计准则的规定在财务报表中作出恰当列报。

二、固定资产的实质性程序

固定资产是指为生产商品、提供劳务、出租或经营管理而持有的，使用寿命超过一个会计年度的有形资产。由于固定资产在企业全部资产总额中所占比重较大，其能反映企业的生产经营能力，固定资产的安全、完整对企业的生产经营具有极大影响，审计人员应高度重视固定资产的审计。

(一)固定资产的审计目标

固定资产的审计目标一般包括：

1. 确定资产负债表中记录的固定资产是否存在；

2. 确定所有应记录的固定资产是否均已记录；

3. 确定记录的固定资产是否由被审计单位拥有或控制；

4. 确定固定资产是否以恰当的金额包括在财务报表中，与之相关的计价或分摊已恰当记录；

5. 确定固定资产是否已按照企业会计准则的规定在财务报表中作出恰当列报。

(二)固定资产的实质性程序

1. 获取或编制固定资产、累计折旧及减值准备明细表，复核加计正确，并与总账数和明细账合计数核对是否相符，与报表数核对是否相符。

固定资产、累计折旧及减值准备明细表是固定资产原价、累计折旧、减值准备、账面价值四方面内容对固定资产明细情况予以审计而形成的工作底稿。其格式如表 11.7 所示。

表 11.7　固定资产、累计折旧及减值准备明细表

被审计单位名称:＿＿＿＿＿＿＿　索引号:＿＿＿＿＿＿＿
项目:　固定资产、累计折旧及减值准备明细表　财务报表截止日/期间:＿＿＿＿＿＿＿
编制人:＿＿＿＿＿＿＿　复核:＿＿＿＿＿＿＿
日期:＿＿＿＿＿＿＿　日期:＿＿＿＿＿＿＿

项目名称	期初余额	本期增加	本期减少	期末余额	备注
一、原价合计					
其中:房屋、建筑物					
机器设备					
运输工具					
……					
二、累计折旧合计					
其中:房屋、建筑物					
机器设备					
运输工具					
……					
三、固定资产减值准备合计					
其中:房屋、建筑物					
机器设备					
运输工具					
……					
四、固定资产账面价值合计					
其中:房屋、建筑物					
机器设备					
运输工具					
……					

编制说明:备注栏可填列固定资产的使用年限、剩余使用年限、残值率和年折旧率等情况。
审计说明:

2. 对固定资产实施实质性分析程序

根据被审计单位的实际情况,审计人员可以选择表 11.8 所列指标进行分析。

表 11.8　分析程序的内容与可能存在的信息

比较的内容	可能存在的信息(即 CPA 的合理疑问)
将本期折旧额与固定资产总成本的比率同上年比较	本期折旧计算方面的错误
将本期折旧额与制造费用的比率同上年比较	折旧计算方面的错误
将累计折旧与制造费用的比率同上年比较	累计折旧记录中的错误

续表 11.8

比较的内容	可能存在的信息(即 CPA 的合理疑问)
将累计折旧与固定资产总成本的比率同上年比较	累计折旧核算中的错误
将每月或全年的维修费用同上年比较	将应当资本化的项目计入本期费用
将制造费用与产量的比率同上年比较	闲置或已减少的设备未作账务处理
将本期与以前各期的固定资产增加或减少比较	判断差异产生原因的合理性
将固定资产原值与本期产品产量的比率同以前年度比较	固定资产闲置或已减少的设备未作账务处理
将固定资产的构成及增减变动与相关信息交叉核对	固定资产相关金额的合理性和准确性

3. 审计固定资产的增加

固定资产的增加包括购置、自制自建、投资者投入、更新改造增加等多种途径,审计人员应重点关注本期增加的固定资产的入账价值,检查本期增加固定资产的计价(初始计量)是否正确,手续是否齐备,会计处理是否正确。

(1)对于外购固定资产,审查购买固定资产的授权批准手续是否齐备;核对采购合同、发票、保险单和发运凭证等资料,审查其入账价值及会计处理是否正确等。

(2)对于在建工程转入的固定资产,审查建设项目的批准文件,以查明其是否经合法的授权批准;审查在建工程的相关记录是否与竣工决算、验收和移交报告等一致;审查资本化利息金额计算是否恰当;对已经达到预定可使用状态,但尚未办理竣工决算手续的固定资产,检查其是否已暂估入账,并按规定计提折旧,竣工决算完成后,是否及时调整。

(3)对于投资者投入的固定资产,检查投资者投入的固定资产是否有相应的审批手续和合同;检查是否按投资各方确认的价值入账,确认价值是否公允;涉及国有资产的,是否有评估报告并经国有资产管理部门评审备案或核准确认。

(4)对于更新改造增加的固定资产,检查通过更新改造而增加的固定资产,增加的原值是否符合资本化条件,重新确定的剩余折旧年限是否恰当。

固定资产增加检查表是对增加的固定资产原始凭证审查而形成的底稿,其格式如表 11.9 所示。

表 11.9　固定资产增加检查表

被审计单位名称:________	索引号:________
项目:　固定资产增加检查表	财务报表截止日/期间:________
编制人:________	复核:________
日期:________	日期:________

固定资产名称	取得日期	取得方式	固定资产类别	增加情况		凭证号	核对内容(用"√""×"表示)							
				数量	原价		1	2	3	4	5	6	7	8

核对内容说明:1. 与发票是否一致;2. 与付款单据是否一致;3. 与购买/建造合同是否一致;4. 与验收报告或评估报告等是否一致;5. 审批手续是否齐全;6. 与在建工程转出数核对是否一致;7. 会计处理是否正确(入账日期和入账金额);8. ……

审计说明:

4. 审计固定资产的减少

固定资产的减少包括出售、报废、毁损、向其他单位投资转出、向债权人抵债转出、盘亏等。为了保护固定资产的安全与完整，必须对固定资产的减少进行严格审查，从而确定固定资产减少的合理性、合法性。对各种固定资产减少的审计，审计人员审查工作包括：

(1)审查减少的固定资产是否经授权批准；

(2)审查减少的固定资产会计处理是否正确，验证其数额计算的准确性；

(3)审查减少的固定资产的净损益，验证其正确性与准确性。

5. 对固定资产进行实地盘点

(1)在本期新增的固定资产中，选择适量的项目，实地观察和检查固定资产(如为首次接受委托，应针对期初固定资产实施相应程序)，确定其是否存在，记录当前实际使用状况；

(2)观察是否存在已报废但仍未核销的固定资产；

(3)观察是否存在封存或闲置的固定资产；

(4)检查是否存在尚未入账的固定资产。

实施实地检查审计程序时，审计人员通常可以采取两种方式。一是以固定资产明细分类账为起点，进行实地追查，以证明会计记录中所列固定资产确实存在，并了解其目前的使用状况；一是以实地为起点，追查至固定资产明细分类账，以获取实际存在的固定资产均已入账的证据。

审计人员实地盘点的重点是本期新增加的重要固定资产。固定资产盘点检查情况表是审计人员实地盘点固定资产形成的工作底稿，其格式如表 11.10 所示。

表 11.10　固定资产盘点检查情况表

被审计单位名称：＿＿＿＿	索引号：＿＿＿＿
项目：固定资产盘点检查情况表	财务报表截止日/期间：＿＿＿＿
编制人：＿＿＿＿	复核：＿＿＿＿
日期：＿＿＿＿	日期：＿＿＿＿

序号	名称	规格型号	计量单位	单价	账面结存		被审计单位盘点			实际检查			备注
					数量	金额	数量	金额	盈亏(+、-)	数量	金额	盈亏(+、-)	

检查时间：　　　　检查地点：　　　　检查人：　　　　盘点检查比例：

审计说明：

6. 验证固定资产的所有权

对各类固定资产，审计人员应获取、查阅相关原始凭证，以确定所审查的固定资产是否确归被审计单位所有。对外购的机器设备等固定资产，通常经审核采购发票、购货合同等予以确定；对于房地产类固定资产，应查明所有权或使用权的证明文件，如检查有关的合同、产权证明、财产税单、抵押借款的还款凭据等书面文件;对融资租入的固定资产,应验证有关融资租赁合同,证实其非经营租赁;对汽车等运输设备,应验证有关运营证件等。

7. 检查固定资产的租赁

对于租赁的固定资产,审计人员应重点审查固定资产的租赁手续是否完备,是否经相关部门的审批。租入的固定资产是否确属于企业所必需物品;租入的固定资产是否已登记入备查簿。租出的固定资产是否确属于企业多余或闲置不用;租出的固定资产有无长期不收租金,是否有变相馈赠、转让等情况;租金收取是否签有合同,有无多收、少收现象。

8. 检查固定资产的抵押、担保情况

结合对银行借款等的检查,了解固定资产是否存在重大的抵押、担保情况。如果存在,应取证并作相应的记录,同时提请被审计单位作恰当披露。

9. 确定固定资产是否已按照企业会计准则的规定在财务报表中作出恰当列报。

三、累计折旧的实质性程序

固定资产的价值将随着其使用而逐渐转移到生产的产品中,构成经营成本或费用。这部分随着固定资产的磨损而逐渐转移的价值即称为固定资产的折旧,它是固定资产价值的扣减额。固定资产折旧的方法有很多,各种方法都可能导致不同的结果,并影响期间的净收益和所得税申报。因此,审计人员要严格审核被审计单位在会计年度内计提折旧方法选择的适当性。

(一)累计折旧的审计目标

1. 确定折旧政策和方法是否符合相关会计准则的规定,并且是否一贯遵循;

2. 核实所有应记录的累计折旧是否完整;

3. 审查折旧费用的计算是否正确,期末余额是否正确;

4. 确定累计折旧是否已按照企业会计准则的规定在财务报表中作出恰当列报。

(二)累计折旧的实质性程序

1. 获取或编制累计折旧分类汇总表,复核加计正确,并与总账数和明细账合计数核对是否相符。

2. 检查被审计单位制定的折旧政策和方法是否符合相关会计准则的规定,计提折旧的范围是否正确,确定的使用寿命、预计净残值是否合理。

3. 实施分析程序。

(1)对计提折旧总体合理性进行复核。该复核也是测试折旧正确与否的一个有效办法。对于固定资产及累计折旧的内部控制较健全时,就可以适当地减少累计折旧和折旧费用的其他实质性程序的工作量。

(2)计算本期计提折旧额占固定资产原值的比率,并与上期比较,分析本期折旧计提额的合理性。

(3)计算累计折旧占固定资产原值的比率,评估固定资产的老化率。

4. 检查本期折旧费用的计提和分配是否正确。

(1)已计提部分减值准备的固定资产,计提的折旧是否正确;

(2)关注固定资产增减变动时,有关折旧的会计处理是否符合规定;

(3)检查折旧费用的分配方法是否合理,是否与上期一致;

(4)已全额计提减值准备的固定资产,是否已停止计提折旧;

(5)检查有无已提足折旧的固定资产继续超提和应计提折旧的固定资产不提或少提折旧的情况。

5. 将“累计折旧”账户贷方的本期计提折旧额与相应的成本费用中的折旧费用明细账户的借方相比较,以查明所计提折旧金额是否已全部摊入本期产品成本或费用。如果存在差异,应追查原因,并考虑是否应建议作适当调整。

6. 确定累计折旧的披露是否恰当。

第三节　其他相关账户审计

在采购与付款循环中,除以上介绍的会计账户外,还有预付账款、固定资产减值准备、工程物资、在建工程、固定资产清理和应付票据等账户。这些账户目标和实质性程序如表11.11所示。

表 11.11　其他相关账户的审计目标和实质性程序

账户名称	审计目标	实质性程序
预付账款	1. 确定预付账款是否存在 2. 确定预付账款是否归被审计单位所有 3. 确定预付账款增减变动的记录是否完整 4. 确定预付账款期末余额是否正确 5. 确定预付账款在账务报表上的披露是否恰当	1. 获取或编制预付账款明细表,复核其加计数是否正确,并核对其期末合计数与报表数、总账数和明细账合计数是否相符 2. 实施分析性程序 3. 分析预付账款账龄及余额构成,正确确定函证对象,函证其余额是否正确 4. 检查预付账款长期挂账的原因 5. 关注是否存在预付关联方退款 6. 分析预付账款明细账余额方向,如出现贷方余额的项目,就查明原因,必要时建议作重分类调整 7. 检查预付账款是否已在资产负债表上恰当披露
固定资产减值准备	1. 确定固定资产减值准备的方法是否恰当,计提是否充分 2. 确定固定资产减值准备增减变动的记录是否完整 3. 确定固定资产减值准备期末余额是否正确 4. 确定固定资产减值准备的披露是否恰当	1. 获取或编制固定资产减值准备明细表,复核其加计数是否正确,并核对其期末合计数与报表数、总账数和明细账合计数是否相符 2. 检查固定资产减值准备的计提方法是否符合会计制度的规定,前后各期是否一致,计提的依据是否充分,计提的数额是否恰当,相关会计处理是否正确 3. 实施分析程序,计算本期期末固定资产减值准备数额占期末固定资产原价的比率,并与期初比率比较。如有异常波动,查明原因,判断波动的合理性 4. 检查实际发生固定资产损失时,相应固定资产减值准备的转销是否符合有关规定,会计处理是否正确 5. 检查固定资产减值准备的披露是否恰当

续表 11.11

账户名称	审计目标	实质性程序
工程物资	1. 确定工程物资是否存在 2. 确定工程物资是否归被审计单位所有 3. 确定工程物资增减变动的记录是否完整 4. 确定工程物资期末余额是否正确 5. 确定工程物资在财务报表上的披露是否恰当	1. 获取或编制工程物资明细表，复核其加计数是否正确，并核对其期末合计数与报表数、总账数和明细账合计数是否相符 2. 盘点工程物资，确定其是否存在 3. 抽查相关原始凭证，检查其是否经过授权批准，会计处理是否正确 4. 检查有无与关联方的工程物资相关的购销业务，如有，应查明是否经过授权，是否按正常交易价格结算 5. 检查工程物资在资产负债表上的披露是否恰当，如果被审计单位是上市公司，应在其财务报表附注中分项列示各类工程物资的期初、期末余额
在建工程	1. 确定在建工程是否存在 2. 确定在建工程是否归被审计单位所有 3. 确定在建工程增减变动的记录是否完整 4. 确定计提在建工程减值准备的方法和比例是否恰当，在建工程减值准备的计提是否充分 5. 确定在建工程期末余额是否正确 6. 确定在建工程在财务报表上的披露是否恰当	1. 获取或编制在建工程明细表，复核其加计数是否正确，并核对其期末合计数与报表数、总账数和明细账合计数是否相符 2. 检查本期在建工程的增减变动情况，看其会计处理是否正确 3. 检查在建工程项目期末余额的构成内容，并实地观察工程现场，确定在建工程是否存在，查明是否存在实际已使用但未办理竣工决算手续、未及时进行会计处理的项目 4. 检查在建工程减值准备的计提 5. 检查在建工程合同，以确定是否存在与资本性支出有关的财务承诺 6. 检查在建工程在资产负债表上的披露是否恰当
固定资产清理	1. 确定固定资产清理的记录是否完整 2. 确定固定资产清理反映的内容是否正确 3. 确定固定资产清理的期末余额是否正确 4. 确定固定资产清理在财务报表上的披露是否恰当	1. 获取或编制固定资产清理明细表，复核其加计数是否正确，并核对其期末合计数与报表数、总账数和明细账合计数是否相符 2. 检查固定资产清理的发生是否有正当理由，是否经有关技术部门鉴定，其发生和转销是否经授权批准，相关会计处理是否正确 3. 检查固定资产清理是否有长期挂账现象，如有，应作出记录，必要时建议作适当的调整 4. 检查固定资产清理是否已在资产负债上恰当披露

续表 11.11

账户名称	审计目标	实质性程序
应付票据	1. 确定应付票据的发生和偿还记录是否完整 2. 确定应付票据期末余额是否正确 3. 确定应付票据在财务报表上的披露是否恰当	1. 获取或编制应付票据明细表，复核其加计数是否正确，并核对其期末合计数与报表数、总账数和明细账合计数是否相符 2. 函证应付票据 3. 实施分析程序，以证实应付票据的完整性和合理性，及时发现需要特别关注的方面 4. 检查应付票据备查簿，抽查若干重要原始凭证，确定其是否真实，会计处理是否正确 5. 复核带息应付票据利息是否足额计提，其会计处理是否正确 6. 查明逾期未兑付应付票据的原因，是否已转入应付账款项目，其中带息应付票据是否已停止计息；确定是否存在抵押票据的情形，必要时，提请被审计单位予以披露 7. 关注是否存在应付关联方的票据 8. 审查外币应付关联方的票据 9. 检查应付票据是否已在资产负债表上恰当披露

本章小结

1. 采购与付款循环是企业经过请购、订货、验收、支付货款有关活动所组成的业务循环。单位必须建立健全采购与付款环节的内部控制制度，注册会计师在评价采购与付款循环内部控制设计合理并被执行的基础上，考虑成本效益和风险水平，通过询问、观察、检查、穿行测试和重新执行等获取采购与付款循环的控制是否有效运行的审计证据。

2. 固定资产在企业资产总额中占有很大的比重，注册会计师应就被审计单位建立和健全固定资产的内部控制进行测试。包括固定资产的预算控制、职责分工控制、授权批准控制、固定资产的处置控制、固定资产的定期盘点控制、固定资产的维护保养制度和会计记录控制。

3. 注册会计师在明确应付账款审计目标的基础上，获取或编制应付账款明细表，主要执行应付账款实质性分析程序、查找未入账应付账款和函证应付账款等实质性程序。

4. 注册会计师在明确固定资产审计目标的基础上，获取或编制固定资产明细表，主要执行固定资产实质性分析程序、对固定资产的增加和减少审计以及审计累计折旧等实质性程序。

复习思考题

1. 简述采购与付款循环的主要业务活动。
2. 简述采购与付款循环的主要控制测试。
3. 审计人员如何查证未入账的应付账款？
4. 如何利用分析程序审计固定资产及累计折旧？
5. 固定资产内部控制制度包括哪些内容？

第十二章 生产与储存循环审计

学习目标

1. 理解并掌握生产与储存循环内部控制测试;

2. 理解并掌握存货监盘程序与存货计价审计。

引导案例

美国法尔莫公司存货舞弊案例

米奇·莫纳斯在购入第一家药店之后的10年内又收购了299家药店,并组建了全国连锁的法尔莫公司。在莫纳斯的强大压力下,公司财务总监卷入了财务舞弊案件,他和他的几位下属保持了两套账簿,一套用以应付审计人员的审计,一套反映糟糕的现实。

他们先将所有的损失归入一个所谓的"水桶账户",然后将该账户的金额通过虚增存货的方式重新分配到公司的数百家成员药店中。他们伪造购货发票、编制增加存货并减少销售成本的虚假记账凭证、确认购货却不同时确认负债、多计或加倍计算存货的数量。财务部门之所以可以隐瞒存货短缺是因为审计人员只对300家药店中的4家进行存货监盘,而且他们会提前数月通知法尔莫公司他们将检查哪些药店。

管理人员随之将那4家药店堆满实物存货,而把那些虚增的部分分配到其余的296家药店。如果不考虑其会计造假,法尔莫公司实际已濒临破产,至少存在5亿美元的损失。

这项审计失败使会计师事务所在民事诉讼中损失了3亿美元。公司财务总监被判33个月的监禁,莫纳斯本人则被判入狱5年。

不诚实的企业常常利用以下几种方法的组合来进行存货造假:虚构不存在的存货,存货盘点操纵,以及错误的存货资本化。所有这些精心设计的方案有一个共同的目的,即虚增存货的价值。

一、虚构存货

正如莫纳斯所做的那样,一个增加存货资产价值的方法是对实际不存在的项目编制各种虚假资料,如没有原始凭证支持的记账凭证、夸大存货盘点表上存货数量、编制虚假的装运和验收报告以及虚假的订购单,从而虚增存货的价值。

二、存货盘点操纵

审计人员在很大程度上依赖对客户存货的监盘来获取有关存货的审计证据。在一些存货舞弊案件中,审计客户在数小时之内就改变了审计人员的工作底稿。例如,假定审计客户在会计期间结束前收到一大批货物,然后将所有与之相关的验收报告和发票以及它们的复印件抽出,并在审计期间将其隐藏起来。然后,在存货实物盘点时,雇员们再将这些货物清点并计入审计人员测试的那批货物中去。显然,这样做实物存货将被高估,同时有相同金额的负债被低估。存货高估的金额将会被混入整个销售成本的计算之中。遇到这种情况,审计人员需要进行比率或趋势分析以发现可能的舞弊。另外,也可以检查会计期间结束后一段时间内的款项支出。

三、错误的存货资本化

虽然任何存货项目都可能存在不恰当资本化的情况,但产成品项目中这方面的问题尤为突出。有关产成品被资本化的部分通常是销售费用和管理费用。为了发现这些问题,审计人员应当对生产过程中的有关人员进行访谈,以获取归入存货成本的费用归集与分配过程是否适当的信息。

资料来源:王英姿,《存货舞弊的案例:美国法尔莫公司》,《审计学原理与实务》2006 年 8 月

第一节　生产与储存循环的内部控制测试

一、生产与储存循环的特点

生产与储存循环反映企业将购入的材料经过加工最后形成半成品或产成品的过程。生产与储存循环与其他业务循环关系非常密切。在生产与储存循环中,涉及的内容主要是存货的管理和生产成本的计算等。

(一)生产与储存循环涉及的主要业务活动

1. 计划和安排生产

计划和安排生产活动由生产计划部门负责。生产计划部门根据顾客订单或者销售预测和存货需求的分析来决定生产授权。如果决定授权生产,即签发预先编号的生产通知单,此外,还需要编制一份材料需求报告,列示所需要的材料和零件及其库存。

2. 发出原材料

仓库部门根据从生产部门收到的领料单发出原材料。领料单上必须列示所需的材料数量和种类,以及领料部门的名称。领料单可以一料一单,也可以一单多料,通常需一式三联。仓库发出材料后,以其中一联连同材料交还领料部门,其余两联经仓库登记材料明细账后,送财会部门进行材料收发核算和成本核算。

3. 生产产品

生产部门在收到生产通知单及领取原材料后,将生产任务分解到每一个生产工人,并将所领取的原材料交给生产工人,使生产工人进行产品的生产操作。生产工人在完成生产任务后,将完工的产品交由生产部门清查后,再转交检验员验收并办理入库手续。如果连续生产的,将本工序完成的产品移交下一个部门,以进一步加工。

4. 核算产品成本

核算产品成本由财会部门完成。企业应建立健全的成本会计制度,提供从原材料到产成品的成本核算过程会计记录。各部门要将生产过程中涉及的各种记录、生产通知单、领料单、入库单、计工单等文件资料汇到财会部门,由财会部门对其进行检查和核对。财会部门要设置相应的会计账户,同有关部门对生产过程中的成本进行核算和控制。

5. 储存产成品

完工的产成品入库时首先需要由仓库部门点验和检查,然后签收。签收后,将实际入库数量通知财会部门。对储存的产成品,仓库部门应根据产成品的特征分类存放,并填制

标签。

6. 发出产成品

产成品的发出须由独立的发运部门进行。装运产成品时必须持有经有关部门核准的发运通知单,并据此编制出库单。

小提示

出库单至少一式四联,一联交仓库部门,一联发运部门留存,一联送交顾客,一联作为给顾客开发票的依据。

(二)生产与储存循环涉及的主要凭证与会计记录

生产与储存循环所涉及的主要凭证与会计记录包括以下几种:

1. 生产通知单

生产通知单是企业下达制造产品等生产任务的书面文件,用以通知供应部门组织材料发放,生产车间组织产品制造,会计部门组织成本计算。

2. 领发料凭证

领发料凭证是企业为控制材料发出所采用的各种凭证,如材料发出汇总表、领料单、限额领料单、领料登记簿、退料单等。

3. 产量和工时记录

产量和工时记录是登记工人或生产班组在出勤内完成产品数量、质量和生产这些产品所耗费工时数量的原始记录。常见的产量和工时记录主要有工作通知单、产量通知单、工作班产量报告、工序进程单、产量明细表及废品通知单等。

4. 薪酬汇总表及薪酬费用分配表

薪酬汇总表是为了反映企业薪酬的结算情况,并据以进行薪酬总分类核算和汇总整个企业薪酬费用而编制的,它是企业进行薪酬费用分配的依据。薪酬费用分配表反映了各生产车间各产品应负担的生产工人薪酬及福利费。

5. 材料费用分配表

材料费用分配表是用来汇总反映各生产车间各产品所耗费的材料费用的原始记录。

6. 制造费用分配汇总表

制造费用分配汇总表是用来汇总反映各生产车间各产品所应负担的制造费用的原始记录。

7. 成本计算单

成本计算单是用来归集某一成本计算对象所应承担的生产费用,计算该成本计算对象的总成本和单位成本的记录。

8. 存货明细账

存货明细账是用来反映各种存货增减变动情况和期末库存数量及相关成本信息的会计记录。

二、生产与储存循环的内部控制测试

生产与储存循环所涉及的主要业务活动、对应的凭证和会计记录及相关的部门如表12.1所示。

表 12.1　生产与储存循环所涉及的主要业务活动、对应的凭证和会计记录及相关的部门

主要业务活动	对应的凭证及记录	相关的主要部门
计划和安排生产	生产任务通知单	生产计划部门
发出原材料	材料发出汇总表、领料单、限额领料单、领料登记簿、退料单	仓库部门
生产产品	生产任务通知单、工作通知单、工序进程单、工作班产量报告、产量通知单、产量明细表、废品通知单	生产部门
核算产品成本	生产任务通知单、领料单、产量与工时记录、入库单、薪酬汇总表、薪酬费用分配表、存货明细账、制造费用分配汇总表、成本计算单、材料费用分配表	财会部门
储存产成品	入库单、验收单	仓库部门
发出产成品	发运通知单、产成品出库单	发运部门

审计人员应在了解与描述内部控制的基础上，对生产与储存循环内部控制的执行与实施情况和过程进行测试，以确定制定的内部控制运行的有效性。对生产与储存循环内部控制进行测试的程序主要有：

1. 询问和观察存货的采购、验收、保管、发货、盘点、记账职务是否分离及各项职责的执行情况；询问和观察人事、考勤、工薪记录、发放职务是否分离及各项职责的执行情况；询问和观察存货与记录的接触控制以及相应的批准程序。

2. 抽取生产通知单检查是否与月度生产计划书中的内容一致。

3. 抽取存货入库业务。从明细账中抽取部分入库业务，是否附有入库单；抽取产成品验收单、产成品入库单并检查是否一致；

4. 抽取存货出库业务。从明细账中抽取部分出库业务，是否附有领料单；抽取发运通知单、出库单并检查是否一致；抽取发运单和相关销售订购单，检查内容是否一致。

5. 选取样本测试各种费用的归集和分配以及成本的计算，测试是否按照规定的成本核算流程进行核算和账务处理。

第二节　生产与储存循环的实质性程序

一、存货的实质性程序

存货是企业在生产经营过程中为销售或耗用而储存的各种有形资产，包括原材料、燃料、包装物、低值易耗品、产成品、在产品和库存商品等项目。存货的重大错报对企业财务状况和经营成果会产生直接的重大影响。因此，审计人员应对存货项目的审计予以高度关注。

（一）存货的审计目标

存货的审计目标一般包括：

1. 确定资产负债表中记录的存货是否存在。

2. 确定所有应当记录的存货是否均已记录。

3. 确定记录的存货是否由被审计单位拥有或控制。

4. 确定存货是否以恰当的金额包括在财务报表中，与之相关的计价调整是否已恰当

记录。

5. 存货是否已按照企业会计准则的规定在财务报表中作出恰当列报。

(二)存货成本的审计

存货成本的审计包括直接材料成本审计、直接人工成本审计、制造费用审计、生产成本的审计和库存商品和主营业务成本的审计等内容。

1. 直接材料成本审计

企业的直接材料包括生产经营过程中实际耗用的原材料、辅助材料、备品配件、外购半成品、燃料、动力、包装物以及其他直接材料。直接材料成本的审计一般应从审阅"原材料"、"生产成本"和"材料成本差异"明细账、材料费用分配表入手,抽查领料单、退料单等原始凭证,验证企业产品直接耗用材料的数量、计价和材料费用分配是否真实和合理。直接材料成本情况检查表是审计人员针对抽取样本对材料成本进行详细检查而形成的底稿,如表 12.2 所示。

表 12.2 直接材料成本情况检查表

被审计单位名称:	索引号:
项目:直接材料成本	财务报表截止日/期间:
编制人:	复核:
日期:	日期:

月份	名称及规格	金额	检查内容(用"√""×"表示)								附件描述
			1	2	3	4	5	6	7	8	

检查内容说明:

1. 材料耗用量与材料领料单汇总核对是否相符;
2. 材料分配汇总表中该产品分配的直接材料成本与材料耗用量核对是否相符;
3. 材料成本在不同产品间的分配标准与计算方法是否合理和适当;
4. 材料成本在某产品完工产品和在产品中的分配标准和计算方法是否合理和适当;
5. 采用标准成本或定额成本的标准材料成本或定额成本的确定是否合理,材料成本差异的计算和分配是否正确;
6. 直接材料的定额成本、标准成本本期有无变化。
7. ……

审计说明:

2. 直接人工成本的审计

审计人员抽查产品成本计算单,检查人工费用的分配标准与计算方法是否合理和适当,与人工费用分配汇总表进行核对,验证是否相符,检查直接人工成本计算是否正确;结合应付工资的检查,抽查人工费用会计处理是否正确;采用分析性复核方法,比较当年度和以前年度及本年度各个月份的直接人工项目,以确定成本项目是否有异常变动。

3. 制造费用的审计

制造费用的审计内容包括:取得或编制制造费用明细表,复核加计正确,并与明细账、总账核对确定是否相符,抽查制造费用中的重大数额项目是否合理;审查制造费用明细账,检查计入生产成本的制造费用是否已扣除非正常消耗的制造费用,检查其核算内容及范围是否正确;检查制造费用的分配是否合理;分析各项制造费用的性质,结合生产成本科目的审计,抽查成本计算单,检查制造费用的分配是否合理、正确,检查制造费用的分配方法前后期是否一致;对制造费用实施截止测试,检查资产负债表日前后若干天的制造费用明细账及其凭证,确定有无跨期入账的情况;采用分析性复核方法,比较本年度和以前年度及本年度各个月份的制造费用项目,以确定成本项目是否有异常变动。

(三)存货监盘

存货监盘是审计人员现场观察被审计单位存货的盘点,并对已盘点的存货进行适当检查。存货监盘的目的是获取有关存货数量和状况的审计证据。被审计单位管理层应当制定程序以保证每年至少一次对存货进行盘点,以作为编制财务报表的基础。

审计人员实施存货监盘程序,在于获取存货的数量和状况充分、适当的审计证据,以确定被审计单位记录的所有存货确实存在,已经反映了被审计单位拥有的全部存货。审计人员对未实施监盘的存货价值应提出保留意见甚至无法表示意见的审计报告,在测试存货的权利、义务认定和完整性认定时,还需要实施其他审计程序。

小提示

注册会计师在进行存货抽查时,应当从存货盘点记录中选取项目追查至存货实物,以测试盘点记录的准确性;注册会计师还应当从存货实物中选取部分品种清点数量,然后将清点数量与存货盘点记录中的相应数量进行核对,以测试存货盘点记录的完整性。

1. 编制存货监盘计划

审计人员在对存货监盘之前,应根据被审计单位存货的特点、盘存制度和相关内部控制的有效性等情况,在评价被审计单位管理层制定的存货盘点计划的基础上,编制存货监盘计划,对存货监盘作出合理安排。编制存货监盘计划必须符合企业的实际情况,并将计划传达给每一位监盘人员。

2. 存货监盘计划的内容

存货监盘计划应当包括以下主要内容:

(1)存货监盘的目标、范围及时间安排。存货监盘的目标一个是实质性目标,就是通过监盘来确定期末存货是否真实存在,存在的数量,存货有无毁损、陈旧、过时、残次和短缺等状况,是否归属被审计单位;一个是控制测试目标,通过监盘来确定被审计单位定期盘存这项内部控制是否得到有效运行。

存货监盘范围的大小取决于存货的内容、性质以及与存货相关的内部控制的完善程度和重大错报风险的评估结果。

存货监盘的时间,包括实地观察盘点现场的时间、观察存货盘点的时间和对已盘点存货实施检查的时间等。

(2)存货监盘的要点及关注事项。存货监盘的要点主要包括审计人员实施存货监盘程序的方法、步骤,各个环节应注意的问题以及所要解决的问题。审计人员需要重点关注的事项包括盘点期间的存货移动、存货的状况、存货的截止确认、存货的各个存放地点及金额等。

(3)参加存货监盘人员的分工。审计人员应当根据存货监盘工作需要确定参加存货监盘的人员组成以及各组成人员的职责和具体的分工情况,并加强督导。

(4)检查存货的范围。审计人员应当根据对被审计单位存货盘点和对被审计单位内部控制的评价结果确定检查存货的范围。在实施观察程序后,如果认为被审计单位内部控制设计良好且得到有效实施,存货盘点组织良好,可以相应缩小实施检查程序的范围。

3. 存货监盘程序

在存货盘点现场实施监盘时,审计人员应当实施下列审计程序:

(1)观察盘点现场。在被审计单位盘点存货前,审计人员应当观察盘点现场,确定应纳入盘点范围的存货是否已经适当整理和排列,并附有盘点标识,防止遗漏或重复盘点。对未纳入盘点范围的存货,审计人员应当查明未纳入的原因。对所有权不属于被审计单位的存货,审计人员应当取得其规格、数量等有关资料,确定是否已分别存放、标明,且未被纳入盘点范围。

审计人员应当随被审计单位安排的存货盘点人员,观察被审计单位盘点人员是否遵守盘点计划,盘点人员是否准确无误地记录了被盘点存货的数量和状况,盘点清单是否按要求填制。如果审计人员在观察的过程中发现问题,审计人员应当及时指出并纠正。如果认为盘点程序和过程有问题,导致盘点结果严重失实,应要求企业组织人员重新盘点。

(2)检查已盘点的存货。审计人员应当对已盘点的存货进行适当检查,将检查结果与被审计单位盘点记录相核对,并形成相应记录。审计人员检查已盘点的存货时,应当从存货盘点记录中选取项目追查至存货实物,以测试盘点记录的准确性,还可以从存货实物中选取项目追查至存货盘点记录,以测试存货盘点记录的完整性。

审计人员在实施检查程序时发现差异,很可能表明被审计单位的存货盘点的准确性或完整性方面有问题,审计人员应当查明原因,并及时提请被审计单位更正。如果差异较大,审计人员应当扩大检查范围或提请被审计单位重新盘点。

(3)复核监盘结果,完成存货监盘报告。

①在被审计单位存货盘点结束前,再次观察盘点现场,以确定所有应纳入盘点范围的存货是否均已盘点。

②取得并检查已填用、作废及未使用的盘点表单及号码记录,确定其是否连续编号,查明已发放的表单是否均已收回,并与存货盘点的汇总记录进行核对。必要时,将盘点表上的事项与检查记录进行核对。

③如果通过实施存货监盘发现被审计单位财务报表存在重大错报,且被审计单位拒绝调整,应当考虑出具保留意见或否定意见的审计报告。

④审计人员应当根据自己在存货监盘过程中获取的数据复核存货盘点结果汇总记录,形成存货监盘结果汇总表,格式如表12.3所示,完成存货监盘报告,格式如表12.4所示,并评估其是否正确地反映了实际盘点结果。

表 12.3　存货监盘结果汇总表

被审计单位名称:________	索引号:________
项目:______存货______	财务报表截止日/期间:________
编制人:________	复核人:________
日期:________	日期:________

存货类别	存货名称	单位	监盘数量	未经确认盘点报告数量	差异数量	差异原因	索引号	审计确认盘点报告数量

监盘人员签名________

编制说明:本表适用于监盘日(盘点日)为财务报表截止日的情况。

审计说明:

表 12.4　存货监盘报告

被审计单位名称:________	索引号:________
项目:______存货______	财务报表截止日/期间:________
编制人:________	复核人:________
日期:________	日期:________

一、盘点日期:____年____月____日

二、盘点仓库名称:________

仓库负责人:________;

仓库记账员:________;

仓库保管员:________;

仓库概况:(描述仓库共______间,各仓库的特点)

____

____

三、监盘参加人员

监盘人员(______事务所)审计人员:________

监盘人员(______事务所)审计人员:________

监盘人员(公司财务处):________

监盘人员(公司供销处):________

公司盘点负责人:________

公司盘点人员:________

上述人员在监盘过程中,除______外,自始至终未离开现场。

四、监盘开始前的工作

项目	是或否	工作底稿编号
1. 索取《期末存货盘点计划》		
2. 索取该仓库《存货收发存月报表》		
3. 索取存货的《盘点清单》		
4. 索取盘点前该仓库收料、发料的最后一张单证		
5. 存货是否已停止流动		
6. 废品、毁损物品是否已分开堆放		
7. 货到单未到的存货是否已暂估入账		
8. 发票未开,客户已提取的存货是否已单独记录		
9. 发票已开,客户未提取的存货是否已单独记录(或单独堆放)		
10. 存货是否已按存货的型号、规格排放整齐		
11. 外单位寄存的货物是否已分开堆放		
12. 代外单位保管的货物是否已分开堆放		
13. 外单位代销的货物是否已分开堆放		
14. 其他非本公司的货物是否已分开堆放		
15. 委托外单位加工的存货、存放外单位的存货,是否收到外单位的书面确认书		
16. 最近一次盘点存货的日期		
17. 最近一次对计量用具(地秤、秤量器和其他计量器)的校对		
18. 是否有存货的记录位置或存放图		

五、监盘进行中的工作

1. 监盘从________点开始,共分________个监盘小组,每个小组________人。

a. 一人点数并报出型号、规格;

b. 一人记录《盘点清单》;

c. 一人____________________。

2. 核对仓库报表结存数量与仓库存货账结存数量是否相符;仓库存货账结存数量与仓库存货卡数量是否相符;填制《存货表、账、卡核对记录表》。

3. 盘点结束,索取《盘点清单》及《存货盘盈、盘亏汇总表》。

六、复盘

1. 盘点结束后,选择数额较大、收发频繁的存货项目进行复盘。

2. 复盘人员为:____________________

3. 复盘记录详见《存货监盘结果汇总表》(附后)。

4. 复盘统计:

品种、型号共________种,复盘________种,占________%;

金额共________元,复盘达________元,占________%。

5. 计算复盘正确率:

复盘共________种,其中复盘正确的有________种,占________%;

复盘金额共________元,其中复盘正确的有________元,占________%。

6. 确定存货中属于残次、毁损、滞销积压的存货及其对当年损益的影响:

存货中属于残次、毁损、滞销积压的存货的金额:

其中:原材料:____________元;

在产品:____________元;

产成品:____________元;

库存商品:＿＿＿＿＿元;

＿＿＿＿:＿＿＿＿＿元;

合计:＿＿＿＿＿＿＿元。

七、盘点结束后的工作

1. 再次观察现场并检查盘点表单;

2. 复核盘点结果汇总记录;

3. 关注盘点日与资产负债表日之间存货的变动情况;

4. 关注存货盘点结果与永续盘存记录之间出现重大差异的处理;

5. 关注被审计单位盘点方式及其结果无效时的处理,如果认为被审计单位的盘点方式及其结果无效,审计人员应当提请被审计单位重新盘点。

6. 请参加复盘人员在《存货监盘结果汇总表》上签字;

7. 索取由仓库人员填写的《复盘差异说明》(请用文字说明,并加盖单位公章)。

八、对盘点及复盘的评价

1. 仓库管理人员对存货很(一般、不)熟悉;

2. 盘点工作及复盘工作很(一般、不)认真;

3. 对会计师需要的资料很(一般、不)配合;

4. 监盘结果总体评价:……

监盘人员签名:＿＿＿＿＿

(4)如果存货盘点日与资产负债表日不一致,审计人员应当实施适当的审计程序,确定盘点日与资产负债表日之间存货的变动是否已得到恰当的记录。存货抽盘核对表是审计人员将盘点日的存货调整为资产负债表日的存货的工作底稿,如表 12.5 所示。

表 12.5　存货抽盘核对表

被审计单位名称:＿＿＿＿	索引号:＿＿＿＿
项目:　存货	财务报表截止日/期间:＿＿＿＿
编制人:＿＿＿＿	复核人:＿＿＿＿
日期:＿＿＿＿	日期:＿＿＿＿

一、资产负债表日前抽盘核对表

序号	品名及规格	单位	抽盘日实存数量	加:抽盘日至资产负债表日入库数量	减:抽盘日至资产负债表日发出数量	资产负债表日实存数量	资产负债表日账面数量	差异	原因分析

二、资产负债表日后抽盘核对表

序号	品名及规格	单位	抽盘日实存数量	加:资产负债表日至抽盘日发出数量	减:资产负债表日至抽盘日入库数量	资产负债表日实存数量	资产负债表日账面数量	差异	原因分析

编制说明:本表适用于抽盘日不是财务报表截止日的情况。

审计说明：

(5)关注存货截止。审计人员应当获取盘点日前后存货收发及移动的凭证，检查库存记录与会计记录期末截止是否正确。审计人员在对期末存货进行截止测试时，通常应当关注：

①所有在截止日以前入库的存货项目是否均已包括在盘点范围内，并已反映在截止日以前的会计记录中；任何在截止日期以后入库的存货项目是否均未包括在盘点范围内，也未反映在截止日以前的会计记录中。

②所有在截止日以前装运出库的存货项目是否均未包括在盘点范围内，且未包括在截止日的存货账面余额中；任何在截止日期以后装运出库的存货项目是否均已包括在盘点范围内。并已包括在截止日的存货账面余额中。

③所有已确认为销售但尚未装运出库的商品是否均未包括在盘点范围内，且未包括在截止日的存货账面余额中。

④所有已记录为购货但尚未入库的存货是否均已包括在盘点范围内，并已反映在会计记录中。

⑤在途存货和被审计单位直接向顾客发运的存货是否均已得到了适当的会计处理。

"存货入库(出库)截止测试"是审计人员以监盘日为财务报表截止日从存货明细账到存货入库(出库)记录和从存货入库(出库)记录到存货明细账两个方面核对其凭证而形成的底稿，如表12.6所示。

表12.6 存货入库(出库)截止测试

被审计单位名称：______	索引号：______
项目：存货	财务报表截止日/期间：______
编制人：______	复核人：______
日期：______	日期：______

一、从存货明细账的借方(贷方)发生额中抽取样本与入库(出库)记录核对，以确定存货入库(出库)被记录在正确的会计期间

序号	摘要	明细账凭证			入库单或购货发票(出库单或销售发票)			是否跨期
		编号	日期	金额	编号	日期	金额	
截止日前								
截止日期：20××年×月×日								
截止日后								

二、从存货入库(出库)记录抽取样本与明细账的借方(贷方)发生额核对,以确定存货入库(出库)被记录在正确的会计期间

序号	摘要	入库单或购货发票(出库单或销售发票)			明细账凭证			是否跨期
		编号	日期	金额	编号	日期	金额	

截止日前

截止日期:20××年×月×日

截止日后

编制说明:本表适用于材料采购/在途物资、原材料、在产品、库存商品等。

审计说明:

(6)需要特别关注的情况。

①关注存货的移动情况,防止遗漏或重复盘点。

②首次接受委托的情况。当首次接受委托未能对上期期末存货实施监盘,且该存货对本期财务报表存在重大影响时,审计人员应当实施下列一项或多项审计程序,以获取有关本期期初存货余额的充分、适当的审计证据:查阅前任审计人员工作底稿;检查上期存货交易记录;复核上期存货盘点记录及文件;运用毛利百分比法等进行分析。

③关注存货的状况,观察被审计单位是否已经恰当区分所有毁损、陈旧、过时及残次的存货。存货的状况是被审计单位管理层对存货计价认定的一部分,除了对存货的状况予以特别关注以外,审计人员还应当把所有毁损、陈旧、过时及残次存货的详细情况记录下来,以便于进一步追查这些存货的处置情况,测试被审计单位存货跌价准备计提的准确性提供证据。

④由于存货的性质或位置导致无法实施监盘程序,审计人员应实施下列替代审计程序:检查进货交易凭证或生产记录以及其他相关资料;检查资产负债表日后发生的销货交易记录;向顾客或供应商函证。如果不能实施替代审计程序,或者实施替代审计程序可能无法获取有关存货的存在和状况的充分、适当的审计证据,审计人员需要考虑出具保留意见或无法表示意见的审计报告。

⑤由于审计人员无法亲临现场或恶劣的天气等不可预见因素而可能导致无法在预定日期实施存货监盘,审计人员应当评估与存货相关的内部控制的有效性,另择日期实施监盘,并对该期间发生的交易实施实质性程序。

⑥对被审计单位委托其他单位保管的或已作质押的存货。审计人员可以向保管人或债权人函证,实施存货监盘或利用其他审计人员的工作,以便获取有关该存货存在和状况的充分、适当的审计证据。

(四)存货计价测试

监盘程序主要是对存货的结存数量予以确认。为验证财务报表上存货余额的真实性,还必须对存货的计价进行审计,即确定存货实物数量和永续盘存记录中的数量是否经过正确的计价和汇总。存货计价测试主要是针对被审计单位所使用的存货单位成本是否正确所做的测试,当然,广义地看,存货成本的审计也可以被视为存货计价测试的一项内容。

1. 样本的选择

计价审计的样本,应从存货数量已经盘点、单价和总金额已经计入存货汇总表的结存存货中选择。选择样本时应着重选择结存余额较大且价格变化比较频繁的项目,同时考虑所选样本的代表性。抽样方法一般采用分层抽样法,抽样规模应足以推断总体的情况。

2. 计价方法的确认

存货的计价方法多种多样,被审计单位应结合企业会计准则的基本要求选择符合自身特点的方法。注册会计师除应了解掌握被审计单位的存货计价方法外,还应对这种计价方法的合理性与一贯性予以关注,没有足够理由,计价方法在同一会计年度内不得变动。

3. 计价测试

进行计价测试时,注册会计师首先应对存货价格的组成内容予以审核,然后按照所了解的计价方法对所选择的存货样本进行计价测试。测试时,应尽量排除被审计单位已有计算程序和结果的影响,进行独立测试。测试结果出来后,应与被审计单位账面记录对比,编制对比分析表,分析形成差异的原因。如果差异过大,应扩大测试范围,并根据审计结果考虑是否应提出审计调整建议。

本章小结

1. 企业应当建立健全生产与储存循环的内部控制制度,审计人员应在了解与描述内部控制的基础上,运用询问、观察和检查等审计程序对生产与储存循环内部控制的执行与实施情况和过程进行测试,以确定制定的内部控制运行的有效性。

2. 注册会计师对存货实施监盘程序是证明存货是否存在的必须程序。在被审计单位盘点存货前,注册会计师应当观察盘点现场,确定应纳入盘点范围的存货是否已经适当整理和排列,并附有盘点标识,防止遗漏或重复盘点。对未纳入盘点范围的存货,注册会计师应当查明未纳入的原因。对所有权不属于被审计单位的存货,注册会计师应当取得其规格、数量等有关资料,并确定这些存货是否已分别存放、标明,且未被纳入盘点范围。注册会计师应当观察被审计单位盘点人员是否遵守盘点计划并准确地记录存货的数量和状况。

在检查已盘点的存货时,注册会计师应当从存货盘点记录中选取项目追查至存货实物,以测试盘点记录的准确性。注册会计师还应当从存货实物中选取项目追查至存货盘点记录,以测试存货盘点记录的完整性。

复习思考题

1. 简述存货审计目标包括的内容。

2. 简述存货监盘的含义和目的。

3. 编制存货监盘计划时,审计人员应当考虑哪些因素? 存货监盘计划包括哪些内容?

4. 简述审计人员对已盘点存货实施检查的目的、范围及采取的审计程序。

第十三章 筹资与投资循环审计

学习目标

1. 理解并掌握筹资与投资循环内部控制测试；
2. 理解并掌握长期股投资的实质性程序；
3. 理解并掌握投资收益的实质性程序；
4. 理解并掌握短期借款的实质性程序；
5. 理解并掌握长期借款的实质性程序。

引导案例

长期借款审计案例

瑞丰公司为增强市场竞争能力，增加产品品种，2012 年 2 月向建设银行申请长期借款 250 000 元，购置一台新设备。计划 3 个月内安装调试结束，投入生产。预计每月增加产值 50 000 元，产值利润率为 17%，每月增加利润 10 000 元，3 年后还清借款。该项设备于 2012 年 10 月完工投产。审计人员于 2013 年 1 月对该公司长期借款进行审计，审计过程中，审计人员需要考虑该公司长期借款的使用与偿还是否恰当？投资与筹资循环的审计重点有哪些？

第一节 筹资与投资循环的内部控制测试

一、筹资与投资循环涉及的主要业务活动

(一)筹资所涉及的主要业务活动

企业生存和发展需要大量的资金，而企业的筹资渠道也很多，如向银行或金融机构借款、发行债券、发行股票等都是企业筹集资金的活动方式。企业的筹资业务分为两个主要类型，一类是负债筹资交易，包括通过贷款(借款、应付票据)、应付债券取得借款，以及有关本金和利息的偿还等；另一类是所有者权益交易，包括向所有者筹资(向发起人筹资或向股东筹资)、企业减资以及股利支付等。筹资活动的业务主要有以下环节：

1. 审批授权

企业通过借款筹集资金需经管理当局的审批，其中债券的发行每次均要由董事会授权；企业发行股票必须依据国家有关法规或企业章程的规定，报经企业最高权力机构(如董事会、股东大会等)及国家有关管理部门批准。

2. 签订合同或协议

向银行或其他金融机构融资须签订借款合同，发行债券须签订债券契约和债券承销或包销合同，向社会募集股本还要与证券机构签订承销协议。

3. 获取资金

签订合同或协议后，企业能获得银行或金融机构划入的款项或债券、股票的融入资金。并且企业取得的资金要专款专用。

4. 计算利息或股利

企业应及时计算利息或股利，按有关合同或协议的规定履行分发偿还义务。

5. 偿还本息或发放股利

银行借款或发行债券应按有关合同或协议的规定偿还本息，股利一般根据股东大会的决定发放，选择自行办理支付或委托代理机构支付。

（二）投资所涉及的主要业务活动

企业将资产投放于证券或其他企业，即形成投资业务。投资活动的业务主要有以下环节：

1. 审批授权

通常，企业根据投资的性质和金额建立授权审批制度。由企业管理层对所有投资交易进行授权审批。审批的内容包括：投资的理由是否恰当；投资行为与企业的战略目标是否一致；投资收益的估算是否合理；影响投资的其他因素是否被充分考虑等。

2. 取得有价证券或其他投资

企业可以通过直接购买或通过委托理财的方式进行股票或债券的投资，也可以与其他单位进行合资、联营，形成投资。

3. 取得投资收益

企业可以取得股权投资的股利收入、债券投资的利息收入和其他投资收益等。

筹资活动是指企业为满足生存和发展的需要，通过改变企业资本及债务规模和构成而筹集资金的活动。筹资活动主要由负债交易和股东权益交易组成。投资活动是指企业为通过分配来增加财富或为谋求其他利益，将资产让渡给其他单位而获得另一项资产的活动。投资活动主要由权益性投资交易和债权性投资交易组成。

二、筹资与投资活动涉及的主要凭证与会计记录

1. 债券投资凭证

载明债券持有人与发行企业双方所拥有的权利与义务的法律性文件。

2. 股票投资凭证

股票投资凭证包括买入凭证和卖出凭证。买入凭证记载股票投资购买业务。卖出凭证记载股票投资卖出业务。

3. 股票证书

载明股东所有权的证据，记录所有者持有被投资公司所有股票数量。如果被投资公司发行多种类型的股票，也反映股票的类型，如普通股、优先股。

4. 股利收取凭证

向所有股东分发股利的文件，标明股东、股利数额、每股股利以及被审计单位在交易最终日期持有的总股利金额。

5. 股本凭证

公司签发的证明股东所持有股份的凭证。

6. 股东名册

发行记名股票的公司应记载的内容一般包括：股东的姓名或者名称及住所；各股东取得其股份的日期；各股东所持股份数；各股东所持股票的编号。发行无记名股票的，公司应当记载其股票数量、编号及发行日期。

7. 债券契约

债券契约是载明债券持有人与发行企业双方所拥有的权利与义务的法律性文件，其内容一般包括：债券发行的标准；债券的明确表述；利息或利息率；受托管理人证书；登记和背书；债券发生拖欠情况的处理，以及对偿债基金、本金返还、利息支付等的处理。

8. 合同或协议

公司向社会公开发行股票或债券时，应当由依法设立的证券经营机构承销或包销，公司应与其签订承销或包销协议。也包括公司向银行或其他金融机构借入款项时与其签订的合同或协议。

9. 与筹资和投资有关的记账凭证、会计账簿。

三、筹资和投资业务的控制测试

（一）筹资业务的控制测试

审计人员在了解筹资业务的内部控制后，如果拟信赖筹资活动的内部控制，则应实施控制测试。在进行筹资业务的内部控制测试过程中，应针对不同的内部控制要点采用不同的测试方法。

（1）对于授权审批控制，审计人员可以直接向管理层询问，并检查相关记录和文件。例如，索取借款或发行股票的授权批准文件，检查权限是否恰当，手续是否齐全等。

（2）对于职务分离控制，可以采取观察和重新执行的方法。例如，观察筹资业务的会计记录、授权和执行等方面是否明确职责分工，借款合同或协议由专人保管。

（3）对于实物保管控制，可以采取检查的方法。

（4）对于会计记录控制，可以检查交易和事项的凭证、文件和记录。例如，抽查筹资业务的会计记录，可从明细账抽取部分会计记录，按原始凭证到明细账、总账顺序核对有关数据和情况，判断其会计处理过程是否合规完整，通过交易轨迹判断相关控制是否有效执行。

（二）投资业务的内部控制

对投资业务的内部控制测试，应结合各内部控制点采取相应的方法。

（1）对于授权审批控制，可以直接向管理层询问，并检查相关记录和文件。例如，索取投资的授权批准文件，检查权限是否恰当，审批手续是否齐全。

（2）对于职务分离控制，可以采取观察和重新执行的方法。例如，观察投资业务的会计记录与授权，执行和保管等方面是否明确职责分工。

（3）对于投资资产的保管控制，可以检查有形资产及查阅相关记录和文件的方法。例如，审阅企业对投资资产进行定期盘核的报告，检查盘点方法是否恰当、盘点结果与会计记录核对情况以及出现差异的处理是否合规。

（4）对于会计记录控制，可以采取重新执行或抽查投资业务会计记录的方法。例如，从明细账中抽取部分会计记录，按顺查顺序核对有关数据和情况，判断其会计处理过程是否完整。

第二节　长期股权投资的实质性程序

一、长期股权投资的审计目标

长期股权投资的审计目标一般包括：

(1)确定资产负债表中列示的长期股权投资是否存在；

(2)确定长期股权投资是否由被审计单位拥有或控制；

(3)确定长期股权投资的增减变动及其收益(或损失)的记录是否完整；

(4)确定长期股权投资的金额是否恰当；

(5)确定长期股权投资的计价方法是否正确；

(6)确定长期股权投资是否已按照《企业会计准则》的规定在财务报表中作出恰当列报。

二、长期股权投资的实质性程序

长期股权投资的实质性程序通常包括：

1. 获取或编制长期股权投资明细表，复核加计正确，并与总账数和明细账合计数核对相符；结合长期股权投资减值准备科目与报表数核对相符。长期股权投资明细表的格式如表 13.1 所示。

表 13.1　长期股权投资明细表

被审计单位名称：________	索引号：________
项目：长期股权投资	财务报表截止日/期间：________
编制人：________	复核人：________
日期：________	日期：________

被投资单位名称	持股比例	投资时间	投资方式	初始投资成本	期初余额	本期增加	本期减少	期末余额	核算方法	投资文件索引号	备注
合计											

审计说明：

2. 函证长期股权投资。对于重大的投资项目，应向被投资单位函证被审计单位的投资额、持股比例及被审计单位发放股利等情况。

3. 检查长期股权投资入账基础是否符合投资合同、协议的规定，会计处理是否正确，确认股权投资的股权比例和持有时间，检查股权投资核算方法是否正确。

4. 采用权益法核算长期股权投资时，获取被投资单位经注册会计师审计的年度财务报表，如果未经注册会计师审计，则应考虑对被投资单位的财务报表实施适当的审计或审阅程序。

5. 采用成本法核算长期股权投资时，检查股利分配的原始凭证及分配决议等资料，确定会计处理是否正确；对被审计单位实施控制而采用成本法核算的长期股权投资，比照权益法编制变动明细表，以备合并报表使用。

6. 确定长期股权投资的增减变动的记录是否完整。检查本期增加的长期股权投资，追查至原始凭证及相关的文件或决议及被投资单位验资报告或财务资料等，确认长期股权投资是否复核投资合同、协议的规定，并已确实投资，会计处理是否正确。检查本期减少的长期股权投资，追查至原始凭证，确认长期股权投资的收回有合理的理由及授权批准手续，并已确实收回投资，会计处理是否正确。

7. 期末对长期股权投资进行逐项检查，以确认长期股权投资是否已经发生减值。

8. 结合银行借款等的检查，了解长期股权投资是否存在质押、担保情况。如果有，则应详细记录，并提请被审计单位进行充分披露。

9. 对其他投资审核下列事项：(1)审核有关的法律性文件，确认会计记录与法律性文件及董事会纪要是否相符；(2)以非货币性资产对外投资的处理是否符合税务规定，即是否分解为按公允价值销售有关非货币性资产和投资两项经济业务进行所得税处理，并按规定计算确认资产转让所得或损失；(3)审核对外投资的存货是否计提销项税等税金。

10. 确定长期股权投资是否在资产负债表上已恰当列报。

第三节　筹资交易的实质性程序

一、银行借款审计目标

为了正确评估企业的财务状况和经营成果，必须将负债完整地列示于资产负债表上，注册会计师对银行借款的审计，主要是防止低估负债，从而低估成本，达到高估利润的目的。银行借款的审计目标一般包括：

(1)确定资产负债表中记录的短期借款与长期借款是否存在；

(2)确定所有应当记录的短期借款与长期借款是否均已记录；

(3)确定记录的短期借款和长期借款是否为被审计单位应当履行的现时义务；

(4)确定短期借款与长期借款是否以恰当的金额包括在财务报表中，与之相关的计价调整是否已恰当记录；

(5)确定短期借款与长期借款是否已按照《企业会计准则》的规定在财务报表中作出恰当列报。

二、短期借款的实质性程序

1. 获取或编制短期借款明细表，复核加计正确，并与报表数、总账数和明细账合计数核对是否相符。如果有外汇业务的企业，检查非记账本位币短期借款的折算汇率及折算金额是否正确，折算方法是否前后期一致。短期借款明细表格式如表 13.2 所示。

表 13.2　短期借款明细表

被审计单位名称：________________　　索引号：________________

项目：　短期借款　　　　　　　　财务报表截止日/期间：________________

编制人：________________　　复核人：________________

日期：________________　　日期：________________

贷款银行	借款期限		期初余额			本期增加		本期归还		期末余额		本期应计利息	本期实计利息	差异	借款条件	借款用途	备注
	借款日	约定还款日	利率	本金	日期	利率	本金	日期	本金	利率	本金						

编制说明：外币短期借款应列明原币金额及折算汇率。

审计说明：

2. 函证短期借款的实有数。审计人员应在期末短期借款余额较大或认为必要时向银行或其他债权人函证短期借款。

3. 检查短期借款的增减。对年度内增加的短期借款，审计人员应检查借款合同和授权批准，了解借款数额、借款条件、借款日期、还款期限、借款利率，并与相关会计记录相核对。对年度内减少的短期借款，审计人员应检查相关记录和原始凭证，核实还款数额。

4. 检查短期借款的偿还情况。审计人员应检查相关记录和原始凭证，检查被审计单位有无到期未偿还的短期借款，如果有，则应查明是否已向银行提出申请并经同意后办理延期手续。

5. 复核短期借款利息。审计人员应根据短期借款的利率和期限，复核被审计单位短期借款的利息计算是否正确，有无多算或少算利息的情况。如果有未计利息和多计利息，应作出记录，必要时进行调整。

6. 检查被审计单位贷款，核实账面记录是否完整。对被审计单位贷款卡上列示的信息与账面记录的差异进行分析，并关注贷款卡中列示的被审计单位对外担保的信息。

7. 检查期末逾期借款，至外勤工作日是否归还或办理了展期手续。同时关注逾期借款对被审计单位财务状况的影响。例如，罚息、诉讼事项、查封资产等。

8. 检查外币借款的折算。如果被审计单位有外币短期借款，审计人员应检查外币短期借款的增减变动是否按业务发生时的市场汇率或期初市场汇率折合为记账本位币金额；期末是否按市场汇率将外币短期借款余额折合为记账本位币金额；折算差额是否按规定进行会计处理；折算方法是否前后期一致。

9. 检查短期借款在资产负债表上的列报是否恰当。企业的短期借款在资产负债表上通常设“短期借款”项目单独列示，对于因抵押而取得的短期借款，应在资产负债表附注中列示。

三、长期借款的实质性程序

长期借款的实质性程序通常包括：

1. 获取或编制长期借款明细表，复核其加计数是否正确，并与明细账和总账核对相符。

2. 向银行或其他债权人函证重大的长期借款。

3. 检查长期借款的增加与减少。对年度内增加的长期借款，检查借款合同和授权批准，了解借款数额、借款条件、借款用途、借款日期、还款期限、借款利率，并与相关会计记录核对。对年度内减少的长期借款，检查相关记录和原始凭证，核实还款数额，并与相关会计记录核对。

4. 复核长期借款利息。根据长期借款的利率和期限，复核被审计单位长期借款的利息计算是否正确。如有未计利息和多计利息，应作出记录，必要时进行调整。

5. 检查抵押的长期借款。检查被审计单位抵押长期借款的抵押资产的所有权是否属于被审计单位，其价值和实际状况是否与担保契约中的规定相一致。

6. 审查外币长期借款。检查非记账本位币长期借款的折算汇率及折算是否正确，折算方法是否前后期一致，折算差额是否按规定进行会计处理。

7. 检查借款费用的会计处理是否正确，是否正确计入财务费用、在建工程等相关账户，借款费用资本化的时点和期间、资产范围、目的和用途等是否符合资本化条件。

8. 检查长期借款是否已在资产负债表上充分披露。

本章小结

1. 审计人员应在了解与描述内部控制的基础上，运用询问、观察和检查等审计程序对被审计单位筹资和投资的授权审批控制、职务分离控制、实物保管控制、会计记录控制的执行与实施情况进行测试，以确定制定的内部控制运行的有效性。

2. 对于长期股权投资、短期借款和长期借款等投资及筹资账户实施的实质性程序包括获取或编制明细表、实施函证程序、检查增减变动的真实性及会计处理的正确性、利息或股利的检查和检查在资产负债表上的列报是否恰当等。

复习思考题

1. 筹资与投资循环涉及哪些主要业务活动？
2. 简述长期股权投资的实质性程序。
3. 简述银行借款的审计目标。
4. 简述短期借款的实质性程序。
5. 简述长期借款的实质性程序。

第十四章　货币资金审计

学习目标

1. 理解并掌握货币资金内部控制测试；

2. 理解并掌握库存现金审计目标和实质性测试；

3. 理解并掌握银行存款审计目标和实质性测试。

引导案例

编制虚假银行存款余额调节表案例

2012 年 11 月，大光公司一个服务部进行总经理离任稽核时，发现出纳张有财记录的银行存款日记账和银行对账单上的金额不符，深入检查发现该出纳已贪污挪用公司资金折合人民币 180 多万元。

张有财任出纳期间，于 2012 年 9～11 月的三个月期间，利用工作之便，假借名目，以客户提取保证金的名义私填支票，提取人民币 70 多万元，港币 20 万元。10 月份，张有财还编制了一份假的银行余额调节表，以隐瞒其贪污挪用公款的事实。大光公司的财务主管没有根据职责要求，督促编制并复核银行存款余额调节表，给公司造成一定损失，负有监督管理不利的责任。

张有财提取公司货币资金的行为已经触犯了刑律，并已交司法机关处理。

第一节　货币资金的内部控制测试

一、货币资金涉及的主要凭证

货币资金涉及的主要凭证包括以下几种：

1. 涉及货币资金收支和审核的原始凭证，例如，销售合同、收付款单据、收付款凭证、银行对账单、银行存款余额调节表等；

2. 现金盘点表；

3. 银行对账单；

4. 银行存款余额调节表；

5. 现金、银行存款日记账及总账；

6. 其他有关会计账簿。

二、货币资金的内部控制测试

（一）了解货币资金内部控制

审计人员在进行货币资金的控制测试时，首先通过查阅被审计单位的有关规章制度等重要文件;现场观察被审计单位的有关业务活动;询问被审计单位有关人员等方法,以获取被审计单位内部控制的资料。例如,观察货币资金业务的岗位分工;查阅被审计单位货币资金规章制度;检查货币资金的收支是否按规定的权限和程序办理;库存现金是否妥善保管;是否定期盘点、核对;是否定期取得银行对账单并编制银行存款余额调节表等。

如果不是新审计项目,还可查阅以前年度有关的审计工作底稿,以掌握被审计单位有关内部控制的情况,并对所掌握的情况进行适当地记录。审计人员可以编制货币资金的内部控制流程图、文字叙述和调查表等方法来描述被审计单位货币资金的内部控制情况。货币资金内部控制调查表的格式如表 14.1 所示。

表 14.1　货币资金内部控制调查表

提出问题	是	否	不适用	备注
1. 每日收入是否及时存入银行				
2. 现销是否核对发票、销货单				
3. 银行加盖印章的送款单回单联是否退还非编制送款单人员				
4. 是否核对送款单联与现金记录				
5. 是否由独立人员复核收入明细账和会计记录				
6. 出纳人员是否不参与:				
(1)编制销售发票				
(2)核准折让和销售退回				
(3)签发应收票据				
(4)签发支票				
7. 是否所有支票均事先顺序编号				
8. 是否所有作废支票加盖“作废”印章以防止重复使用				
9. 未使用支票是否恰当控制				
10. 签发支票是否经过授权				
11. 签发支票时是否依据核准的发票或其他必需文件				
12. 签发支票是否不参与:				
(1)核准现金支出				
(2)记录现金收入				
(3)管理备用金				
13. 支票管发后是否将所附发票或其他文件加盖“付讫”印章				
14. 填制支票与核准发票是否由两名不同人员执行				
15. 是否每月调节银行对账单				
16. 编制调节表人员是否:				
(1)核验所有支票号码				
(2)审查签章现金支票				
17. 银行间资金转账是否适当、及时地记录				

注册会计师签字:　　　　　　　　　　　　　　　被审计单位复核人员签字:

(二)货币资金收入控制测试

抽取适量的收款凭证,作如下检查:

(1)核对收款凭证与存入银行账户的存款单日期和金额是否相符;

(2)核对银行存款收款凭证与银行对账单是否相符;

(3)核对收款凭证与应收账款明细账的有关记录是否相符;

(4)核对收款凭证与销售发票、收据是否相符;

(5)核对收款凭证的对应科目与付款单位的户名是否一致;

(6)核对实收金额与销售发票是否一致。

(三)货币资金支付控制测试

抽取适量的付款凭证,作下列检查:

(1)检查付款的授权批准手续是否符合规定;

(2)核对付款凭证与记入现金、银行存款日记账的金额是否一致;

(3)核对实付金额与购货发票或其他原始单据是否相符;

(4)核对付款凭证与应付账款明细账的记录是否一致;

(5)核对付款凭证与银行对账单是否相符。

(四)抽取一定期间的银行存款余额调节表,查验是否按月正确编制并经过复核

(五)检查外币资金的折算方法是否符合有关规定,是否与上年度一致

对于有外币资金的被审计单位,审计人员应检查外币资金日记账及"财务费用"、"在建工程"等账户的记录,确定企业有关外币资金的增减变动是否采用交易发生日的即期汇率将外币金额折算为记账本位币金额,选择采用汇率的方法前后各期是否一致。检查企业的外币资金的期末余额是否采用期末即期汇率折算为记账本位币金额;折算差额的会计处理是否正确。

(六)评价货币资金的内部控制

审计人员完成上述工作后,可以对被审计单位的货币资金内部控制进行评价。在评价时,审计人员应首先确定货币资金内部控制可信赖的程度以及存在的薄弱环节,然后据以确定在货币资金实质性程序中可以适当减少的审计程序和环节,应当增加的审计程序。

第二节　库存现金的实质性程序

库存现金流动性最强,虽然在资产总额中的比重不大,但企业发生的舞弊事件多数与其相关。因此,审计人员在审计时应重点关注对库存现金的实质性测试。

一、库存现金的审计目标

库存现金的审计目标一般应包括:

1. 确定被审计单位资产负债表的货币资金项目中的库存现金在资产负债表日是否存在;

2. 确定被审计单位所有应当记录的现金收支业务是否均记录完整;

3. 确定记录的库存现金是否为被审计单位拥有或控制；

4. 确定库存现金是否以恰当的金额包括在资产负债表的货币资金项目中，与之相关的计价调整已恰当记录；

5. 确定库存现金在财务报表上的披露是否恰当。

二、库存现金的实质性程序

为实现库存现金审计目标，库存现金的实质性程序一般包括：

1. 核对库存现金日记账与总账的余额是否相符。核对库存现金日记账与总账的余额是否相符是审计人员测试库存现金余额的起点，以确定记录的库存现金是否为被审计单位拥有或控制的资金。在核对过程中，如果发现两者不相符，应查明其原因，必要时建议作出适当调整。

2. 监盘库存现金。监盘库存现金是证实资产负债表中所列现金是否存在的一项重要程序。

企业盘点库存现金，通常包括对已收到但未存入银行的现金、零用金等的盘点。监盘库存现金的注意事项如下：

(1)监盘方式。由于库存现金的流动性强，对库存现金的监盘最好实施突击性检查，以防止出纳员采取措施移东补西。

(2)监盘时间。监盘时间最好安排在外勤工作期间，被审计单位上午上班前或下午下班时进行，避开单位现金收支的高峰时间。

(3)监盘范围。一般包括被审计单位各部门经管的现金。在进行盘点前，应由出纳员将现金集中起来存入保险柜，必要时可加以封存。然后由出纳员把已办妥现金收付手续的收付款凭证登入库存现金日记账，并结出现金余额。如果被审计单位库存现金存放部门有两处或两处以上的，应同时进行盘点。

(4)盘点及监盘人员。盘点库存现金的人员应视被审计单位的具体情况而定，但必须有出纳员和被审计单位会计主管人员参加，并由审计人员进行监盘。

(5)监盘程序。首先，审计人员应审阅库存现金日记账并同时与现金收付凭证相核对。检查库存现金日记账的记录与凭证的内容和金额是否相符；了解凭证日期与库存现金日记账日期是否相符或接近。

其次，由出纳员根据库存现金日记账加计累计数额，结出现金结余。审计人员将盘点金额与库存现金日记账余额进行核对，如有差异，应查明原因，并作出记录或适当调整。如无法查明原因，应要求被审计单位按管理权限批准后作出调整。如果有冲抵库存现金的借条、未提现支票、未作报销的原始凭证，应在“库存现金监盘表”中注明或作出必要的调整。

另外，监盘一般在资产负债表日后进行，审计人员应进行追溯调整，调整至资产负债表日的金额，采用的公式为：

报表日库存现金应有余额 = 审计日库存现金余额 + 报表日至审计日的现金支出金额 − 报表日至审计日的现金收入金额

监盘后，审计人员应根据监盘结果编制“库存现金监盘表”，由单位财务负责人和出纳员及监盘人员在监盘表上签字确认。库存现金监盘表工作底稿，其格式如表 14.2 所示。

3. 抽查大额库存现金收支。审计人员应重点检查大额现金收支的原始凭证是否齐全，原始凭证内容是否完整、有无授权批准，记账凭证与原始凭证是否相符，账务处理是否正确、是否记录于恰当的会计期间等项内容。如果有与被审计单位生产经营业务无关的收支事项，应查明原因，并作相应的记录。

表 14.2　库存现金监盘表

被审计单位名称：________	索引号：________
项目：库存现金	财务报表截止日/期间：________
编制人：________	复核人：________
日期：________	日期：________

检查盘点记录					实有库存现金盘点记录						
项目	项次	人民币	美元	某外币	面额	人民币		美元		某外币	
						张	金额	张	金额	张	金额
上一日账面库存余额	①				1 000 元						
盘点日未记账传票收入金额	②				500 元						
盘点日未记账传票支出金额	③										
盘点日账面应有金额	④=①+②-③ =2-3				100 元						
盘点实有库存现金数额	⑤				50 元						
盘点日应有与实有差异	⑥=④-⑤				10 元						
差异原因分析：白条抵库（张）					5 元						
					2 元						
					1 元						
					0.5 元						
					0.2 元						
					0.1 元						
					合计						
追溯调整：报表日至审计日库存现金付出总额											
追溯调整：报表日至审计日库存现金收入总额											
追溯调整：报表日库存现金应有余额											
追溯调整：报表日账面汇率											
追溯调整：报表日余额折合本位币金额											
本位币合计											

出纳员：　　　　会计主管人员：　　　　监盘人：　　　　检查日期：

审计说明：

4. 审查现金收支的正确截止日期。被审计单位资产负债表的货币资金项目中的库存现金数额，应以结账日实有数额为准。因此，审计人员应抽查资产负债表日后若干天的、一定金额以上的现金收支凭证实施截止测试，以确定是否存在跨期事项，防止被审计单位低估或高估现金余额。

5. 审查外币现金折算是否正确。

6. 检查库存现金是否在资产负债表上恰当披露。审计人员应在实施上述审计程序后，确定“库存现金”账户的期末余额是否恰当，进而确定库存现金是否在资产负债表上恰当披露。

第三节　银行存款的实质性程序

一、银行存款的审计目标

银行存款的审计目标一般应包括：

1. 确定被审计单位资产负债表的货币资金项目中的银行存款在资产负债表日是否确实存在；

2. 确定被审计单位所有应当记录的银行存款收支业务是否均记录完整；

3. 确定记录的银行存款是否为被审计单位拥有或控制；

4. 确定银行存款是否以恰当的金额包括在财务报表的货币资金项目中，与之相关的计价调整已恰当记录；

5. 确定银行存款在财务报表上的披露是否恰当。

二、银行存款的实质性程序

为实现上述审计目标，银行存款的实质性程序一般包括：

1. 获取或编制银行存款余额明细表，复核加计是否正确，并与总账数和日记账合计数核对是否相符。审计人员核对银行存款日记账与总账的余额是否相符，是确定记录的银行存款是否为被审计单位拥有或控制的一项重要程序。在测试时，如果不相符，应查明其原因，必要时建议被审计单位作出适当调整。

2. 实施实质性分析程序。

（1）计算银行存款累计余额应收利息收入，分析比较被审计单位银行存款应收利息收入与实际利息收入的差异是否恰当。

（2）分析利息收入的合理性，检查是否存在高息资金拆借，确认银行存款余额是否存在，利息收入是否已经完整记录。

（3）计算存放在非银行金融机构的存款占银行存款的比例，分析该资金的安全性。

3. 检查银行存单。编制银行存单检查表，检查是否与账面记录金额一致，是否被质押或限制使用，存单是否为被审计单位所拥有。

（1）对已质押的定期存款，应检查定期存单，并与相应的质押合同核对，同时关注定期存单对应的质押借款有无入账。

（2）对未质押的定期存款，应检查开户证书原件。

（3）对审计外勤工作结束日前已提取的定期存款，应核对相应的兑付凭证、银行对账单和定期存款复印件。

检查银行存单形成的“银行存单检查表”工作底稿格式如表 14.3 所示。

表 14.3 银行存单检查表

被审计单位名称：________ 索引号：________
项目：银行存款 财务报表截止日/期间：________
编制人：________ 复核人：________
日期：________ 日期：________

开户银行	账号	币种	户名	存入日期	到期日	期末存单余额	期末账面余额	备注

注：备注栏可填写是否被质押、用于担保或存在其他使用限制等情况说明。
审计说明：

小提示

注册会计师对银行存单检查时，需要注意：对已质押的定期存款，应检查定期存单，并与相应的质押合同核对，同时关注定期存单对应的质押贷款有无入账；对未质押的定期存款，应检查开户证实书原件；对审计外勤工作结束日前已提取的定期存款，应核对相应的兑付凭证、银行对账单和定期存款复印件。

4. 取得并检查银行存款余额对账单和银行余额调节表。取得并检查银行存款余额对账单和银行存款余额调节表是证实资产负债表中所列银行存款是否存在的重要程序。审计人员应对其中的未达账项的真实性着重审查。银行存款余额调节表通常应由被审计单位根据不同的银行账户及货币种类分别编制。具体测试程序通常包括：

(1)将被审计单位资产负债表日的银行存款余额对账单，与银行询证函回函核对，确认是否一致，抽样核对账面记录的已付票据金额及存款金额是否与对账单记录一致。

(2)获取资产负债表日的银行存款余额调节表，检查调节表中加计数是否正确，调节后核对银行存款日记账余额与银行对账单余额是否一致。

(3)检查调节事项的性质和范围是否合理。

(4)检查是否存在未入账的利息收入和利息支出。

(5)检查银行存款余额调节表中支付异常的领款人、签字不全、收款地址不清、金额较大票据的调整事项，确认是否存在舞弊。

(6)检查是否存在其他跨期收支事项。

检查银行存款余额对账单和银行余额调节表形成的工作底稿格式如表 14.4 所示。

表 14.4　对银行存款余额调节表的检查

被审计单位名称:________	索引号:________
项目:　　银行存款	财务报表截止日/期间:________
编制人:________	复核人:________
日期:________	日期:________

开户银行:________　银行账号:________　币种:________

项目	金额	调节项目说明	是否需要审计调整
银行对账单余额			
加:企业已收,银行尚未入账合计金额			
其中:1.			
2.			
减:企业已付,银行尚未入账合计金额			
其中:1.			
2.			
调整后银行对账单余额			
企业银行存款日记账余额			
加:银行已收,企业尚未入账合计金额			
其中:1.			
2.			
减:银行已付,企业尚未入账合计金额			
其中:1.			
2.			
调整后企业银行存款日记账余额			

经办会计人员(签字):　　　　会计主管(签字):

审计说明:

5. 函证银行存款余额。函证银行存款余额是证实资产负债表所列银行存款是否存在的重要程序。通过向往来银行函证,审计人员既可以了解企业资产的存在,也可以了解企业账面反映所欠银行债务的情况,并有助于发现企业未入账的银行借款和未披露的或有负债。

审计人员应向被审计单位在本年存过款(含外埠存款、银行汇票存款、银行本票存款、信用卡存款、信用证保证金存款)的所有银行发函,其中包括企业存款账户已结清的银行。

银行询证函与“银行函证结果汇总表”工作底稿参考格式分别如表 14.5 与表 14.6 所示。

表 14.5　银行询证函

索引号:

编号:

××(银行):

本公司聘请的××会计师事务所正在对本公司××年度财务报表进行审计,按照中国注册会计师审计准则的要求,应当询证本公司与贵行相关的信息。下列信息出自本公司记录,如与贵行记录相符,请在本函下端“信息证明无误”处签章证明；如有不符，请在“信息不符”处列明不符项目及具体内容；如存在与本公司有关的未列入本函的其他重要信息，也请在“信息不符”处列出其详细资料。回函请直接寄至××会计师事务所。

回函地址：　　　　　　　　　　　　　　　　邮编：

电话：　　　　　　　　传真：　　　　　　　联系人：

截至××年×月×日止，本公司与贵行相关的信息列示如下：

1. 银行存款

账户名称	银行账号	币种	利率	余额	起止日期	是否被质押、用于担保或存在其他使用限制	备注

除上述列示的银行存款外，本公司并无在贵行的其他存款。

注：“起止日期”一栏仅适用于定期存款，如为活期或保证金存款，可只填写“活期”或“保证金”字样。

2. 银行借款

借款人名称	币种	本息余额	借款日期	到期日期	利率	借款条件	抵（质）押品/担保人	备注

除上述列示的银行借款外，本公司并无自贵行的其他借款。

注：此项仅函证截至资产负债表日本公司尚未归还的借款。

3. 截至函证日之前12个月内注销的账户

账户名称	银行账号	币种	注销账户日

除上述列示的账户外，本公司并无截至函证日之前12个月内在贵行注销的其他账户。

4. 委托存款

账户名称	银行账号	借款方	币种	利率	余额	存款起止日期	备注

除上述列示的委托存款外，本公司并无通过贵行办理的其他委托存款。

5. 委托贷款

账户名称	银行账号	资金使用方	币种	利率	本金	利息	贷款起止日期	备注

除上述列示的委托贷款外，本公司并无通过贵行办理的其他委托贷款。

6. 担保

（1）本公司为其他单位提供的、以贵行为担保受益人的担保

被担保人	担保方式	担保金额	担保期限	担保事由	担保合同编号	被担保人与贵行就担保事项往来的内容(贷款等)	备注

除上述列示的担保外,本公司并无其他以贵行为担保受益人的担保。

注:如采用抵押或质押方式提供担保的,应在备注中说明抵押或质押物情况。

(2)贵行向本公司提供的担保

被担保人	担保方式	担保金额	担保期限	担保事由	担保合同编号	备注

除上述列示的担保外,本公司并无贵行提供的其他担保。

7. 本公司为出票人且由贵行承兑而尚未支付的银行承兑汇票

银行承兑汇票号码	票面金额	出票日	到期日

除上述列示的银行承兑汇票外,本公司并无由贵行承兑而尚未支付的其他银行承兑汇票。

8. 本公司向贵行已贴现而尚未到期的商业汇票

商业汇票号码	付款人名称	承兑人名称	票面金额	票面利率	出票日	到期日	贴现日	贴现率	贴现净额

除上述列示的商业汇票外,本公司并无向贵行已贴现而尚未到期的其他商业汇票。

9. 本公司为持票人且由贵行托收的商业汇票

商业汇票号码	承兑人名称	票面金额	出票日	到期日

除上述列示的商业汇票外,本公司并无由贵行托收的其他商业汇票。

10. 本公司为申请人、由贵行开具的、未履行完毕的不可撤销信用证

信用证号码	受益人	信用证金额	到期日	未使用金额

除上述列示的不可撤销信用证外,本公司并无由贵行开具的、未履行完毕的其他不可撤销信用证。

11. 本公司与贵行之间未履行完毕的外汇买卖合约

类别	合约号码	买卖币种	未履行的合约买卖金额	汇率	交收日期
贵行卖予本公司					
本公司卖予贵行					

除上述列示的外汇买卖合约外,本公司并无与贵行之间未履行完毕的其他外汇买卖合约。

12. 本公司存放于贵行的有价证券或其他产权文件

有价证券或其他产权文件名称	产权文件编号	数量	金额

除上述列示的有价证券或其他产权文件外，本公司并无存放于贵行的其他有价证券或其他产权文件。

13. 其他重大事项

注：此项应填列注册会计师认为重大且应予函证的其他事项，如信托存款等；如无则应填写“不适用”。

（公司盖章）
年　月　日

以下仅供被询证银行使用

结论：

1. 信息证明无误。 （银行盖章） 经办人： 年　月　日	2. 信息不符，请列明不符项目及具体内容（对于在本函前述第1项至第13项中漏列的其他重要信息，请列出详细资料）。 （银行盖章） 经办人： 年　月　日

表 14.6　银行存款函证结果汇总表

被审计单位名称：________　索引号：________
项目：　银行存款　　财务报表截止日/期间：________
编制人：________　复核人：________
日期：________　日期：________

开户银行	账号	币种	函证情况					冻结、质押等事项说明	备注
			对账单余额	函证日期	回函日期	回函金额	金额差异		

审计说明：

6. 检查银行存款账户存款人是否为被审计单位。如果存款人为非被审计单位,应获取该账户户主和被审计单位的书面声明,确认资产负债表日是否需要调整。

7. 关注是否存在质押、冻结等对变现有限制或存在境外的款项。如果存在,检查是否已作必要的调整和披露。

8. 抽查大额银行存款收支的原始凭证,检查原始凭证是否齐全、记账凭证与原始凭证是否相符、账务处理是否正确、是否记录于恰当的会计期间等项内容。检查是否存在非营业目的的大额货币资金转移,并核对相关账户的进账情况。如果有与被审计单位生产经营无关的收支事项,应查明原因并作相应的记录。

9. 检查银行存款收支的正确截止日期。选取资产负债表日前后若干天的银行存款收支凭证实施截止测试,关注业务内容及对应项目。

10. 检查银行存款在财务报表中是否恰当披露。

第四节 其他货币资金的审计

一、其他货币资金的审计目标

1. 确定被审计单位其他货币资金在会计报表中是否存在,是否为被审计单位所拥有。

2. 确定被审计单位在特定期间内发生的其他货币资金收支业务是否均已记录完毕,有无遗漏事项。

3. 确定其他货币资金余额是否正确。

4. 确定其他货币资金在财务报表上的披露是否恰当。

二、其他货币资金的实质性程序

1. 核对外埠存款、银行汇票存款、银行本票、信用卡存款、信用证保证金存款和存出投资款等各明细账期末合计数与总账数是否相符。

2. 函证其他货币资金期末余额,并记录函证过程。

3. 抽查若干大额的或有疑问的原始凭证进行测试,检查内容是否完整、有无授权批准,并核对相关账户的进账情况。

4. 确定其他货币资金在财务报表上的披露是否恰当。

本章小结

1. 审计人员在进行货币资金的控制测试时,通过查阅被审计单位的有关规章制度等重要文件;现场观察被审计单位的有关业务活动;询问被审计单位有关人员等方法,以确定被审计单位制定的内部控制运行的有效性。

2. 注册会计师以核对库存现金日记账与总账的余额是否相符为实施实质性程序的起点,实施监盘程序证实资产负债表中所列库存现金是否存在,审查库存现金收支的正确截止日期,以确定是否存在跨期事项,检查库存现金是否在资产负债表上恰当披露等。

3. 注册会计师在获取或编制银行存款余额明细表的基础上,实施相关实质性分析程序以对银行存款及利息作出总体判断;检查银行存单,编制银行存单检查表,检查是否与账面记录金额一致,是否被质押或限制使用;取得并检查银行存款余额对账单和银行存款余额调节表以及函证银行存款余额是证实资产负债表所列银行存款是否存在的重要程序;注册会计师还应就银行存款账户存款人是否为被审计单位、是否存在质押、冻结等进行审计。

复习思考题

1. 简述库存现金监盘与存货监盘的区别。

2. 简述审计人员在执行库存现金监盘程序时应注意的事项。

3. 简述银行存款调节表中未达账项产生的原因,审计人员应如何关注?

4. 审计人员在对瑞恒公司2012年度财务报表进行审计时,取得该公司2012年12月31日银行存款余额调节表和开户银行2013年1月31日的银行对账单。审计人员取得银行存款余额调节表后应检查哪些内容?审计人员索取开户银行2013年1月31日的银行对账单,能证实2012年12月31日银行存款余额调节表的哪些内容?

5. 利达公司会计和出纳分设,由于会计工作量较大,财务负责人安排由出纳负责登记收入和应收账款账户,并规定收款的同时为销售部门开具销售发票。办理付款手续时,直接根据采购人员提供的发票办理支付手续。根据上述资料,简述利达公司在货币资金管理中存在哪些问题?

第十五章　完成审计工作

学习目标

1. 理解并掌握首次接受委托时对期初余额的审计；
2. 理解并掌握期后事项的审计；
3. 理解并掌握或有事项的审计；
4. 理解并掌握持续经营的审计。

引导案例

正达会计师事务所审计了明德公司2010年度财务报表,并出具了保留意见的审计报告。负责明德公司外勤审计工作的王华注册会计师于2011年5月离职加入正明会计师事务所,转所手续至2012年5月办理完毕。2012年1月,明德公司决定改聘正明会计师事务所审计其2011年度财务报表,并与正明会计师事务所签订了审计业务约定书。该约定书中约定明德公司协助正明会计师事务所与正达会计师事务所进行沟通,以了解相关情况。正明会计师事务所委派王华注册会计师担任明德公司2011年度财务报表审计的外勤负责人,于2012年4月出具了无保留意见审计报告。

在本案例中要求:

(1)在何种情况下,注册会计师应对明德公司2011年度财务报表的期初余额作适当审计?审计目标是什么?

(2)正明会计师事务所通常应采用什么方式了解明德公司2011年度期初余额的情况?了解的主要内容有哪些?

(3)针对正达会计师事务所对明德公司2010年度财务报表审计报告中的保留事项,正明会计师事务所对明德公司2011年度财务报表出具无保留意见的前提是什么?

(4)王华注册会计师能否签署明德公司2011年度财务报表的审计报告?请说明具体原因。

通过以上要求能够发现,本章将要讲述的内容为注册会计师在执行审计时,也需要明确审计目标,实施审计程序,考虑对审计意见的影响。

第一节　首次接受委托时对期初余额的审计

一、首次接受委托时对期初余额审计的原则

注册会计师首次接受被审计单位委托主要有两类情况:一是指会计师事务所在被审计单位财务报表首次接受审计的情况下接受的审计委托;二是指会计师事务所在被审计单位上期财务报表由其他会计师事务所审计的情况下接受的审计委托,即由于种种原因,被审计单位更换会计师事务所对其本期财务报表进行审计。

注册会计师对被审计单位所审期间财务报表审计发表审计意见,必然会面临如何审计财务报表期初余额问题,注册会计师对期初余额的审计应把握以下三个方面:

1. 期初余额是本期财务报表的基础,往往对本期财务报表产生重要的影响,注册会计师在首次接受委托时必然涉及期初余额,因此,注册会计师应以高度的责任感和慎重的态度判断期初余额对所审计财务报表影响的程度。

2. 注册会计师接受委托审计的毕竟是被审计单位本期的财务报表,如果对期初余额审计过于详细,势必会增加审计成本,延长审计时间,并给被审计单位带来审计费用过高等负担。因此,注册会计师对期初余额的审计应该遵循适度原则。

3. 注册会计师应当根据期初余额对财务报表的影响程度,合理运用职业判断,以确定期初余额的审计范围。判断期初余额对本期财务报表的影响程度应着眼于以下三方面:一是上期结转至本期的金额;二是上期所采用的会计政策;三是上期期末已存在的或有事项及承诺。注册会计师应以这三方面的内容为重点,确定期初余额对本期财务报表的影响。

二、期初余额的含义

期初余额是指期初存在的账户余额。期初余额以上期期末余额为基础,反映了以前期间的交易和事项以及上期采用的会计政策的结果。正确理解期初余额的含义,需要把握以下三点:

1. 期初余额是期初已存在的账户余额。期初已存在的账户余额是由上期结转至本期的金额,或是上期期末余额调整后的金额。期初余额与上期期末余额是一个事物的两个方面。通常,期初余额是上期账户结转至本期账户的余额,在数额上与相应账户的上期期末余额相等。但是,由于受上期期后事项、会计政策变更、前期会计差错更正等因素的影响,上期期末余额结转至本期时,有时需经过调整或重新表述。

2. 期初余额反映了以前期间的交易和事项以及上期采用的会计政策的结果。期初余额应以客观存在的经济业务为根据,是被审计单位按照上期采用的会计政策对以前会计期间发生的交易和事项进行处理的结果。

3. 期初余额与注册会计师首次审计业务相联系。所谓首次审计业务,是指在上期财务报表未经审计,或上期财务报表由前任注册会计师审计的情况下承接的审计业务。

三、期初余额的审计目标

在执行首次审计业务时,注册会计师针对期初余额的目标是,获取充分、适当的审计证据以证实:

1. 期初余额是否含有对本期财务报表产生重大影响的错报。要确定期初余额是否存在对本期财务报表产生重大影响的错报,主要是判断期初余额的错报对本期财务报表使用者进行决策的影响程度,是否足以改变或影响其判断。如果期初余额存在对本期财务报表产生重大影响的错报,则注册会计师在审计中必须对此提出恰当的审计调整或披露建议;反之,注册会计师无须对此予以特别关注和处理。

2. 期初余额反映的恰当的会计政策是否在本期财务报表中得到一贯运用,或会计政策的变更是否已按照适用的财务报告编制基础作出恰当的会计处理和充分的列报与披露。

四、审计程序

为达到上述期初余额审计目标,注册会计师应当阅读被审计单位最近期间的财务报表和相关披露,以及前任注册会计师出具的审计报告(如有),获取与期初余额相关的信息。审计程序通常包括:

(一)确定上期期末余额是否已正确结转至本期,或在适当的情况下已作出重新表述

上期期末余额通常应直接结转至本期。但在出现某些情形时,上期期末余额不应直接结转至本期,而应当作出重新表述。例如,企业会计准则和相关会计制度的要求发生变化;或者上期期末余额存在重大的前期差错,如果前期差错累积影响数能够确定,按规定应当采用追溯重述法进行更正。

上期期末余额已正确结转至本期,主要是指上期账户余额计算正确;上期总账余额与各明细账余额合计数或日记账余额合计数相等;上期各总账余额和相应的明细账余额或日记账余额已经分别恰当地过入本期的总账和相应的明细账或日记账。

(二)确定期初余额是否反映对恰当会计政策的运用

注册会计师首先应了解、分析被审计单位所选用的会计政策是否恰当,是否符合适用的财务报告编制基础的要求,按照所选用会计政策对被审计单位发生的交易或事项进行处理,是否能够提供可靠、相关的会计信息;其次,如果认定被审计单位所选用的会计政策恰当,应确认该会计政策是否在每一会计期间和前后各期得到一贯执行,有无变更;最后,如果发现会计政策发生变更,应审核其变更理由是否充分,是否按规定予以变更,或者由于具体情况发生变化,会计政策变更能够提供更可靠、更相关的会计信息,并关注被审计单位是否已经按照适用的财务报告编制基础的要求,对会计政策变更作出适当的会计处理和充分披露。

如果被审计单位上期适用的会计政策不恰当或与本期不一致,注册会计师在实施期初余额审计时应提请被审计单位进行调整或予以披露。

(三)实施一项或多项审计程序

注册会计师实施的一项或多项审计程序包括:

1. 如果上期财务报表已经审计,查阅前任注册会计师的审计工作底稿,以获取有关期初余额的审计证据。

(1)查阅前任注册会计师的审计工作底稿。在执行首次审计业务时,如果被审计单位上期财务报表已经前任注册会计师审计,后任注册会计师在对被审计单位本期财务报表进行审计时,就应当在征得被审计单位同意后,考虑与前任注册会计师沟通、利用前任注册会计师的工作。沟通的方式包括举行会谈、电话询问或发送调查问卷等,但最有效和常用的方式是查阅前任注册会计师的审计工作底稿。查阅的重点通常限于对本期审计产生重大影响的事项,如前任注册会计师对上期财务报表发表的审计意见的类型和主要内容,针对上期财务报表的审计计划和审计总结等。

(2)考虑前任注册会计师的独立性和专业胜任能力。注册会计师能否通过查阅前任注册会计师的审计工作底稿获取有关期初余额的充分、适当的审计证据,在很大程度上依赖于注册会计师对前任注册会计师的独立性和专业胜任能力的判断。如果认为前任注册会

计师不具有独立性,或者不具有应有的专业胜任能力,则无法通过查阅其审计工作底稿获取有关期初余额充分、适当的审计证据。

2. 评价本期实施的审计程序是否提供了有关期初余额的审计证据。

通过对本期财务报表实施的审计程序也可证实某些期初余额。期初流动资产和流动负债在本期的交易事项中通常会有所反映,在对流动资产或流动负债的期初余额审计时,一般结合当期审计程序进行。例如,应收账款或应付账款的期初余额,通常在本期内即可收回或支付,则此后收回或支付的事实即可视为应收账款或应付账款的期初余额存在、权利和义务、完整性和计价提供了部分审计证据。

3. 实施其他专门的审计程序,以获取有关期初余额的审计证据。

注册会计师应当根据期初余额有关账户的不同性质实施相应的审计程序。

就存货而言,本期对存货的期末余额实施的审计程序,几乎无法提供有关期初持有存货的审计证据。因此,注册会计师有必要实施追加的审计程序。下列一项或多项审计程序可能提供有关期初存货余额的充分、适当的审计证据:(1)监盘当前的存货数量并调节至期初存货数量;(2)对期初存货项目的计价实施审计程序;(3)对毛利和存货截止实施审计程序。

相对于流动资产和流动负债而言,非流动资产和非流动负债比较稳定,变动较少,如长期股权投资、固定资产和长期借款,注册会计师可以通过检查形成期初余额的会计记录和其他信息获取审计证据。在某些情况下,注册会计师还可以通过向第三方函证获取有关期初余额(如长期借款和长期股权投资的期初余额)的部分审计证据。而在另外一些情况下,注册会计师还可能需要实施追加的审计程序。

五、审计结论和审计报告

在对期初余额实施审计程序后,注册会计师应当分析已获取的审计证据,区分不同情况形成对被审计单位期初余额的审计结论,在此基础上确定其对本期财务报表出具审计报告的影响。

(一)审计后不能获取有关期初余额的充分、适当的审计证据

如果不能针对期初余额获取充分、适当的审计证据,注册会计师需要在审计报告中发表下列类型之一的非无保留意见:

(1)发表适合具体情况的保留意见或无法表示意见;

(2)除非法律法规禁止,对经营成果和现金流量(如相关)发表保留意见或无法表示意见,而对财务状况发表无保留意见。

(二)期初余额存在对本期财务报表产生重大影响的错报

如果期初余额存在对本期财务报表产生重大影响的错报,注册会计师应当告知管理层;如果上期财务报表由前任注册会计师审计,注册会计师还应当考虑提请管理层告知前任注册会计师。如果错报的影响未能得到正确的会计处理和恰当的列报,注册会计师应当对财务报表发表保留意见或否定意见。

(三)会计政策变更对审计报告的影响

如果认为按照适用的财务报告编制基础与期初余额相关的会计政策未能在本期得到一贯运用,或者会计政策的变更未能得到恰当的会计处理或适当的列报与披露,注册会计

师应当对财务报表发表保留意见或否定意见。

(四)前任注册会计师对上期财务报表发表了非无保留意见

如果前任注册会计师对上期财务报表发表了非无保留意见,注册会计师应当考虑该审计报告对本期财务报表的影响。如果导致出具非无保留审计报告的事项对本期财务报表仍然相关和重大,注册会计师应当对本期财务报表发表非无保留意见。如果导致前任注册会计师发表非无保留意见的事项可能与对本期财务报表发表的意见既不相关也不重大,那么注册会计师在本期审计时就无需因此而发表非无保留意见。

第二节　期后事项的审计

注册会计师在审计被审计单位某一会计年度的财务报表时,除了对所审会计年度内发生的交易和事项实施必要的审计程序外,还必须考虑所审会计年度之后发生和发现的事项对财务报表和审计报告的影响,以保证一个会计期间的财务报表的真实性和完整性。

一、相关概念

1. 期后事项

期后事项是指财务报表日至审计报告日之间发生的事项,以及注册会计师在审计报告日后知悉的事实。

小提示

适用的财务报告编制基础通常专门提及期后事项,将其区分为下列两类:一是对财务报表日已经存在的情况提供证据的事项,即对财务报表日已经存在的情况提供了新的或进一步证据的事项,这类事项影响财务报表金额,需企业调整财务报表及披露与之相关的信息;二是对财务报表日后发生的情况提供证据的事项,即表明财务报表日后发生的情况的事项。这类事项虽不影响财务报表金额,但可能影响对财务报表的正确理解,需企业在财务报表附注中作适当披露。

2. 财务报表日

财务报表日是指财务报表涵盖的最近期间的截止日期。

3. 财务报表报出日

财务报表报出日是指审计报告和已审计财务报表提供给第三方的日期。

4. 财务报表批准日

财务报表批准日是指构成整套财务报表的所有报表(包括相关附注)已编制完成,并且被审计单位的董事会、管理层或类似机构已经认可其对财务报表负责的日期。

5. 审计报告日

审计报告日是指注册会计师在对财务报表出具的审计报告上签署的日期。在实务中审计报告日与财务报表批准日通常是相同的日期。

如图 15.1 所示,根据与期后事项相关的上述概念,期后事项可以按时段分为三个时段:第一个时段是财务报表日后至审计报告日,我们可以把在这一期间发生的事项称为“第一时段期后事项”;第二时段是审计报告日后至财务报表报出日,我们可以把这一期间发现的事实称为"第二时段期后事项";第三个时段是财务报表报出日后,我们可以把这一期间发现的事实称为"第三时段期后事项"。

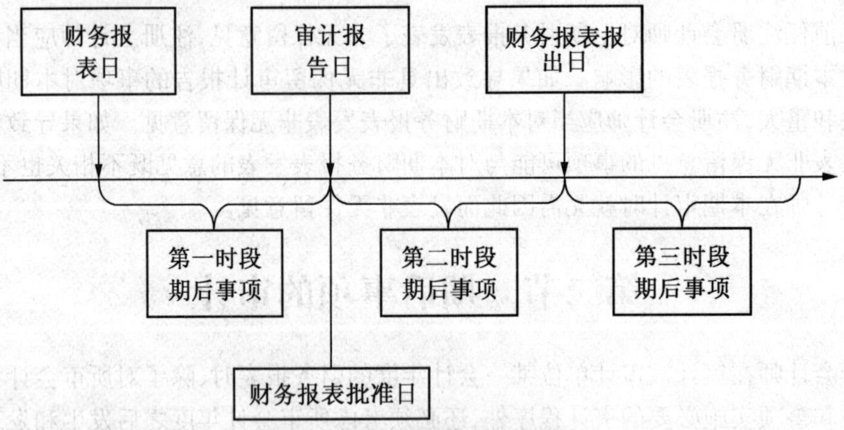

图 15.1　期后事项分段示意图

二、财务报表日至审计报告日之间发生的事项

(一)主动识别第一时段期后事项

财务报表日至审计报告日之间发生的期后事项属于第一时段期后事项。对于这一时段的期后事项,注册会计师负有主动识别的义务,应当设计专门的审计程序来识别这些期后事项,并根据这些事项的性质判断其对财务报表的影响,进而确定是进行调整还是披露。

(二)用以识别期后事项的审计程序

注册会计师应当按照审计准则的规定实施审计程序,以使审计程序能够涵盖财务报表日至审计报告日(或尽可能接近审计报告日)之间的期间。在确定审计程序的性质和范围时,注册会计师应当考虑风险评估的结果。用以识别第一时段期后事项的审计程序通常包括:

(1)了解管理层为确保识别期后事项而建立的程序。

(2)询问管理层和治理层(如适用),确定是否已发生可能影响财务报表的期后事项。注册会计师可以询问根据初步或尚无定论的数据作出会计处理的项目的现状,以及是否已发生新的承诺、借款或担保,是否计划出售或购置资产等。

(3)查阅被审计单位的所有者、管理层和治理层在财务报表日后举行会议的纪要,在不能获取会议纪要的情况下,询问此类会议讨论的事项。

(4)查阅被审计单位最近的中期财务报表(如有)。

(三)知悉对财务报表有重大影响的期后事项时的考虑

在实施上述审计程序后,如果所知悉的期后事项属于调整事项,注册会计师应当考虑被审计单位是否已对财务报表作出适当的调整。如果所知悉的期后事项属于非调整事项,注册会计师应当考虑被审计单位是否在财务报表附注中予以充分披露。

三、审计报告日后至财务报表报出日前知悉的事实

(一)被动识别第二时段期后事项

在审计报告日后,注册会计师没有义务针对财务报表实施任何审计程序,注册会计师

针对被审计单位的审计业务已经结束，要识别可能存在的期后事项比较困难，因而无法承担主动识别第二时段期后事项的审计责任。但是，在这一阶段，被审计单位的财务报表并未报出，管理层有责任将发现的可能影响财务报表的事实告知注册会计师。当然，注册会计师还可能从媒体报道、举报信或者证券监管部门告知等途径获悉影响财务报表的期后事项。

（二）知悉第二时段期后事项时的考虑

在审计报告日后至财务报表报出日前，如果知悉了某事实，且若在审计报告日知悉可能导致修改审计报告，注册会计师应当与管理层和治理层（如适用）讨论该事项；确定财务报表是否需要修改；如果需要修改，询问管理层将如何在财务报表中处理该事项。

1. 管理层修改财务报表时的处理

如果管理层修改财务报表，注册会计师应当根据具体情况对有关修改实施必要的审计程序；注册会计师应当将用以识别期后事项的上述审计程序延伸至新的审计报告日，并针对修改后的财务报表出具新的审计报告，新的审计报告日不应早于修改后的财务报表被批准的日期。此时，注册会计师需要获取充分、适当的审计证据，以验证管理层根据期后事项所作出的财务报表调整或披露是否符合适用的财务报告编制基础的规定。

2. 管理层不修改财务报表且审计报告未提交时的处理

如果认为管理层应当修改财务报表而没有修改，并且审计报告尚未提交给被审计单位；注册会计师应当发表非无保留意见，然后再提交审计报告。

3. 管理层不修改财务报表且审计报告已提交时的处理

如果认为管理层应当修改财务报表而没有修改，并且审计报告已经提交给被审计单位，注册会计师应当通知管理层和治理层（除非治理层全部成员参与管理被审计单位）在财务报表作出必要修改前不要向第三方报出。如果财务报表在未经必要修改的情况下仍被报出，注册会计师应当采取适当措施，以设法防止财务报表使用者依赖该审计报告。例如，针对上市公司，注册会计师可以利用证券传媒等刊登必要的声明，防止使用者依赖审计报告。注册会计师采取的措施取决于自身的权利和义务以及所征询的法律意见。

四、财务报表报出后知悉的事实

（一）没有义务识别第三时段的期后事项

财务报表报出日后发现的事实属于第三时段期后事项，注册会计师没有义务针对财务报表实施任何审计程序。但是，并不排除注册会计师通过媒体等其他途径获悉可能对财务报表产生重大影响的期后事项的可能性。

（二）知悉第三时段期后事项时的考虑

在财务报表报出后，如果知悉了某事实，且若在审计报告日知悉可能导致修改审计报告，注册会计师应当：(1)与管理层和治理层（如适用）讨论该事项；(2)确定财务报表是否需要修改；(3)如果需要修改，询问管理层将如何在财务报表中处理该事项。

应当指出的是，需要注册会计师在知悉后采取行动的第三时段期后事项是有严格限制的：其一是这类期后事项应当是在审计报告日已经存在的事实；其二是该事实如果被注册会计师在审计报告日前获知，可能影响审计报告。只有同时满足这两个条件，注册会计师才需要采取行动。

1. 管理层修改财务报表时的处理

注册会计师根据具体情况对有关修改实施必要的审计程序。例如,查阅法院判决文件,复核会计处理或披露事项,确定管理层对财务报表的修改是否恰当。复核管理层采取的措施能否确保所有收到原财务报表和审计报告的人士了解这一情况。延伸实施审计程序,并针对修改后的财务报表出具新的审计报告。

2. 管理层未采取任何行动时的处理

如果管理层没有采取必要措施确保所有收到原财务报表的人士了解这一情况,也没有在注册会计师认为需要修改的情况下修改财务报表,注册会计师应当通知管理层和治理层(除非治理层全部成员参与管理被审计单位),注册会计师将设法防止财务报表使用者信赖该审计报告。

第三节　或有事项的审计

一、或有事项的审计目标

1. 或有事项的含义

或有事项,是指过去的交易或事项形成的,其结果须由某些未来事项的发生或不发生才能决定的不确定事项。常见的或有事项主要包括:未决诉讼或仲裁、债务担保、产品质量保证(含产品安全保证)、承诺、亏损合同、重组义务、环境污染整治等。

2. 或有事项的审计目标

注册会计师对或有事项进行审计所要达到的审计目标一般包括:确定或有事项是否存在和完整;确定或有事项的确认和计量是否符合企业会计准则的规定;确定或有事项的列报或披露是否恰当。在审计或有事项时,注册会计师尤其要关注财务报表反映的或有事项的完整性。

二、或有事项的审计程序

由于或有事项的种类不同,注册会计师在审计被审计单位的或有事项时,所采取的审计程序也各不相同。但总结起来,针对或有事项完整性的审计程序通常包括:

1. 了解被审计单位与识别或有事项有关的内部控制。

2. 审阅截至审计工作完成日被审计单位历次董事会纪要和股东大会会议记录,确定是否存在未决诉讼或仲裁、未决索赔、税务纠纷、债务担保、产品质量保证、财务承诺等方面的记录。

3. 向与被审计单位有业务往来的银行函证,或检查被审计单位与银行之间的借款协议和往来函件,以查找有关票据贴现、背书、应收账款抵借、票据担保等。

4. 检查与税务征管机构之间的往来函件和税收结算报告,以确定是否存在税务争议。

5. 向被审计单位的法律顾问和律师进行函证,分析被审计单位在审计期间发生的法律费用,以确定是否存在未决诉讼、索赔等事项。

6. 向被审计单位管理层获取书面声明,声明其已按照企业会计准则的规定,对全部或有事项作了恰当反映。

注册会计师还应当确定或有事项的确认、计量和列报是否符合《企业会计准则第13号——或有事项》的规定。

三、获取律师声明书

在对被审计单位期后事项和或有事项等进行审计时，注册会计师往往要向被审计单位的法律顾问和律师进行函证，以获取与资产负债表日业已存在的，以及资产负债表日至复函日这一时期内存在的期后事项和或有事项等有关的审计证据。被审计单位律师对函证问题的答复和说明，就是律师声明书。

对律师的函证，通常以被审计单位的名义，通过寄发审计询证函的方式实施。律师声明书所用的格式和措辞并没有定式。单位不同或情况不同，律师出具的声明书也不相同。

注册会计师应根据该律师的职业水准和声誉情况来确定律师声明书的可靠性。如果注册会计师对代理被审计单位重大法律事务的律师并不熟悉，则应查询诸如该律师的职业背景、声誉及其在法律界的地位等情况，并考虑从律师协会获取信息。

如果律师声明书表明或暗示律师拒绝提供信息，或隐瞒信息，注册会计师应将其视为审计范围受到限制。

第四节　持续经营假设的审计

一、持续经营假设的含义

持续经营假设是指被审计单位在编制财务报表时，假定其经营活动在可预见的将来会继续下去，不拟也不必终止经营或破产清算，可以在正常的经营过程中变现资产、清偿债务。持续经营假设是会计确认和计量的四项基本假定之一，对财务报表的编制和审计关系重大。是否以持续经营假设为基础编制财务根表，对会计确认、计量和列报将产生很大影响。

二、持续经营假设的审计目标

注册会计师审计持续经营假设的目标是：

1. 就管理层编制财务报表时运用持续经营假设的适当性，获取充分、适当的审计证据；

2. 根据获取的审计证据，就可能导致对被审计单位持续经营能力产生重大疑虑的事项或情况是否存在重大不确定性得出结论；

3. 确定对审计报告的影响。

三、评价管理层对持续经营能力作出的评估

管理层对被审计单位持续经营能力的评估，是注册会计师考虑管理层运用持续经营假设的一个关键部分。

（一）注册会计师评价管理层评估涵盖的期间

持续经营假设是指被审计单位在编制财务报表时，假定其经营活动在可预见的将来会

继续下去,而可预见的将来通常是指财务报表日后十二个月。因此,管理层对持续经营能力的合理评估期间应是自财务报表日起的下一个会计期间。如果管理层评估持续经营能力涵盖的期间短于自财务报表日起的十二个月,注册会计师应当提请管理层将其至少延长至自财务报表日起的十二个月。

(二)超出管理层评估期间的事项或情况

可能存在着已知的事项(预定的或非预定的)或情况,是超出管理层评估期间发生的,可能导致注册会计师对管理层编制财务报表时运用持续经营假设的适当性产生怀疑。注册会计师需要对存在这些事项或情况的可能性保持警觉。由于事项或情况发生的时点距离作出评估的时点越远,与事项或情况的结果相关的不确定性的程度也相应增加,因此在考虑更远期间发生的事项或情况时,只有持续经营事项的迹象达到重大时,注册会计师才需要考虑采取进一步措施。

除询问管理层外,注册会计师没有责任实施其他任何审计程序,以识别超出管理层评估期间并可能导致对被审计单位持续经营能力产生重大疑虑的事项或情况。

四、识别出事项或情况时实施追加的审计程序

如果识别出可能导致对持续经营能力产生重大疑虑的事项或情况,注册会计师应当通过实施追加的审计程序(包括考虑缓解因素)获取充分、适当的审计证据,以确定是否存在重大不确定性。这些程序应当包括:

1. 如果管理层尚未对被审计单位持续经营能力作出评估,提请其进行评估。

2. 评价管理层与经营能力评估相关的未来应对计划,这些计划的结果是否可能改善目前的状况,以及管理层的计划对于具体情况是否可行。管理层的应对计划可能包括管理层变卖资产、对外借款、重组债务、削减或延缓开支或者获得新的资本。

3. 如果被审计单位已编制现金流量预测,且对预测的分析是评价管理层未来应对计划时考虑的事项或情况的未来结果的重要因素,评价用于编制预测的基础数据的可靠性,并确定预测所基于的假设是否具有充分的支持。

4. 考虑自管理层作出评估后是否存在其他可获得的事实或信息。

5. 要求管理层和治理层(如适用)提供有关未来应对计划及其可行性的书面声明。

如果合理预期不存在其他充分、适当的审计证据,注册会计师应当就对财务报表有重大影响的事项向管理层和治理层(如适用)获取书面声明。

由于管理层就持续经营能力而提出的应对计划和其他缓解措施通常基于假设基础之上,注册会计师在进行评价时,取得的审计证据多为说服性而非结论性的,因此,注册会计师应当向管理层获取有关应对计划的书面声明。注册会计师可以要求管理层和治理层(如适用)作出如下声明:"在财务报表日起的十二个月内,管理层和治理层(如适用)没有申请破产保护的计划。"

五、审计结论与报告

如果注册会计师根据职业判断认为,鉴于不确定性潜在影响的重要程度和发生的可能性,为了使财务报表实现公允反映,有必要适当披露该不确定性的性质和影响,则表明存在

重大不确定性。

（一）被审计单位运用持续经营假设适当但存在重大不确定性

如果认为运用持续经营假设适合具体情况，但存在重大不确定性，注册会计师应当确定：

1. 财务报表是否已充分描述可能导致对持续经营能力产生重大疑虑的主要事项或情况，以及管理层针对这些事项或情况的应对计划。

2. 财务报表是否已清楚披露可能导致对持续经营能力产生重大疑虑的事项或情况存在重大不确定性，并由此导致被审计单位可能无法在正常的经营过程中变现资产和清偿债务。

（1）如果财务报表已作出充分披露，注册会计师应当发表无保留意见，并在审计报告中增加强调事项段，强调可能导致对持续经营能力产生重大疑虑的事项或情况存在重大不确定性的事实，提醒财务报表使用者关注财务报表附注中对有关事项的披露。

（2）当存在多项对财务报表整体具有重要影响的重大不确定性时，在极少数情况下，注册会计师可能认为发表无法表示意见而非增加强调事项段是适当的。

（3）如果财务报表未作出充分披露，注册会计师应当恰当发表保留意见或否定意见。

（二）运用持续经营假设不适当

如果财务报表按照持续经营基础编制，而注册会计师运用职业判断认为管理层在编制财务报表时运用持续经营假设是不适当的，则无论财务报表中对管理层运用持续经营假设的不适当性是否作出披露，注册会计师均应发表否定意见。

（三）严重拖延对财务报表的批准

如果管理层或治理层在财务报表日后严重拖延对财务报表的批准，注册会计师应当询问拖延的原因。如果认为拖延可能涉及与持续经营评估相关的事项或情况，注册会计师有必要实施前述识别出可能导致对持续经营能力产生重大疑虑的事项或情况时追加的审计程序，并就存在的重大不确定性考虑对审计结论的影响。

小提示

根据《企业会计准则 113 号——或有事项》，或有事项，是指过去的交易或者事项形成的，其结果须由某些未来事项的发生或不发生才能决定的不确定事项。或有事项包括预计负债、或有负债和或有资产。与或有事项相关的义务同时满足下列条件的，应当确认为预计负债：（1）该义务是企业承担的现时义务；（2）履行该义务很可能导致经济利益流出企业；（3）该义务的金额能够可靠地计量。或有负债，是指过去的交易或者事项形成的潜在义务，其存在须通过未来不确定事项的发生或不发生予以证实；或过去的交易或者事项形成的现时义务，履行该义务不是很可能导致经济利益流出企业或该义务的金额不能可靠计量。或有资产，是指过去的交易或者事项形成的潜在资产，其存在须通过未来不确定事项的发生或不发生予以证实。常见的或有事项主要包括：未决诉讼或仲裁、债务担保、产品质量保证（含产品安全保证）、承诺、亏损合同、重组义务、环境污染整治等。企业不应当确认或有负债和或有资产。企业应当在附注中披露与或有事项有关的预计负债和或有负债（不包括极小可能导致经济利益流出企业的或有负债）。企业通常不披露或有资产。

本章小结

1. 为实现期初余额审计目标，注册会计师应当阅读被审计单位最近期间的财务报表和相关披露,以及前任注册会计师出具的审计报告(如有),获取与期初余额相关的信息以出具适当的审计报告。

2. 注册会计师必须考虑所审会计年度之后发生和发现事项对现在所审会计年度财务报表和审计报告的影响,以保证一个会计期间的财务报表的真实性和完整性。对于财务报表日至审计报告日之间发生的第一时段期后事项,注册会计师应当设计专门的审计程序来识别这些期后事项,并根据这些事项的性质判断其对财务报表的影响。

3. 审计报告日后至财务报表报出日前发现的事实属于第二时段期后事项,且若注册会计师在审计报告日知悉可能导致修改审计报告,注册会计师应当与管理层和治理层(如适用)讨论该事项:确定财务报表是否需要修改;如果需要修改,询问管理层将如何在财务报表中处理该事项。

4. 财务报表报出日后发现的事实属于第三时段期后事项,注册会计师没有义务针对财务报表实施任何审计程序。但是,并不排除注册会计师通过媒体等其他途径获悉可能对财务报表产生重大影响的期后事项的可能性。对于第三时段期后事项,只有同时满足两个条件,注册会计师才需要采取行动。

5. 在审计或有事项时,特别是注册会计师针对或有事项完整性的审计,除了实施检查、询问等一般审计程序外,获取律师声明书和管理层声明书也很重要。

6. 注册会计师对持续经营假设的审计包括确定审计目标,进行风险评估,评价管理层对持续经营能力作出的评估。注册会计师应当通过实施追加的审计程序(包括考虑缓解因素)获取充分、适当的审计证据,以确定是否存在重大不确定性,并考虑重大不确定性对审计意见的影响。

复习思考题

1. 简述期初余额的审计程序。

2. 简述或有事项的审计程序。

3. 对于不同时段的期后事项注册会计师应怎样审计。

4. 简述持续经营的审计目标和审计程序。

第十六章　审计报告

学习目标

1. 掌握审计差异调整分录的编制；
2. 掌握试算平衡表的编制；
3. 理解并掌握审计工作底稿和财务报表的最终复核；
4. 了解评价独立性和职业道德问题；
5. 理解并掌握书面声明的获取；
6. 理解并掌握审计报告含义和作用；
7. 理解并掌握审计意见的形成条件；
8. 掌握审计报告的类型和不同审计报告的格式和内容。

引导案例

ST哈慈(股票代码600752)2005年8月31日发布盈利的半年报，可是9月7日，该公司发布公告称:2005年9月5日江苏天华大彭会计师事务所对其所出具的审计报告进行了更改，审计意见类型由原来的“非标准无保留意见”更改为“无法表示意见”。“无法表示意见”称:贵公司于2005年8月26日和8月30日先后收到关联方还款6 000万元和3 000万元。我们在对上述款项实施函证程序并获取贵公司有关声明的基础上，于2005年8月30日出具了无保留意见加强调事项段的审计报告(苏天会审二[2005]180号)。本着注册会计师应有的职业谨慎态度，我们要求对贵公司已收到的9 000万元还款进行追加查验，发现上述款项已被贵公司划出，而我们无法实施满意的审计程序以合理确信贵公司大股东及关联方上述还款的真实性，从而使我们无法判断大股东及关联方欠款的可收回性。2005年9月20日，上交所发布公告称决定哈慈股份自2005年9月22日起终止上市。从上述案例可以看出，注册会计师所出具的审计报告作用重大，注册会计师发表的审计意见所具有的独立、客观和公正的特征，使其在社会上享有较高的权威性。目前，注册会计师职业在我国越来越受到重视，注册会计师审计已成为国家维护市场经济秩序的重要手段。这是经济商品化程度不断提高所形成的必然趋势。

第一节　审计报告编制前的工作

审计报告编制前的工作是注册会计师最终编制审计报告的必要性的准备工作，是更具综合性的审计工作。

一、汇总审计差异

在完成按业务循环进行的控制测试、交易与财务报表项目的实质性程序以及特殊项目的审计后，对审计项目组成员在审计中发现的被审计单位的会计处理方法与企业会计准则的不一致,即审计差异,审计项目经理应根据审计重要性原则予以初步确定并汇总,并建议被审计单位进行调整,对审计差异的"初步确定并汇总"直至形成"经审计的财务报表"的过程,主要是通过编制审计差异调整表和试算平衡表得以完成的。

(一)编制审计差异调整表

审计差异按是否需要调整账户记录可分为核算错误和重分类错误。核算错误是因企业对经济业务进行了不正确的会计核算而引起的错误,用审计重要性原则来衡量每一项核算错误,又可把这些核算错误区分为建议调整的不符事项和不建议调整的不符事项(即未调整不符事项);重分类错误是因企业未按企业会计准则列报财务报表而引起的错误。例如,企业在应付账款项目中反映的预付款项、在应收账款项目中反映的预收款项等。

审计差异在审计工作底稿中通常都是以会计分录的形式反映的,并分别汇总至"账项调整分录汇总表"、"重分类调整分录汇总表"与"未更正错报汇总表"。三张汇总表的参考格式分别见表 16.1、表 16.2 和表 16.3。

表 16.1 账项调整分录汇总表

序号	内容及说明	索引号	调整内容				影响利润表+(-)	影响资产负债表+(-)
			借方项目	借方金额	贷方项目	贷方金额		

与被审计单位的沟通:

参加人员:

被审计单位:____________________

审计项目组:____________________

被审计单位的意见:

____

____

____

____

结论:

是否同意上述审计调整:____________

被审计单位授权代表签字:____________ 日期:____________

表 16.2　重分类调整分录汇总表

序号	内容及说明	索引号	调整项目和金额			
			借方项目	借方金额	贷方项目	贷方金额

与被审计单位的沟通：

参加人员：

被审计单位：________________

审计项目组：________________

被审计单位的意见：

____

____

____

____

结论：

是否同意上述审计调整：________________

被审计单位授权代表签字：________________　日期：________________

表 16.3　未更正错报汇总表

序号	内容及说明	索引号	未调整内容				备注
			借方项目	借方金额	贷方项目	贷方金额	

未更正错报的影响：

项目	金额	百分比	计划百分比
1. 总资产	________	________	________
2. 净资产	________	________	________
3. 销售收入	________	________	________
4. 费用总额	________	________	________
5. 毛利	________	________	________
6. 净利润	________	________	________

结论：

被审计单位授权代表签字：________________　日期：________________

注册会计师确定了建议调整的不符事项和重分类错误后,应以书面方式及时征求被审计单位对需要调整财务报表事项的意见。若被审计单位予以采纳,应取得被审计单位同意调整的书面确认;若被审计单位不予采纳,应分析原因,并根据未调整不符事项的性质和重要程度,确定是否在审计报告中予以反映,以及如何反映。

(二)编制试算平衡表

试算平衡表是注册会计师在被审计单位提供未审财务报表的基础上,考虑调整分录、重分类分录等内容以确定已审数与报表披露数的表式。有关资产负债表和利润表的试算平衡表的参考格式分别见表16.4和表16.5。需要说明以下几点:

1. 试算平衡表中的"期末未审数"和"审计前金额"列,应根据被审计单位提供的未审计财务报表填列。

2. 试算平衡表中的"账项调整"和"调整金额"列,应根据经被审计单位同意的"账项调整分录汇总表"填列。

3. 试算平衡表中的"重分类调整"列,应根据经被审计单位同意的"重分类调整分录汇总表"填列。

4. 在编制完试算平衡表后,应注意核对相应的勾稽关系。例如,资产负债表试算平衡表左边的"期末未审数"列合计数、"期末审定数"列合计数应分别等于其右边相应各列合计数;资产负债表试算平衡表左边的"账项调整"列中的借方合计数与贷方合计数之差应等于右边的"账项调整"列中的贷方合计数与借方合计数之差;资产负债表试算平衡表左边的"重分类调整"列中的借方合计数与贷方合计数之差应等于右边的"重分类调整"列中的贷方合计数与借方合计数之差;等等。

表16.4 资产负债表试算平衡表工作底稿

项目	期末未审数	账项调整		重分类调整		期末审定数	项目	期末未审数	账项调整		重分类调整		期末审定数
		借方	贷方	借方	贷方				借方	贷方	借方	贷方	
货币资金							短期借款						
交易性金融资产							交易性金融负债						
应收票据							应付票据						
应收账款							应付账款						
预付款项							预收款项						
应收利息							应付职工薪酬						
应收股利							应交税费						
其他应收款							应付利息						
存货							应付股利						
一年内到期的非流动资产							其他应付款						
其他流动资产							一年内到期的非流动负债						
可供出售金融资产							其他流动负债						

续表 16.4

项目	期末未审数	账项调整		重分类调整		期末审定数	项目	期末未审数	账项调整		重分类调整		期末审定数
		借方	贷方	借方	贷方				借方	贷方	借方	贷方	
持有至到期投资							长期借款						
长期应收款							应付债券						
长期股权投资							长期应付款						
投资性房地产							专项应付款						
固定资产							预计负债						
在建工程							递延所得税负债						
工程物资							其他非流动负债						
固定资产清理							实收资本（或股本）						
无形资产							资本公积						
开发支出							盈余公积						
商誉							未分配利润						
长期待摊费用													
递延所得税资产													
其他非流动资产													
合计							合计						

表 16.5 利润表试算平衡表工作底稿

被审计单位：____________	索引号：____________
项目：____________	财务报表截止日/期间：____________
编制人：____________	复核人：____________
日期：____________	日期：____________

项目		审计前金额	调整金额		审定金额
			借方	贷方	
一、	营业收入				
	减：营业成本				
	营业税金及附加				
	销售费用				
	管理费用				
	财务费用				
	资产减值损失				
	加：公允价值变动损益				
	投资收益				
二、	营业利润				
	加：营业外收入				
	减：营业外支出				
三、	利润总额				
	减：所得税费用				
四、	净利润				

二、复核审计工作底稿和财务报表

(一)对财务报表总体合理性实施分析程序

在审计结束或临近结束时,注册会计师运用分析程序的目的是确定经审计调整后的财务报表整体是否与对被审计单位的了解一致,是否具有合理性。注册会计师应当围绕这一目的运用分析程序。

在运用分析程序进行总体复核时,如果识别出以前未识别的重大错报风险,注册会计师应当重新考虑对全部或部分各类交易、账户余额、披露评估的风险是否恰当,并在此基础上重新评价之前计划的审计程序是否充分,是否有必要追加审计程序。

(二)评价审计结果

注册会计师评价审计结果,主要是为了确定审计意见的类型以及在整个审计工作中是否遵循了审计准则。为此,注册会计师必须在对重要性和审计风险进行最终的评价的基础上,确定可能的错报金额的汇总数(即可能错报总额)对整个财务报表的影响程度。

在对审计意见形成最后决定之前,会计师事务所通常要与被审计单位召开沟通会。在沟通会上,注册会计师可口头报告本次审计所发现的问题,并说明建议被审计单位作必要调整或表外披露的理由。当然,管理层也可以在会上申辩其立场。最后,通常会对需要被审计单位做出的改变达成协议。如达成了协议,注册会计师一般即可签发标准审计报告,否则,注册会计师则可能不得不发表其他类型的审计意见。注册会计师的审计意见是通过审计报告来反映的。

(三)复核审计工作底稿

会计师事务所应当建立完善的审计工作底稿分级复核制度,对审计工作底稿的复核可分为两个层次:项目组内部复核和独立的项目质量控制复核。

1. 项目组内部复核

项目组内部复核又分为两个层次:项目负责经理的现场复核和项目合伙人的复核。

项目负责经理的现场复核是由项目负责经理对工作底稿的复核,其属于第一级复核。该级复核通常在审计现场完成,以便及时发现和解决问题,争取审计工作的主动。

项目合伙人的复核是项目合伙人对审计工作底稿实施复核,是项目组内部最高级别的复核。该复核既是对项目负责经理复核的再监督,也是对重要审计事项的把关。

2. 独立的项目质量控制复核

项目质量控制复核是指在出具报告前,对项目组作出的重大判断和在准备报告时形成的结论作出客观评价的过程,项目质量控制复核也称独立复核。

三、书面声明

(一)书面声明的含义

书面声明,是指管理层向注册会计师提供的书面陈述,用以确认某些事项或支持其他审计证据。书面声明是注册会计师在财务报表审计中需要获取的必要信息,是审计证据的重要来源。如果管理层修改书面声明的内容或不提供注册会计师要求的书面声明,可能使注册会计师警觉存在重大问题的可能性。而且,在很多情况下,要求管理层提供书面声明而非口头声明,可以促使管理层更加认真地考虑声明所涉及的事项,从而提高声明的质量。

尽管书面声明提供必要的审计证据,但其本身并不为所涉及的任何事项提供充分、适当的审计证据。而且,管理层已提供可靠书面声明的事实,并不影响注册会计师就管理层责任履行情况或具体认定获取的其他审计证据的性质和范围。书面声明应当以声明书的形式致送注册会计师。

(二)书面声明的主要内容

针对财务报表的编制,注册会计师应当要求管理层提供书面声明,确认其根据审计业务约定条款,履行了按照适用的财务报告编制基础编制财务报表并使其实现公允反映(如适用)的责任。

注册会计师应当要求管理层就下列主要事项提供书面声明:

(1)按照审计业务约定条款,已向注册会计师提供所有相关信息,并允许注册会计师不受限制地接触所有相关信息以及被审计单位内部人员和其他相关人员;

(2)所有交易均已记录并反映在财务报表中。

(三)书面声明的日期和涵盖的期间

书面声明的日期应当尽量接近对财务报表出具审计报告的日期,但不得在审计报告日后。书面声明应当涵盖审计报告针对的所有财务报表和期间。

小提示

对于审计差异,无论是建议调整的不符事项、重分类错误还是未调整不符事项,在审计工作底稿中通常都是以会计分录的形式反映的,这样的会计分录称为调整分录。注册会计师在编制调整分录时,应当遵循以下原则:(1)哪错了调哪,不错不调:即在同一笔会计分录中,注册会计师只对记错的账项进行调整,没有错的账项不调整。(2)调表不调账:注册会计师在作调整分录时,用报表项目名称,不用会计科目名称,因为对于审计差异,只需要被审计单位调整会计报表,不需要被审计单位调整账簿。(3)不能用以前年度损益调整。(4)连续调整。

第二节 审计报告概述

一、审计报告的含义

审计报告是指注册会计师根据审计准则的规定,在执行审计工作的基础上,对财务报表发表审计意见的书面文件。

审计报告是注册会计师在完成审计工作后向委托人提交的最终产品,注册会计师应当按照审计准则的规定在执行审计工作的基础上才能出具审计报告,注册会计师通过对财务报表发表意见履行业务约定书约定的责任。注册会计师应当以书面形式出具审计报告。审计报告具有特定的要素和格式,注册会计师只有以书面形式出具报告,才能清楚表达对财务报表发表的审计意见。

二、审计报告的作用

注册会计师签发的审计报告,主要具有鉴证、保护和证明三方面的作用。

(一)鉴证作用

注册会计师签发的审计报告,不同于政府审计和内部审计的审计报告,是以超然独立的第三者身份,对被审计单位财务报表合法性、公允性发表意见。这种意见,具有鉴证作用,得到了政府及其各部门和社会各界的普遍认可。政府有关部门,如财政部门、税务部门等了解、掌握企业的财务状况和经营成果的主要依据是企业提供的财务报表。财务报表是否合法、公允,主要依据注册会计师的审计报告作出判断。股份制企业的股东,主要依据注册会计师的审计报告来判断被投资企业的财务报表是否公允地反映了财务状况和经营成果,以进行投资决策等。

(二)保护作用

注册会计师通过审计,可以对被审计单位财务报表出具不同类型审计意见的审计报告,以提高或降低财务报表使用者对财务报表的信赖程度,能够在一定程度上对被审计单位的财产、债权人和股东的权益及企业利害关系人的利益起到保护作用。如投资者为了减少投资风险,在进行投资之前,需要查阅被投资企业的财务报表和注册会计师的审计报告,了解被投资企业的经营情况和财务状况。投资者根据注册会计师的审计报告作出投资决策,可以降低其投资风险。

(三)证明作用

审计报告是对注册会计师审计任务完成情况及其结果所作的总结,它可以表明审计工作的质量并明确注册会计师的审计责任。因此,审计报告可以对审计工作质量和注册会计师的审计责任起证明作用。通过审计报告,可以证明注册会计师在审计过程中是否实施了必要的审计程序,是否以审计工作底稿为依据发表审计意见,发表的审计意见是否与被审计单位的实际情况相一致,审计工作的质量是否符合要求。通过审计报告,可以证明注册会计师对审计责任的履行情况。

三、审计报告的基本要素

审计报告应当采用书面形式,并应当包括下列要素:

(一)标题

审计报告应当具有标题,统一规范为"审计报告"。我国注册会计师出具的审计报告的标题没有包含"独立"两个字,但注册会计师在执行财务报表审计业务时,应当遵守独立性的要求。

(二)收件人

审计报告的收件人是指注册会计师按照业务约定书的要求致送审计报告的对象,一般是指审计业务的委托人。审计报告应当按照审计业务的约定载明收件人的全称。针对整套通用目的财务报表出具的审计报告,审计报告的致送对象通常为被审计单位的股东或治理层。

（三）引言段

引言段应当说明：注册会计师审计了后附的被审计单位的财务报表，包括“指明适用的财务报告编制基础规定的构成整套财务报表的每一财务报表的名称、日期或涵盖的期间”，以及重要会计政策概要和其他解释性信息。

（四）管理层对财务报表的责任段

审计报告应当包含标题为“管理层对财务报表的责任”的段落，用以描述被审计单位中负责编制财务报表的人员的责任。管理层对财务报表的责任段应当说明，编制财务报表是管理层的责任，这种责任包括：

1. 按照适用的财务报告编制基础编制财务报表，并使其实现公允反映；

2. 设计、执行和维护必要的内部控制，以使财务报表不存在由于舞弊或错误导致的重大错报。

审计报告中对管理层责任的说明包括提及这两种责任，这有助于向财务报表使用者解释执行审计工作的前提。审计报告提及的管理层责任，与在审计业务约定书或其他适当形式的书面协议中约定的责任在表述形式上保持一致。

（五）注册会计师的责任段

审计报告应当包含标题为“注册会计师的责任”的段落。注册会计师的责任段应当说明下列内容：

1. 注册会计师的责任是在执行审计工作的基础上对财务报表发表审计意见。

2. 注册会计师按照中国注册会计师审计准则的规定执行了审计工作。中国注册会计师审计准则要求注册会计师遵守中国注册会计师职业道德守则，计划和执行审计工作以对财务报表是否不存在重大错报获取合理保证。

3. 审计工作涉及实施审计程序，以获取有关财务报表金额和披露的审计证据。

4. 注册会计师相信获取的审计证据是充分、适当的，为其发表审计意见提供了基础。

（六）审计意见段

审计报告应当包含标题为“审计意见”的段落。如果对财务报表发表无保留意见，除非法律法规另有规定，审计意见应当使用“财务报表在所有重大方面按照‘适用的财务报告编制基础（如企业会计准则等）’编制，公允反映了……”的措辞。

如果在审计意见中提及的适用的财务报告编制基础不是企业会计准则，而是国际财务报告准则、国际公共部门会计准则或者其他国家或地区的财务报告准则，注册会计师应当在审计意见段中指明国际财务报告准则或国际公共部门会计准则，或者财务报告准则所属的国家或地区。注册会计师可以使用诸如下列措辞指明适用的财务报告编制基础：“……按照国际财务报告准则和《×国家公司法》的要求。”

在审计意见段中指出适用的财务报告编制基础，旨在告知审计报告使用者注册会计师发表审计意见的背景。

（七）注册会计师的签名和盖章

审计报告应当由注册会计师签名并盖章。注册会计师在审计报告上签名并盖章，有利于明确法律责任。审计报告必须由负责审计项目的注册会计师本人签名盖章，未经授权，其他人员不得代行签名，会计师事务所也不得指定他人签名盖章。

（八）会计师事务所的名称、地址和盖章

审计报告应当载明会计师事务所的名称和地址，并加盖会计师事务所公章。

根据《注册会计师法》的规定，注册会计师承办业务，由其所在的会计师事务所统一受理并与委托人签订委托合同。因此，审计报告除了应由注册会计师签名和盖章外，还应载明会计师事务所的名称和地址，并加盖会计师事务所公章。

注册会计师在审计报告中载明会计师事务所地址时，标明会计师事务所所在的城市即可。

（九）报告日期

审计报告应当注明报告日期。审计报告日不应早于注册会计师获取充分、适当的审计证据（包括管理层认可对财务报表的责任且已批准财务报表的证据），并在此基础上对财务报表形成审计意见的日期。在确定审计报告日时，注册会计师应当确信已获取下列两方面的审计证据：

（1）构成整套财务报表的所有报表（包括相关附注）已编制完成；

（2）被审计单位的董事会、管理层或类似机构已经认可其对财务报表负责。

审计报告的日期非常重要。注册会计师对不同时段的财务报表日后事项有着不同的责任，而审计报告的日期是划分时段的关键时点。在实务中，注册会计师在正式签署审计报告前，通常把审计报告草稿和已审计财务报表草稿一同提交给管理层。如果管理层批准并签署已审计财务报表，注册会计师即可签署审计报告。注册会计师签署审计报告的日期通常与管理层签署已审计财务报表的日期为同一天，或晚于管理层签署已审计财务报表的日期。

四、审计报告的类型

审计报告分为标准审计报告和非标准审计报告。

标准审计报告是指不含有说明段、强调事项段、其他事项段或其他任何修饰性用语的无保留意见的审计报告。其中，无保留意见是指当注册会计师认为财务报表在所有重大方面按照适用的财务报告编制基础编制并实现公允反映时发表的审计意见。包含其他报告责任段，但不含有强调事项段或其他事项段的无保留意见的审计报告也被视为标准审计报告。

非标准审计报告，是指带强调事项段或其他事项段的无保留意见的审计报告和非无保留意见的审计报告。非无保留意见的审计报告包括保留意见的审计报告、否定意见的审计报告和无法表示意见的审计报告。

五、审计意见的形成

注册会计师应当就财务报表是否在所有重大方面按照适用的财务报告编制基础编制并实现公允反映形成审计意见。为了形成审计意见，针对财务报表整体是否不存在由于舞弊或错误导致的重大错报，注册会计师应当得出结论，确定是否已就此获取合理保证。

在得出结论时，注册会计师应当考虑下列几方面：

1. 按照《中国注册会计师审计准则第 1231 号——针对评估的重大错报风险采取的应对措施》的规定，考虑是否已获取充分、适当的审计证据。

2. 按照《中国注册会计师审计准则第 1251 号——评价审计过程中识别出的错报》的规定，考虑未更正错报单独或汇总起来是否构成重大错报。

在确定时，注册会计师应当考虑：

(1) 相对特定类别的交易、账户余额或披露以及财务报表整体而言，错报的金额和性质以及错报发生的特定环境；

(2) 与以前期间相关的未更正错报对相关类别的交易、账户余额或披露以及财务报表整体的影响。

3. 评价财务报表是否在所有重大方面按照适用的财务报告编制基础编制。

注册会计师应当依据适用的财务报告编制基础特别评价下列内容：

(1) 财务报表是否充分披露了选择和运用的重要会计政策；

(2) 选择和运用的会计政策是否符合适用的财务报告编制基础，并适合被审计单位的具体情况；

(3) 管理层作出的会计估计是否合理；

(4) 财务报表列报的信息是否具有相关性、可靠性、可比性和可理解性；

(5) 财务报表是否作出充分披露，使财务报表预期使用者能够理解重大交易和事项对财务报表所传递的信息的影响；

(6) 财务报表使用的术语（包括每一财务报表的标题）是否适当；

(7) 考虑被审计单位会计实务的质量，包括表明管理层的判断可能出现偏向的迹象。

4. 评价财务报表是否实现公允反映。在评价财务报表是否实现公允反映时，注册会计师应当考虑下列内容：

(1) 财务报表的整体列报、结构和内容是否合理；

(2) 财务报表（包括相关附注）是否公允地反映了相关交易和事项。

5. 评价财务报表是否恰当提及或说明适用的财务报告编制基础。管理层和治理层（如适用）编制的财务报表需要恰当说明适用的财务报表编制基础。由于这种说明是向财务报表使用者告知编制财务报表所依据的编制基础，因此非常重要。但只有财务报表符合适用的财务报告编制基础（在财务报表所涵盖的期间内有效）的所有要求，声明财务报表按照该编制基础编制才是恰当的。在对适用的财务报告编制基础的说明中使用不严密的修饰语或限定性的语言（如“财务报表实质上符合国际财务报告准则的要求”）是不恰当的，因为这可能误导财务报表使用者。

第三节 不同类型的审计报告

一、非无保留意见的审计报告概述

（一）非无保留意见的含义

非无保留意见是指保留意见、否定意见或无法表示意见。当存在下列情形之一时，注册会计师应当在审计报告中发表非无保留意见：

1. 根据获取的审计证据，得出财务报表整体存在重大错报的结论

错报是指某一财务报表项目的金额、分类、列报或披露，与按照适用的财务报告编制基础应当列示的金额、分类、列报或披露之间存在的差异。财务报表的重大错报可能源于：

(1)选择的会计政策的恰当性

在选择的会计政策的恰当性方面，当出现下列情形时，财务报表可能存在重大错报：选择的会计政策与适用的财务报告编制基础不一致；财务报表（包括相关附注）没有按照公允列报的方式反映交易和事项。财务报告编制基础通常包括对会计处理、披露和会计政策变更的要求。如果被审计单位变更了重大会计政策，且没有遵守这些要求，财务报表可能存在重大错报。

(2)对所选择的会计政策的运用

在对所选择的会计政策的运用方面，当出现下列情形时，财务报表可能存在重大错报：管理层没有按照适用的财务报告编制基础的要求一贯运用所选择的会计政策，包括管理层未在不同会计期间或对相似的交易和事项一贯运用所选择的会计政策（运用的一致性）；不当运用所选择的会计政策（如运用中的无意错误）。

(3)财务报表披露的恰当性或充分性

在财务报表披露的恰当性或充分性方面，当出现下列情形时，财务报表可能存在重大错报：财务报表没有包括适用的财务报告编制基础要求的所有披露；财务报表的披露没有按照适用的财务报告编制基础列报；财务报表没有作出必要的披露以实现公允反映。

2. 无法获取充分、适当的审计证据，不能得出财务报表整体不存在重大错报的结论

如果注册会计师能够通过实施替代程序获取充分、适当的审计证据，则无法实施特定的程序并不构成对审计范围的限制。

下列情形可能导致注册会计师无法获取充分、适当的审计证据，也称为审计范围受到限制：

(1)超出被审计单位控制的情形

超出被审计单位控制的情形如被审计单位的会计记录已被毁坏；重要组成部分的会计记录已被政府有关机构无限期地查封。

(2)与注册会计师工作的性质或时间安排相关的情形

与注册会计师工作的性质或时间安排相关的情形如：被审计单位需要使用权益法对联营企业进行核算，注册会计师无法获取有关联营企业财务信息的充分、适当的审计证据以评价是否恰当地运用了权益法；注册会计师接受审计委托的时间安排，使注册会计师无法实施存货监盘；注册会计师确定仅实施实质性程序是不充分的，但被审计单位的控制是无效的。

(3)管理层施加限制的情形

管理层对审计范围施加的限制致使注册会计师无法获取充分、适当的审计证据的情形如：管理层阻止注册会计师实施存货监盘；管理层阻止注册会计师对特定账户余额实施函证。

（二）确定非无保留意见的类型

注册会计师确定恰当的非无保留意见类型，取决于下列事项：

(1)导致非无保留意见的事项的性质,是财务报表存在重大错报,还是在无法获取充分、适当的审计证据的情况下,财务报表可能存在重大错报;

(2)注册会计师就导致非无保留意见的事项对财务报表产生或可能产生影响的广泛性作出的判断。

广泛性是描述错报影响的术语,用以说明错报对财务报表的影响,或者由于无法获取充分、适当的审计证据而未发现的错报(如存在)对财务报表可能产生的影响。根据注册会计师的判断,对财务报表的影响具有广泛性的情形包括:

(1)不限于对财务报表的特定要素、账户或项目产生影响;

(2)虽然仅对财务报表的特定要素、账户或项目产生影响,但这些要素、账户或项目是或可能是财务报表的主要组成部分;

(3)当与披露相关时,产生的影响对财务报表使用者理解财务报表至关重要。

二、无保留意见审计报告

(一)发表无保留意见审计报告的条件

无保留意见是委托人最希望获得的审计意见,可以使审计报告的使用者对被审计单位的财务状况、经营成果和现金流量具有较高的信赖。

无保留意见,是指当注册会计师认为财务报表在所有重大方面按照适用的财务报告编制基础编制并实现公允反映时发表的审计意见。

经过审计后,如果认为财务报表同时符合下列情形时,注册会计师应当出具无保留意见的审计报告:

(1)财务报表在所有重大方面已经按照适用的财务报告编制基础编制,在所有重大方面公允反映了被审计单位的财务状况、经营成果和现金流量;

(2)注册会计师已经按照中国注册会计师审计准则的规定计划和实施审计工作,在审计过程中未受到限制。

当注册会计师出具的无保留意见的审计报告不附加说明段、强调事项段或任何修饰性用语时,该报告称为标准审计报告。

(二)无保留意见审计报告的格式和内容

审计报告应当包含标题为"审计意见"的段落。如果对财务报表发表无保留意见,除非法律法规另有规定,审计意见应当使用"财务报表在所有重大方面按照'适用的财务报告编制基础(如企业会计准则等)'编制,公允反映了……"的措辞。注册会计师出具无保留意见的审计报告时,一般以"我们认为"的术语作为意见段的开头,以表明本段内容为注册会计师提出的意见,并表示承担对该审计意见的责任。不能使用"我们保证"的字样,因为注册会计师发表的是自己的判断或意见,不能对财务报表的合法性和公允性作出绝对保证,以避免财务报表使用人产生误解,同时也可明确注册会计师仅仅承担审计责任,而并不减除被审计单位对财务报表承担会计责任。在对财务报表的反映内容是否公允提出审计意见时,应使用"在所有重大方面公允反映了"的术语,因为人们已普遍认识到财务报表不可能做到完全正确和绝对公允,所以审计报告中不应使用"完全正确""绝对公允"等词汇,但也不能使用"大致反映""基本反映"等模糊不清、态度暧昧的术语。

无保留意见的审计报告的参考格式如下：

参考格式16.1列示了对按照企业会计准则编制的财务报表出具的标准审计报告。参考格式16.1的背景信息如下：(1)对整套财务报表实施审计；(2)财务报表由被审计单位管理层基于通用目的、按照企业会计准则的规定编制；(3)审计业务约定条款中说明的管理层对财务报表的责任，与《中国注册会计师审计准则第1111号——就审计业务约定条款达成一致意见》的规定一致；(4)除对财务报表实施审计外，注册会计师还承担法律法规要求的其他报告责任，且注册会计师决定在审计报告中履行其他报告责任。

参考格式16.1　按照企业会计准则编制的财务报表出具的标准审计报告

审 计 报 告

ABC股份有限公司全体股东：

一、对财务报表出具的审计报告①

我们审计了后附的ABC股份有限公司(以下简称ABC公司)财务报表，包括20×1年12月31日的资产负债表，20×1年度的利润表、股东权益变动表和现金流量表以及财务报表附注。

(一)管理层对财务报表的责任

编制和公允列报财务报表是ABC公司管理层的责任，这种责任包括：(1)按照企业会计准则的规定编制财务报表，并使其实现公允反映；(2)设计、执行和维护必要的内部控制，以使财务报表不存在由于舞弊或错误导致的重大错报。

(二)注册会计师的责任

我们的责任是在执行审计工作的基础上对财务报表发表审计意见。我们按照中国注册会计师审计准则的规定执行了审计工作。中国注册会计师审计准则要求我们遵守中国注册会计师职业道德守则，计划和执行审计工作以对财务报表是否不存在重大错报获取合理保证。

审计工作涉及实施审计程序，以获取有关财务报表金额和披露的审计证据。选择的审计程序取决于注册会计师的判断，包括对由于舞弊或错误导致的财务报表重大错报风险的评估。在进行风险评估时，注册会计师考虑与财务报表编制和公允列报相关的内部控制，以设计恰当的审计程序，但目的并非对内部控制的有效性发表意见。审计工作还包括评价管理层选用会计政策的恰当性和作出会计估计的合理性，以及评价财务报表的总体列报。

我们相信，我们获取的审计证据是充分、适当的，为发表审计意见提供了基础。

(三)审计意见

我们认为，ABC公司财务报表在所有重大方面按照企业会计准则的规定编制，公允反映了ABC公司20×1年12月31日的财务状况以及20×1年度的经营成果和现金流量。

二、按照相关法律法规的要求报告的事项

(本部分报告的格式和内容，取决于相关法律法规对其他报告责任的规定。)

××会计师事务所	中国注册会计师：×××
(盖章)	(签名并盖章)
	中国注册会计师：×××
	(签名并盖章)
中国××市	二〇×二年×月×日

(①如果审计报告中不包含“按照相关法律法规的要求报告的事项”部分,则不需要加入此标题。)

三、保留意见审计报告

(一)发表保留意见审计报告的条件

当存在下列情形之一时,注册会计师应当发表保留意见:

(1)在获取充分、适当的审计证据后,注册会计师认为错报单独或汇总起来对财务报表影响重大,但不具有广泛性。

注册会计师在获取充分、适当的审计证据后,只有当认为财务报表就整体而言是公允的,但还存在对财务报表产生重大影响的错报时,才能发表保留意见。如果注册会计师认为错报对财务报表产生的影响极为严重且具有广泛性,则应发表否定意见。

(2)注册会计师无法获取充分、适当的审计证据以作为形成审计意见的基础,但认为未发现的错报(如存在)对财务报表可能产生的影响重大,但不具有广泛性。

注册会计师因审计范围受到限制而发表保留意见还是无法表示意见,取决于无法获取的审计证据对形成审计意见的重要性。注册会计师在判断重要性时,应当考虑有关事项潜在影响的性质和范围以及在财务报表中的重要程度。只有当未发现的错报(如存在)对财务报表可能产生的影响重大但不具有广泛性时,才能发表保留意见。

(二)保留意见的审计报告的格式和内容

当由于财务报表存在重大错报而发表保留意见时,注册会计师应当根据适用的财务报告编制基础在审计意见段中说明:注册会计师认为,除了导致保留意见的事项段所述事项产生的影响外,财务报表在所有重大方面按照适用的财务报告编制基础编制,并实现公允反映。

当审计范围受限而导致发表保留意见时,注册会计师应当在审计意见段中使用“除……可能产生的影响外”等措辞。

保留意见的审计报告的参考格式如下:

参考格式16.2列示了由于财务报表存在重大错报而出具保留意见的审计报告。其背景信息如下:①对被审计单位管理层按照企业会计准则编制的整套通用目的财务报表实施审计;②审计业务约定条款中说明的管理层对财务报表的责任,与《中国注册会计师审计准则第1111号——就审计业务约定条款达成一致意见》的规定一致;③存货存在错报,该错报对财务报表影响重大但不具有广泛性;④除对财务报表实施审计外,注册会计师还承担法律法规要求的其他报告责任,且注册会计师决定在审计报告中履行其他报告责任。

参考格式16.2　由于财务报表存在重大错报而出具保留意见的审计报告

审计报告

ABC股份有限公司全体股东:

一、对财务报表出具的审计报告

我们审计了后附的ABC股份有限公司(以下简称ABC公司)财务报表,包括20×1年12月31日的资产负债表,20×1年度的利润表、现金流量表和股东权益变动表以及财务报表附注。

(一)管理层对财务报表的责任

编制和公允列报财务报表是 ABC 公司管理层的责任,这种责任包括:(1)按照企业会计准则的规定编制财务报表,并使其实现公允反映;(2)设计、执行和维护必要的内部控制,以使财务报表不存在由于舞弊或错误导致的重大错报。

(二)注册会计师的责任

我们的责任是在执行审计工作的基础上对财务报表发表审计意见。我们按照中国注册会计师审计准则的规定执行了审计工作。中国注册会计师审计准则要求我们遵守职业道德守则,计划和执行审计工作以对财务报表是否不存在重大错报获取合理保证。

审计工作涉及实施审计程序,以获取有关财务报表金额和披露的审计证据。选择的审计程序取决于注册会计师的判断,包括对由于舞弊或错误导致的财务报表重大错报风险的评估。在进行风险评估时,注册会计师考虑与财务报表编制和公允列报相关的内部控制,以设计恰当的审计程序,但目的并非对内部控制的有效性发表意见。审计工作还包括评价管理层选用会计政策的恰当性和作出会计估计的合理性,以及评价财务报表的总体列报。

我们相信,我们获取的审计证据是充分、适当的,为发表保留意见提供了基础。

(三)导致保留意见的事项

ABC 公司 20×1 年 12 月 31 日资产负债表中存货的列示金额为×元。管理层根据成本对存货进行计量,而没有根据成本与可变现净值孰低的原则进行计量,这不符合企业会计准则的规定。公司的会计记录显示,如果管理层以成本与可变现净值孰低来计量存货,存货列示金额将减少×元。相应的,资产减值损失将增加×元,所得税、净利润和股东权益将分别减少×元、×元和×元。

(四)保留意见

我们认为,除"(三)导致保留意见的事项"段所述事项产生的影响外,ABC 公司财务报表在所有重大方面按照企业会计准则的规定编制,公允反映了 ABC 公司 20×1 年 12 月 31 日的财务状况以及 20×1 年度的经营成果和现金流量。

二、按照相关法律法规的要求报告的事项

(本部分报告的格式和内容,取决于相关法律法规对其他报告责任的规定。)

××会计师事务所 中国注册会计师:×××
(盖章) (签名并盖章)
中国注册会计师:×××
(签名并盖章)
中国××市 二〇×二年×月×日

四、否定意见审计报告

(一)发表否定意见审计报告的条件

在获取充分、适当的审计证据后,如果认为错报单独或汇总起来对财务报表的影响重大且具有广泛性,注册会计师应当发表否定意见。

(二)否定意见的审计报告的格式和内容

当发表否定意见时,注册会计师应当根据适用的财务报告编制基础在审计意见段中说明:注册会计师认为,由于导致否定意见的事项段所述事项的重要性,财务报表没有在所有重大方面按照适用的财务报告编制基础编制,未能实现公允反映。

否定意见的审计报告的参考格式如下:

参考格式 16.3 列示了由于财务报表存在重大错报而出具否定意见的审计报告。其背景信息如下:①对被审计单位管理层按照企业会计准则编制的整套通用目的财务报表实施审计;②审计业务约定条款中说明的管理层对财务报表的责任,与《中国注册会计师审计准则第 1111 号——就审计业务约定条款达成一致意见》的规定一致;③财务报表因未合并子公司而存在重大错报,该错报对财务报表影响重大且具有广泛性,但量化该错报对财务报表的影响是不切实际的;④除对合并财务报表实施审计外,注册会计师还承担法律法规要求的其他报告责任,且注册会计师决定在审计报告中履行其他报告责任。

参考格式 16.3　由于财务报表存在重大错报而出具否定意见的审计报告

审 计 报 告

ABC 股份有限公司全体股东:

一、对合并财务报表出具的审计报告

我们审计了后附的 ABC 股份有限公司(以下简称 ABC 公司)的合并财务报表,包括 20×1 年 12 月 31 日的合并资产负债表,20×1 年度的合并利润表、合并现金流量表和合并股东权益变动表以及财务报表附注。

(一)管理层对合并财务报表的责任

编制和公允列报合并财务报表是 ABC 公司管理层的责任,这种责任包括:(1)按照企业会计准则的规定编制合并财务报表,并使其实现公允反映;(2)设计、执行和维护必要的内部控制,以使合并财务报表不存在由于舞弊或错误导致的重大错报。

(二)注册会计师的责任

我们的责任是在执行审计工作的基础上对合并财务报表发表审计意见。我们按照中国注册会计师审计准则的规定执行了审计工作。中国注册会计师审计准则要求我们遵守职业道德守则,计划和执行审计工作以对合并财务报表是否不存在重大错报获取合理保证。

审计工作涉及实施审计程序,以获取有关合并财务报表金额和披露的审计证据。选择的审计程序取决于注册会计师的判断,包括对由于舞弊或错误导致的合并财务报表重大错报风险的评估。在进行风险评估时,注册会计师考虑与合并财务报表编制和公允列报相关的内部控制,以设计恰当的审计程序,但目的并非对内部控制的有效性发表意见。审计工作还包括评价管理层选用会计政策的恰当性和作出会计估计的合理性,以及评价合并财务报表的总体列报。

我们相信,我们获取的审计证据是充分、适当的,为发表否定意见提供了基础。

(三)导致否定意见的事项

如财务报表附注×所述,20×1 年 ABC 公司通过非同一控制下的企业合并获得对 XYZ 公司的控制权,因未能取得购买日 XYZ 公司某些重要资产和负债的公允价值,故未将 XYZ 公司纳入合并财务报表的范围,而是按成本法核算对公司的股权投资。ABC 公司的这项会计处理不符合企业会计准则的规定。如果将 XYZ 公司纳入合并财务报表的范围,ABC 公司合并财务报表的多个报表项目将受到重大影响,但我们无法确定未将 XYZ 公司纳入合并范围对财务报表产生的影响。

（四）否定意见

我们认为，由于“（三）导致否定意见的事项”段所述事项的重要性，ABC公司的合并财务报表没有在所有重大方面按照企业会计准则的规定编制，未能公允反映ABC公司及其子公司20×1年12月31日的财务状况以及20×1年度的经营成果和现金流量。

二、按照相关法律法规的要求报告的事项

（本部分报告的格式和内容，取决于相关法律法规对其他报告责任的规定。）

××会计师事务所　　　　中国注册会计师：×××
（盖章）　　　　（签名并盖章）
　　　　中国注册会计师：×××
　　　　（签名并盖章）

中国××市　　　　二〇×二年×月×日

五、无法表示意见审计报告

（一）发表无法表示意见审计报告的条件

如果无法获取充分、适当的审计证据以作为形成审计意见的基础，认为未发现的错报（如存在）对财务报表可能产生的影响重大且具有广泛性，注册会计师应当发表无法表示意见的审计报告。

在极其特殊的情况下，可能存在多个不确定事项，即使注册会计师对每个单独的不确定事项获取了充分、适当的审计证据，但由于不确定事项之间可能存在相互影响，以及可能对财务报表产生累积影响，注册会计师不可能对财务报表形成审计意见。在这种情况下，注册会计师应当发表无法表示意见的审计报告。

（二）无法表示意见的审计报告的格式和内容

当由于无法获取充分、适当的审计证据而发表无法表示意见时，注册会计师应当在审计意见段中说明：由于导致无法表示意见的事项段所述事项的重要性，注册会计师无法获取充分、适当的审计证据以为发表审计意见提供基础，因此，注册会计师不对这些财务报表发表审计意见。

无法表示意见的审计报告的参考格式如下：

参考格式16.4列示了由于注册会计师无法针对财务报表多个要素获取充分、适当的审计证据而出具无法表示意见的审计报告。其背景信息如下：①对被审计单位管理层按照×国财务报告准则编制的整套通用目的财务报表实施审计；②审计业务约定条款中说明的管理层对财务报表的责任，与《中国注册会计师审计准则第1111号——就审计业务约定条款达成一致意见》的规定一致；③对财务报表的多个要素，注册会计师无法获取充分、适当的审计证据。例如，对被审计单位的存货和应收账款，注册会计师无法获取审计证据，这一事项对财务报表可能产生的影响重大且具有广泛性；④除对财务报表实施审计外，注册会计师还承担法律法规要求的其他报告责任，且注册会计师决定在审计报告中履行其他报告责任。

参考格式 16.4　由于注册会计师无法针对财务报表多个要素获取充分、适当的审计证据而出具无法表示意见的审计报告

审 计 报 告

ABC 股份有限公司全体股东：

一、对财务报表出具的审计报告

我们接受委托，审计后附的 ABC 股份有限公司（以下简称 ABC 公司）财务报表，包括 20×1 年 12 月 31 日的资产负债表，20×1 年度的利润表、现金流量表和股东权益变动表以及财务报表附注。

（一）管理层对财务报表的责任

编制和公允列报财务报表是 ABC 公司管理层的责任，这种责任包括：（1）按照×国财务报告准则的规定编制财务报表，并使其实现公允反映；（2）设计、执行和维护必要的内部控制，以使财务报表不存在由于舞弊或错误导致的重大错报。

（二）注册会计师的责任

我们的责任是在按照中国注册会计师审计准则的规定执行审计工作的基础上对财务报表发表审计意见。但由于"（三）导致无法表示意见的事项"段中所述的事项，我们无法获取充分、适当的审计证据以为发表审计意见提供基础。

（三）导致无法表示意见的事项

我们于 20×2 年 1 月接受 ABC 公司的审计委托，因而未能对 ABC 公司 20×1 年年初金额为×元的存货和年末金额为×元的存货实施监盘程序。此外，我们也无法实施替代审计程序获取充分、适当的审计证据。并且，ABC 公司于 20×1 年 9 月采用新的应收账款电算化系统，由于存在系统缺陷导致应收账款出现大量错误。截至审计报告日，管理层仍在纠正系统缺陷并更正错误，我们也无法实施替代审计程序，以对截至 20×1 年 12 月 31 日的应收账款总额×元获取充分、适当的审计证据。因此，我们无法确定是否有必要对存货、应收账款以及财务报表其他项目作出调整，也无法确定应调整的金额。

（四）无法表示意见

由于"（三）导致无法表示意见的事项"段所述事项的重要性，我们无法获取充分、适当的审计证据以为发表审计意见提供基础，因此，我们不对 ABC 公司财务报表发表审计意见。

二、按照相关法律法规的要求报告的事项

（本部分报告的格式和内容，取决于相关法律法规对其他报告责任的规定。）

××会计师事务所　　　　　　　　　　中国注册会计师：×××
（盖章）　　　　　　　　　　　　　　（签名并盖章）
　　　　　　　　　　　　　　　　　　中国注册会计师：×××
　　　　　　　　　　　　　　　　　　（签名并盖章）

中国××市　　　　　　　　　　　　　二〇×二年×月×日

六、带强调事项段审计报告

（一）强调事项段的含义

审计报告的强调事项段是指审计报告中含有的一个段落，该段落提及已在财务报表中恰当列报或披露的事项，根据注册会计师的职业判断，该事项对财务报表使用者理解财务报表至关重要。

（二）增加强调事项段的情形

如果认为有必要提醒财务报表使用者关注已在财务报表中列报或披露，且根据职业判断认为对财务报表使用者理解财务报表至关重要的事项，注册会计师在已获取充分、适当的审计证据证明该事项在财务报表中不存在重大错报的条件下，应当在审计报告中增加强调事项段。

注册会计师可能认为需要增加强调事项段的情形举例如下：

（1）异常诉讼或监管行动的未来结果存在不确定性；

（2）提前应用（在允许的情况下）对财务报表有广泛影响的新会计准则；

（3）存在已经或持续对被审计单位财务状况产生重大影响的特大灾难。

强调事项段的过多使用会降低注册会计师沟通所强调事项的有效性。此外，与财务报表中的列报或披露相比，在强调事项段中包括过多的信息，可能隐含着这些事项未被恰当列报或披露。因此，强调事项段应当仅提及已在财务报表中列报或披露的信息。

（三）在审计报告中增加强调事项段时注册会计师采取的措施

如果在审计报告中增加强调事项段，注册会计师应当采取下列措施：

（1）将强调事项段紧接在审计意见段之后；

（2）使用"强调事项"或其他适当标题；

（3）明确提及被强调事项以及相关披露的位置，以便能够在财务报表中找到对该事项的详细描述；

（4）指出审计意见没有因该强调事项而改变。

（四）带强调事项段审计报告的格式和内容

带强调事项段审计报告的参考格式如下：

参考格式 16.5 列示了带强调事项段的保留意见审计报告的示例。其背景信息如下：（1）对被审计单位管理层按照企业会计准则编制的整套通用目的财务报表执行审计；（2）审计业务约定条款中说明的管理层对财务报表的责任，与《中国注册会计师审计准则第 1111 号——就审计业务约定条款达成一致意见》的规定一致；（3）异常的未决诉讼事项存在不确定性；（4）由于违反企业会计准则的规定导致发表保留意见；（5）除对财务报表执行审计外，注册会计师还承担法律法规要求的其他报告责任，且注册会计师决定在审计报告中履行其他报告责任。

参考格式 16.5　带强调事项段的保留意见的审计报告

审 计 报 告

ABC 股份有限公司全体股东：

一、对财务报表出具的审计报告

我们审计了后附的 ABC 股份有限公司（以下简称 ABC 公司）财务报表，包括 20×1 年 12 月 31 日的资产负债表，20×1 年度的利润表、现金流量表和股东权益变动表以及财务报表附注：

（一）管理层对财务报表的责任

编制和公允列报财务报表是 ABC 公司管理层的责任，这种责任包括：（1）按照企业会计准则的规定编制财务报表，并使其实现公允反映；(2)设计、执行和维护必要的内部控制，以使财务报表不存在由于舞弊或错误导致的重大错报。

(二)注册会计师的责任

我们的责任是在执行审计工作的基础上对财务报表发表审计意见。我们按照中国注册会计师审计准则的规定执行了审计工作。中国注册会计师审计准则要求我们遵守中国注册会计师职业道德守则，计划和执行审计工作以对财务报表是否不存在重大错报获取合理保证。

审计工作涉及实施审计程序，以获取有关财务报表金额和披露的审计证据。选择的审计程序取决于注册会计师的判断，包括对由于舞弊或错误导致的财务报表重大错报风险的评估。在进行风险评估时，注册会计师考虑与财务报表编制和公允列报相关的内部控制，以设计恰当的审计程序，但目的并非对内部控制的有效性发表意见。审计工作还包括评价管理层选用会计政策的恰当性和作出会计估计的合理性，以及评价财务报表的总体列报。

我们相信，我们获取的审计证据是充分、适当的，为发表保留意见提供了基础。

(三)导致保留意见的事项

ABC 公司于 20×1 年 12 月 31 日资产负债表中反映的交易性金融资产为×元，ABC 公司管理层对这些交易性金融资产未按照公允价值进行后续计量，而是按照其历史成本进行计量，这不符合企业会计准则的规定。如果按照公允价值进行后续计量，ABC 公司 20×1 年度利润表中公允价值变动损失将增加×元，20×1 年 12 月 31 日资产负债表中交易性金融资产将减少×元，相应的，所得税、净利润和股东权益将分别减少×元、×元和×元。

(四)保留意见

我们认为，除"(三)导致保留意见的事项"段所述事项产生的影响外，ABC 公司财务报表在所有重大方面按照企业会计准则的规定编制，公允反映了 ABC 公司 20×1 年 12 月 31 日的财务状况以及 20×1 年度的经营成果和现金流量。

(五)强调事项

我们提醒财务报表使用者关注，如财务报表附注×所述，截至财务报表批准日，XYZ 公司对 ABC 公司提出的诉讼尚在审理当中，其结果具有不确定性。本段内容不影响已发表的审计意见。

二、按照相关法律法规的要求报告的事项

(本部分报告的格式和内容，取决于相关法律法规对其他报告责任的规定。)

××会计师事务所　　　　中国注册会计师：×××

(盖章)　　　　(签名并盖章)

中国注册会计师：×××

(签名并盖章)

中国××市　　　　二〇×二年×月×日

小提示

《财政部关于注册会计师在审计报告上签名盖章有关问题的通知》(财会(2001)1035 号)明确规定：

一、会计师事务所应当建立健全全面质量控制政策与程序以及各审计项目的质量控制程序，严格按照有关规定和本通知的要求在审计报告上签名盖章。

二、审计报告应当由两名具备相关业务资格的注册会计师签名盖章并经会计师事务所盖章方为有效。

(一)合伙会计师事务所出具的审计报告,应当由一名对审计项目负最终复核责任的合伙人和一名负责该项目的注册会计师签名盖章。

(二)有限责任会计师事务所出具的审计报告,应当由会计师事务所主任会计师或其授权的副主任会计师和一名负责该项目的注册会计师签名盖章。

本章小结

1. 无论是建议调整的不符事项、重分类错误还是未调整不符事项,在审计工作底稿中通常都是以会计分录的形式反映的,并分别汇总至“账项调整分录汇总表”“重分类调整分录汇总表”与“未更正错报汇总表”。

2. 试算平衡表是注册会计师在被审计单位提供未审财务报表的基础上,考虑调整分录、重分类分录等内容以确定已审数与报表披露数的表式。

3. 书面声明,是指管理层向注册会计师提供的书面陈述,用以确认某些事项或支持其他审计证据。书面声明是注册会计师在财务报表审计中需要获取的必要信息,是审计证据的重要来源。尽管书面声明提供必要的审计证据,但其本身并不为所涉及的任何事项提供充分、适当的审计证据。

4. 审计报告是指注册会计师根据审计准则的规定,在执行审计工作的基础上,对财务报表发表审计意见的书面文件。主要具有鉴证、保护和证明三方面的作用。

5. 注册会计师应当就财务报表是否在所有重大方面按照适用的财务报告编制基础编制并实现公允反映形成审计意见。为了形成审计意见,注册会计师针对评估的重大错报风险采取应对措施,获取充分、适当的审计证据。评价财务报表是否在所有重大方面按照适用的财务报告编制基础编制。评价财务报表是否实现公允反映。

6. 审计报告应当采用书面形式,审计报告的标题、收件人、双方的责任段以及意见段等九项基本要素是所有类型的审计报告都具有的要素,非标准审计报告还包括说明段或强调事项段。

复习思考题

1. 简述注册会计师试算平衡表的编制。

2. 简述注册会计师在审计结束前运用的分析程序与风险评估时运用的分析程序的相同点与不同点。

3. 简述书面声明书的内容。

4. 简述审计报告的基本要素。

5. 发表非无保留意见审计报告的条件。

6. 审计报告的意见段应说明哪些问题。

7. 发表审计意见时增加强调事项段的情形。

8. 简述特殊目的审计报告的构成要素。

第十七章　特殊审计领域

学习目标

1. 掌握按照特殊目的编制基础的财务报表的审计业务委托、签订业务约定书、实施相应的程序、出具鉴证报告过程；

2. 了解单一财务报表、财务报表特定要素及单一财务报表的业务委托、签订业务约定书、实施相应的程序、出具鉴证报告过程；

3. 掌握验资业务的业务委托、签订业务约定书、实施相应的程序、出具验资报告过程。

引导案例

1998年2月的一天，私营企业老板李某在工商局负责私营企业注册登记工作的胡科长的陪同下，来到某会计师事务所办理验资。会计师事务所负责人见工商局的胡科长亲自陪同，不敢怠慢，交代注册会计师小王从速办理。小王对李老板提供的验资资料，按照执业规范指南——验资规定的程序进行了审验。对其中最关键的材料——两张银行进账单，小王特别仔细地进行了查验：进账金额分别为36万元和64万元，合计100万元，收款人系被审验单位，用途为投资款，银行业务公章和工作人员私章一应俱全，无一涂改痕迹，其真实性不容置疑。在李老板的催促下，小王起草了验资报告，经事务所负责人审核、签发，交付打印。李老板当场拿到了验资报告，满意而去。李老板的公司是从事商品批发和零售业务的。公司开业以后，经营状况一直不佳。1999年下半年，李老板开始经营一种新产品，并实行“会员制”，购买他的新产品以后，成为他的“会员”；“会员”可以发展新“会员”，公司视“会员”业绩给予高额提成。李老板用这种方法销售新产品，效果果然不错，仅仅几个月的时间，新产品的销售收入便达到50万元。然而好景不长，有人举报李老板搞非法传销，公安机关立即对其立案侦查。李老板进了看守所。公安机关在侦查过程中，发现李老板的公司成立时实际只有10万元资金，其向会计师事务所提供的两张银行进账单，金额是变造的。变造方法是：先向银行分别存入6万元和4万元现金，在填写银行进账单时预留空格，银行盖章后，再在预留的空格处填补，由于笔迹相同，填补恰到好处，外人无法辨别。办案人员认为，注册会计师小王在验资时未向银行调查取证，仅凭李老板提供的经过变造的银行进账单，就草率地出具验资报告，属于严重不负责任，且已造成严重后果，根据刑法第二百二十九条第三款的规定，应当追究刑事责任。（资料来源：http://wenku.baidu.com）

对被审计单位的财务报表进行审计，是注册会计师提供的传统鉴证服务，但除此之外，注册会计师还提供其他类型的鉴证服务，包括特殊目的审计、验资、内部控制审计、财务报表审阅和预测性财务信息审核等。本章主要介绍特殊目的审计、验资等特殊审计领域业务的类型及其适用的准则。

第一节　对按照特殊目的编制基础编制的财务报表的审计

一、特殊目的的财务报表的定义

特殊目的的财务报表，是指按照特殊目的编制基础编制的财务报表。特殊目的的编制基础，是指用以满足财务报表特定使用者财务信息需求的财务报告编制基础，例如：

（1）纳税申报表后附的财务报表所采用的计税核算基础；

（2）被审计单位为债权人编制的反映现金流信息的现金收入和支出核算基础；

（3）监管机构为满足监管要求作出的财务报告规定；

（4）在合同（如债券契约、贷款协议或项目拨款）中作出的财务报告规定。特殊目的的编制基础包括公允列报编制基础和遵循性编制基础。

二、业务承接时的考虑

在特殊目的的财务报表审计中，注册会计师应当考虑下列方面确定业务的承接：

（1）财务报表的编制目的；

（2）财务报表预期使用者；

（3）管理层为确定财务报告编制基础在具体情况下的可接受性所采取的措施。

对于特殊目的的财务报表，预期使用者对财务信息的需求是确定编制财务报表采用的财务报告编制基础的可接受性的关键因素。

三、计划和执行审计工作时的考虑

首先应当指出的是，注册会计师应当按照《中国注册会计师审计准则第 1101 号——注册会计师的总体目标和审计工作的基本要求》的规定，遵守与审计相关的所有审计准则。在计划和执行特殊目的的财务报表审计工作时，注册会计师应当确定在运用这些审计准则时是否需要根据业务的具体情况作出特殊考虑。

注册会计师应当按照《中国注册会计师审计准则第 1211 号——通过了解被审计单位及其环境识别和评估重大错报风险》的规定，了解被审计单位会计政策选择和运用的情况。在特殊目的的财务报表审计中，注册会计师可能需要对如何运用审计准则的某些要求作出特殊考虑。例如，《中国注册会计师审计准则第 1221 号——计划和执行审计工作时的重要性》规定，判断某事项对财务报表使用者是否重大，是在考虑财务报表使用者整体共同的财务信息需求的基础上作出的。然而，对于特殊目的的财务报表审计，作出这些判断的依据是预期财务报表使用者对财务信息的需求。对特殊目的的财务报表，如按照合同规定编制的财务报表，管理层可能与预期使用者就需更正的错报的临界值达成一致意见，即如果审计过程中识别出的错报低于该临界值，则不对错报进行更正或调整。这种临界值的存在并不能减轻注册会计师在计划和执行特殊目的的财务报表审计时，按照《中国注册会计师审计准则第 1221 号——计划和执行审计工作时的重要性》的规定确定重要性的责任。

在财务报表按照合同条款编制的情况下，注册会计师应当了解被审计单位管理层在编制财务报表时对合同作出的所有重要解释。如果采用其他合理解释将导致财务报表中列报的信息产生重大差异，则管理层对合同作出的解释就是重要的。

四、形成审计意见和出具报告时的考虑

当对特殊目的财务报表形成审计意见并出具报告时，注册会计师应当遵守《中国注册会计师审计准则第1501号——对财务报表形成审计意见和出具审计报告》的规定。注册会计师需要评价财务报表是否恰当提及或说明适用的财务报告编制基础。在财务报表按照合同条款编制的情况下，注册会计师需要评价财务报表是否恰当说明对财务报表编制所依据的合同作出的所有重要解释。

对于特殊目的财务报表审计，审计报告的内容还应当包括：(1)说明财务报表的编制目的，并在必要时说明财务报表预期使用者，或者提及含有这些信息的特殊目的财务报表附注；(2)如果管理层在编制特殊目的财务报表时可以选择财务报告编制基础，在说明管理层对财务报表的责任时，提及管理层负责确定适用的财务报告编制基础在具体情况下的可接受性。

特殊目的财务报表可能用于预期目的之外的其他用途。例如，监管机构可能要求某些实体公开特殊目的财务报表。为避免误解，注册会计师需要在审计报告中增加强调事项段提醒审计报告使用者关注财务报表按照特殊目的编制基础编制，因此，财务报表可能不适用于其他目的。注册会计师应当将强调事项段置于适当的标题下。此外，注册会计师可能认为，指明审计报告仅用于特定使用者是适当的，以限制审计报告分发或使用。对特殊目的财务报表出具的审计报告的参考格式如17.1、17.2和17.3。

参考格式17.1　对按照合同中作出的财务报告规定（本例为遵循性编制基础）编制的一套完整的财务报表出具的审计报告

背景信息：

1. 管理层已根据合同要求，按照合同中作出的财务报告规定（即特殊目的编制基础）编制财务报表，管理层无权选择财务报告编制基础；

2. 适用的财务报告编制基础是遵循性编制基础；

3. 审计业务约定条款中说明的管理层对财务报表的责任，与《中国注册会计师审计准则第1111号——就审计业务约定条款达成一致意见》的规定一致；

4. 审计报告的分发和使用受到限制。

审计报告

[恰当的收件人]

我们审计了后附的ABC股份有限公司（以下简称ABC公司）财务报表，包括20×1年12月31日的资产负债表，20×1年度的利润表、现金流量表和股东权益变动表以及财务报表附注。财务报表已由ABC公司管理层依据ABC公司与DEF有限责任公司（以下简称DEF公司）于20×1年1月1日签订的合同（以下简称“合同”）第Z部分作出的财务报告规定编制。

一、管理层对财务报表的责任

管理层负责按照合同第Z部分作出的财务报告规定编制财务报表，并负责设计、执行和维护必要的内部控制，以使财务报表不存在由于舞弊或错误导致的重大错报。

二、注册会计师的责任

我们的责任是在执行审计工作的基础上对财务报表发表审计意见，我们按照《中国注

册会计师审计准则》的规定执行了审计工作。《中国注册会计师审计准则》要求我们遵守中国注册会计师职业道德守则，计划和执行审计工作以对财务报表是否不存在重大错报获取合理保证。

审计工作涉及实施审计程序，以获取有关财务报表金额和披露的审计证据，选择的审计程序取决于注册会计师的判断，包括对由于舞弊或错误导致的财务报表重大错报风险的评估。在进行风险评估时，注册会计师考虑与财务报表编制相关的内部控制，以设计恰当的审计程序，但目的并非对内部控制的有效性发表意见。审计工作还包括评价管理层选用会计政策的恰当性和作出会计估计的合理性，以及评价财务报表的总体列报。

我们相信，我们获取的审计证据是充分、适当的，为发表审计意见提供了基础。

三、审计意见

我们认为，公司财务报表在所有重大方面按照合同第Z部分作出的财务报告规定编制。

四、编制基础以及对分发和使用的限制

我们提醒财务报表使用者关注财务报表附注×对编制基础的说明。ABC公司编制财务报表是为了遵守合同第Z部分作出的财务报告规定。因此，财务报表可能不适于其他用途。我们的报告仅用于ABC公司和DEF公司，而不应分发至除ABC公司和DEF公司以外的其他机构或人员或为其使用。本段内容不影响已发表的审计意见。

××会计师事务所　　　　　　　　　　中国注册会计师：×××
（盖章）　　　　　　　　　　　　　　（签名并盖章）
　　　　　　　　　　　　　　　　　　中国注册会计师：×××
　　　　　　　　　　　　　　　　　　（签名并盖章）

中国××市　　　　　　　　　　　　　二〇×二年×月×日

参考格式 17.2　对按照某一国家或地区的计税核算基础（本例为遵循性编制基础）编制的一套完整财务报表出具的审计报告

背景信息：

1. 合伙企业的管理层已经按照×国家的计税核算基础（即特殊目的编制基础）编制财务报表，以帮助合伙人编制各自的纳税申报表，管理层无权选择财务报告编制基础；

2. 适用的财务报告编制基础是遵循性编制基础；

3. 审计业务约定条款中说明的管理层对财务报表的责任，与《中国注册会计师审计准则第1111号——就审计业务约定条款达成一致意见》的规定一致；

4. 审计报告的分发受到限制。

审 计 报 告

[恰当的收件人]

我们审计了后附的ABC合伙企业财务报表，包括20×1年12月31日的资产负债表，20×1年度的利润表以及财务报表附注。财务报表已由ABC合伙企业管理层按照×国家的计税核算基础编制。

一、管理层对财务报表的责任

管理层负责按照×国家计税核算基础编制财务报表，并负责设计、执行和维护必要的内部控制，以使财务报表不存在由于舞弊或错误导致的重大错报。

二、注册会计师的责任

我们的责任是在执行审计工作的基础上对财务报表发表审计意见。我们按照《中国注册会计师审计准则》的规定执行了审计工作。《中国注册会计师审计准则》要求我们遵守中国注册会计师职业道德守则,计划和执行审计工作以对财务报表是否不存在重大错报获取合理保证。

审计工作涉及实施审计程序,以获取有关财务报表金额和披露的审计证据。选择的审计程序取决于注册会计师的判断,包括对由于舞弊或错误导致的财务报表重大错报风险的评估。在进行风险评估时,注册会计师考虑与财务报表编制相关的内部控制,以设计恰当的审计程序,但目的并非对内部控制的有效性发表意见。审计工作还包括评价管理层选用会计政策的恰当性和作出会计估计的合理性,以及评价财务报表的总体列报。

我们相信,我们获取的审计证据是充分、适当的,为发表审计意见提供了基础。

三、审计意见

我们认为,ABC 合伙企业财务报表在所有重大方面按照×国家的计税核算基础编制。

四、编制基础以及对分发的限制

我们提醒财务报表使用者关注财务报表附注×对编制基础的说明。ABC 合伙企业编制财务报表是为了帮助其合伙人编制各自的纳税申报表。因此,财务报表可能不适于其他用途。我们的报告仅用于 ABC 合伙企业及其合伙人,而不应分发至除 ABC 合伙企业或其合伙人之外的其他机构或人员。

××会计师事务所　　　　　　　　中国注册会计师:×××
（盖章）　　　　　　　　　　　　（签名并盖章）
　　　　　　　　　　　　　　　　中国注册会计师:×××
　　　　　　　　　　　　　　　　（签名并盖章）
中国××市　　　　　　　　　　　二〇×二年×月×日

参考格式 17.3　对按照监管机构作出的财务报告规定(本例为公允列报编制基础)编制的一套完整财务报表出具的审计报告

背景信息:

1. 管理层已经按照监管机构作出的财务报告规定(即特殊目的编制基础)编制财务报表,以便满足监管机构的要求,管理层无权选择财务报告编制基础;

2. 适用的财务报告编制基础是公允列报编制基础;

3. 审计业务约定条款中说明的管理层对财务报表的责任,与《中国注册会计师审计准则第 1111 号——就审计业务约定条款达成一致意见》的规定一致;

4. 审计报告的分发或使用没有受到限制;

5. 其他事项段指出,注册会计师也对 ABC 公司按照通用目的编制基础编制的同一期间的财务报表出具了审计报告。

审 计 报 告

[恰当的收件人]

我们审计了后附的 ABC 股份有限公司(以下简称 ABC 公司)财务报表,包括 20×1 年 12 月 31 日的资产负债表,20×1 年度的利润表、现金流量表和股东权益变动表以及财务报表附注。财务报表已由 ABC 公司管理层按照 Y 条例第 Z 部分作出的财务报告规定编制。

一、管理层对财务报表的责任

管理层负责按照Y条例第Z部分作出的财务报告规定编制财务报表,并负责设计、执行和维护必要的内部控制,以使财务报表不存在由于舞弊或错误导致的重大错报。

二、注册会计师的责任

我们的责任是在执行审计工作的基础上对财务报表发表审计意见。我们按照中国注册会计师审计准则的规定执行了审计工作。中国注册会计师审计准则要求我们遵守中国注册会计师职业道德守则,计划和执行审计工作以对财务报表是否不存在重大错报获取合理保证。

审计工作涉及实施审计程序,以获取有关财务报表金额和披露的审计证据。选择的审计程序取决于注册会计师的判断,包括对由于舞弊或错误导致的财务报表重大错报风险的评估。在进行风险评估时,注册会计师考虑与财务报表编制和公允列报相关的内部控制,以设计恰当的审计程序,但目的并非对内部控制的有效性发表意见。审计工作还包括评价管理层选用会计政策的恰当性和作出会计估计的合理性,以及评价财务报表的总体列报。

我们相信,我们获取的审计证据是充分、适当的,为发表审计意见提供了基础。

三、审计意见

我们认为,ABC公司财务报表在所有重大方面按照Y条例第Z部分作出的财务报告规定编制,公允反映了ABC公司20×1年12月31日的财务状况以及20×1年度的经营成果和现金流量。

四、编制基础

我们提醒财务报表使用者关注财务报表附注×对编制基础的说明。ABC公司编制财务报表是为了满足监管机构的要求。因此,财务报表可能不适于其他用途。本段内容不影响已发表的审计意见。

五、其他事项

ABC公司已经按照企业会计准则的规定单独编制了一套财务报表。我们已于20×2年3月31日针对该财务报表向ABC公司股东单独出具了审计报告。

××会计师事务所　　　　中国注册会计师:×××
(盖章)　　　　(签名并盖章)
　　　　中国注册会计师:×××
　　　　(签名并盖章)
中国××市　　　　二〇×二年×月×日

第二节　对单一财务报表和财务报表特定要素审计的特殊考虑

一、单一财务报表和财务报表特定要素的定义

单一财务报表是指整套财务报表中的资产负债表、利润表、现金流量表中的某一张财务报表。财务报表特定要素(即特定要素),是指财务报表特定的要素、账户或项目。财务

报表特定要素、账户或项目的示例有:(1)应收账款、坏账准备、存货、个人退休金计划的应计收益负债、可辨认无形资产的记录价值、保险组合中的“已发生但未报告”索赔的负债,包括相关附注;(2)个人退休金计划的外部管理的资产和收益明细表,包括相关附注;(3)有形资产净值明细表,包括相关附注;(4)与租赁财产相关的支出明细表,包括解释性附注;(5)利润分享或员工奖金明细表,包括解释性附注。

单一财务报表或财务报表特定要素包括相关附注。相关附注通常包含重要会计政策概要以及与财务报表或要素相关的其他解释性信息。

二、注册会计师的审计目标

在运用审计准则执行单一财务报表和财务报表特定要素的审计时,注册会计师的审计目标是恰当处理与下列方面相关的特殊考虑:

(1)业务的承接;

(2)业务的计划和执行;

(3)对单一财务报表和财务报表特定要素形成审计意见并出具审计报告。

三、承接业务时的考虑

(一)审计准则的运用

《中国注册会计师审计准则第 1101 号——注册会计师的总体目标和审计工作的基本要求》规定注册会计师应当遵守与审计工作相关的所有审计准则。在单一财务报表或财务报表特定要素审计中,无论注册会计师是否同时接受委托审计整套财务报表,该要求同样适用。如果没有同时接受委托审计整套财务报表,注册会计师应当确定按照审计准则对单一财务报表或财务报表特定要素进行审计是否可行。

当注册会计师没有同时接受委托审计被审计单位整套财务报表时,遵守与单一财务报表或财务报表特定要素审计相关的审计准则的要求可能是不切实际的。在这种情况下,注册会计师对被审计单位及其环境的了解通常与同时审计被审计单位整体财务报表的注册会计师的了解不同,不能获取有关会计记录或其他会计信息的整体质量的审计证据。因此,注册会计师可能需要获取进一步的证据以证实从会计记录中获取的审计证据。对于财务报表特定要素审计,某些审计准则规定的审计工作可能与所审计的特定要素不成比例。例如,虽然《中国注册会计师审计准则第 1324 号——持续经营》的要求可能与应收账款明细表审计的具体情况相关,但由于所需的审计成本,遵守这些要求可能不切实际。如果认为按照审计准则对单一财务报表和财务报表特定要素进行审计不切实际,注册会计师可以与管理层讨论其他类型的业务是否更加可行。

(二)财务报告编制基础的可接受性

《中国注册会计师审计准则第 1111 号——就审计业务约定条款达成一致意见》要求注册会计师确定管理层在编制财务报表时采用的财务报告编制基础的可接受性。在单一财务报表或财务报表特定要素审计中,这一要求包括确定采用财务报告编制基础是否能够提供充分的披露或列报,以使财务报表预期使用者能够理解单一财务报表或财务报表特定要素所传递的信息,以及重大交易和事项对单一财务报表或财务报表特定要素所传递的信息的影响。

（三）审计意见的形式

对于单一财务报表或财务报表特定要素，适用的财务报告编制基础可能未明确说明如何列报单一财务报表或财务报表特定要素。当适用的财务报告编制基础依据经授权或获得认可的准则制定机构为编制整套财务报表而制定的财务报告编制基础（如国际财务报告准则）时，可能出现这种情况。因此，注册会计师需要根据适用的财务报告编制基础考虑审计意见的预期形式是否恰当。下列因素可能影响注册会计师确定在审计意见中是否使用"在所有重大方面""公允反映"等措辞：

（1）适用的财务报告编制基础是否明确或隐含地限定于整套财务报表的编制；

（2）单一财务报表或财务报表特定要素：

①是否充分遵守与特定单一财务报表或特定要素相关的财务报告编制基础的每项要求，以及单一财务报表或特定要素的列报是否包括相关附注；

②如果需要实现公允列报，是否提供超出编制基础特别要求的披露，或在异常情况下偏离财务报告编制的某项要求。

在对按照公允列报编制基础编制的单一财务报表或财务报表特定要素发表的审计意见中使用"在所有重大方面""公允反映"等措施，在某些国家或地区是否得到广泛认可，将影响注册会计师的判断。

四、计划和执行审计工作时的考虑

《中国注册会计师审计准则第 1101 号——注册会计师的总体目标和审计工作的基本要求》指出，审计准则适用于注册会计师执行财务报表审计业务。在计划和执行单一财务报表或财务报表特定要素的审计工作时，注册会计师应当根据业务的具体情况，遵守与审计工作相关的所有审计准则。

注册会计师需要仔细考虑每项审计准则的相关性。即使审计对象仅是一个财务报表特定要素，审计准则如《中国注册会计师审计准则第 1141 号——财务报表审计中与舞弊相关的责任》《中国注册会计师审计准则第 1323 号——关联方》和《中国注册会计师审计准则第 1324 号——持续经营》原则上都是相关的。这是因为，在适用的财务报表编制基础下，财务报表要素可能由于舞弊、关联方交易的影响，或对持续经营假设的不当运用而导致错报。

当对单一财务报表或财务报表特定要素的审计与对整套财务报表的审计结合进行时，注册会计师可能能够在单一财务报表或财务报表特定要素审计中使用在整套财务报表审计时获取的审计证据，在此基础上对单一财务报表或财务报表特定要素发表意见。

构成整套财务报表的单一财务报表之间，以及财务报表的多个要素（包括相关附注）之间，是相互关联的。因此，当对单一财务报表或财务报表特定要素进行审计时，注册会计师不能孤立地考虑单一财务报表或财务报表特定要素。因此，注册会计师可能需要实施与关联项目有关的审计程序，以实现审计目标。进一步讲，为单一财务报表或财务报表特定要素确定的重要性，可能低于为整套财务报表确定的重要性。这将影响审计程序的性质，时间安排和范围，以及对未更正错报的评价。

五、形成审计意见和出具审计报告时的考虑

当对单一财务报表或财务报表特定要素形成审计意见和出具审计报告时，注册会计师应当根据业务的具体情况，遵守《中国注册会计师审计准则第 1501 号——对财务报表形成审计意见和出具审计报告》的相关规定。

《中国注册会计师审计准则第 1501 号——对财务报表形成审计意见和出具审计报告》要求注册会计师在形成审计意见时评价财务报表是否作出充分披露，使财务报表预期使用者能够理解重大交易和事项对财务报表所传递信息的影响。从适用的财务报告编制基础来看，单一财务报表或财务报表特定要素（包括相关附注）作出充分披露，使财务报表预期使用者理解单一财务报表或财务报表特定要素传递的信息，以及重大交易和事项对单一财务报表或财务报表特定要素传递的信息的影响，是非常重要的。

如果对整套财务报表出具非无保留意见的审计报告，或出具包含强调事项段或其他事项段的审计报告，注册会计师应当确定对单一财务报表或财务报表要素出具的审计报告可能因此受到的影响。相应的，如果认为适当，注册会计师应当对单一财务报表或财务报表特定要素出具非无保留意见的审计报告，或者出具包含强调事项段或其他事项段的审计报告。

如果认为有必要对整套财务报表整体发表否定意见或无法表示意见，注册会计师不应在同一审计报告中对构成整套财务报表组成部分的单一财务报表或财务报表特定要素发表无保留意见。这是因为，在同一审计报告中包含的无保留意见，将与对整套财务报表整体发表的否定意见或无法表示意见相矛盾。

如果注册会计师认为有必要对整套财务报表整体发表否定意见或无法表示意见，但又对该整套财务报表中的特定要素单独审计，只有在同时满足下列条件时，注册会计师才可以认为对特定要素发表无保留意见是适当的：

（1）法律法规并未禁止注册会计师对该特定要素发表无保留意见；

（2）注册会计师对特定要素出具的无保留意见审计报告，并不与包含否定意见或无法表示意见的审计报告一同公布；

（3）特定要素并不构成整套财务报表的主要部分。

如果已对整套财务报表整体发表否定意见或无法表示意见，注册会计师不应对整套财务报表中的单一财务报表发表无保留意见。即使注册会计师对单一财务报表出具的审计报告并不与包含否定意见或无法表示意见的审计报告一同公布，注册会计师也不应对整套财务报表中的单一财务报表发表无保留意见。这是因为单一财务报表被视为构成整套财务报表整体的主要部分。

对单一财务报表或财务报表特定要素出具的审计报告的参考格式如 17.4 和17.5。

参考格式 17.4　对按照特殊目的编制基础编制的单一财务报表出具的审计报告（本例为公允列报编制基础）

背景信息：

1. 对现金收入和支出表（即单一财务报表）进行审计；

2. 财务报表已由管理层按照现金收入和支出核算基础编制，以满足债权人对现金流量信息的需求，管理层有权选择财务报告编制基础；

3. 适用的财务报告编制基础是公允列报编制基础，旨在满足财务报表特定使用者的财

务信息需求；

4.注册会计师确定在审计意见中使用“在所有重大方面”“公允反映”等措辞是恰当的；

5.审计报告的分发和使用不受限制。

审计报告

［恰当的收件人］

我们审计了后附的ABC股份有限公司（以下简称ABC公司）20×1年度的现金收入和支出表以及相关附注（以下合称财务报表）。现金收入和支出表按照附注×说明的现金收入和支出核算基础编制。

一、管理层对财务报表的责任

管理层负责按照附注×说明的现金收入和支出核算基础编制和公允列报财务报表（包括确定现金收入和支出核算基础对于在具体情况下编制财务报表是可接受的），并负责设计、执行和维护必要的内部控制，以使财务报表不存在由于舞弊或错误导致的重大错报。

二、注册会计师的责任

我们的责任是在执行审计工作的基础上对财务报表发表审计意见。我们按照中国注册会计师审计准则的规定执行了审计工作。中国注册会计师审计准则要求我们遵守中国注册会计师职业道德守则，计划和执行审计工作以对财务报表是否不存在重大错报获取合理保证。

审计工作涉及实施审计程序，以获取有关财务报表金额和披露的审计证据。选择的审计程序取决于注册会计师的判断，包括对由于舞弊或错误导致的财务报表重大错报风险的评估。在进行风险评估时，注册会计师考虑与财务报表编制和公允列报相关的内部控制，以设计恰当的审计程序，但目的并非对内部控制的有效性发表意见。审计工作还包括评价管理层选用会计政策的恰当性和作出会计估计的合理性，以及评价财务报表的总体列报。

我们相信，我们获取的审计证据是充分、适当的，为发表审计意见提供了基础。

三、审计意见

我们认为，ABC公司财务报表在所有重大方面按照附注×说明的现金收入和支出核算基础编制，公允反映了ABC公司20×1年度的现金收入和支出情况。

四、编制基础

我们提醒财务报表使用者关注财务报表附注×对编制基础的说明。财务报表是为向XYZ债权人提供信息而编制的。因此，财务报表可能不适于其他用途。本段内容不影响已发表的审计意见。

××会计师事务所	中国注册会计师：×××
（盖章）	（签名并盖章）
	中国注册会计师：×××
	（签名并盖章）
中国××市	二〇×二年×月×日

参考格式17.5　对按照特殊目的编制基础编制的财务报表特定要素、账户或项目出具的审计报告（本例为遵循性编制基础）

背景信息：

1.保险组合中的“已发生但未报告”索赔的负债（即财务报表要素、账户或项目）；

2. 财务信息已由管理层按照监管机构的财务报告规定编制以满足监管要求，管理层无权选择财务报告编制基础；

3. 适用的财务报告编制基础是遵循性编制基础，旨在满足财务报表特定使用者的财务信息需求；

4. 审计业务约定条款中说明的管理层对财务报表的责任，与《中国注册会计师审计准则第 1111 号——就审计业务约定条款达成一致意见》的规定一致；

5. 审计报告的分发受到限制。

审计报告

[恰当的收件人]

我们审计了后附的 ABC 保险公司(以下简称 ABC 公司)20×1 年 12 月 31 日“已发生但未报告”索赔的负债明细表(以下简称明细表)。该明细表已由管理层按照监管机构的财务报告规定编制以满足监管要求。

一、管理层对明细表的责任

管理层负责按照监管机构的财务报告规定编制明细表以满足监管要求，并负责设计、执行和维护必要的内部控制，以使明细表不存在由于舞弊或错误导致的重大错报。

二、注册会计师的责任

我们的责任是在执行审计工作的基础上对明细表发表审计意见。我们按照中国注册会计师审计准则的规定执行了审计工作。中国注册会计师审计准则要求我们遵守中国注册会计师职业道德守则，计划和执行审计工作以对明细表是否不存在重大错报获取合理保证。

审计工作涉及实施审计程序，以获取有关明细表金额和披露的审计证据。选择的审计程序取决于注册会计师的判断，包括对由于舞弊或错误导致的明细表重大错报风险的评估。在进行风险评估时，注册会计师考虑与明细表编制相关的内部控制，以设计恰当的审计程序，但目的并非对内部控制的有效性发表意见。审计工作还包括评价管理层选用会计政策的恰当性和作出会计估计的合理性，以及评价明细表的总体列报。

我们相信，我们获取的审计证据是充分、适当的，为发表审计意见提供了基础。

三、审计意见

我们认为，ABC 公司 20×1 年 12 月 31 日“已发生但未报告”索赔的负债明细表中的财务信息在所有重大方面按照监管机构的财务报告规定编制以满足监管要求。

四、编制基础和对分发的限制

我们提醒财务报表使用者关注财务报表附注×对编制基础的说明。明细表是 ABC 公司为满足监管机构 DEF 的要求而编制的。因此，明细表可能不适于其他用途。本报告仅供 ABC 公司和监管机构 DEF 使用，且不得分发给除 ABC 公司和监管机构 DEF 以外的机构和人员。本段内容不影响已发表的审计意见。

××会计师事务所　　　　　　　　中国注册会计师：×××
（盖章）　　　　　　　　　　　　（签名并盖章）
　　　　　　　　　　　　　　　　中国注册会计师：×××
　　　　　　　　　　　　　　　　（签名并盖章）
中国××市　　　　　　　　　　　二〇×二年×月×日

第三节 对简要财务报表出具报告的业务

一、简要财务报表的定义

简要财务报表,是指来源于财务报表但详细程序低于财务报表的历史财务信息。简要财务报表对被审计单位某一特定日期的经济资源或义务、某一会计期间的经济资源或义务变化情况提供了与财务报表一致的结构性表述。

二、注册会计师的审计目标

在承接和执行简要财务报表审计业务时,注册会计师的目标是:

(1)确定承接对简要财务报表出具报告的业务是否适当;

(2)如果承接该项业务,在评价根据审计得出的结论的基础上对简要财务报表形成审计意见,并通过书面报告的形式清楚地表达审计意见,说明其形成基础。

三、业务的承接

(一)已对构成简要财务报表来源的财务报表进行了审计是业务承接的前提

注册会计师对构成简要财务报表来源的财务报表的审计,为其按照审计准则的规定履行与简要财务报表审计相关的责任提供了必要的了解。如果没有同时审计构成简要财务报表来源的财务报表,注册会计师将不能对简要财务报表形成审计意见获取充分、适当的证据。因此,只有当注册会计师已接受业务委托按照审计准则的规定执行财务报表审计,并且财务报表构成简要财务报表的来源时,才可以承接对简要财务报表出具报告的业务。

(二)确定采用的标准是否可以接受

在承接对简要财务报表出具报告的业务之前,注册会计师应当确定采用的标准是否可接受,就管理层认可并理解其责任与管理层达成一致意见,并与管理层就拟对简要财务报表发表意见的形式达成一致意见。

采用的标准,是指管理层在编制简要财务报表时采用的标准。编制简要财务报表要求管理层确定需要在简要财务报表中反映的信息,以使简要财务报表在所有重大方面与已审财务报表保持一致或公允概括已审计财务报表。由于简要财务报表本质上含有汇总的信息和有限的披露,因此,可能存在这样一种风险,即简要财务报表没有包含必要的信息,而缺乏这些信息将在具体环境下产生误导。当编制简要财务报表的既定标准不存在时,这种风险更高。如果认为管理层采用的标准不可接受或未能就管理层认可并理解其责任与管理层达成一致意见,注册会计师不应承接对简要财务报表出具报告的业务,除非法律法规另有规定。

四、审计程序的性质

注册会计师应当实施下列审计程序及其可能认为必要的其他审计程序,作为对简要财务报表形成审计意见的基础:

(1)评价简要财务报表是否充分披露其简化的性质,并指出作为其来源的已审计财务报表;

(2)当简要财务报表未与已审计财务报表附在一起时,评价简要财务报表是否清楚地说明已审计财务报表的获取渠道;如果法律法规规定已审计财务报表无需提供给简要财务报表的预期使用者,并且为编制简要财务报表制定了标准,评价简要财务报表是否清楚地说明了相关法律法规;

(3)评价简要财务报表是否充分披露了采用的标准;

(4)将简要财务报表与已审计财务报表中的相关信息进行比较,以确定两者是否一致,或能否依据已审计财务报表中的相关信息重新计算得出简要财务报表;

(5)评价简要财务报表是否按照采用的标准编制;

(6)根据简要财务报表的目的,评价简要财务报表是否包含必要的信息,并在适当的层次进行了汇总,以使其在具体情况下不产生误导;

(7)评价简要财务报表的预期使用者能否比较方便地获取已审计财务报表,除非法律法规规定已审计财务报表无需提供给简要财务报表的预期使用者,并且为编制简要财务报表制定了标准。

五、意见的形式

如果认为对简要财务报表发表无保留意见是恰当的,除非法律法规另有规定,注册会计师应当使用下列措辞之一:(1)按照《×标准》(具体指出采用的标准),简要财务报表在所有重大方面与已审计财务报表保持了一致;(2)按照《×标准》(具体指出采用的标准),简要财务报表公允概括了已审计财务报表。

六、工作的时间安排

简要财务报表的审计报告日可能迟于已审计财务报表的审计报告日。在这种情况下,对简要财务报表出具的审计报告应当说明,简要财务报表和已审计财务报表均未反映在已审计财务报表的审计报告日后发生的、可能需要在已审计财务报表中进行调整或披露的事项的影响。

七、对简要财务报表出具的审计报告

对简要财务报表出具的审计报告应当包括下列要素:

(一)标题

审计报告的标题应当统一规范为"对简要财务报表出具的审计报告"。

(二)收件人

简要财务报表的审计报告应当按照审计业务约定条款的要求载明收件人。如果对简要财务报表出具的审计报告的收件人不同于对已审计财务报表出具的审计报告的收件人,注册会计师应当评价使用不同收件人名称的适当性。可能影响注册会计师评价简要财务报表收件人适当性的因素包括业务约定条款、被审计单位的性质和简要财务报表的目的。

（三）引言段

引言段应当包括下列几方面：

（1）指出注册会计师出具审计报告所针对的简要财务报表，包括每张简要财务报表的名称；

（2）指出已审计财务报表；

（3）提及对已审计财务报表出具的审计报告和报告日期，以及（在适用的情况下）对已审计财务报表发表无保留意见这一事实；

（4）如果简要财务报表的审计报告日迟于已审计财务报表的审计报告日，说明简要财务报表和已审计财务报表均未反映在已审计财务报表的审计报告日后发生的事项的影响；

（5）指出简要财务报表未包含编制财务报表时所采用的财务报告编制基础要求披露的全部事项，因此，对简要财务报表的阅读不能替代对已审计财务报表的阅读。

（四）管理层对简要财务报表的责任段

管理层对简要财务报表的责任段应当说明，按照采用的标准编制简要财务报表是管理层的责任。

（五）注册会计师的责任段

注册会计师的责任段应当说明，注册会计师的责任是在实施《中国注册会计师审计准则第1604号——对简要财务报表出具报告的业务》规定的程序的基础上对简要财务报表发表审计意见。

（六）审计意见段

审计意见段应当清楚地表达对简要财务报表的意见。如果简要财务报表没有按照采用的标准在所有重大方面与已审计财务报表保持一致或公允概括已审计财务报表，而管理层又不同意作出必要的修改，注册会计师应当对简要财务报表发表否定意见。

（七）注册会计师的签名和盖章

（八）会计师事务所的名称、地址和盖章

（九）报告日期

简要财务报表的审计报告日不应早于下列日期：（1）注册会计师已获取充分、适当的证据并在此基础上形成审计意见的日期，这些证据包括简要财务报表已编制完成以及法律法规规定的被审计单位董事会、管理层或类似机构已经认可其对简要财务报表负责；（2）已审计财务报表的审计报告日。

八、对审计报告分发或使用的限制或提醒阅读者关注编制基础

如果对已审计财务报表出具的审计报告存在分发或使用的限制，或对已审计财务报表出具的审计报告提醒财务报表使用者关注已审计财务报表按照特殊目的编制基础编制，注册会计师应当在对简要财务报表出具的审计报告中包含相同的限制或提醒说明。

对简要财务报表出具的审计报告的参考格式如17.6、17.7和17.8。

参考格式 17.6 对按照既定标准编制的简要财务报表出具的审计报告

背景信息：

1. 对已审计财务报表发表了无保留意见；

2. 存在编制简要财务报表采用的既定标准；

3. 对简要财务报表出具审计报告的日期晚于对构成简要财务报表来源的财务报表出具审计报告的日期。

对简要财务报表出具的审计报告

[恰当的收件人]

后附的 ABC 公司简要财务报表包括 20×1 年 12 月 31 日的简要资产负债表，20×1 年度的简要利润表、简要股东权益变动表和简要现金流量表以及相关附注。ABC 公司简要财务报表来源于 ABC 公司 20×1 年度已审计的财务报表。我们已在 20×2 年 2 月 15 日签署的审计报告中对构成简要财务报表来源的财务报表发表了无保留意见。这些财务报表和简要财务报表没有反映审计报告日(20×2 年 2 月 15 日)后发生事项的影响。

简要财务报表没有包含“描述 ABC 公司在编制已审计财务报表时所采用的财务报告编制基础”要求的所有披露。因此，对简要财务报表的阅读不能替代对 ABC 公司已审计财务报表的阅读。

一、管理层对简要财务报表的责任

管理层负责按照“描述既定的标准”编制来源于已审计财务报表的简要财务报表。

二、注册会计师的责任

我们的责任是在实施审计程序的基础上对简要财务报表发表审计意见。我们按照《中国注册会计师审计准则第 1604 号——对简要财务报表出具报告的业务》的规定执行了审计工作。

三、审计意见

我们认为，来源于 ABC 公司 20×1 年度已审计财务报表的简要财务报表已经按照“描述既定的标准”编制，在所有重大方面与已审计财务报表保持了一致(或公允概括了已审计财务报表)。

××会计师事务所　　　　　　　　　　中国注册会计师：×××
（盖章）　　　　　　　　　　　　　　（签名并盖章）
　　　　　　　　　　　　　　　　　　中国注册会计师：×××
　　　　　　　　　　　　　　　　　　（签名并盖章）

中国××市　　　　　　　　　　　　　二〇×二年×月×日

参考格式 17.7 对按照管理层建立的标准编制的简要财务报表出具的审计报告

背景信息：

1. 对已审计财务报表发表了保留意见；

2. 标准由管理层建立，并在附注×中进行了充分披露、注册会计师确认该标准在具体情况下是可接受的。

对简要财务报表出具的审计报告

[恰当的收件人]

后附的 ABC 公司简要财务报表包括 20×1 年 12 月 31 日的简要资产负债表，20×1 年度的简要利润表、简要股东权益变动表和简要现金流量表以及相关附注。ABC 公司简要财务报表来源 ABC 公司 20×1 年度已审计的财务报表。我们已在 20×2 年 2 月 15 日签署的审计报告中对构成简要财务报表来源的财务报表发表了保留意见。

简要财务报表没有包含“描述 ABC 公司在编制已审计财务报表时所采用的财务报告编制基础”要求的所有披露。因此,对简要财务报表的阅读不能替代对 ABC 公司已审计财务报表的阅读。

一、管理层对简要财务报表的责任

管理层负责按照附注×描述的标准编制来源于已审计财务报表的简要财务报表。

二、注册会计师的责任

我们的责任是在实施审计程序的基础上对简要财务报表发表审计意见。我们按照《中国注册会计师审计准则第 1604 号——对简要财务报表出具报告的业务》的规定执行了审计工作。

三、审计意见

我们认为,来源于 ABC 公司 20×1 年度已审计财务报表的简要财务报表已经按照附注×描述的标准编制,在所有重大方面与已审计财务报表保持了一致(或公允概括了已审计财务报表)。然而,简要财务报表存在与 ABC 公司 20×1 年度已审计财务报表相同程度的错报。

我们在 20×2 年 2 月 15 日出具的保留意见的审计报告中,描述了已审计财务报表的错报。我们发表保留意见是基于以下事实:管理层在已审计财务报表的资产负债表中确认的 ABC 公司存货金额为×元。管理层仅以成本列示存货,而未按照成本与可变现净值孰低法,这不符合“ABC 公司采用的财务报告编制基础”的规定。ABC 公司的记录显示,如果管理层按照成本与可变现净值孰低法列示存货,需要减记金额为×元的存货,以将其价值调整为可变现净值。相应的,所得税、净利润和所有者权益将分别降低×元、×元和×元。我们在已发表的保留意见中指出,除所述事项的影响外,ABC 公司财务报表在所有重大方面按照“描述 ABC 公司在编制已审计财务报表时所采用的财务报告编制基础”的规定编制,公允反映了 ABC 公司 20×1 年 12 月 31 日的财务状况以及 20×1 年度的经营成果和现金流量。

××会计师事务所　　　　　　　　　　中国注册会计师:×××
(盖章)　　　　　　　　　　　　　　(签名并盖章)
　　　　　　　　　　　　　　　　　　中国注册会计师:×××
　　　　　　　　　　　　　　　　　　(签名并盖章)
中国××市　　　　　　　　　　　　　二〇×二年×月×日

参考格式 17.8　对按照既定标准编制的简要财务报表出具的审计报告

背景信息:

1. 对已审计财务报表发表了无保留意见;
2. 存在编制简要财务报表的既定标准;
3. 注册会计师认为不可能对简要财务报表发表无保留意见。

对简要财务报表出具的审计报告

[恰当的收件人]

后附的 ABC 公司简要财务报表包括 20×1 年 12 月 31 日的简要资产负债表,20×1 年度的简要利润表、简要股东权益变动表和简要现金流量表以及相关附注。ABC公司简要财务报表来源于ABC公司20×1年度已审计的财务报表。我们已在20×2年2月15日签署的审计报告中对构成简要财务报表来源的财务报表发表了无保留意见。

简要财务报表没有包含"描述ABC公司在编制已审计财务报表时所采用的财务报告编制基础"要求的所有披露。因此，对简要财务报表的阅读不能替代对ABC公司已审计财务报表的阅读。

一、管理层对简要财务报表的责任

管理层负责按照"描述既定的标准"编制来源于已审计财务报表的简要财务报表。

二、注册会计师的责任

我们的责任是在实施审计程序的基础上对简要财务报表发表审计意见。我们按照《中国注册会计师审计准则第1604号——对简要财务报表出具报告的业务》的规定执行了审计工作。

三、导致否定意见的事项

描述导致简要财务报表没有按照既定的标准编制，在所有重大方面与已审计财务报表保持一致（或公允概括了已审计财务报表）的事项

四、否定意见

我们认为，由于"三、导致否定意见的事项"段所述事项的重要性，来源于ABC公司20×1年度已审计财务报表的简要财务报表没有按照"描述既定的标准"编制，未能在所有重大方面与已审计财务报表保持一致（或公允概括已审计财务报表）。

××会计师事务所　　　　　　　　　　　中国注册会计师：×××
（盖章）　　　　　　　　　　　　　　　（签名并盖章）
　　　　　　　　　　　　　　　　　　　中国注册会计师：×××
　　　　　　　　　　　　　　　　　　　（签名并盖章）
中国××市　　　　　　　　　　　　　　二○×二年×月×日

第四节　验　　资

一、验资概述

（一）验资的含义

验资是指注册会计师依法接受委托，对被审验单位注册资本的实收情况或注册资本及实收资本的变更情况进行审验，并出具验资报告。

1. 验资是注册会计师的法定业务。《中华人民共和国注册会计师法》第十四条明确规定，"验证企业资本，出具验资报告"是注册会计师的法定业务之一。其他法律法规也对注册会计师承办验资业务作出了规定，如《中华人民共和国公司法》（以下简称《公司法》）等。

2. 验资是一种受托业务。注册会计师必须接受委托人的委托，由其所在会计师事务所与委托人签订业务约定书，方可执行验资业务。

3. 验资是一项鉴证业务。注册会计师的审验意见旨在提高被审验单位的注册资本实

收情况或注册资本及实收资本变更情况的信赖程度，满足公司登记机关登记注册资本和实收资本及被审验单位向出资者签发出资证明的需要。

4. 验资的内容包括对被审验单位注册资本的实收情况或注册资本及实收资本的变更情况进行审验。被审验单位注册资本的实收情况是指被审验单位实际收到出资者缴纳注册资本的情况。被审验单位注册资本及实收资本的变更情况是指被审验单位注册资本及实收资本的增减变动情况。

5. 注册会计师完成审验工作后，应对被审验单位注册资本的实收情况或注册资本及实收资本的变更情况发表审验意见，出具验资报告。

（二）注册资本及实收资本的含义

1. 注册资本。注册资本是指被审验单位在公司登记机关依法登记的全体出资者的出资额。有限责任公司的注册资本为在公司登记机关依法登记的全体股东认缴的出资额。采取发起设立方式设立的股份有限公司，其注册资本为本公司在登记机关登记的全体发起人认购的股本总额。采取募集设立方式设立的股份有限公司，其注册资本为在公司登记机关登记的实收股本总额。

2. 实收资本。实收资本是被审验单位全体股东或者发起人实际交付并经公司登记机关依法登记的出资额或者股本总额。

3. 验资截止日的含义。验资截止日是指注册会计师所验证的注册资本实收情况或注册资本及实收资本变更情况的截止日期，是注册会计师审验结论成立的一个特定时点。

（三）验资类型

验资分为设立验资和变更验资。

1. 设立验资

设立验资是指注册会计师对被审验单位申请设立登记时的注册资本实收情况进行的审验。需要注册会计师进行设立验资的情况主要包括：(1)被审验单位向公司登记机关申请设立登记时全体股东的一次性全部出资和分次出资的首次出资；(2)公司新设合并、分立，新设立的公司向公司登记机关申请设立登记。

2. 变更验资

变更验资是指注册会计师对被审验单位申请变更登记时的注册资本及实收资本的变更情况进行的审验。需要注册会计师进行变更验资的情况主要包括：(1)被审验单位出资者（包括原出资者和新出资者）新投入资本，增加注册资本及实收资本；(2)分次出资的非首次出资，增加实收资本，但注册资本不变；(3)被审验单位以资本公积、盈余公积、未分配利润转增注册资本及实收资本；(4)被审验单位因吸收合并变更注册资本及实收资本；(5)被审验单位因派生分立、注销股份或依法收购股东的股权等减少注册资本及实收资本；(6)被审验单位整体改制，包括由非公司制企业变更为公司制企业或由有限责任公司变更为股份有限公司时，以净资产折合实收资本。

需要指出的是，公司因出资者、出资比例等发生变化，注册资本及实收资本金额不变，需要按照有关规定向公司登记机关申请办理变更登记，但不需要进行变更验资。

（四）被审验单位的含义

被审验单位是指在中华人民共和国境内拟设立或已设立的，依法应当接受验资的有限责任公司和股份有限公司。

拟设立公司是指处于筹备阶段中，已经向公司登记机关办理了公司名称预先核准，或已办理了审批手续（对法律、行政法规规定设立公司必须报经批准的）正准备向公司登记机关申请设立登记的公司。已设立公司是指已经办理了公司登记，领取了营业执照，正式成立的公司。

根据《公司法》《中外合资经营企业法》《中外合作经营企业法》《外资企业法》《公司登记管理条例》《公司注册资本登记管理规定》等法律法规的规定，拟设立或已设立公司应当接受注册会计师对其注册资本的实收情况或注册资本及实收资本的变更情况进行审验。

（五）出资者和被审验单位的责任

按照法律法规以及协议、合同、章程的要求出资，提供真实、合法、完整的验资资料，保护资产的安全、完整是出资者和被审验单位的责任。

（六）注册会计师的责任

按照《中国注册会计师审计准则第 1602 号——验资》的规定，对被审验单位注册资本的实收情况或注册资本及实收资本的变更情况进行审验，出具验资报告，是注册会计师的责任。注册会计师的责任不能减轻出资者和被审验单位的责任。

（七）对注册会计师执行验资业务的职业道德要求

注册会计师执行验资业务，应当遵守相关的职业道德规范，恪守独立、客观、公正的原则，保持专业胜任能力和应有的关注，并对执业过程中获知的信息保密。

二、业务约定书

（一）了解被审验单位基本情况与初步评估风险

注册会计师应当了解被审验单位基本情况，考虑自身独立性和专业胜任能力，初步评估验资风险，以确定是否接受委托。

了解被审验单位基本情况，主要是指在接受委托前，注册会计师应当与委托人、被审验单位管理层沟通，实地查看被审验单位的住所和主要经营场所，了解被审验单位基本情况，获取有关资料，填写被审验单位基本情况表（参考格式见表 17.1）。

表 17.1　被审验单位基本情况表

（适用于内资有限责任公司、股份有限公司设立验资）

索 引 号：　　　页次：

编制人员：　　　日期：

复核人员：　　　日期：

被审验单位名称					
住所					
联系电话		传真		邮政编码	
电子信箱					
公司类型					
法定代表人		经营期限			

续表 17.1

经营范围						
审批机关及文号						
董事长			总经理		委托代理人	
开户银行及账号						
出资者名称	认缴(认购)的注册资本			实收资本		
	出资方式	出资金额	出资比例	出资方式	出资金额	出资比例
合计						
备注						

被审验单位基本情况主要包括:被审验单位的设立审批、变更审批,名称预先核准,经营范围,公司类型,组织机构和人员,申请设立或变更登记的注册资本、实收资本,出资者、出资方式、出资时间,全体出资者指定代表或委托代理人等基本情况。

对于变更验资,注册会计师应当查阅被审验单位的前期验资报告、近期财务报表、审计报告和其他与本次验资有关的资料,以了解被审验单位以前注册资本的实收情况。

验资风险主要源自两个方面:一是出资者及被审验单位管理层的诚信程度,所提供验资资料的真实性与完整性;二是注册会计师的专业胜任能力和职业道德水平。下列事项通常导致注册资本实收情况或注册资本及实收资本变更情况发生重大错报风险,需要注册会计师高度关注:

1. 验资业务委托渠道复杂或不正常;

2. 验资资料存在涂改、伪造痕迹或验资资料相互矛盾;

3. 被审验单位随意更换或不及时提供验资资料,或只提供复印件不提供原件;

4. 自然人出资、家庭成员共同出资或关联方共同出资;

5. 出资人之间存在意见分歧;

6. 被审验单位拒绝或阻挠注册会计师实施重要审验程序,如被审验单位拒绝或阻挠注册会计师实施银行存款函证、实物资产监盘等程序,或不执行法律规定的程序,如非货币财产应当评估而未评估等;

7. 被审验单位处在高风险行业;

8. 非货币财产计价的主观程度高或其计价需要大量的主观判断;

9. 验资付费远远超出规定标准或明显不合理。

(二)与委托人的沟通

注册会计师应当就委托目的、出资者和被审验单位的责任以及注册会计师的责任、审验范围、时间要求、验资收费、报告分发和使用的限制等主要事项与委托人沟通,并达成一致意见。

(三)签订业务约定书

如果接受委托,注册会计师应当与委托人就双方达成一致的事项签订业务约定书。

验资业务约定书至少应当包括:业务范围与委托目的、双方的责任与义务、验资收费、验资报告的用途及使用责任、业务约定书的有效期间、约定事项的变更及违约责任等条款。业务约定书应当由会计师事务所与委托人签订。

三、验资计划与验资程序

（一）验资计划

注册会计师执行验资业务，应当编制验资计划，对验资工作作出合理安排。

1. 验资计划的种类

验资计划包括总体验资计划和具体验资计划。总体验资计划是注册会计师对验资业务作出的总体安排；具体验资计划是注册会计师对拟实施审验程序的性质、时间安排和范围作出的具体安排。

计划验资工作并非验资业务的一个孤立阶段，而是一个持续的、不断修正的过程，贯穿于整个验资业务的始终。由于未预期事项、条件的变化或在实施审验程序中获取的审验证据的变化等原因，注册会计师可以在验资过程中对总体验资计划和具体验资计划作出必要的更新和修改。

2. 验资计划的内容

（1）总体验资计划的内容。总体验资计划（见表 17.2）通常包括的主要内容有：①验资类型、委托目的和审验范围；②以往的验资和审计情况；③重点审验领域；④验资风险评估；⑤对专家工作的利用；⑥验资工作进度及时间、收费预算；⑦验资小组组成及人员分工；⑧质量控制安排。

（2）具体验资计划的内容。具体验资计划通常包括与各审验项目有关的下列主要内容：①审验目标；②审验程序；③执行人及完成工作日期。

表 17.2　总体验资计划

索 引 号：　　　　页次：
编制人员：　　　　日期：
复核人员：　　　　日期：

被审验单位名称							
以往的验资或审计情况				评估情况			
事务所名称	验资时间或审计年度	报告文号	审验金额	事务所名称	评估时间	年度	报告文号
验资类型				委托目的			
审验范围				审验重点			
验资风险评估				收费预算			
签字注册会计师				助理人员			
对专家工作的利用							
工作项目				时间预算	执行人员	执行日期	底稿索引
了解被审验单位基本情况							
签订验资业务委托书							
货币出资审验							

续表 17.2

实施出资审验				
……				
复核				
撰写验资报告				
重要事项说明				

具体验资计划一般通过编制各审验项目的审验程序表(见表17.3)体现。

(二)获取注册资本实收情况明细表或注册资本、实收资本变更情况明细表

注册会计师在验资过程中获取的由被审验单位签署的注册资本实收情况明细表或注册资本、实收资本变更情况明细表,是被审验单位出资者出资情况的总括反映,经被审验单位签署确认后,代表了被审验单位对其出资者出资情况的认定,也是被审验单位的一种书面声明,是注册会计师应当获取的重要证据之一。获取这一证据有助于分清被审验单位和注册会计师各自的责任。

(三)审验范围

1. 设立验资的审验范围

设立验资的审验范围一般限于与被审验单位注册资本实收情况有关的事项,包括出资者、出资币种、出资金额、出资时间、出资方式和出资比例等。

2. 变更验资的审验范围

变更验资的审验范围一般限于与被审验单位注册资本及实收资本增减变动情况有关的事项。

表17.3 ××审验程序表

索 引 号: 页次:
编制人员: 日期:
复核人员: 日期:

一、审验目标		
二、审验程序	适用否	索引号
三、审验结论		
四、复核意见		

增加注册资本及实收资本时，审验范围包括与增资相关的出资者、出资币种、出资金额、出资时间、出资方式、出资比例和相关会计处理，以及增资后的出资者、出资金额和出资比例等。

减少注册资本及实收资本时，审验范围包括与减资相关的减资者、减资币种、减资金额、减资时间、减资方式、债务清偿或债务担保情况、相关会计处理，以及减资后的出资者、出资金额和出资比例等。

(四)审验程序

1. 审验方法及要求

注册会计师应当关注出资者的出资金额、出资时间、出资方式、出资比例等内容是否符合法律法规以及协议、章程的规定。

对于出资者投入的资本及其相关的资产、负债，注册会计师应当分别采用下列方法进行审验：

(1)以货币出资的，应当在检查被审验单位开户银行出具的收款凭证、对账单及银行询证函回函等的基础上，审验出资者的实际出资金额，并关注全体股东的货币出资额占注册资本的比例是否符合法定要求。对于股份有限公司向社会公开募集的股本，还应当检查证券公司承销协议、募股清单和股票发生费用清单等。

(2)以实物出资的，应当观察、检查实物，审验其权属转移情况，并按照国家有关规定在资产评估的基础上审验其价值。如果被审验单位是外商投资企业，注册会计师应当按照国家有关外商投资企业的规定，审验实物出资的价值。

(3)以知识产权、土地使用权等无形资产出资的，应当审验其权属转移情况，并按照国家有关规定在资产评估的基础上审验其价值。如果被审验单位是外商投资企业，注册会计师应当按照国家有关外商投资企业的规定，审验无形资产出资的价值。

(4)以净资产折合实收资本的，或以资本公积、盈余公积、未分配利润转增注册资本及实收资本的，应当在审计的基础上按照国家有关规定审验其价值。

(5)以货币、实物、知识产权、土地使用权以外的其他财产出资的，注册会计师应当审验出资是否符合国家有关规定。

(6)对于外商投资企业外方出资的，注册会计师还应当关注其是否符合国家外汇管理有关规定，向企业注册地的外汇管理部门发出外方出资情况询证函，并根据外方出资者的出资方式附送银行询证函回函、资本项目外汇业务核准件及进口货物报关单等文件的复印件，以询证上述文件内容的真实性、合规性。

2. 对非货币财产作价出资的审验要求

对于出资者以实物、知识产权和土地使用权等非货币财产作价出资的，注册会计师应当在出资者依法办理财产权转移手续后予以审验。

这里需要注意，无论是设立验资还是变更验资，对出资者以实物、知识产权、土地使用权等非货币财产出资的，注册会计师都应当检查上述出资财产办理财产权转移手续的证明文件，验证其出资前是否归属于出资者，出资后是否归属于被审验单位，并关注出资财产是否未设定担保、未被封存或冻结等。

3. 对于设立验资的首次出资的审验注册会计师应当关注的事项

对于设立验资，如果出资者分次缴纳注册资本，注册会计师应当关注全体出资者的首次出资额和出资比例是否符合国家有关规定。

这里需要关注三种情形：一是关注有限责任公司全体股东的首次出资额是否不低于公司注册资本的20%，且不低于法定的注册资本最低限额；二是关注发起设立的股份有限公司全体发起人的首次出资额是否不低于公司注册资本的20%；三是关注外商投资的有限责任公司股东的首次出资额是否不低于其认缴出资的15%，是否在公司成立之日起三个月内缴足。

4. 对于变更验资注册会计师应当关注的事项

对于变更验资，注册会计师应当关注被审验单位以前的注册资本实收情况，并关注出资者是否按照规定的期限缴纳注册资本。

关注被审验单位以前的注册资本实收情况，注册会计师主要是通过查阅前期验资报告，关注前期出资的非货币财产是否办理财产权转移手续；关注被审验单位与其关联方的有关往来款项有无明显异常情况；查阅近期财务报表和审计报告，关注被审验单位是否存在由于严重亏损而导致增加注册资本前的净资产小于实收资本的情况。

关注出资者是否按照规定的期限缴纳注册资本，主要是关注出资者首次出资后，其余部分是否由出资者自公司成立之日起2年内缴足，其中投资公司在5年内缴足。

5. 利用专家的工作

注册会计师在审验过程中利用专家协助工作时，应当考虑其专业胜任能力和客观性，并对利用专家工作结果所形成的审验结论负责。

注册会计师在执行验资业务时，利用专家工作的领域主要包括：

(1)对用以出资的房屋、建筑物、机器设备等实物资产，知识产权、土地使用权等无形资产，工艺品、宝石等特殊资产的估价及该类资产评估价值的审查；

(2)对特定资产的数量和实物状况的测定，如地下矿藏储量、成分、等级的测定与估算，房屋、建筑物及设备剩余使用年限的测算等；

(3)未完成合同中已完成和未完成工作的计量。

在拟利用专家的工作时，注册会计师应当根据《中国注册会计师审计准则第1421号——利用专家的工作》的要求评价专家的专业胜任能力和客观性。

6. 验资事项声明

注册会计师应当向出资者和被审验单位获取与验资业务有关的重大事项的书面声明。

与验资业务有关的重大事项的书面声明通常包括下列内容：

(1)出资者及被审验单位的责任；

(2)非货币财产的评估和价值确认情况；

(3)出资者对出资财产在出资前拥有的权利，是否未设定担保等及已办理财产权转移手续；

(4)以前各期出资是否已到位，有无抽逃出资行为；

(5)净资产折合实收资本情况及相关手续办理情况；

(6)验资报告的使用；

(7)其他对验资产生重大影响的事项。

验资事项声明书标明的日期通常与验资报告日一致。

四、验资报告

(一)验资报告要素

验资报告应当包括下列要素：

1. 标题。验资报告的标题应当统一规范为“验资报告”。

2. 收件人。验资报告的收件人是指注册会计师按照业务约定书的要求致送验资报告的对象,一般是指验资业务的委托人。验资报告应当载明收件人的全称。

对拟设立的公司,收件人通常是公司登记机关预先核准的名称并加“(筹)”。

3. 范围段。验资报告的范围段应当说明审验范围、出资者和被审验单位的责任、注册会计师的责任、审验依据和已实施的主要审验程序等。

审验范围是指注册会计师所验证的被审验单位截至特定日期止的注册资本实收情况或注册资本及实收资本变更情况。

出资者和被审验单位的责任是按照法律法规以及协议、合同、章程的要求出资,提供真实、合法、完整的验资资料,保护资产的安全、完整。

注册会计师的责任是按照准则的规定,对被审验单位注册资本的实收情况或注册资本及实收资本的变更情况进行审验,出具验资报告。

审验依据是《中国注册会计师审计准则第 1602 号——验资》。

已实施的主要审验程序通常包括检查记录或文件、检查有形资产、观察、询问、函证、重新计算等。

以拟设立有限责任公司股东一次全部出资为例,范围段通常表述为:

“我们接受委托,审验了贵公司(筹)截至××年×月×日止申请设立登记的注册资本实收情况。按照法律法规以及协议、章程的要求出资,提供真实、合法、完整的验资资料,保护资产的安全、完整是全体股东及贵公司(筹)的责任。我们的责任是对贵公司(筹)注册资本的实收情况发表审验意见。我们的审验是依据《中国注册会计师审计准则第 1602 号——验资》进行的。在审验过程中,我们结合贵公司(筹)的实际情况,实施了检查等必要的审验程序。”

4. 意见段。验资报告的意见段应当说明已审验的被审验单位注册资本的实收情况或注册资本及实收资本的变更情况。

(1)设立验资报告意见段内容。对于设立验资,注册会计师在意见段中应当说明被审验单位申请登记的注册资本金额、约定的出资时间并说明截至特定日期止,被审验单位已收到全体出资者缴纳的注册资本情况,包括实收注册资本金额(实收资本),各种出资方式的出资金额。

以拟设立有限责任公司股东一次全部出资为例,设立验资报告意见段通常表述为:

“根据协议、章程的规定,贵公司(筹)申请登记的注册资本为人民币××元,由全体股东于××年×月×日之前一次缴足。经我们审验,截至××年×月×日止,贵公司(筹)已收到全体股东缴纳的注册资本(实收资本),合计人民币××元(大写)各股东以货币出资××元,实物出资××元。”

以拟设立有限责任公司股东分次出资首次验资为例,设立验资报告意见段通常表述为:

“根据协议、章程的规定,贵公司(筹)申请登记的注册资本为人民币××元,由全体股东分××期于××年×月×日之前缴足。本次出资为首次出资,出资额为人民币××元,应由××和××于××年×月×日之前缴纳。经我们审验,截至××年×月×日止,贵公司(筹)已收到××和××首次缴纳的注册资本(实收资本),合计人民币××元(大写)。各股东以货币出资××元,实物出资××元。”

(2)注册会计师对变更验资发表审验意见的特殊考虑。对于变更验资,注册会计师仅对本次注册资本及实收资本的变更情况发表审验意见。这里主要是考虑公司名称在经营中,其原始资本与现有资产一一对应,注册会计师对公司前期已收到的资本难以辨认,在缺乏充分、适当的审验证据的情况下,不能对前期注册资本的实收情况发表意见。但注册会计师应当在验资报告说明段中说明对以前注册资本实收情况审验的会计师名称及其审验情况,并说明变更后的累计注册资本实收金额。如果在审验中发现被审验单位由于严重亏损而导致增加注册资本前的净资产小于实收资本,或发现被审验单位以前收到的注册资本存在不实或有明显抽逃迹象,注册会计师应在验资报告中的说明段中予以说明。

(3)变更验资报告意见段内容。注册会计师在意见段中应当说明原注册资本及实收资本金额,增资或减资的依据,申请增加或减少注册资本及实收资本金额,约定的增资或减资的时间,变更后的注册资本金额。并说明截至特定日期止被审验单位注册资本及实收资本变更情况,包括实际收到或实际减少的注册资本及实收资本金额,各种出资方式的增资金额或减资方式的减资金额。

以有限责任公司增资为例,变更验资报告意见段通常表述为:

“贵公司原注册资本为人民币××元,实收资本为××元。根据贵公司股东会决议和修改后的章程规定,贵公司申请增加注册资本人民币××元,由××(以下简称甲方)、××(以下简称乙方)于××年×月×日之前缴足,变更后的注册资本为人民币××元。经我们审验,截至××年×月×日止,贵公司已收到甲方、乙方缴纳的新增注册资本(实收资本),合计人民币××元(大写)。各股东以货币出资××元,实物出资××元,知识产权出资××元。

5. 说明段。验资报告的说明段应当说明验资报告的用途、使用责任及注册会计师认为应当说明的其他重要事项。对于变更验资,注册会计师还应当在验资报告说明段中说明对以前注册资本实收情况审验的会计师事务所名称及其审验情况,并说明变更后的累计注册资本实收金额。

验资报告具有法定证明效力,供被审验单位申请设立登记或变更登记及据以向出资者签发出资证明时使用。验资报告不应被视为对被审验单位验资报告日后资本保全、偿债能力和持续经营能力等的保证。委托人、被审验单位及其他第三方因使用验资报告不当所造成的后果,与注册会计师及其所在的会计师事务所无关。

6. 附件。验资报告的附件应当包括已审验的注册资本实收情况明细表或注册资本、实收资本变更情况明细表和验资事项说明等。

附件中的注册资本实收情况明细表或注册资本、实收资本变更情况明细表是验资报告的组成部分,反映了注册会计师验证的结果,而在验资过程中获取的被审验单位签署的注册资本实收情况明细表或注册资本、实收资本变更情况明细表作为被审验单位的一种书面声明,是注册会计师应当获取的重要证据之一。两者之间存在区别,前者是注册会计师的审验结果,后者是审验证据。

设立验资的验资事项说明主要包括:

(1)基本情况。说明公司名称,公司类型,公司组建及审批情况(需要批准的),股东或发起人的名称或者姓名,公司名称预先核准情况等。

(2)申请的注册资本及出资规定。说明公司申请的注册资本额、各股东或者发起人的认缴或者认购额、出资时间、出资方式,如果是以募集方式设立的股份有限公司,还应当说明发起人认购的股份和该股份占公司股份总数的比例等。

(3)审验结果。说明公司实收资本额、实收资本占注册资本的比例、各股东或者发起人实际缴纳出资额、出资时间、出资方式。以货币出资的还应当说明股东或者发起人的出资额、出资时间、货币资金缴存被审验单位的开户银行、户名及账号;以实物、知识产权、土地使用权等,可以用货币估价并可以依法转让的非货币财产作价出资的,应当具体说明其出资方式和内容,并说明非货币出资权属转移情况(股东已办理财产权转移手续的证明文件情况)、评估情况(包括评估结果和确认情况)、全部货币出资占注册资本的比例(对于出资者一次全部出资或分次出资的末次出资的验资时,应当说明全体股东的货币出资额占注册资本的比例是否不低于30%);对于有限责任公司出资者分次出资的首次验资应当说明全体股东的首次出资额占公司注册资本的比例及该出资额是否不低于法定的注册资本最低限额;对于发起设立的股份有限公司出资者分次出资的首次验资应当说明全体发起人的首次出资额占公司注册资本的比例;出资者的实际出资超过认缴出资的还应当说明超过部分的处理情况等。

(4)其他事项。注册会计师认为应当说明的其他重要事项,例如,对外商投资企业的验资,应当说明向国家外汇管理局××分(支)局发函询证情况、收到回函情况及被审验单位的外资外汇登记编号等。

变更验资的验资事项说明主要包括:

(1)基本情况。说明公司名称,公司类型,公司组建及审批情况(需要批准的),变更前后各股东或者发起人的名称或者姓名、出资额和出资方式、出资时间,申请变更前后的注册资本及实收资本金额等。

(2)新增资本的出资规定或减资规定。说明申请新增的注册资本数额或实收资本数额,出资者、出资方式、出资时间;或减资数额、减资者、减资方式、减资时间等。

(3)审验结果。增加注册资本或实收资本的,应当说明被审验单位实际收到各出资者的新增注册资本及实收资本,或新增实收资本的情况,包括:以货币出资的,应当说明股东或者发起人的出资额、出资时间、货币资金缴存被审验单位的开户银行和户名及账号;以实物、知识产权、土地使用权及其他可以用货币估价并可以依法转让的非货币财产作价出资的,应当具体说明其出资方式和内容,并说明股东办理财产权转移手续的情况、评估情况(包括评估结果和确认情况);以资本公积、盈余公积和未分配利润转增注册资本及实收资本的,应当说明转增的方式、用以转增注册资本的项目和金额、公司实施转增的基准日期、财务报表的调整情况(包括会计处理情况)、留存的法定公积金不少于转增前公司注册资本的25%、转增前后财务报表相关项目的实际情况、转增后股东的出资额;出资者的实际出资超过认缴出资的还应当说明超过部分的处理情况等。

减少注册资本及实收资本的,除说明减资者、减资币种、减资金额、减资时间、减资方式和减资后的出资者、出资金额、出资比例及减资后的净资产和实收资本(股本)外,还应当说明公司履行《公司法》规定程序的情况和股东或者发起人对公司债务清偿或者债务担保情况。

7. 注册会计师的签名和盖章。验资报告应当由注册会计师签名并盖章。合伙会计师事务所出具的验资报告,应当由一名对验资项目负最终复核责任的合伙人和一名负责该项目的注册会计师签名并盖章。有限责任会计师事务所出具的验资报告,应当由会计师事务所主任会计师或其授权的副主任会计师和一名负责该项目的注册会计师签名并盖章。

8. 会计师事务所的名称、地址及盖章。验资报告应当载明会计师事务所的名称和地址,并加盖会计师事务所公章。

验资报告中的会计师事务所地址通常应注明“中国××市”。

9. 报告日期。验资报告日期是指注册会计师完成审验工作的日期。

致送工商行政管理部门的验资报告应当后附会计师事务所的营业执照复印件。如果由副主任会计师签署报告时，还应当附主任会计师授权副主任会计师签署报告的授权书复印件。

（二）拒绝出具验资报告并解除业务约定的情形

注册会计师在审验过程中，遇有下列情形之一时，应当拒绝出具验资报告并解除业务约定：

（1）出资者投入的实物、知识产权、土地使用权等资产的价值难以确定；

（2）被审验单位及其出资者不按国家有关规定对出资的实物、知识产权、土地使用权等非货币财产进行资产评估或价值鉴定、办理有关财产权转移手续；

（3）被审验单位减少注册资本或合并、分立时，不按国家有关规定进行公告、债务清偿或提供债务担保；

（4）外汇管理部门在外方出资情况询证函回函中注明附送文件存在虚假、违规等情况；

（5）出资者以法律法规禁止的劳务、信用、自然人姓名、商誉、特许经营权或者设定担保的财产等作价出资；

（6）首次出资额和出资比例不符合国家有关规定；

（7）全体股东的货币出资比例不符合国家有关法律法规规定。

（三）验资报告参考格式

参考格式 17.9　适用于拟设立有限责任公司股东一次全部出资

验 资 报 告

××有限责任公司（筹）：

我们接受委托，审验了贵公司（筹）截至××年×月×日止申请设立登记的注册资本实收情况。按照法律法规以及协议、章程的要求出资，提供真实、合法、完整的验资资料，保护资产的安全、完整是全体股东及贵公司（筹）的责任。我们的责任是对贵公司（筹）注册资本的实收情况发表审验意见。我们的审验是依据《中国注册会计师审计准则第 1602 号——验资》进行的。在审验过程中，我们结合贵公司（筹）的实际情况，实施了检查等必要的审验程序。

根据协议、章程的规定，贵公司（筹）申请登记的注册资本为人民币××元，由全体股东于××年×月×日之前一次缴足。经我们审验，截至××年×月×日止，贵公司（筹）已收到全体股东缴纳的注册资本（实收资本），合计人民币××元（大写）。各股东以货币出资××元，实物出资××元。

[如果存在需要说明的重大事项增加说明段]

……

本验资报告供贵公司（筹）申请办理设立登记及据以向全体股东签发出资证明时使用，不应被视为是对贵公司（筹）验资报告日后资本保全、偿债能力和持续经营能力等的保证。因使用不当造成的后果，与执行本验资业务的注册会计师及本会计师事务所无关。

附件：1. 注册资本实收情况明细表

2. 验资事项说明

××会计师事务所　　　　　　　　　　　中国注册会计师：×××
（盖章）　　　　　　　　　　　（主任会计师/副主任会计师）
（签名并盖章）
中国注册会计师：×××
（签名并盖章）
中国××市　　　　　　　　　　　　　　　年　月　日

附件 1

注册资本实收情况明细表

截至　　年　　月　　日止

被审验单位名称：　　　　　　　　　　　　　　　　货币单位：

股东名称	认缴注册资本		实际出资情况									
									实收资本			
											其中：货币出资	
	金额	出资比例	货币	实物	知识产权	土地使用权	其他	合计	金额	占注册资本总额比例	金额	占注册资本总额比例
											–	–
											–	–
											–	–
											–	–
											–	–
											–	–
											–	–
合计												

附件 2

验资事项说明

一、基本情况

××公司（筹）（以下简称贵公司）系由××（以下简称甲方）和××（以下简称乙方）共同出资组建的有限责任公司，于××年×月×日取得××（公司登记机关）核发的××号《企业名称预先核准通知书》，正在申请办理设立登记。（如果该公司在设立登记前须经审批，还需说明审批情况）

二、申请的注册资本及出资规定

根据协议、章程的规定，贵公司申请登记的注册资本为人民币××元，由全体股东于××年×月×日之前一次缴足。其中：甲方认缴人民币××元，占注册资本的×%，出资方式为货币××元，实物（机器设备）××元；乙方认缴人民币××元，占注册资本的×%，出资方式为货币。

三、审验结果

截至××年×月×日止，贵公司已收到甲方、乙方缴纳的注册资本（实收资本）合计人民币××元，实收资本占注册资本的100%。

（一）甲方实际缴纳出资额人民币××元。其中：货币出资××元，于××年×月×日缴存××公司(筹)在××银行开立的人民币临时存款账户××账号内;于××年×月×日投入机器设备××(名称、数量等),评估价值为××元,全体股东确认的价值为××元。

××资产评估有限公司已对甲方出资的机器设备进行了评估,并出具了[文号]资产评估报告。

甲方已与贵公司于××年×月×日就出资的机器设备办理了财产交接手续。

(二)乙方实际缴纳出资额人民币××元。其中:货币出资××元,于××年×月×日缴存××公司(筹)在××银行开立的人民币临时存款账户××账号。

(如果股东的实际出资金额超过其认缴的注册资本金额,应当说明超过部分的处理情况)

(三)全体股东的货币出资金额合计××元,占注册资本总额的×%。

四、其他事项

本章小结

注册会计师无论执行按照特殊编制基础编制的财务报表审计业务,还是执行验资业务及其他特殊目的鉴证业务,都要与被鉴证单位签订业务约定书,在明确业务目标的基础上编制业务计划书,实施相应的鉴证程序、出具鉴证报告。

复习思考题

1. 简述验资报告的内容。

2. 简述通用目的财务报表审计与特殊目的财务报表审计的区别。

第十八章　集团财务报表审计

学习目标

1. 理解财务报表审计中涉及的集团、组成部分、重要组成部分、集团项目合伙人、集团项目组等概念；

2. 掌握集团财务报表审计的风险评估，即掌握了解集团及其环境、了解集团组成部分及其环境、了解组成部分注册会计师的方法和内容；

3. 理解并掌握集团财务报表审计的风险应对措施。

引导案例

华兴集团公司委托晋美会计师事务所对其2004年度集团公司会计报表进行审计，华兴集团公司下属的全资子公司有58个，分公司6个，孙公司134个。签订业务委托时，晋美事务所了解到：尽管华兴集团要求合并范围内的公司的年报审计集团由集团公司统一安排，但其中合并范围内的20家公司已经与当地会计师事务所签订了年报协议。20家公司中5家公司资产总额、主营业务收入或净利润占集团的10%以上。3家公司属于从事期货、保险、外汇等高风险领域的经济交易的公司。其余的12家公司属于主营基本一致的公司，其累积在一起时，对集团公司也具有重大影响。于是，集团注册会计师与集团公司管理当局沟通：

(1)要求集团管理当局和组成部分管理当局承诺允许集团注册会计师不受限制地接触集团管理当局、组成部分管理当局、组成部分的信息或其他注册会计师(包括审计工作底稿)，并在必要时对组成部分会计信息实施进一步审计。

(2)要求集团公司提供合并范围内20家公司聘请的其他会计师事务所的备案材料，以了解其他注册会计师的职业资格、独立性、专业胜任能力和审计资源等情况。

(3)集团注册会计师向集团合并范围内20家公司发出沟通函、调查问卷，要求集团公司管理当局统一安排，要求组成部分管理当局与各个事务所沟通，其他注册会计师要按照要求回复确认函、调查问卷和审计完成备忘录，必要时，其他注册会计师要向集团注册会计师提供审计工作底稿，以备复核。

(4)对于其他合并范围内的公司，晋美事务所统一安排实施审计。

在这个案例中，会计师事务所在承接集团会计报表审计业务之前，判断是否可以承接业务的最主要标准是什么？如果对集团会计报表直接审计的程度不足以接受业务委托，集团注册会计师应当如何处理？集团注册会计师接受业务委托时，在业务约定书中应当特殊注明的事项。集团注册会计师在安排集团公司年报审计时，应当考虑哪些因素？集团注册会计师在安排集团公司年报审计时，对合并范围内的公司审计策略有哪些？本章集团财务报表审计将会帮助我们回答这些问题。

第一节　集团财务报表审计的相关概念

随着企业之间并购活动的加剧,出现了越来越多的企业集团。除单一实体财务报表审计中遇到的问题外,集团财务报表审计还涉及集团项目组与组成部分注册会计师之间的责任如何划分及相互之间工作的如何配合、集团项目组如何对合并过程收集充分、适当的审计证据、重要性概念在集团财务报表审计中如何运用等诸多问题。本章讨论与集团财务报表审计相关的这些问题。

一、集团

集团,是指由所有组成部分构成的整体,并且所有组成部分的财务信息包括在集团财务报表中。集团至少拥有一个以上的组成部分。

二、组成部分

组成部分,是指某一实体或某项业务活动,其财务信息由集团或组成部分管理层编制并应包括在集团财务报表中。

集团结构影响如何识别组成部分。例如,有些集团的组织结构规定,由母公司、子公司、合营企业以及按权益法或成本法核算的被投资实体编制财务信息;或由集团本部、分支机构编制财务信息;或是将两者结合。这些集团的财务报告系统可能是按照这样的组织结构来组织的。相应的,母公司、子公司、合营企业以及按权益法或成本法核算的被投资实体,或者集团本部、分支机构可被视为组成部分。而其他一些集团可能按照职能部门、生产过程、单项产品或劳务(或一组产品或劳务)或地区分布来组织财务报告系统。在这种情况下,集团管理层或组成部分管理层可能以职能部门、生产过程、单项产品或劳务(或一组产品或劳务)或地区为单位(报告主体或业务活动)编制财务信息并将其包括在集团财务报表中。相应的,这些职能部门、生产过程、单项产品或劳务(或一组产品或劳务)或地区可被视为组成部分。

集团财务报告系统中可能存在不同层次的组成部分。在这种情况下,在汇总层次上识别组成部分,可能比逐一识别更为合适。

三、重要组成部分

重要组成部分,是指集团项目组识别出的具有下列特征之一的组成部分:

(1)单个组成部分对集团具有财务重大性;

(2)由于单个组成部分的特定性质或情况,可能存在导致集团财务报表发生重大错报的特别风险。

随着单个组成部分对集团具有的财务重大性的增加,集团财务报表的重大错报风险通常也会增加。集团项目组可以将选定的基准乘以某一百分比,以协助识别对集团具有财务重大性的单个组成部分。确定基准和应用于该基准的百分比属于职业判断。根据集团的性质和具体情况,适当的基准可能包括集团资产、负债、现金流量、利润总额或营业收入。例如,集团项目组可能认为超过选定基准15%的组成部分是重要组成部分。然而,较高或较低的百分比也可能是适合具体情况的。

某些组成部分由于其特定性质或情况，可能存在导致集团财务报表发生重大错报的特别风险，集团项目组可能将其识别为重要组成部分。例如，某组成部分进行外汇交易，虽然其对集团并不具有财务重大性，但仍使集团面临导致重大错报的特别风险。

四、集团财务报表

集团财务报表，是指包括一个以上组成部分财务信息的财务报表。集团财务报表也指没有母公司但处在同一控制下的各组成部分编制的财务信息所汇总生成的财务报表。

五、集团审计和集团审计意见

集团审计，是指对集团财务报表进行的审计。

集团审计意见，是指对集团财务报表发表的审计意见。

六、集团项目合伙人和集团项目组

集团项目合伙人，是指会计师事务所中负责某项集团审计业务及其执行，并代表会计师事务所在对集团财务报表出具的审计报告上签字的合伙人。

集团项目组，是指参与集团审计的，包括集团项目合伙人在内的所有合伙人和员工。集团项目组负责制定集团总体审计策略，与组成部分注册会计师沟通，针对合并过程执行相关工作，并评价根据审计证据得出的结论，作为形成集团财务报表审计意见的基础。

七、组成部分注册会计师

组成部分注册会计师，是指基于集团审计目的，按照集团项目组的要求，对组成部分财务信息执行相关工作的注册会计师。基于集团审计目的，集团项目组成员可能按照集团项目组的工作要求，对组成部分财务信息执行相关工作。在这种情况下，该成员也是组成部分注册会计师。

八、集团管理层和组成部分管理层

集团管理层，是指负责编制集团财务报表的管理层。

组成部分管理层，是指负责编制组成部分财务信息的管理层。

九、集团层面控制

集团层面控制，是指集团管理层设计、执行和维护的与集团财务报告相关的控制。

十、合并过程

合并过程，是指：(1)通过合并、比例合并、权益法或成本法，在集团财务报表中对组成部分财务信息进行确认、计量、列报与披露；(2)对没有母公司但处在同一控制下的各组成部分编制的财务信息进行汇总。

第二节 集团财务报表审计中的责任设定和注册会计师的目标

一、集团财务报表审计中的责任设定

目前,各国对集团财务报表审计中的责任设定有两种模式。一种模式是集团项目组对整个集团财务报表审计工作及审计意见负全部责任,这一责任不因利用组成部分注册会计师的工作而减轻。另外一种模式是,集团项目组和组成部分注册会计师就各自执行的审计工作分别负责,集团项目在执行集团财务报表审计时完全基于组成部分注册会计师的工作。为保证审计质量,《中国注册会计师审计准则第 1401 号——对集团财务报表审计的特殊考虑》采用了第一种模式。在这种模式下,尽管组成部分注册会计师基于集团审计目的对组成部分财务信息执行相关工作,并对所有发现的问题、得出的结论或形成的意见负责,集团项目合伙人及其所在的会计师事务所仍对集团审计意见负有责任。

相应的,集团项目合伙人按照职业准则和适用的法律法规的规定,应当确信执行集团审计业务的人员(包括组成部分注册会计师)从整体上具备适当的胜任能力和必要素质。负责指导、监督和执行集团审计业务,并确定出具的审计报告是否适合具体情况。注册会计师对集团财务报表出具的审计报告不应提及组成部分注册会计师,除非法律法规另有规定。如果法律法规要求在审计报告中提及组成部分注册会计师,审计报告应当指明,这种提及并不减轻集团项目合伙人及其所在的会计师事务所对集团审计意见承担的责任。

如果因未能就组成部分财务信息获取充分、适当的审计证据,导致集团项目组在对集团财务报表出具的审计报告中发表非无保留意见,集团项目组需要在导致非无保留意见的事项段中说明不能获取充分、适当审计证据的原因,除非法律法规要求在审计报告中提及组成部分注册会计师,并且这样做对充分说明情况是必要的,否则不应提及组成部分注册会计师。

二、注册会计师的目标

在集团财务报表审计中,注册会计师的目标是:

(1)确定是否担任集团审计的注册会计师;

(2)如果担任集团审计的注册会计师,就组成部分注册会计师对组成部分财务信息执行工作的范围、时间安排和发现的问题,与组成部分注册会计师进行清晰的沟通;针对组成部分财务信息和合并过程,获取充分、适当的审计证据,以对集团财务报表是否在所有重大方面按照适用的财务报告编制基础编制发表审计意见。

第三节 集团审计业务的承接与保持

一、在承接与保持阶段获取了解

在具体运用《中国注册会计师审计准则第 1121 号——对财务报表审计实施的质量控制》时,集团项目合伙人应当确定是否能够合理预期获取与合并过程和组成部分财务信息

相关的充分、适当的审计证据,以作为形成集团审计意见的基础。因此,集团项目组应当了解集团及其环境、集团组成部分及其环境,以足以识别可能的重要组成部分。如果组成部分注册会计师对重要组成部分财务信息执行相关工作,集团项目合伙人应当评价集团项目组参与组成部分注册会计师工作的程度是否足以获取充分、适当的审计证据。

如果是新业务,集团项目组可以通过下列途径了解集团及其环境、集团组成部分及其环境:

(1)集团管理层提供的信息;

(2)与集团管理层的沟通;

(3)如适用,与前任集团项目组、组成部分管理层或组成部分注册会计师的沟通。

集团项目组可能需要对下列事项进行了解:

(1)集团结构,包括法律意义上的结构和组织结构(即集团财务报告系统是如何组织的);

(2)组成部分中对集团重要的业务活动,包括业务活动在何种行业状况、监管环境以及经济和政治环境下发生;

(3)对服务机构的利用,包括共享服务中心;

(4)对集团层面控制的描述;

(5)合并过程的复杂程度;

(6)是集团项目合伙人所在的会计师事务所还是网络以外的组成部分注册会计师对组成部分财务信息执行相关工作,以及集团管理层委托多家会计师事务所的理由;

(7)集团项目组是否可以不受限制地接触集团治理层和管理层、组成部分治理层和管理层、组成部分信息和组成部分注册会计师(包括集团项目组需要获取的相关审计工作底稿),以及是否可以对组成部分财务信息执行必要的工作。

如果是连续审计业务,集团项目组获取充分、适当的审计证据的能力可能受某些方面重大变化的影响,例如:

(1)集团组织结构的变化(如发生收购、处置或重组,或集团财务报告系统的组织方式发生变化);

(2)对集团具有重要影响的组成部分业务活动的变化;

(3)集团治理层、管理层或重要组成部分的关键管理人员在构成上的变化;

(4)对集团或组成部分管理层诚信和胜任能力的疑虑;

(5)集团层面控制的变化;

(6)适用的财务报告编制基础的变化。

二、审计范围受到限制

如果集团项目合伙人认为由于集团管理层施加的限制,使集团项目组不能获取充分、适当的审计证据,由此产生的影响可能导致对集团财务报表发表无法表示意见,集团项目合伙人应当视具体情况采取下列措施:

(1)如果是新业务,拒绝接受业务委托,如果是连续审计业务,在法律法规允许的情况下,解除业务约定;

(2)如果法律法规禁止注册会计师拒绝接受业务委托,或者注册会计师不能解除业务约定,在可能的范围内对集团财务报表实施审计,并对集团财务报表发表无法表示意见。

集团项目组接触信息可能受到集团管理层无法克服的情况的限制。例如，受与保密性或数据隐私有关的法律法规的限制，或组成部分注册会计师拒绝集团项目组接触相关审计工作底稿的要求。某些限制也可能来源于集团管理层。

即使接触信息受到限制，集团项目组仍有可能获取充分、适当的审计证据，然而这种可能性随着组成部分对集团重要程度的增加而降低。例如，对于按权益法核算的组成部分，集团项目组无法接触组成部分的治理层、管理层或注册会计师（包括集团项目组需要获取的相关审计工作底稿）。在这种情况下，如果该组成部分不是重要组成部分，且集团项目组拥有其整套财务报表和审计报告，并能够接触集团管理层拥有的与该组成部分相关的信息，则集团项目组可能认为这些信息已构成与该组成部分相关的充分、适当的审计证据。然而，如果该组成部分是重要组成部分，集团项目组就无法遵守审计准则中与集团审计相关的要求。例如，集团项目组无法按照准则的要求参与组成部分注册会计师的工作。因此，集团项目组无法获取与该组成部分相关的充分、适当的审计证据。集团项目组需要按照《中国注册会计师审计准则第1502号——在审计报告中发表非无保留意见》的规定考虑无法获取充分、适当的审计证据对其形成审计意见的影响。

如果集团管理层限制集团项目组或组成部分注册会计师接触重要组成部分的信息，则集团项目组将无法获取充分、适当的审计证据。

如果这类限制与不重要的组成部分有关，集团项目组仍有可能获取充分、适当的审计证据，但是受到限制的原因可能影响集团审计意见。例如，可能影响集团管理层对集团项目组的询问所作回复的可靠性，以及集团管理层对集团项目组所作的声明的可靠性。

三、业务约定条款

集团项目合伙人应当按照《中国注册会计师审计准则第1111号——就审计业务约定条款达成一致意见》的规定，就集团审计业务约定条款与管理层或治理层（如适用）达成一致意见。

业务约定条款需要明确适用的财务报告编制基础。集团审计业务约定条款可能还需要包括下列事项：

（1）在法律法规允许的范围内，集团项目组与组成部分注册会计师的沟通应当尽可能地不受限制；

（2）组成部分注册会计师与组成部分治理层、组成部分管理层之间进行的重要沟通（包括就值得关注的内部控制缺陷进行的沟通），也应当告知集团项目组；

（3）监管机构与组成部分就财务报告事项进行的重要沟通，应当告知集团项目组；

（4）如果集团项目组认为有必要，应当允许集团项目组接触组成部分信息、组成部分治理层、组成部分管理层和组成部分注册会计师（包括集团项目组需要获取的相关审计工作底稿），以及允许集团项目组或允许其要求组成部分注册会计师对组成部分财务信息执行相关工作。

在集团项目合伙人接受集团审计业务委托后，下列方面受到的限制将导致无法获取充分、适当的审计证据，从而可能影响集团审计意见：

（1）集团项目组接触组成部分信息、组成部分治理层和管理层，或组成部分注册会计师（包括集团项目组需要获取的相关审计工作底稿）；

(2)拟对组成部分财务信息执行的工作。在极其特殊的情况下,如果适用的法律法规允许,这些限制可能导致解除业务约定。

第四节　了解集团及其环境、集团组成部分及其环境

注册会计师应当通过了解被审计单位及其环境,识别和评估财务报表重大错报风险。审计风险取决于重大错报风险和检查风险。在集团审计中,审计风险包括组成部分注册会计师可能没有发现组成部分财务信息存在的错报(该错报导致集团财务报表发生重大错报)的风险,以及集团项目组可能没有发现该错报的风险。《中国注册会计师审计准则第1211号——通过了解被审计单位及其环境识别和评估重大错报风险》对注册会计师应当了解的事项作出了规定。集团项目组应当:(1)在业务承接或保持阶段获取信息的基础上,进一步了解集团及其环境、集团组成部分及其环境,包括集团层面控制;(2)了解合并过程,包括集团管理层向组成部分下达的指令。

一、集团管理层下达的指令

为实现财务信息的一致性和可比性,集团管理层通常对组成部分下达指令。这些指令具体说明了对包括在集团财务报表中的组成部分财务信息的要求,通常采用财务报告程序手册和报告文件包的形式。报告文件包通常由标准模板组成,用以提供包括在集团财务报表所需的财务信息,但报告文件包通常不采用按照适用的财务报告编制基础编制和列报的整套财务报表的形式。

集团管理层下达的指令通常包括:

(1)运用的会计政策;

(2)适用于集团财务报表的法定和其他披露要求,包括分部的确定和报告、关联方关系及其交易、集团内部交易、未实现内部交易损益以及集团内部往来余额;

(3)报告的时间要求。

集团项目组对指令的了解可能包括下列方面:

(1)就完成报告文件包而言,指令是否清晰、实用;

(2)指令是否充分说明了适用的财务报告编制基础的特点;

(3)指令是否规定了为遵守适用的财务报告编制基础的要求而需要充分披露的事项(如关联方关系及其交易和分部信息的披露);

(4)指令是否规定了如何确定合并调整事项(如集团内部交易、未实现内部交易损益和集团内部往来余额);

(5)指令是否规定了组成部分管理层对财务信息的批准程序。

二、舞弊

注册会计师需要识别和评估由于舞弊导致财务报表发生重大错报的风险,针对评估的风险设计和实施适当的应对措施。用以识别由于舞弊导致的集团财务报表重大错报风险所需的信息可能包括:

(1)集团管理层对集团财务报表可能存在由于舞弊导致的重大错报风险的评估;

(2)集团管理层对集团舞弊风险的识别和应对过程,包括集团管理层识别出的任何特定舞弊风险,或可能存在舞弊风险的账户余额、某类交易或披露;

(3)是否有特定组成部分可能存在舞弊风险;

(4)集团治理层如何监督集团管理层识别和应对集团舞弊风险的过程,以及集团管理层为降低集团舞弊风险而建立的控制;

(5)就集团项目组对是否知悉任何影响组成部分或集团的舞弊事实、舞弊嫌疑或舞弊指控的询问,集团治理层、管理层和内部审计人员(如适用,还包括组成部分管理层、组成部分注册会计师和其他人员)作出的答复。

三、集团项目组成员和组成部分注册会计师对集团财务报表重大错报风险(包括舞弊风险)的讨论

项目组关键成员需要讨论由于舞弊或错误导致被审计单位财务报表发生重大错报的可能性,并特别强调舞弊导致的风险。在集团审计中,参与讨论的成员还可能包括组成部分注册会计师。集团项目合伙人对参与讨论的项目组成员、讨论的方式、时间和内容的确定,受多项因素(如以前与集团交往的经验)的影响。讨论可以提供下列机会:

(1)分享对组成部分及其环境的了解,包括对集团层面控制的了解。

(2)交流有关组成部分或集团的经营风险的信息。

(3)交流对下列有关舞弊问题的看法:

①集团财务报表如何以及在何处易于发生由于舞弊或错误导致的重大错报;

②集团管理层和组成部分管理层如何编制并隐瞒虚假财务报告;

③组成部分的资产如何被侵占。

(4)识别集团管理层或组成部分管理层可能倾向或有意操纵利润导致虚假财务报告而采取的惯常手段,例如,采用与适用的财务报告编制基础的规定不符的收入确认政策以操纵收入。

(5)考虑已知的、对集团产生影响的外部和内部因素。这些因素可能形成集团管理层、组成部分管理层或其他人员实施舞弊的动机或压力,从而为实施舞弊提供机会。这些因素还可能显示能够使集团管理层、组成部分管理层或其他人员将舞弊行为予以合理化的文化或环境。

(6)考虑集团或组成部分管理层可能凌驾于控制之上的风险。

(7)考虑是否基于集团财务报表编制目的而采用统一的会计政策编制组成部分财务信息,如果未采用统一的会计政策,如何识别和调整会计政策差异。

(8)讨论识别出的组成部分的舞弊,或显示组成部分存在舞弊的信息。

(9)分享可能显示违反法律法规的信息(如有关商业贿赂或不适当的转移定价的信息)。

四、了解集团及其环境、集团组成部分及其环境的程序

集团项目组应当对集团及其环境、集团组成部分及其环境获取充分的了解,以足以:

(1)确认或修正最初识别的重要组成部分;

(2)评估由于舞弊或错误导致财务报表发生重大错报的风险。

集团项目组可以基于下列信息,在集团层面评估集团财务报表重大错报风险:

(1)在了解集团及其环境、集团组成部分及其环境和合并过程时获取的信息,包括在评价集团层面控制以及与合并过程相关的控制的设计和执行时获取的审计证据;

(2)从组成部分注册会计师获取的信息。

在了解集团及其环境、集团组成部分及其环境的基础上,集团项目组应当按照《中国注册会计师审计准则第 1201 号——计划审计工作》的规定,制定集团总体审计策略和具体审计计划。集团项目合伙人应当复核集团总体审计策略和具体审计计划。集团项目合伙人对集团总体审计策略和具体审计计划的复核,是其履行集团审计业务指导责任的重要内容。

第五节 了解组成部分注册会计师

只有当基于集团审计目的,计划要求由组成部分注册会计师执行组成部分财务信息的相关工作时,集团项目组才需要了解组成部分注册会计师。例如,如果集团项目计划仅在集团层面对某些组成部分实施分析程序,就无需了解这些组成部分注册会计师。如果计划要求组成部分注册会计师执行组成部分财务信息的相关工作,集团项目部应当了解下列事项:

(1)组成部分注册会计师是否了解并将遵守与集团审计相关的职业道德要求,特别是独立性要求;

(2)组成部分注册会计师是否具备专业胜任能力;

(3)集团项目组参与组成部分注册会计师工作的程度是否足以获取充分、适当的审计证据;

(4)组成部分注册会计师是否处于积极的监管环境中。

一、集团项目组为了解组成部分注册会计师而实施的程序和审计证据来源

集团项目组为了解组成部分注册会计师而实施的程序的性质、时间安排和范围,受多项因素的影响,例如,集团项目组以往与组成部分注册会计师交往的经验,对组成部分注册会计师的了解,集团项目组和组成部分注册会计师受共同的政策和程序约束的程度等。这些共同的政策和程序举例如下:

(1)集团项目组和组成部分注册会计师是否共享统一的政策和程序(如审计方法)以执行相关工作,是否共享统一的质量控制政策和程序或统一的监控政策和程序;

(2)集团项目组和组成部分注册会计师在应遵守的法律法规或法律体系、职业监管、惩戒和外部执业质量检查、教育和培训、职业组织及其准则、语言和文化等方面的一致性或相似性。

这些因素相互影响,但并不相互排斥。例如,组成部分注册会计师甲一贯运用统一的质量控制、监控政策和程序以及统一的审计方法,或与集团项目合伙人处在同一国家或地区;组成部分注册会计师乙并未一贯运用统一的质量控制、监控政策和程序以及统一的审计方法,或在境外执业。集团项目组了解组成部分注册会计师甲所实施程序的范围,可能小于了解组成部分注册会计师乙所实施程序的范围,为了解组成部分注册会计师甲和乙而分别实施的程序的性质也可能是不同的。

集团项目组可以通过多种途径了解组成部分注册会计师。在组成部分注册会计师参

与集团审计的第一年,集团项目组可以通过下列途径进行了解:

(1)如果集团项目组和组成部分注册会计师来自同一家会计师事务所或在统一的监控政策和程序下进行运营的网络,评价质量监控系统的运行结果;

(2)访问组成部分注册会计师并与之讨论组成部分注册会计师职业道德、专业胜任能力和所处的监管环境;

(3)要求组成部分注册会计师以书面形式确认组成部分注册会计师职业道德、专业胜任能力和所处的监管环境;

(4)要求组成部分注册会计师完成对组成部分注册会计师职业道德、专业胜任能力和所处的监管环境的调查表;

(5)与集团项目合伙人所在的会计师事务所的同事进行讨论,或与对组成部分注册会计师有所了解且声誉良好的第三方进行讨论;

(6)向组成部分注册会计师所属的职业团体、颁发执业许可的机构或其他第三方进行函证。

在之后的年度,集团项目组对组成部分注册会计师的了解,可以基于其以前与组成部分注册会计师交往的经验。集团项目组可以要求组成部分注册会计师确认组成部分注册会计师职业道德、专业胜任能力和所处的监管环境自上期以来是否发生变化。

二、与集团审计相关的职业道德要求

当基于集团审计目的对组成部分财务信息执行相关工作时,组成部分注册会计师需要遵守与集团审计相关的职业道德要求。这些要求与组成部分注册会计师在其所在国家或地区执行法定审计时所需遵守的职业道德要求可能不同,或需要遵守更多的要求。因此,集团项目组需要了解组成部分注册会计师是否了解并将遵守与集团审计相关的职业道德要求,组成部分注册会计师了解和遵守的程度是否足以使其履行其在集团审计中承担的责任。

三、组成部分注册会计师的专业胜任能力

集团项目组对组成部分注册会计师的专业胜任能力的了解可能包括下列方面:

(1)组成部分注册会计师是否对适用于集团审计的审计准则和其他职业准则有充分的了解,以足以履行其在集团审计中的责任;

(2)组成部分注册会计师是否拥有对特定组成部分财务信息执行相关工作所必需的专门技能(如行业专门知识);

(3)如果相关,组成部分注册会计师是否对适用的财务报告编制基础(集团管理层向组成部分下达的指令,通常说明适用的财务报告编制基础的特征)有充分的了解,以足以履行其在集团审计中的责任。

如果组成部分注册会计师不符合与集团审计相关的独立性要求,或集团项目组对组成部分注册会计师职业道德、专业胜任能力和所处的监管环境存有重大疑虑,集团项目组应当就组成部分财务信息获取充分、适当的审计证据,而不应要求组成部分注册会计师对组成部分财务信息执行相关工作。

如果组成部分注册会计师不符合与集团审计相关的独立性要求,集团项目组不能通过

参与组成部分注册会计师的工作、实施追加的风险评估程序或对组成部分财务信息实施进一步审计程序，以消除组成部分注册会计师不具有独立性的影响。

但是，集团项目组可以通过参与组成部分注册会计师的工作、实施追加的风险评估程序或对组成部分财务信息实施进一步审计程序，消除对组成部分注册会计师专业胜任能力的并非重大的疑虑（如认为其缺乏行业专门知识），或消除组成部分注册会计师未处于积极有效的监管环境中的影响。

第六节　集团财务报表审计重要性

《中国注册会计师审计准则第 1221 号——计划和执行审计工作时的重要性》要求注册会计师在制定总体审计策略时，确定财务报表整体的重要性和适用于这些交易、账户余额或披露的一个或多个重要性水平（如有），并确定实际执行的重要性。在将该准则运用到集团财务报表审计时，集团项目组应当确定与重要性相关的下列事项：

一、集团财务报表整体的重要性

在制定集团总体审计策略时，集团项目组确定集团财务报表整体的重要性。

二、适用于特定类别交易、账户余额或披露的一个或多个重要性水平

根据集团的特定情况，如果集团财务报表中存在特定类别的交易、账户余额或披露，其发生的错报金额低于集团财务报表整体的重要性，但合理预期将影响财务报表使用者依据集团财务报表作出的经济决策，则确定适用于这些交易、账户余额或披露的一个或多个重要性水平。

三、组成部分重要性

如果组成部分注册会计师对组成部分财务信息实施审计或审阅，基于集团审计目的，为这些组成部分确定组成部分重要性。为将未更正和未发现错报的汇总数超过集团财务报表整体的重要性的可能性降至适当的低水平，需要将组成部分重要性设定为低于集团财务报表整体的重要性。针对不同的组成部分确定的重要性可能有所不同。但是，在确定组成部分重要性时，无需采用将集团财务报表整体重要性按比例分配的方式，因此，对不同组成部分确定的重要性的汇总数，有可能高于集团财务报表整体重要性。在制定组成部分总体审计策略时，需要使用组成部分的重要性。

组成部分注册会计师需要使用组成部分重要性，评价识别出的未更正错报单独或汇总起来是否重大。

在审计组成部分财务信息时，组成部分注册会计师（或集团项目组）需要确定组成部分层面实际执行的重要性。这对于将组成部分财务信息中未更正和未发现错报的汇总数超过组成部分重要性的可能性降至适当的低水平是必要的。实务中，集团项目组可能按这一较低的水平确定组成部分重要性。在这种情况下，组成部分注册会计师需要使用组成部分重要性，评估组成部分财务信息的重大错报风险，针对评估的风险设计进一步审计程序，以及评价识别出的错报单独或汇总起来是否重大。

如果基于集团审计目的,由组成部分注册会计师对组成部分财务信息执行审计工作,集团项目组应当评价在组成部分层面确定的实际执行的重要性的适当性。

四、明显微小错报的临界值

注册会计师需要设定临界值,不能将超过该临界值的错报视为对集团财务报表明显微小的错报。组成部分注册会计师需要将在组成部分财务信息中识别出的超过临界值的错报通报给集团项目组。

第七节 针对评估的风险采取的应对措施

注册会计师应当针对评估的财务报表重大错报风险设计和实施恰当的应对措施。对于组成部分财务信息,集团项目组应当确定由其亲自执行或由组成部分注册会计师代为执行的相关工作的类型。集团项目组还应当确定参与组成部分注册会计师工作的性质、时间安排和范围。集团项目组确定对组成部分财务信息拟执行工作的类型以及参与组成部分注册会计师工作的程度,受下列因素影响:

(1)组成部分的重要程度;

(2)识别出的导致集团财务报表发生重大错报的特别风险;

(3)对集团层面控制的设计的评价,以及其是否得到执行的判断;

(4)集团项目组对组成部分注册会计师的了解。

在确定对合并过程或组成部分财务信息拟执行的工作的性质、时间安排和范围时,如果预期集团层面控制运行有效,或者仅实施实质性程序不能提供认定层次的充分、适当的审计证据,集团项目组应当测试或要求组成部分注册会计师测试这些控制运行的有效性。

一、对重要组成部分需执行的工作

就集团而言,对于具有财务重大性的单个组成部分,集团项目组或代表集团项目组的组成部分注册会计师应当运用该组成部分的重要性、对组成部分财务信息实施审计。

对由于其特定性质或情况,可能存在导致集团财务报表发生重大错报的特别风险的重要组成部分,集团项目组或代表集团项目组的组成部分注册会计师应当执行下列一项或多项工作:

(1)使用组成部分重要性对组成部分财务信息实施审计;

(2)针对与可能导致集团财务报表发生重大错报的特别风险相关的一个或多个账户余额、一类或多类交易或披露事项实施审计;

(3)针对可能导致集团财务报表发生重大错报的特别风险实施特定的审计程序。

由于某一组成部分的特定性质或情况,该组成部分可能存在导致集团财务报表发生重大错报的特别风险,集团项目组可能将该组成部分识别为重要组成部分。在这种情况下,集团项目组可能能够识别出受到可能存在的特别风险影响的账户余额、某类交易或披露,并可能决定仅对这些账户余额、交易或披露实施审计,或要求组成部分注册会计师仅对这些账户余额、交易或披露实施审计。例如,某组成部分进行外汇交易,虽然其对集团并不具有财务重大性,但可能存在导致集团财务报表发生重大错报的特别风险,集团项目组将该组成部分识别为重要组成部分，对该组成部分财务信息执行的工作可能仅限于受外汇交易影响的账户余额、交易和披露的审计。

如果集团项目组要求组成部分注册会计师仅针对一个或多个特定类别的账户余额、一类或多类交易或披露实施审计，在与组成部分注册会计师沟通时，集团项目组需要考虑多数财务报表项目是相互关联的这一事实。

集团项目组可以设计审计程序，应对导致集团财务报表发生重大错报的特别风险。例如，如果可能存在存货过时的特别风险，对于持有大量过时存货的组成部分（如果组成部分不持有大量过时存货，则对集团不重要），集团项目组可以针对存货计价实施或要求组成部分注册会计师实施指定的审计程序。

二、对不重要的组成部分所需执行的工作

对于不重要的组成部分，集团项目组应当在集团层面实施分析程序。根据业务的具体情况，集团项目组可以将组成部分财务信息在不同层面进行汇总，用以实施分析程序。实施分析程序的结果，可以佐证集团项目组得出的结论，即汇总的不重要的组成部分的财务信息不存在特别风险。

集团项目组确定选择多少组成部分、选择哪些组成部分以及对所选择的每个组成部分财务信息执行工作的类型，可能受到下列因素的影响：

（1）预期就重要组成部分财务信息获取审计证据的程度；

（2）组成部分是新设立的还是收购的；

（3）组成部分是否发生重大变化；

（4）内部审计是否对组成部分执行了工作，以及内部审计工作对集团审计的影响；

（5）组成部分是否应用相同的系统和程序；

（6）集团层面控制运行的有效性；

（7）通过在集团层面实施分析程序识别出的异常波动；

（8）与同类其他组成部分相比，某组成部分是否对集团具有财务重大性，或可能导致风险；

（9）是否因法律法规要求或其他原因需要对组成部分执行审计。

选择不为被审计单位预见的同类其他组成部分，可以增加识别组成部分财务信息重大错报的可能性。对组成部分的选择通常实行定期轮换。

集团项目组可以按照《中国注册会计师审阅准则第 2101 号——财务报表审阅》的相关要求，根据具体情况对组成部分财务信息实施审阅。集团项目组还可以实施追加的程序，作为对审阅程序的补充。

三、已执行的工作仍不能提供充分、适当审计证据时的处理

如果集团项目组认为对重要组成部分财务信息执行的工作、对集团层面控制和合并过程执行的工作以及在集团层面实施的分析程序还不能获取形成集团审计意见所依据的充分、适当的审计证据，集团项目组应当选择某些不重要的组成部分，并对已选择的组成部分财务信息亲自执行或由代表集团项目组的组成部分注册会计师执行下列一项或多项工作：

（1）使用组成部分重要性对组成部分财务信息实施审计；

（2）对一个或多个账户余额、一类或多类交易或披露实施审计；

(3)使用组成部分重要性对组成部分财务信息实施审阅;

(4)实施特定程序。

集团项目组应当在一段时间之后更换选择的组成部分。

四、参与组成部分注册会计师的工作

如果组成部分注册会计师对重要组成部分财务信息执行审计,集团项目组应当参与组成部分注册会计师实施的风险评估程序,以识别导致集团财务报表发生重大错报的特别风险。集团项目组参与的性质、时间安排和范围受其组成部分注册会计师所了解情况的影响,但至少应当包括:

(1)与组成部分注册会计师或组成部分管理层讨论对集团而言重要的组成部分业务活动;

(2)与组成部分注册会计师讨论由于舞弊或错误导致组成部分财务信息发生重大错报的可能性;

(3)复核组成部分注册会计师对识别出的导致集团财务报表发生重大错报的特别风险形成的审计工作底稿。

如果在由组成部分注册会计师执行相关工作的组成部分内,识别出导致集团财务报表发生重大错报的特别风险,集团项目组应当评价针对识别出的特别风险拟实施的进一步审计程序的恰当性。根据组成注册会计师的了解,集团项目组应当确定是否有必要参与进一步审计程序。可能影响集团项目组参与组成部分注册会计师工作的因素包括:

(1)组成部分的重要程度;

(2)识别出的导致集团财务报表发生重大错报的特别风险;

(3)集团项目组对组成部分注册会计师的了解。

如果组成部分是不重要的组成部分,集团项目组参与组成部分注册会计师工作的性质、时间安排和范围,将根据集团项目组对组成部分注册会计师的了解的不同而不同。而该组成部分不是重要组成部分这一事实,成为将要考虑的因素。例如,即使某一组成部分未被视为重要组成部分,集团项目组用可能决定参与组成部分注册会计师的风险评估,因为集团项目组对组成部分注册会计师专业胜任能力的并非重大的疑虑(如认为其缺乏行业专门知识),或者组成部分注册会计师未处于积极有效的监管环境中。

集团项目组参与组成部分注册会计师工作的方式,可能取决于集团项目组对组成部分注册会计师的了解。这些方式可能还包括:

(1)与组成部分管理层或组成部分注册会计师会谈,获取对组成部分及其环境的了解。

(2)复核组成部分注册会计师的总体审计策略和具体审计计划。

(3)实施风险评估程序,识别和评估组成部分层面的重大错报风险。集团项目组可以单独或与组成部分注册会计师共同实施这类程序。

(4)设计和实施进一步审计程序。集团项目组可以单独或与组成部分注册会计师共同设计和实施这类程序。

(5)参加组成部分注册会计师与组成部分管理层的总结会议和其他重要会议。

(6)复核组成部分注册会计师的审计工作底稿的其他相关部分。

图 18.1 说明了在确定对组成部分财务信息执行工作的类型时,组成部分重要性将如何影响集团项目组作出决策。

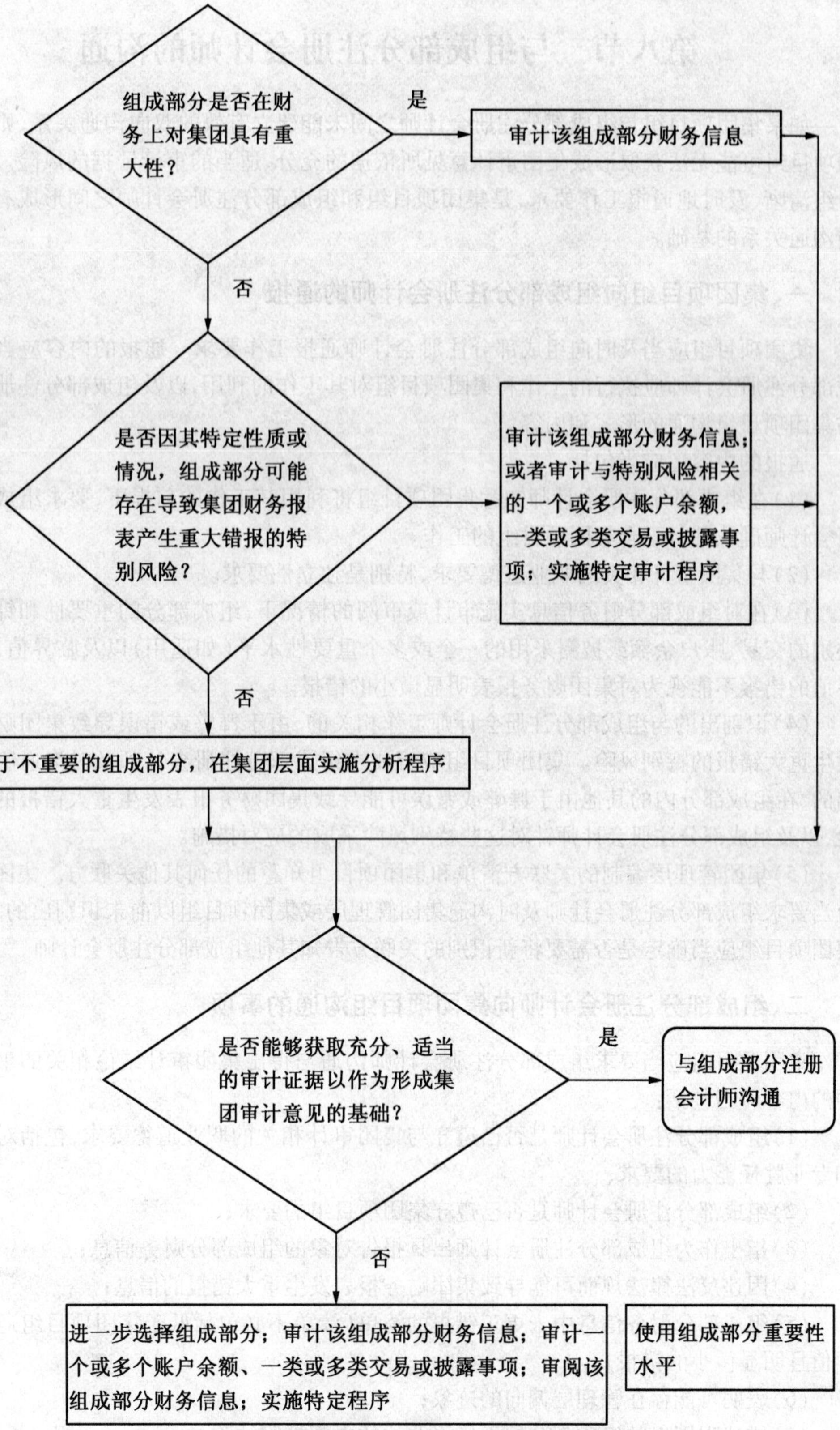

图 18.1　组成部分重要性将如何影响集团项目组作出决策

第八节　与组成部分注册会计师的沟通

如果集团项目组与组成部分注册会计师之间未能建立有效的双向沟通关系，则存在集团项目组可能无法获取形成集团审计意见所依据的充分、适当的审计证据的风险。集团项目组清晰、及时地通报工作要求，是集团项目组和组成部分注册会计师之间形成有效的双向沟通关系的基础。

一、集团项目组向组成部分注册会计师的通报

集团项目组应当及时向组成部分注册会计师通报工作要求。通报的内容应当明确组成部分注册会计师应执行的工作和集团项目组对其工作的利用，以及组成部分注册会计师与集团项目组沟通的形式和内容。

通报的内容还应当包括：

(1)在组成部分注册会计师知悉集团项目组将利用其工作的前提下，要求组成部分注册会计师确认其将配合集团项目组的工作。

(2)与集团审计相关的职业道德要求，特别是独立性要求。

(3)在对组成部分财务信息实施审计或审阅的情况下，组成部分的重要性和针对特定类别的交易、账户余额或披露采用的一个或多个重要性水平(如适用)以及临界值，超过临界值的错报不能视为对集团财务报表明显微小的错报。

(4)识别出的与组成部分注册会计师工作相关的、由于舞弊或错误导致集团财务报表发生重大错报的特别风险。集团项目组应当要求组成部分注册会计师及时沟通所有识别出的、在组成部分内的其他由于舞弊或错误可能导致集团财务报表发生重大错报的特别风险，以及组成部分注册会计师针对这些特别风险采取的应对措施。

(5)集团管理层编制的关联方清单和集团项目组知悉的任何其他关联方。集团项目组应当要求组成部分注册会计师及时沟通集团管理层或集团项目组以前未识别出的关联方。集团项目组应当确定是否需要将新识别的关联方告知其他组成部分注册会计师。

二、组成部分注册会计师向集团项目组沟通的事项

集团项目组应当要求组成部分注册会计师沟通与得出集团审计结论相关的事项。沟通的内容应当包括：

(1)组成部分注册会计师是否已遵守与集团审计相关的职业道德要求，包括对独立性和专业胜任能力的要求；

(2)组成部分注册会计师是否已遵守集团项目组的要求；

(3)指出作为组成部分注册会计师出具报告对象的组成部分财务信息；

(4)因违反法律法规而可能导致集团财务报表发生重大错报的信息；

(5)组成部分财务信息中未更正错报的清单(清单不必包括低于集团项目组通报的临界值且明显微小的错报)；

(6)表明可能存在管理层偏向的迹象；

(7)描述识别出的组成部分层面值得关注的内部控制缺陷；

(8)组成部分注册会计师向组成部分治理层已通报或拟通报的其他重大事项,包括涉及组成部分管理层、在组成部分层而内部控制中承担重要职责的员工以及其他人员(在舞弊行为导致组成部分财务信息出现重大错报的情况下)的舞弊或舞弊嫌疑;

(9)可能与集团审计相关或者组成部分注册会计师期望集团项目组加以关注的其他事项,包括在组成部分注册会计师要求组成部分管理层提供的书面声明中指出的例外事项;

(10)组成部分注册会计师的总体发现、得出的结论和形成的意见。

在配合集团项目组时,如果法律法规未予禁止,组成部分注册会计师可以允许集团项目组接触相关审计工作底稿。

三、评价与组成部分注册会计师的沟通

集团项目组应当评价与组成部分注册会计师的沟通。集团项目组应当:

(1)与组成部分注册会计师、组成部分管理层或集团管理层(如适用)讨论在评价过程中发现的重大事项;

(2)确定是否有必要复核组成部分注册会计师审计工作底稿的相关部分。

组成部分注册会计师的审计工作底稿中哪些部分与集团审计相关,可能因具体情况的不同而不同。集团项目组在复核时,通常关注的是与导致集团财务报表发生重大错报的特别风险相关的审计工作底稿。组成部分注册会计师的审计工作底稿按照组成部分注册会计师所在会计师事务所的复核程序进行复核这一事实,可能将影响集团项目组的复核范围。

如果认为组成部分注册会计师的工作不充分,集团项目组应当确定需要实施哪些追加的程序,以及这些程序是由组成部分注册会计师还是由集团项目组实施。

本章小结

1. 注册会计师在对集团财务报表审计时应明确涉及的集团、组成部分、重要组成部分、集团项目合伙人、集团项目组等概念。

2. 集团财务报表的审计与一般财务报表的审计过程是一样的,也要进行风险评估和风险应对,只是在进行风险评估时,了解的内容多些,既要了解集团及其环境,还要了解集团组成部分及其环境、了解组成部分注册会计师。

3. 集团财务报表审计的风险应对措施包括对重要组成部分和非重要组成部分的审计等。

复习思考题

1. 简述集团财务报表审计的风险评估过程。

2. 简述集团财务报表审计的风险应对措施。

参考文献

[1] 李兆华,孔凡玲. 审计学[M]. 北京:科学出版社,2012.

[2] 李兆华,史元. 审计学[M]. 北京:科学出版社,2007.

[3] 中国注册会计师协会,中华人民共和国财政部. 中国注册会计师执业准则 2010 [M]. 北京:经济科学出版社,2010.

[4] 中国注册会计师协会. 中国注册会计师执业准则应用指南 2010[M]. 北京:中国财政经济出版社,2010.

[5] 中国注册会计师协会. 2013 年度注册会计师全国统一考试辅导教材:审计[M]. 北京:经济科学出版社,2013.

[6] 中华人民共和国财政部,中华人民共和国审计署,中国保险监督管理委员会,等. 企业内部控制规范 2010[M]. 北京:中国财政经济出版社,2010.

[7] 企业内部控制编审委员会. 企业内部控制培训制定教材:企业内部控制基本规范及配套指引案例讲解(修订版) [M]. 上海:立信会计出版社,2012.